2026
브랜드 만족 1위 3연속 수석합격 배출

9급 공무원 국어 시험대비

박문각 공무원
예상문제

천기누설 혜선팍 **문제훈련** 시리즈

실제 시험보다 더 실제 같은 박혜선 연구소의 독해 문제집!

혜선 쌤의 야매 꼼수로 푸는 유형별 전략으로
놀라운 시간 단축, 정답률 상승, 독해 만점 달성!

亦功국어가 만든 최강 시그니처 문풀서!

박혜선 편저

박혜선 국어
천기누설 혜선팍 독해 시즌 2

동영상 강의 www.pmg.co.kr

이 책에 들어가기 전에

수석합격 3연속 배출의 신화!
최단기 합격의 절대 공식!
합격자들의 최고 추천 커리!
이번에는 100% 역공 국어 연구소가 만든 예상 문제를
수록한 천기누설 독해 시즌 2 !

안녕하세요, 여러분의 단기 합격을 책임지는 국어 강사 혜선 쌤입니다.
2025년 국가직·지방직 시험은 새 출제 기조가 본격적으로 반영된 첫 시험이었습니다.
처음 맞이하는 변화라 다소 긴장된 분위기였지만,
우리 수업에서 나눴던 핵심 포인트들이 대부분 실제 시험에 그대로 등장했습니다
특히 문법 독해가 결합된 통합형 문항, 그리고 공문서 문장 고쳐쓰기 유형까지
예상 범위 안에서 출제되어 흐름을 정확히 짚었다는 확신을 가질 수 있었습니다.

또한 논리형 문항 비중이 커지며, 단순한 독해력만으로는
시간 내 정확한 선택을 하기 어려운 구조로 변화하고 있습니다.
이제는 각 유형별로 '시간 단축과 정확도'를 동시에 잡는 전략적 접근이 필수입니다.

많은 수험생이 "국어는 우리말이니까 따로 공부하지 않아도 된다"고 생각하지만,
막상 시험장에서 그 생각이 얼마나 위험한 착각이었는지를 절감하게 됩니다.

시험은 '언어 감각'이 아니라 '출제 의도'를 읽는 싸움입니다.
이제부터는 단순 암기가 아닌,
출제 흐름을 분석하고 논리적으로 사고하는 훈련을 통해
실전 점수를 만들어내는 국어 공부를 해야 합니다.
제가 그 길을 가장 효율적으로 안내해 드리겠습니다.

공무원 시험에서 국어 독해가 어렵게 느껴지는 이유는 단순하지 않습니다.
첫째, 정확하고 빠르게 읽는 방법을 배운 적이 없기 때문입니다.
지문에는 분명히 '답의 근거'가 존재하지만, 대부분의 수험생은 그것을 체계적으로 찾는 연습을 하지 않습니다.
만약 모든 수험생이 같은 방식으로 감(感)에 의존해 문제를 푼다면 비슷한 점수를 받겠지만,
공무원 시험은 철저한 상대평가의 경쟁 구조입니다.
즉, 전략적으로 읽고 근거를 찾는 방법을 배운 수험생은
그렇지 않은 수험생보다 압도적으로 빠르고 정확한 결과를 만들어냅니다.

둘째, 혼자 공부하면 오래된 독해 습관을 교정하기 어렵기 때문입니다.
우리는 이미 수십 년 동안 '감으로 읽는' 버릇이 몸에 배어 있습니다.
강의 없이 혼자 훈련하면 그 습관이 반복될 뿐, 개선되지 않습니다.
그래서 혼자서 문제를 많이 풀어도, 동형 모의고사를 아무리 돌려도 점수가 멈추는 이유가 바로 여기에 있습니다.

그러나 해결책은 분명합니다.

공시 국어 독해에는 '왕도(王道)' 즉, 가장 효율적인 해법이 존재합니다.
그 왕도를 제대로 알려줄 강의는 화려한 문장력보다 '답을 정확히 찾아내는 힘'을 길러줍니다.
복잡한 설명 대신, 명료하고 직관적인 유형별 3단 독해 전략을 배우고
수업 시간 안에서 바로 적용하며 자신의 것으로 만드는 과정이 중요합니다.
그래서 저는 수험생들이 실전에서 바로 활용할 수 있도록
독해의 전 과정을 함께 분석하고 훈련할 수 있는
'천기누설 혜선팍 독해 시리즈'를 새롭게 업그레이드했습니다.
읽는 법, 푸는 법, 마무리까지—모든 단계가 연결된 실전형 수업으로
여러분의 국어 점수를 진짜 합격 점수로 바꿔드리겠습니다.

공무원 시험의 독해 영역은 매년 기출 패턴이 반복되며,
이를 정확히 분석해 대비하는 것이 가장 확실한 전략입니다.

이번 강의에서는 **역공국어 연구팀이 직접 개발한 최고 퀄리티의 독해 문제들로**
실전에서 요구되는 '정확하고 빠른 독해력'을 완성시켜 드릴 예정입니다.

여러분이 집중해야 할 목표는 단 하나입니다.
독해 비중이 90%를 차지하는 시험을 23~27분 안에 완벽하게 해결하는 것.
이를 위해선 단순한 감이 아니라, 체계적인 눈의 움직임과 사고의 흐름이 필요합니다.

각 유형별로
어디부터 읽고,
어떤 순서로 시선을 이동하며,
발문과 선지를 어떻게 다르게 접근해야 하는지,
그 모든 것을 수업 시간 안에서 '몸으로' 익히게 될 것입니다.

생각보다 독해에는 속도와 정확도를 동시에 높일 수 있는 실전 팁들이 많습니다.
이제 그 노하우를 완전히 체화할 차례입니다.
혜선 쌤과 함께라면, 처음엔 어렵게 느껴졌던 독해가
어느새 '정확하고 빠르게 풀리는 구조'로 바뀌는 경험을 하게 될 거예요.
끝까지 믿고 따라와 주세요. 합격이 멀지 않았습니다.

이 책에 들어가기 전에

범접할 수 없는 수석 합격 신화, 최고 적중률로 만점 릴레이

🔍 합격자들이 강력 추천하는 천기누설 혜선팍 독해, 반드시 수강해야 하는 첫 번째 이유

대표 천기누설 개관 — 유형별 핵심 구조를 한눈에!

각 독해 유형의 특징을 한 번에 파악할 수 있는 전략 개관 섹션입니다.
한눈에 들어오는 그래프를 통해 출제 빈도와 중요도를 시각적으로 제시하여,
亦功이들이 스스로 학습 우선순위를 판단하고 효율적인 공부 계획을 세울 수 있습니다.
방대한 범위를 단번에 정리하는, 전략 독해의 출발점입니다.

🔍 합격자들이 강력 추천하는 천기누설 혜선팍 독해, 반드시 수강해야 하는 두 번째 이유

대표 천기누설 발문 체크 — 답을 가르는 핵심, 발문 분석 훈련!

독해에서 가장 중요한 것은 바로 발문입니다. 발문을 읽는 순간, 문제 풀이의 방향과 속도가 결정됩니다.
천기누설 혜선팍 독해에서는 역대 기출의 발문을 체계적으로 모아 유형별 패턴과 출제 의도를 완벽히 분석할 수 있도록 구성했습니다.
'발문이 곧 정답의 실마리'라는 원리를 몸에 익히는, 실전 감각 완성형 독해 훈련 프로그램입니다.

🔍 합격자들이 강력 추천하는 천기누설 혜선팍 독해, 반드시 수강해야 하는 세 번째 이유

亦功 PIN POINT 독해 전략 — 유형별 '속도 독해' 완전 정복!

2026년 시험에서 출제될 수 있는 모든 유형과 신유형을 빠르게 풀어내는 전략을
혜선 쌤만의 독보적인 야매꼼수+핵심 로직으로 단계별 훈련합니다.
기존 독해 강의가 단순히 문제풀이에 머물렀다면, 천기누설 혜선팍 독해는 출제 기조 변화 전체를 분석해
과도기적 형태의 내년 시험까지 완벽하게 대비할 수 있도록 설계되었습니다.
단순히 "읽는 법"이 아니라, "시험장에서 이기는 법"을 배우게 됩니다.

🔍 합격자들이 극찬하는 천기누설 혜선팍 독해, 반드시 수강해야 하는 네 번째 이유

亦功 문제 훈련 — 실전 그 이상의 완벽 유사도

박혜선 국어 연구소가 직접 기획·제작·검수한 단원별 맞춤 문풀 섹션으로,
모든 문항이 실제 시험과 가장 높은 유사도를 보이도록 정교하게 설계되었습니다. 한 문제 한 문제를
"출제자의 시선"에서 제작하여 2025년 출제 기조 변화와 완벽하게 맞물리는 실전형 문제집입니다.
단순한 연습이 아닌, '시험장에서 바로 통하는 문제 해결력'을 길러주는 진짜 훈련입니다.

시중에 없던 혁신적인 천기누설 혜선팍 독해편을 통해 올해 또한 많은 亦功이들이 인생에서 잊지 못할 최고의 성과를 내길 기원합니다.
여러분들의 단기합격을 끝까지 기도하고 그때까지 최고의 지원을 아끼지 않겠습니다.

2025년 11월

박혜선 惠旋

단기 합격으로 가는 천기누설 혜선팍 독해 학습법

이 교재는 단순한 문제집이 아닙니다.
'시험장에서 바로 작동하는 독해 시스템'을 체화하는 실전형 훈련서입니다.
다음의 다섯 가지 원칙을 반드시 지켜 공부해 보세요.

❶ 혜선 쌤만의 전매특허 — 1분 타이머 학습법

문제풀이보다 중요한 것은 '풀이 과정의 습관 교정'입니다.
혜선 쌤과 함께 1분 타이머를 맞추어 문제를 풀며,
자신이 무의식적으로 반복하던 잘못된 사고 습관을 점검하고 교정하세요.

❷ 강의에서 다룬 문제는 아주 아주 짧게 당일 복습!

독해 복습은 답을 외우는 것이 아니라,
'근거를 어디서 찾았고 어떤 순서로 접근했는가'를 재확인하는 것입니다.
제시문을 다시 읽으며 해설 수업에서 배운 접근 순서를 떠올리세요.
즉, 사고의 흐름을 복습하는 것이 핵심입니다.
당일 복습이 기억을 고착화시키는 가장 확실한 방법입니다.

❸ 10문제 단위로 학습–채점–오답을 반복

10문제씩 풀이 → 채점 → 오답 → 다음 10문제 풀이의 과정을 반복하세요.
이 과정을 통해 속도와 집중력이 동시에 향상됩니다.

❹ 오답의 핵심은 '이유 분석'에 있다

단순히 틀린 문제를 다시 푸는 것이 아니라,
'왜 틀렸는가', '내 사고가 어디서 비틀렸는가'를 분석해야 합니다.
이를 통해 **자신의 약점 유형과 사고 오류 패턴을 명확히 파악**할 수 있습니다.

❺ 천기누설 혜선팍 독해는 회독보다 '사고 교정'이 핵심!

이 교재는 **반복 회독보다 사고 교정에 초점을 둡니다.**
문제의 유형을 인식하고, 자신의 독해 과정에서 발생하는 오류를
정확히 찾아내는 것이 곧 실전 실력 향상의 지름길입니다.

GUIDE

이 책의 구성과 특징

1 대표 천기누설 개관

각 독해 유형의 핵심을 한눈에 조망하는 섹션입니다. 출제 빈도와 중요도를 그래프로 시각화하여, 亦功이들이 스스로 학습 우선순위를 설정할 수 있도록 구성했습니다.

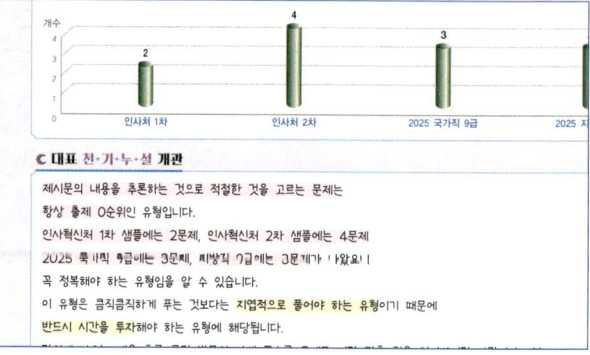

2 대표 천기누설 발문 체크

독해의 출발점은 '발문'입니다. 발문을 정확히 읽는 순간, 문제 풀이의 방향이 결정됩니다. 역대 기출의 주요 발문을 체계적으로 정리하여 유형별 출제 의도를 명확히 파악할 수 있도록 했습니다.

3 천기누설 혜선팍 독해 PIN POINT

각 독해 유형을 빠르고 정확하게 해결할 수 있는 혜선 쌤만의 실전 '야매 꼼수'를 전수하는 핵심 섹션입니다.

1) **빨리 푸는 亦功 전략**

   독해 단계별로 _발문 → 제시문 → 선지_를 어떻게 읽어야 하는지 유형별 접근법을 세밀하게 안내합니다.

2) **신유형 2025 버전 1, 2**

   인사혁신처의 1차·2차 샘플 출제 경향을 반영하여, 2025년형 신유형 문제를 집중적으로 훈련할 수 있도록 구성했습니다.

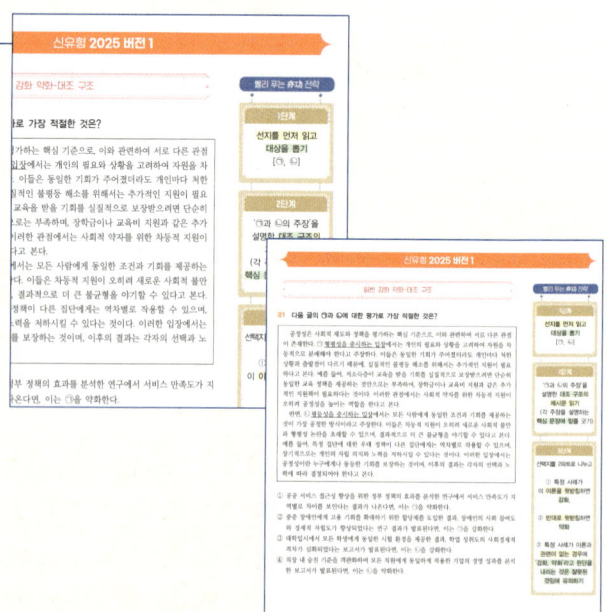

亦功 문제 훈련

박혜선 국어 연구소에서 직접 제작한 단원별 문풀 섹션입니다. 실제 시험과 가장 유사한 문제들을 엄선하여, 2025년 출제 기조 변화에 완벽히 대응할 수 있게 구성했습니다.

풍부한 정답 및 해설

모든 문제에 대해 논리적 근거와 독해 전략을 상세히 제시했습니다. 단순한 정답 제시를 넘어, '왜 오답이 되는지'까지 체계적으로 분석한 최고 수준의 해설 섹션입니다.

亦功 박혜선 국어 수강 후기

혜선 쌤 연구소의 장점은 시험과 가장 유사한 문제를 만드신다는 것입니다.

선생님께서도 수업 중에 말씀하셨는데 등급 모고가 시험보다 쉬워도, 너무 어려워도 좋지 않습니다. 쉬우면 실력을 제대로 대비하기 어렵고 불필요하게 난도가 높으면 사기를 떨어뜨리기만 할 뿐 큰 도움이 되지 않습니다. 혜선 선생님의 문제들은 모두 시험과 유사해서 시험 대비를 하기에 가장 적합하다고 생각합니다. 또 소위 말하는 '더러운 문제'들(틀리게 하려고 억지로 꼬아놓은 문제)이 아니라 출제자들이 내기 좋아하고 학생들이 틀리기 쉬운 부분을 문제로 출제하십니다. 그래서 틀렸을 때 짜증이 나는 것이 아니라 '이거구나' 하며 오히려 지금 틀려서 다행이라는 생각이 들게 됩니다. 자신이 부족한 부분을 보완하며 시험 대비하기에 아주 좋은 문제들입니다. 선생님이 해설해 주시면서 더 알아두면 좋을 내용, 야매꼼수 등을 아낌없이 일러주셔서 중요한 부분을 다시 한번 짚고 넘어갈 수 있습니다. 해설 강의를 통해 배웠던 내용을 다시 정리할 수도 있고 신경 써야 할 부분도 알 수 있습니다. 문제마다 난이도와 오답률 그리고 빠르게 풀어야 할지, 천천히 풀어야 할지를 알려주셔서 더 전략적으로 문제를 풀 수 있게 됩니다. 그렇기 때문에 문제만 푸는 것보다는 강의로 해설도 듣는 것이 큰 도움이 될 거라고 생각합니다.

검준

혜선 쌤의 강의에서 가장 좋은 점은 바로 핵심을 정확히 짚어내는 능력입니다.

혼자서 공부할 때는 '이 정도는 괜찮겠지' 하고 넘어갔던 부분들이 사실 큰 실수로 이어지기도 하는데 혜선 쌤의 강의에서는 그런 작은 부분도 놓치지 않고 세심하게 짚어주십니다. 예를 들어 자주 실수하는 부분이나 헷갈리는 개념을 미리 알려주시고 그런 부분을 어떻게 확실하게 이해할 수 있는지에 대한 팁을 주셔서 실수를 점점 줄여나갈 수 있었습니다. 그 덕분에 중요한 개념을 놓치지 않게 되었고 실전에서 더 자신감을 갖고 문제를 풀 수 있게 되었습니다. 그리고 혜선 쌤의 강의에서 가장 좋은 점은 바로 핵심을 정확히 짚어내는 능력입니다. 복잡하고 어려운 개념들을 아주 간단하고 명확하게 설명해주셔서 그 어떤 내용도 머리에 쏙쏙 들어옵니다. 때로는 복잡한 내용을 듣고 헷갈릴 때가 많았는데 혜선 쌤은 불필요한 설명을 줄이고, 핵심만을 간결하게 전달해주셔서 머리가 복잡하지 않게 됩니다. 그 덕분에 방대한 양을 효율적으로 학습할 수 있었고 공부 시간을 절약할 수 있어서 다른 과목 공부에도 더 많은 시간을 할애할 수 있었습니다.

000

"국어, 박혜선 교수님 강의만 제대로 따라가면 됩니다."

독해는 늘 감으로 푸는 느낌이었는데, 교수님께서 알려주신 독해법대로 지문을 구조화해서 읽고, 문제에 접근하니 정답률이 확실히 높아졌습니다. 특히 요약하고 핵심 문장을 찾는 훈련이 정말 도움이 되었어요. 이제는 긴 지문도 겁나지 않고, 오히려 재미있게 읽을 수 있게 되었습니다. 무엇보다도 박혜선 교수님의 열정적인 강의가 인상 깊었습니다. 강의 내내 수험생이 꼭 알아야 할 포인트를 강조해주시고, 반복해서 알려주셔서 자연스럽게 복습이 되는 구조였습니다. 교재도 체계적으로 잘 구성돼 있고, 매 수업마다 실전 감각을 기를 수 있어서 시간이 아깝지 않았습니다. 자신 없던 국어가 지금은 오히려 제일 자신 있는 과목이 되었고, 점수도 점점 오르고 있어 공부가 즐겁습니다. 만약 국어 공부에 막막함을 느끼고 있다면, 고민하지 말고 박혜선 교수님의 강의를 꼭 들어보세요. 정말 후회하지 않으실 겁니다.

강 91

국어를 공부할 때 항상 문제 푸는 속도가 너무 느려서 걱정이었습니다.

하지만 지금은 혜선 교수님께 배우면서 문제 푸는 속도가 많이 개선되고 있습니다. 국어에 대한 자신감을 가질수록 타 과목에도 긍정적인 영향이 생기면서 효율적으로 공부할 수 있을 것 같습니다. 항상 열정적으로 그리고 멋지게 수업해주시는 교수님을 보면서 정말로 수업 잘 가르쳐 주신다고 생각하면서 수업에 참여하고 있습니다. 교수님 수업은 눈이 번쩍 뜨이는 재미있고 전달력 좋은 수업이라고 생각합니다. 현재 매우 만족스럽게 수업을 수강하고 있습니다. 그리고 교재도 가독성이 좋고 해설이 자세해서 수험생에게 친절한 수험서입니다. 무엇보다 교수님께서 학생을 생각하시는 따뜻한 마음과 힘 있는 수업 덕분에 수험생활에 활력을 얻을 수 있었습니다.

힘힘

혜선 쌤께서 알려주신 야매 꼼수와 들은 공부의 부담을 확 줄여줘요

공무원시험은 정말 시간 싸움인 것 같아요. 많은 것을 알고 있어도 출력이 빨라야 해요.
저같이 시간이 없는 사람에게는 정말 너무나도 귀한 정보~ "딱 이것만 공부해" 혜선 쌤께서 알려주신 암기 사항들을 적용해보면 신기하게도 딱딱 답이 나오는 것이 신기해요! 혜선 쌤 강의를 들으면서 난 분명 작년에 열심히 공부를 했는데 이렇게 모르는 것이 많았다니!!! 이렇게 무지한 상태로 시험을 봤었던 것인가!! 아~~ 작년에 혜선 쌤 강의를 들었다면… 등등의 만감이 교차하고 있어요. 혜선 쌤께서 다른 곳을 다녀와 봐야 비교가 되는데~~라고 말씀하시는 거에 완전 공감!

지니맘

亦功 박혜선 국어 커리큘럼

수석합격 릴레이 신화, '최단기 합격의 절대 공식'
박혜선 亦功국어 ♥ 2026년 만점 릴레이 커리큘럼 ♥

초시생을 위한 전체 커리큘럼

단계	강의 제목	수강 대상
1단계 (기초입문)	독해 신유형 공부(독해신공) 시작! 초보자들의 능력 up	국어가 많이 약한 공시생들 (필수는 아님, 수능 기준 6등급 이하 추천)
2단계 (올인원 필수 개념 완성)	만점 출종포 만점 출종포 문제 훈련	★★★ 초시생이라면 기본 이론 강의인 '만점 출종포'부터 들으시면 됩니다. (재시생이지만 기본부터 닦고 싶다면 '만점 출종포'부터 들으셔도 됩니다~^^)
3단계 (필수 기출 +예상문제 풀이)	[논리추론] 천기누설 혜선팍 논리 [독해] 천기누설 혜선팍 독해 시즌1, 2	'만점 출종포' 완강 후 들으면 되는 각 영역 특화 기출+예상문제 풀이 강의
4단계 (모의고사, 압축 마무리)	족집게 적중 동형 모의고사 족집게 적중 노트	시험 직전 마지막 단계로 실전 동형 모의고사와 시험에 나올 적중 포인트들만 집중적으로 조지는 강의

Simple 그 자체, 재시생 을 위한 각 영역의 특화 커리큘럼

영역	강의명
신유형 문법 특화	야매꼼수 이론 특화 족집게 문법 40 포인트 집중 문제 풀이 오답률 톱5 논리, 문법
신유형 독해 특화	이론+문제 풀이 천기누설 혜선팍 독해 시즌1, 2
신유형 논리 특화	이론+문제 풀이 천기누설 혜선팍 논리 집중 문제 풀이 오답률 톱5 논리, 문법
신유형 어휘 특화	독해 어휘력 UP! 천기누설 혜선팍 세트형 독해+어휘

감을 놓치지 않게 하는 Daily 문제 풀이

메타인지 독해 숙제 관리

※ 하루에 1강씩 들으면 3주 안에 천기누설 혜선팍 독해를 완강할 수 있어요.

단원		학습 내용	회독(색칠)	세부 취약 파트 체크
	Day 0	천기누설 혜선팍 독해 시즌2 사용법 OT (복습 방법, 오답 방법 필수 시청)	☆ ☆ ☆ ☆	V _____ V _____
PART 01 화법과 작문	Day 1	CH.01 [화법] 말하기 방식	☆ ☆ ☆ ☆	V _____ V _____
	Day 2	CH.02 [작문] 공문서 개요 작성	☆ ☆ ☆ ☆	V _____ V _____
	Day 3	CH.03 [작문] 내용 고쳐 쓰기	☆ ☆ ☆ ☆	V _____ V _____
	Day 4	CH.04 [작문] 공문서 문장 고쳐 쓰기	☆ ☆ ☆ ☆	V _____ V _____
PART 02 일반 추론	Day 5	CH.05 중심 내용 추론	☆ ☆ ☆ ☆	V _____ V _____
	Day 6	CH.06 내용 추론 긍정 발문	☆ ☆ ☆ ☆	V _____ V _____
	Day 7	CH.07 내용 추론 부정 발문	☆ ☆ ☆ ☆	V _____ V _____
PART 03 빈칸 추론	Day 8	CH.08 단수 빈칸 추론	☆ ☆ ☆ ☆	V _____ V _____
	Day 9	CH.09 복수 빈칸 추론	☆ ☆ ☆ ☆	V _____ V _____

단원		학습 내용	회독(색칠)	세부 취약 파트 체크
PART 04 순서 배열	Day 10	CH.10 순서 배열	☆ ☆ ☆ ☆	v _____ v _____
PART 05 강화 약화	Day 11	CH.11 초점 강화, 약화	☆ ☆ ☆ ☆	v _____ v _____
	Day 12	CH.12 일반 강화, 약화	☆ ☆ ☆ ☆	v _____ v _____
	Day 13	CH.13 〈보기〉 강화, 약화	☆ ☆ ☆ ☆	v _____ v _____
PART 06 세트형 독해+어휘	Day 14	CH.14 문맥적 의미 추론	☆ ☆ ☆ ☆	v _____ v _____
PART 07 문학 독해 결합형	Day 15	CH.15 바꿔 쓸 수 있는 유사한 표현	☆ ☆ ☆ ☆	v _____ v _____
	Day 16	CH.16 지시 대상 추론	☆ ☆ ☆ ☆	v _____ v _____
	Day 17	CH.17 현대 문학, 고전 문학	☆ ☆ ☆ ☆	v _____ v _____
PART 08 문법 독해 결합형	Day 18	CH.18 형태론, 통사론, 음운론	☆ ☆ ☆ ☆	v _____ v _____
	Day 19	CH.19 이외의 문법 영역	☆ ☆ ☆ ☆	v _____ v _____
PART 09 논리 독해 결합형	Day 20	CH.20 논리 독해 결합형	☆ ☆ ☆ ☆	v _____ v _____

이 책의 차례

Part 1 화법과 작문
Chapter 1 [화법] 말하기 방식 ⋯ 18
Chapter 2 [작문] 공문서 개요 작성 ⋯ 26
Chapter 3 [작문] 내용 고쳐 쓰기 ⋯ 35
Chapter 4 [작문] 공문서 문장 고쳐 쓰기 ⋯ 43

Part 2 일반 추론
Chapter 5 중심 내용 추론 ⋯ 54
Chapter 6 내용 추론 긍정 발문 ⋯ 62
Chapter 7 내용 추론 부정 발문 ⋯ 70

Part 3 빈칸 추론
Chapter 8 단수 빈칸 추론 ⋯ 80
Chapter 9 복수 빈칸 추론 ⋯ 88

Part 4 순서 배열
Chapter 10 순서 배열 ⋯ 100

Part 5 강화, 약화
Chapter 11 초점 강화 약화 ⋯ 110
Chapter 12 일반 강화, 약화 ⋯ 118
Chapter 13 〈보기〉 강화, 약화 ⋯ 127

Part 6 세트형 독해

Chapter 14 문맥적 의미 추론 ··· 138

Chapter 15 바꿔 쓸 수 있는 유사한 표현 ··· 146

Chapter 16 지시 대상 추론 ··· 154

Part 7 문학 독해 결합형

Chapter 17 현대 문학, 고전 문학 ··· 164

Part 8 문법 독해 결합형

Chapter 18 형태론, 통사론, 음운론 ··· 176

Chapter 19 이외의 문법 영역 ··· 185

Part 9 논리 독해 결합형

Chapter 20 논리 독해 결합형 ··· 194

 정답 및 해설 ··· 206

✦ **Chapter 1** [화법] 말하기 방식

✦ **Chapter 2** [작문] 공문서 개요 작성

✦ **Chapter 3** [작문] 내용 고쳐 쓰기

✦ **Chapter 4** [작문] 공문서 문장 고쳐 쓰기

천기누설 혜선파 독해 시즌2

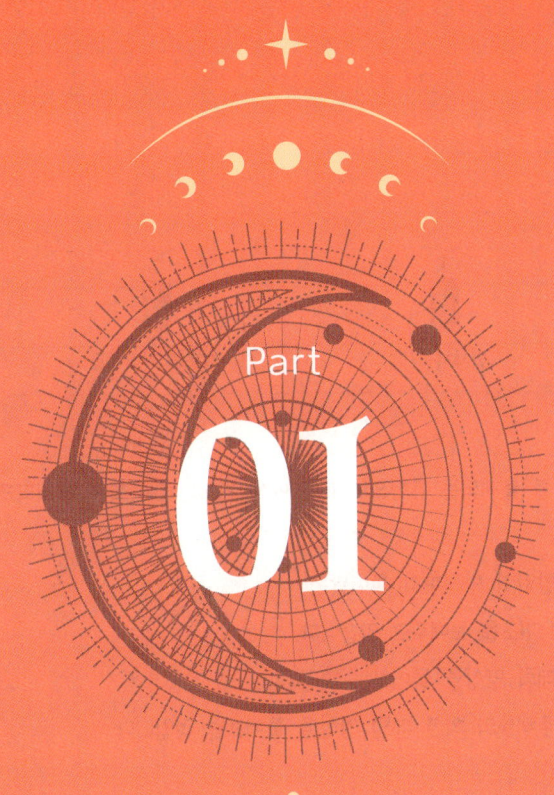

Part 01

화법과 작문

[화법] 말하기 방식

Chapter 01

관련교재
📙 출좋포 독해·논리 p.24~30

☾ 천+기+누+설 출제빈도 체크

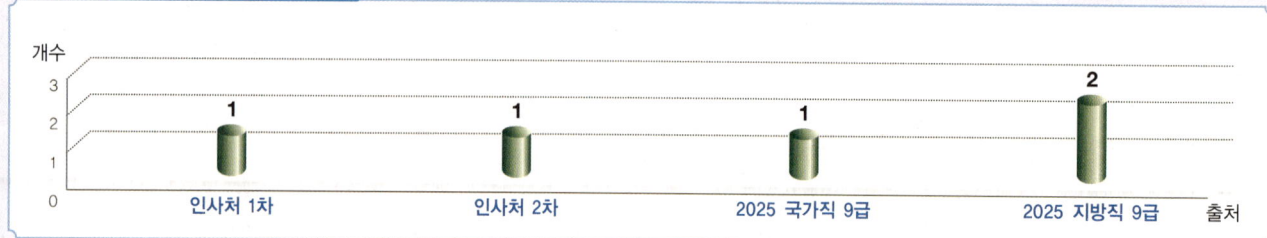

☾ 대표 천+기+누+설 개관

화법의 말하기 방식 문제는 매년 매 직렬 출제되는 유형으로 1문제에서 많으면 2문제는 출제되므로 꼭 정복해야 하는 유형입니다.
다만 2025년 이후의 유형은 지엽적인 말하기 방식까지 물어봤던
2024년 이전의 출제 기조와 다른 출제 기조를 보여주고 있습니다.
첫 번째 유형은 말하기 방식과 의견의 대립 양상을 물어보는 것입니다.
두 번째 유형은 <보기>에 나오는 발화 주체들의 의견 대립 양상을 물어보는 것입니다.

☾ 대표 천+기+누+설 발문 체크

01 다음 대화를 분석한 내용으로 가장 적절한 것은?
02 갑~병의 주장을 분석한 내용으로 적절한 것만을 <보기>에서 모두 고르면?

신유형 2025 버전 1

발화 주체들의 의견 대립 양상 + 말하기 방식

01 다음 대화를 분석한 내용으로 적절하지 않은 것은?

민수: 살인자가 "방금 여기로 도망친 사람이 어디 있느냐"고 물었는데, 집 주인이 "모른다"고 거짓말을 해서 피해자를 구한 사건이 있었어. 이런 상황에서 거짓말은 도덕적으로 정당한 걸까?

지영: 당연히 정당해. 거짓말을 통해 무고한 생명을 구한 거잖아. 도덕적 행위는 그 결과로 판단해야 한다고 생각해. 더 큰 선을 위한 거라면 정당화될 수 있어.

현우: 나는 반대야. 거짓말은 어떤 상황에서도 절대적으로 잘못된 행위야. 도덕적 행위의 판단 기준은 결과가 아니라 그 행위 자체의 성격이어야 해. 거짓말은 그 자체로 인간의 존엄성을 모독하는 행위거든.

수진: 현우 말도 일리가 있긴 한데, 너무 경직된 것 같아. 평상시에는 거짓말을 하면 안 되지만, 생명이 위급한 상황에서는 예외가 있을 수 있다고 봐. 상황에 따라 도덕적 판단도 달라질 수 있어.

현우: 도덕 법칙에 예외를 둔다면 그것은 더 이상 보편적인 법칙이 아니야. "생명을 구하기 위해서는 거짓말해도 된다"는 원칙을 모든 사람이 따른다면 거짓말이 만연해져서 언어 자체가 의미를 잃게 될 거야.

지영: 그런 극단적인 가정은 현실적이지 않아. 우리는 상황에서 어떤 선택이 더 큰 행복을 가져다줄지 판단해야 해. 그 집 주인의 거짓말은 생명을 구했으니까 옳은 선택이었어.

수진: 두 입장 모두 중요한 관점을 제시한다고 생각해. 다만 현실에서는 상황의 맥락을 고려한 유연한 접근이 필요해.

① 도덕적 행위의 판단 기준으로 지영은 결과를, 현우는 행위 자체의 성격을 중시한다.
② 상황에 따른 도덕적 판단의 차이를 인정해야 한다는 주장에 대해 지영과 수진은 동의하지만 현우는 동의하지 않는다.
③ 지영은 생명을 구하는 상황에서 거짓말이 도덕적으로 정당하다는 주장에 대해 동의하지만 현우는 동의하지 않는다.
④ 현우와 수진은 도덕 법칙의 보편성을 중시하는 입장이다.

빨리 푸는 亦功 전략

1단계
제시문을 읽을 때에는 '말하기 방식'에 초점을 두고 읽되 참여자들의 의견의 대립 양상 위주로 읽어 내기

2단계
선지를 2 파트로 나누어 판단하기 A와 B 모두 옳은지 파악하기

신유형 2025 버전 2

발화 주체들의 의견의 대립 양상만 물어보는 유형

빨리 푸는 亦功 전략

1단계
〈보기〉를 보고 전체적인 느낌을 잡는다.

'대립한다 vs 대립하지 않는다'

'대립 = 반대'

2단계
1. 접속어, 지시어를 중심으로 갑, 을, 병의 의견을 읽어내기
2. 같은 의견이 나오면 묶고, 다른 의견이 나오면 나누기

02 갑~병의 주장을 분석한 내용으로 적절한 것만을 〈보기〉에서 모두 고르면?

갑: 인공지능은 결코 의식이나 주관적 경험을 가질 수 없다. 의식은 복잡한 신경 과정에서 발생하는 생물학적 유기체의 고유한 특성이다. 인공지능은 지능적인 행동을 모방할 수 있지만, 의식에 필수적인 '퀄리아'라는 질적 경험이 없다. 따라서 인공지능은 인간의 마음과 근본적으로 다를 수밖에 없다. 이러한 이유로 인공지능은 단순한 도구로서만 활용될 수 있으며, 인간과 같은 수준의 의식을 기대할 수 없다.

을: 의식은 충분히 복잡한 시스템에서 자연스럽게 발생할 수 있으며, 이는 인공지능도 포함된다. 인간의 뇌의 기능적 구조를 기계에서 재현할 수 있다면, 그 기계도 의식을 가질 수 있다고 본다. 뇌에 대한 이해가 향상되면, 인공지능도 인간과 유사한 주관적 경험을 발전시킬 수 있다. 따라서 인공지능은 잠재적으로 인간과 같은 의식을 가질 수 있으며, 이를 통해 기술 발전의 방향이 결정된다.

병: 인공지능의 의식 여부는 현재 우리의 의식 자체에 대한 이해가 부족하기 때문에 답할 수 없는 문제다. 인공지능이 의식을 가질 수 있는지에 대한 추측보다는, 우리는 인공지능의 행동이 가져올 실질적인 영향에 초점을 맞춰야 한다. 인공지능이 의식을 가졌는지 여부와 상관없이, 중요한 것은 그것이 어떻게 행동하고 인간과 상호 작용하는가이다. 윤리적 고려는 추정된 내적 상태보다는 관찰 가능한 행동에 기반해야 한다. 따라서 의식의 유무보다 인공지능의 활용과 규제가 더 중요하다.

〔보기〕
ㄱ. 갑의 주장과 을의 주장은 대립하지 않는다.
ㄴ. 을의 주장과 병의 주장은 대립한다.
ㄷ. 병의 주장과 갑의 주장은 대립하지 않는다.

① ㄱ
② ㄴ
③ ㄱ, ㄴ
④ ㄴ, ㄷ

문제훈련 [화법] 말하기 방식

01 다음 대화를 분석한 내용으로 적절하지 않은 것은?

> 갑: 이번에 집을 인테리어하려고 하는데, 화이트톤으로 깔끔하게 꾸미고 싶어. 요즘 유행이기도 하고, 공간이 넓어 보이잖아.
> 을: 맞아, 화이트톤이 기본이 되긴 했지. 그런데 너무 화이트로만 하면 차가운 느낌이 들 수 있어. 따뜻한 색상을 조금 섞어보는 건 어때?
> 병: 나는 오히려 화이트톤보다는 개성 있는 색깔을 더해주는 게 좋다고 생각해. 요즘 유행도 중요하지만, 나만의 색깔이 드러나는 인테리어가 매력적이잖아.
> 갑: 그럴 수도 있겠다. 그런데 개성을 너무 강조하면 과해 보일까 봐 걱정이야. 깔끔한 분위기를 유지하고 싶거든.
> 을: 그렇다면, 화이트톤을 기본으로 하되, 소품이나 가구에서 색감을 주는 게 좋을 것 같아. 포인트가 되면서도 과하지 않을 거야.
> 병: 좋은 생각이야. 그리고 벽에 작은 예술 작품을 걸어두는 것도 괜찮을 것 같아. 개성을 더하면서도 깔끔한 분위기를 유지할 수 있을 거야.

① 을과 병은 예술 작품을 거는 것에 대한 입장을 같이 한다.
② 화이트톤으로 꾸미고 싶은 갑에게 을은 다른 방식을 제안하고 있다.
③ 갑과 병은 화이트톤을 쓸지에 대해 의견을 같이 하지 않는다.
④ 을은 갑과 병의 의견을 절충하여 해결 방안을 제시하고 있다.

02 갑~병의 주장을 분석한 내용으로 적절한 것만을 〈보기〉에서 모두 고르면?

> 갑: 언어는 인간의 사고를 결정한다. 우리가 사용하는 언어는 우리가 세상을 인식하고 이해하는 방식에 직접적인 영향을 미친다. 사피어-워프 가설에 따르면, 언어의 구조는 그 언어를 사용하는 사람들의 사고 방식을 형성한다. 따라서 서로 다른 언어를 사용하는 사람들은 세상을 다르게 인식한다.
> 을: 언어는 인간의 사고를 단순히 반영하는 것 뿐이다. 인간은 언어를 통해 자신의 생각과 감정을 표현하지만, 언어는 사고의 도구일 뿐이다. 인간의 사고는 언어에 의해 제한되지 않으며, 언어는 사고의 결과물이다. 따라서 인간의 사고는 언어에 독립적이며, 언어는 그저 사고를 전달하는 매개체일 뿐이다.
> 병: 언어와 사고는 상호 작용한다. 언어는 인간의 사고에 큰 영향을 미치며, 동시에 인간의 사고도 언어의 발전과 변화를 이끈다. 언어와 사고는 서로를 형성하고 발전시키는 상호 보완적 관계에 있다. 따라서 언어와 사고는 서로 독립적이지 않으며, 둘 사이의 복잡한 관계를 이해하는 것이 중요하다.

〔보기〕
ㄱ. 갑의 주장과 을의 주장은 대립한다.
ㄴ. 을의 주장과 병의 주장은 대립한다.
ㄷ. 병의 주장과 갑의 주장은 대립하지 않는다.

① ㄱ, ㄴ
② ㄱ, ㄷ
③ ㄴ, ㄷ
④ ㄱ, ㄴ, ㄷ

03 다음 대화를 분석한 내용으로 적절하지 않은 것은?

> 태민: 친구가 어머니 수술비가 급히 필요해서 돈을 빌려달라고 하더라고. 그런데 그 친구가 이미 빚이 많아서 갚을 능력이 없다는 걸 나도 알고 있어. 그래도 "반드시 갚겠다"고 약속한다면 돈을 빌려줘야 할까?
>
> 혜진: 물론이지. 어머니의 생명이 걸린 문제잖아. 비록 거짓 약속이라고 해도 결과적으로 사람을 살릴 수 있다면 충분히 정당해. 도덕적 행위는 그 결과가 얼마나 좋은지로 판단해야 한다고 생각해.
>
> 준호: 나는 동의할 수 없어. 갚을 능력이 없으면서 갚겠다고 약속하는 것은 거짓 약속이야. 거짓 약속은 어떤 이유가 있어도 절대 정당화될 수 없는 행위라고 봐. 약속이라는 제도 자체를 파괴하는 행위거든.
>
> 서연: 준호 말에 공감해. 만약 모든 사람이 급한 상황에서는 거짓 약속을 해도 된다고 생각한다면 어떻게 될까? 약속이라는 개념 자체가 무의미해질 거야. 보편적으로 적용될 수 없는 행위는 도덕적이지 않다고 봐.
>
> 혜진: 그런 극단적인 가정은 비현실적이야. 우리는 각각의 상황에서 어떤 행동이 더 큰 이익을 가져다줄지 따져봐야 해. 그 친구의 거짓 약속은 생명을 구하는 결과를 낳았으니까 옳은 선택이었어.
>
> 태민: 두 입장 다 이해는 되는데, 나는 서연 말이 맞다고 생각해. 도덕적 원칙에는 예외가 있을 수 없어. 거짓 약속을 정당화하는 순간 사회의 신뢰 체계가 무너지게 될 거야.

① 도덕적 행위의 판단 기준으로 혜진은 결과를, 준호는 행위 자체의 성격을 중시한다.
② 서연과 태민은 거짓 약속의 보편화가 가져올 결과를 우려하지만, 혜진은 우려하지 않는다.
③ 혜진은 급한 상황에서 거짓 약속이 정당화될 수 있다는 주장에 동의하지만, 준호는 그렇지 않다.
④ 혜진과 서연은 각각의 상황에서 행동의 결과를 따져봐야 한다고 생각한다.

04 갑~병의 주장을 분석한 내용으로 적절한 것만을 〈보기〉에서 모두 고르면?

> 갑: 경제 발전은 국가의 번영과 국민의 삶의 질 향상을 위해 최우선적으로 추구되어야 한다. 자연 자원을 활용하여 산업을 발전시키고 일자리를 창출해야 한다. 환경 보호는 중요하지만, 경제 성장을 저해해서는 안 된다. 기술 발전을 통해 환경 문제를 해결할 수 있으며, 경제 발전이 없이는 환경 보호도 어려워진다.
>
> 을: 환경 보호는 미래 세대를 위한 책임이므로 경제 발전보다 우선되어야 한다. 자연은 한번 파괴되면 복구하기 어려우며, 생태계의 파괴는 인류의 생존을 위협한다. 경제 성장은 지속 가능성을 고려해야 하며, 환경을 파괴하는 발전은 진정한 발전이 아니다. 따라서 친환경적인 정책을 통해 지속 가능한 발전을 추구해야 한다.
>
> 병: 경제 발전과 환경 보호는 상호 배타적인 것이 아니며, 균형을 이루어야 한다. 환경을 고려하지 않은 경제 발전은 장기적으로 지속될 수 없으며, 경제 발전 없이 환경 보호만을 강조하는 것도 현실적이지 않다. 친환경 기술 개발과 녹색 산업 육성을 통해 경제 성장과 환경 보호를 동시에 달성할 수 있다. 정부와 기업은 협력하여 지속 가능한 발전 전략을 수립해야 한다.

〔보기〕
ㄱ. 갑의 주장과 을의 주장은 대립하지 않는다.
ㄴ. 을의 주장과 병의 주장은 대립한다.
ㄷ. 병의 주장과 갑의 주장은 대립한다.

① ㄱ, ㄴ
② ㄱ, ㄷ
③ ㄴ, ㄷ
④ ㄱ, ㄴ, ㄷ

05 다음 대화를 분석한 내용으로 적절하지 않은 것은?

민지: 정치철학 수업에서 배운 '무지의 베일' 개념이 흥미로워. 새로운 사회를 만든다고 할 때, 자신이 부자가 될지 가난해질지, 똑똑할지 아닐지 전혀 모르는 상태에서 제도를 설계한다면 어떻게 할까?

동현: 당연히 가장 많은 사람이 가장 행복해질 수 있는 제도를 만들어야지. 전체 사회의 총효용이 최대가 되는 방향으로 부를 분배하는 게 합리적이야. 소수가 희생되더라도 대다수가 이익을 얻는다면 그게 최선이지.

수민: 나는 그런 생각에 반대해. 자신의 위치를 모른다면 최악의 상황에 처할 가능성을 대비해야 해. 사회에서 가장 불리한 사람들의 처지가 최대한 나아지도록 하는 제도를 선택할 거야. 그래야 내가 그 위치에 있어도 견딜 수 있잖아.

진우: 수민 말이 맞는 것 같아. 무지의 베일 뒤에서는 위험을 최소화하려고 할 거야. 만약 내가 사회 최하층에 속하게 된다면, 그때도 최소한의 존엄은 보장받고 싶어. 불평등이 있더라도 가장 약자에게 도움이 되는 경우에만 허용해야 해.

동현: 하지만 그런 방식은 비효율적이야. 사회 전체 부의 증가보다 분배에만 신경 쓰면 경제 성장이 둔화될 수 있어. 결국 모든 사람이 더 가난해질 수도 있다고.

민지: 두 관점 다 일리가 있네. 다만 무지의 베일 뒤에서라면 최악의 경우를 대비하는 게 더 합리적인 선택일 것 같아.

① 동현은 사회 전체의 총효용 극대화를 중시하지만 수민은 최소수혜자의 이익 보장을 중시한다.
② 무지의 베일 뒤에서 위험 회피적 선택을 한다는 점에 대해 수민과 진우는 동의한다.
③ 사회 제도 설계 시 효율성을 우선해야 한다는 점에 대해 동현과 민지는 동의하지만 수민은 동의하지 않는다.
④ 불평등이 허용되는 조건에 대해 진우는 최소수혜자에게 도움이 되는 경우라고 보지만 동현은 그렇지 않다.

06 갑~병의 주장을 분석한 내용으로 적절한 것만을 〈보기〉에서 모두 고르면?

갑: 사회적 불평등은 문화와 사회적인 배경의 차이에 의해 형성되고 경제적 불평등은 이로 인해 기인한다. 문화와 사회는 교육 수준, 문화적 취향, 그리고 인적 네트워크와 같은 요소들을 결정하게 되고 이로 인해 경제적 자본을 획득할 수 있는 기회가 크게 달라진다. 사회적 불평등의 원인은 문화와 사회 그 자체에 있으며 경제적 불평등은 사회적 불평등으로 인해 나타나는 결과일 뿐이다.

을: 사회적 불평등의 근본 원인은 자본주의 체제에 있다. 자본주의는 자본을 소유한 계급과 그렇지 못한 계급 사이의 계급 투쟁을 야기하며, 이는 필연적으로 빈부 격차를 확대하고 사회적 불평등을 심화시킨다. 따라서, 진정한 불평등 해소를 위해서는 자본주의 체제 자체를 변화시키는 것이 필요하다. 현재의 불평등은 단지 체제의 문제이지, 개인의 노력이나 자질과는 무관하다.

병: 사회적 불평등은 경제적 자본이 아니라 문화적 자본과 사회적 자본의 불균등한 분배에서 기인한다. 예를 들어, 교육 수준, 문화적 취향, 네트워크 등의 요소가 개인의 사회적 위치를 결정하는 데 큰 영향을 미친다. 단순히 자본주의 체제의 문제만이 아니라, 사람들 간의 문화적 차이와 사회적 자원의 불균형이 불평등의 중요한 원인이라고 할 수 있다. 따라서, 불평등을 해소하기 위해서는 경제적 재분배가 아니라 문화적, 사회적 자본의 공평한 접근 기회를 보장해야 한다.

〈보기〉

ㄱ. 갑의 주장과 을의 주장은 대립하지 않는다.
ㄴ. 을의 주장과 병의 주장은 대립하지 않는다.
ㄷ. 병의 주장과 갑의 주장은 대립하지 않는다.

① ㄱ
② ㄴ
③ ㄱ, ㄷ
④ ㄴ, ㄷ

07 다음 대화를 분석한 내용으로 적절하지 않은 것은?

> 갑: 복잡한 현상도 결국 단순한 요소들로 분해해서 이해할 수 있어. 인간의 의식도 뇌의 신경세포 활동으로 설명 가능하고, 생명 현상도 분자 수준의 화학 반응으로 환원할 수 있지. 물리학이 모든 과학의 기초가 되는 이유도 복잡한 것을 단순한 법칙으로 설명할 수 있기 때문이야.
> 을: 나는 반대야. 전체는 부분의 합보다 크다는 말이 있잖아. 의식을 신경세포로만 설명하면 인간의 창의성이나 감정을 놓치게 돼. 생태계도 개별 생물종만 연구해서는 전체 시스템을 이해할 수 없어. 맥락과 관계 속에서만 파악할 수 있는 현상들이 있어.
> 병: 두 접근법 모두 가치가 있어. 환원주의적 방법은 현상의 메커니즘을 밝히는 데 유용해. DNA 구조 발견도 이런 접근 덕분이지. 하지만 창발적 속성처럼 전체 수준에서만 나타나는 특성도 있어. 개미 한 마리를 연구해도 개미 군체의 집단지성은 설명할 수 없잖아.
> 갑: 창발적 속성도 결국 우리가 하위 수준의 상호작용을 완전히 이해하지 못해서야. 충분한 연산 능력만 있다면 개별 요소들로부터 전체를 예측할 수 있을 거야.
> 을: 착각이야. 인간 사회나 문화는 물리 법칙으로 환원할 수 없어. 셰익스피어 작품을 분자 운동으로 설명한다면 무슨 의미가 있겠어? 각 수준마다 고유한 설명이 필요해.
> 병: 을의 지적도 타당해. 다만 환원주의와 전체론은 상호보완적이야. 현상에 따라 적절한 접근법을 선택하거나 두 방법을 병행하는 게 현명해.

① 복잡한 현상을 단순한 요소로 환원해 설명할 수 있다는 점에 대해 갑은 동의하지만 을은 동의하지 않는다.
② 환원주의적 접근법이 과학 연구에 유용하다는 점에 대해 갑은 동의하지 않지만 병은 동의한다.
③ 전체가 부분의 합보다 큰 속성을 가진다는 점에 대해 을과 병은 동의한다.
④ 모든 현상을 물리 법칙으로 설명할 수 있다는 점에 대해 갑은 동의하지만 을과 병은 동의하지 않는다.

08 갑~병의 주장을 분석한 내용으로 적절한 것만을 〈보기〉에서 모두 고르면?

> 갑: 예술은 객관적인 기준에 따라 평가될 수 있다. 예술 작품의 아름다움은 일정한 미적 원칙과 조화에 기반하며, 이를 통해 작품의 가치를 판단할 수 있다. 이러한 객관적 기준은 시대와 문화를 초월하여 적용될 수 있으며, 예술 교육을 통해 전달된다. 또한 예술 작품의 기술적 완성도나 구성은 전문가들의 분석을 통해 객관적으로 평가될 수 있다. 따라서 예술 작품은 전문가들의 평가에 의해 그 가치가 결정되어야 한다.
> 을: 예술은 개인의 주관적인 경험과 감성에 의존한다. 같은 작품이라도 사람마다 느끼는 감동과 해석이 다르기 때문에 예술에는 객관적인 평가 기준이 존재하지 않는다. 예술은 다양성을 존중하고 각자의 관점에서 의미를 찾는 것이 중요하다. 또한 예술 작품은 개인의 삶과 경험에 따라 다양한 해석이 가능하다. 따라서 예술 작품의 가치는 개인의 느낌과 경험에 따라 달라진다.
> 병: 예술은 객관성과 주관성을 모두 포함한다. 작품의 기술적 완성도나 역사적 맥락은 객관적으로 평가될 수 있지만, 작품이 주는 감동이나 의미는 개인마다 다르게 느껴진다. 예술 작품을 이해하고 평가하기 위해서는 객관적인 요소와 주관적인 경험을 모두 고려해야 한다. 또한 예술은 사회적·문화적 맥락과 개인의 심리적 반응이 상호 작용하는 복합적인 영역이다. 따라서 예술의 가치는 객관적 기준과 개인적 감상이 조화를 이루는 데 있다.

──〈보기〉──
ㄱ. 갑의 주장과 을의 주장은 대립한다.
ㄴ. 을의 주장과 병의 주장은 대립한다.
ㄷ. 병의 주장과 갑의 주장은 대립하지 않는다.

① ㄱ, ㄴ
② ㄱ, ㄷ
③ ㄴ, ㄷ
④ ㄱ, ㄴ, ㄷ

09 다음 대화를 분석한 내용으로 적절하지 않은 것은?

> 갑: 정의로운 사회는 절차의 공정성만 보장하면 돼. 모두에게 동등한 출발선과 규칙을 적용하고, 그 결과는 개인의 노력과 능력에 따라 달라지는 게 당연해. 절차가 공정하면 결과의 차이는 정당한 거야. 강제로 결과를 평등하게 만드는 건 오히려 부정의해.
> 을: 동의할 수 없어. 출발선이 같아도 타고난 환경이 다르잖아. 부유한 집 아이와 가난한 집 아이가 같은 시험을 봐도 사교육 차이로 결과가 달라져. 이런 불평등을 방치하는 건 정의롭지 않아. 분배적 정의를 통해 결과의 격차를 줄여야 진정한 공정이야.
> 병: 을이 맞아. 절차만 공정하다고 정의가 실현되는 게 아니야. 장애인과 비장애인에게 같은 계단을 제공하는 게 공정한가? 실질적 평등을 위해서는 적극적 재분배가 필요해. 누진세나 복지로 격차를 완화해야 사회 통합이 가능해.
> 갑: 하지만 재분배는 노력한 사람의 성과를 빼앗는 거야. 열심히 번 돈을 세금으로 가져가는 건 소유권 침해야. 결과를 보장하면 사람들이 노력할 동기가 사라져. 경쟁이 있어야 발전하는데, 분배만 강조하면 모두가 가난해질 뿐이야.
> 을: 완전한 결과 평등을 주장하는 게 아니야. 최소한의 인간다운 삶을 보장하고 극단적 격차를 줄이자는 거지. 부의 대물림으로 기회조차 불평등해지는 걸 막아야 해.
> 병: 맞아. 절차적 공정성도 중요하지만, 그것만으로는 구조적 불평등을 해결할 수 없어. 정의는 절차와 결과 모두를 고려해야 해.

① 절차의 공정성만으로 정의가 실현된다는 점에 대해 갑은 동의하지만 을과 병은 동의하지 않는다.
② 재분배 정책이 소유권을 침해한다는 점에 대해 갑은 우려하지만 을은 우려하지 않는다.
③ 결과의 격차를 줄이는 것이 정의롭다는 점에 대해 을과 병은 동의한다.
④ 절차적 공정성이 중요하다는 점에 대해 갑은 동의하지만 병은 부정한다.

10 갑~병의 주장을 분석한 내용으로 적절한 것만을 〈보기〉에서 모두 고르면?

> 갑: 현대의 교육 시스템은 창의력과 비판적 사고를 충분히 길러주지 못한다. 학생들은 표준화된 시험에 대비하기 위해 암기 위주의 학습을 하고 있다. 이러한 방식은 실제로 문제를 해결하는 능력을 저해한다. 교육은 지식을 전달하는 것뿐만 아니라, 스스로 생각하고 새로운 아이디어를 창출하는 능력을 키워줘야 한다. 따라서 현재의 교육 체제는 근본적인 개혁이 필요하다.
> 을: 교육은 사회의 기본적인 틀을 유지하기 위해 표준화된 지식을 전달하는 역할을 한다. 모든 학생이 동일한 기본 지식을 습득해야 사회가 원활하게 운영될 수 있다. 창의력과 비판적 사고는 기본 지식이 충분히 쌓인 후에야 발전시킬 수 있다. 그러므로 현재의 교육 시스템은 올바른 방향으로 가고 있으며, 큰 변화가 필요하지 않다.
> 병: 현대 교육은 지식 전달과 창의력 함양 사이에서 균형을 잡아야 한다. 표준화된 시험은 학생들의 기본 역량을 평가하는 데 필요하지만, 그것이 교육의 전부가 되어서는 안 된다. 교육 과정에 창의적인 활동과 비판적 사고를 촉진하는 프로그램을 더 많이 포함해야 한다. 따라서 교육 시스템은 일부 개선이 필요하지만, 완전히 개혁할 필요는 없다.

〈보기〉
ㄱ. 갑의 주장과 을의 주장은 대립하지 않는다.
ㄴ. 을의 주장과 병의 주장은 대립하지 않는다.
ㄷ. 병의 주장과 갑의 주장은 대립하지 않는다.

① ㄴ
② ㄷ
③ ㄴ, ㄷ
④ ㄱ, ㄴ, ㄷ

Chapter 02 [작문] 공문서 개요 작성

관련교재
⏿ 출좋포 독해·논리 p.32~41

◎ 천+기+누+설 출제빈도 체크

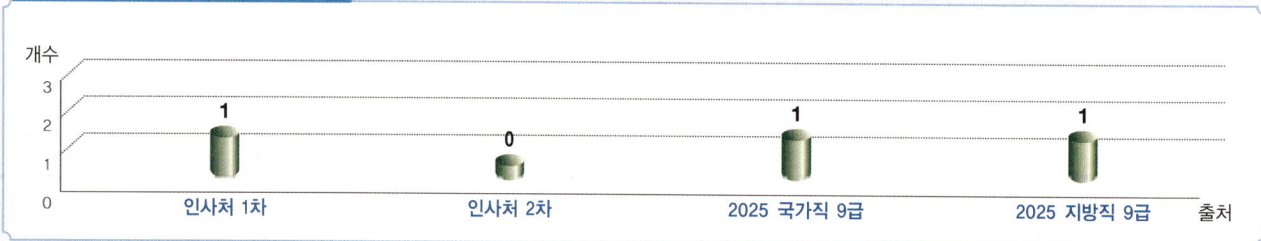

◎ 대표 천+기+누+설 개관

작문이란 '학습자가 자기의 감상이나 생각을 글로써 표현하는 산문'을 의미합니다.
'[작문] 공문서 개요 작성'은 인사혁신처의 1차 샘플에만 출제가 되었으나
2025 국가직 9급, 지방직 9급에도 출제되었으므로 꼭 정복을 해야 하는 유형입니다.
개요 작성 문제는 반드시 혜선 쌤이 알려 드리는
"개요 작성과 관련된 배경 지식과 야매꼼수"를 명확하게 익히셔야 쉽게 푸실 수 있습니다.

◎ 대표 천+기+누+설 발문 체크

01 〈지침〉에 따라 〈개요〉를 작성할 때 ㉠~㉣에 들어갈 내용으로 적절하지 않은 것은?
02 〈개요〉의 빈칸에 들어갈 내용으로 적절하지 않은 것은?

천+기+누+설 독해이론 [작문] 공문서 개요 작성

개요란 간결하게 추려낸 주요 내용을 의미하는 것으로
주로 '처음(서론) – 중간(본론) – 끝(결론)'의 3단 구성의 구조로 나타난다.

제목: 문제 푸는 데 기준이 되므로 꼭 잘 보기 ***

(서론) Ⅰ. 개념 정의 및 문제 제기
    1. 개념 정의
    2. 문제 제기

(본론) Ⅱ. 문제점의 원인
    1. 원인 a
    2. 원인 b

(본론) Ⅲ. 해결 방안
    1. 원인 a를 해결할 수 있는 방안
    2. 원인 b를 해결할 수 있는 방안

(결론) Ⅳ. 기대 효과와 향후 과제
    1. 기대 효과
    2. 향후 과제

[지침]
- 서론은 보고서 작성의 배경과 필요성을 포함할 것.
- 본론은 제목에서 밝힌 내용을 2개의 장으로 구성하되, 2장의 하위 항목이 3장의 하위 항목과 서로 대응하도록 할 것.
- 결론은 기대 효과와 향후 과제를 순서대로 제시할 것.

[개요]

제목: 국내 방송 산업의 친환경 제작 현황과 그 확산을 위한 정책 지원 방안

1장 서론
    1. 환경 위기에 대응하기 위한 해외 방송 산업의 정책 변화
    2. 국내 방송 산업의 친환경 제작 전략의 필요성

2장 국내 방송 산업의 친환경 제작 현황
    1. 국내 방송 산업 내 친환경 제작을 위한 지침 부재
    2. 국내 친환경 방송 제작 관련 전문 인력 부재

3장 국내 방송 산업의 친환경 제작 확산을 위한 정책 지원 방안
    1. 국내 방송 산업의 특성을 반영한 친환경 제작 지침의 마련
    2. 국내 친환경 방송 제작 관련 전문 인력 채용의 제도화

4장 결론
    1. 친환경 방송 제작을 위한 세부 지침과 인력 채용 방안 제시
    2. 현장 적용을 위한 정책 실행의 단계적 평가 및 개선

천기누설 혜선팍 독해 pin point

정답 및 해설 p.209

신유형 2025 버전 1

빨리 푸는 亦功 전략

1단계
문제의 원인과 해결 방안은 순서대로 1:1 대응됨을 알기

2단계
2장의 1은 ①,
2장의 2는 ②,
2장의 3은 ③이
대응되는지 확인하기

[작문] 공문서 해결 방안 추론

01 〈개요〉의 빈칸에 들어갈 내용으로 적절하지 않은 것은?

〔개요〕

- 제목: 농촌 지역 의료 공백의 실태와 개선 방안
Ⅰ. 농촌 지역 의료 공백의 실태
  1. 의료 시설 및 응급 의료 체계의 부족
  2. 만성 질환 관리 서비스의 접근성 저하
  3. 의료수가체계로 인한 민간 병원의 운영 한계
Ⅱ. 농촌 지역 의료 공백 발생 원인
  1. 낮은 급여로 인한 의료진의 농촌 근무 기피
  2. 공공의료기관에 대한 정부 투자 부족
  3. 농촌 인구감소로 인한 병원 운영 지속가능성 약화
Ⅲ. 농촌 지역 의료 공백 개선 방안

① 농촌 근무 의료진의 근로여건 개선과 인건비 지원 확대
② 공공병원 확충 및 보건소·보건지소 인력 강화
③ 농촌 주민의 도시 이주를 위한 정착금 지원
④ 대형병원과 농촌병원 간 연계 체계 구축

신유형 2025 버전 2

[작문] 공문서 개요 빈칸 추론

02 〈지침〉에 따라 〈개요〉를 작성할 때 ㉠~㉣에 들어갈 내용으로 적절하지 않은 것은?

─〔지침〕─
- 서론은 주제의 개념 정의와 논의의 필요성을 환기할 것.
- 본론은 두 개의 장으로 나누어 첫 번째 장에는 문제점을, 두 번째 장에는 문제점에 대응하는 개선 방향을 제시할 것.
- 결론은 본론과의 호응을 고려하여 기대 효과와 향후 과제를 제시할 것.

─〔개요〕─
- 제목: 탄소배출권 거래제도의 실효성과 지속가능한 발전 방향
- Ⅰ. 서론
  1. 정부가 기업들에게 일정량의 탄소 배출권을 할당
  2. ㉠
- Ⅱ. 탄소배출권 거래제도의 문제점
  1. 기술·자금 부족으로 감축 대응이 어려워지는 중소 기업
  2. ㉡
- Ⅲ. 탄소배출권 거래제도의 개선 방향
  1. ㉢
  2. 배출권 가격의 상한제를 적용
- Ⅳ. 결론
  1. 기후 위기에 대응 가능
  2. ㉣

① ㉠: 지나친 탄소배출로 인한 기후 위기 가속화
② ㉡: 배출권 가격이 과도하게 올라 기업의 성장이 저해됨
③ ㉢: 중소 기업에게는 배출권을 좀더 할당하여 줌
④ ㉣: 저탄소 사회 전환이 안정적으로 추진됨

문제훈련 [작문] 공문서 개요 작성

01 〈개요〉의 빈칸에 들어갈 내용으로 적절하지 않은 것은?

─〔개요〕─
- 제목: 전통시장 공동화 현상의 실태와 활성화 방안
Ⅰ. 전통시장 공동화 현상의 실태
　1. 최근 수년간 점포 수 감소와 빈 점포율 상승
　2. 방문객 급감으로 전통시장의 일상적 활력 저하
　3. 온라인 유통 확대로 인한 전통적 상거래 방식의 경쟁력 상실
Ⅱ. 전통시장 공동화의 원인
　1. 전통시장만의 차별화된 정체성과 향수를 살린 콘텐츠 부족
　2. 관광 상품화를 위한 스토리텔링 및 체험 프로그램 미비
　3. 젊은 세대와 외국인 관광객을 위한 디지털 인프라 부재
Ⅲ. 전통시장 활성화를 위한 개선 방안
　

① 전통시장 고유의 특색을 살린 테마 거리 조성과 향수 마케팅 강화
② 온라인 쇼핑몰과의 가격 경쟁을 위한 상품 단가 인하 정책
③ 국내외 성공 사례를 벤치마킹한 관광명소화 체험 프로그램 개발
④ 디지털 간편결제 시스템 도입 및 다국어 안내 서비스 구축

02 〈개요〉의 빈칸에 들어갈 내용으로 적절하지 않은 것은?

─〔개요〕─
- 제목: 전국 빈집 급증 현상의 실태와 관리 방안
Ⅰ. 전국 빈집 급증 현상의 실태
　1. 빈집 비율이 10%를 넘는 지역이 절반 이상으로 확대
　2. 빈집 방치로 인한 도심 슬럼화와 주변 부동산 가치 하락
　3. 지방 도시뿐 아니라 광역시 일부 지역까지 빈집 문제 확산
Ⅱ. 빈집 급증의 주요 원인
　1. 소유주의 철거 비용 부담과 복잡한 행정 절차로 인한 방치
　2. 빈집 관리·활용을 위한 전문 사업 모델과 제도적 기반 부재
　3. 부처별로 상이한 빈집 기준과 체계적 통계 관리 시스템 부족
Ⅲ. 빈집 문제 해결을 위한 관리 방안
　

① 빈집 소유주에 대한 징벌적 과세를 통한 매각 압박 강화
② 공공기관 출자 법인을 통한 빈집 직접 매입·개발 추진
③ 빈집 관리업 신설 및 농어촌 재생 민박업 등 활용 사업 지원
④ 빈집 정의 일원화 및 체계적 통계 관리 시스템 구축

03 〈개요〉의 빈칸에 들어갈 내용으로 적절하지 않은 것은?

─〈개요〉─

- 제목: 직장 내 괴롭힘 증가의 실태와 예방 방안
Ⅰ. 직장 내 괴롭힘 증가의 실태
  1. 언어적·정서적 괴롭힘으로 인한 근로자 정신건강 악화
  2. 업무 배제와 과도한 지시로 인한 이직률 증가
  3. 조직 분위기 악화와 생산성 저하 문제 심화
Ⅱ. 직장 내 괴롭힘 증가의 원인
  1. 위계적 조직문화와 권위주의적 리더십 관행 지속
  2. 괴롭힘 신고 시 불이익에 대한 두려움과 보호 장치 부족
  3. 관리자의 갈등 조정 역량과 예방 교육 부재
Ⅲ. 직장 내 괴롭힘 예방을 위한 개선 방안
  ☐

① 수평적 조직문화 구축과 소통 중심 리더십 교육 강화
② 익명 신고 시스템 도입과 신고자 보호 제도 강화
③ 관리자 대상 갈등 관리 교육과 정기적 예방 프로그램 운영
④ 괴롭힘 피해자의 퇴사를 위한 위로금 지급

04 〈지침〉에 따라 〈개요〉를 작성할 때 ㉠~㉣에 들어갈 내용으로 적절하지 않은 것은?

─〈지침〉─

- 서론은 주제의 현황을 설명하고, 문제의 심각성을 강조하는 형태로 구성할 것.
- 본론은 두 개의 장으로 나누어 첫 번째 장에는 문제점을, 두 번째 장에는 문제점에 대응하는 해결 방안을 제시할 것.
- 결론은 본론과의 호응을 고려하여 기대 효과와 향후 과제를 제시할 것.

─〈개요〉─

- 제목: 도심 수직농업의 확산과 식량 안보 강화 방안
Ⅰ. 서론
  1. 도심 건물 안에서 작물을 층층이 쌓아 올리는 재배 방식의 증가
  2. ㉠
Ⅱ. 도심 수직농업의 주요 문제점
  1. 초기 설치비용과 운영 에너지 소비량의 과다
  2. 재배 가능 작물의 제한과 다양성 부족
  3. ㉡
Ⅲ. 도심 수직농업의 문제 해결 방안
  1. 친환경 에너지 기술 도입을 통한 운영비 절감
  2. 작물 다양화를 위한 육종 기술 개발 및 적용
  3. ㉢
Ⅳ. 결론
  1. ㉣
  2. 도심 수직농업의 지속 가능한 생태계 구축을 위한 제도적 지원 확대

① ㉠: 경작지 부족과 인구 증가로 인한 식량 안보 위기
② ㉡: 주 생산지로서의 기능을 상실하게 될 전통 농가의 위기 심화
③ ㉢: 전통 농업 방식의 확대를 통한 수직농업 한계 극복
④ ㉣: 해당 도심의 식량 자급률 향상

05 〈지침〉에 따라 〈개요〉를 작성할 때 (가)~(라)에 들어갈 내용으로 적절하지 않은 것은?

〔지침〕
- 서론은 보고서 작성의 배경과 필요성을 포함할 것.
- 본론은 제목에서 밝힌 내용을 2개의 장으로 구성하되, 2장의 하위 항목이 3장의 하위 항목과 서로 대응하도록 할 것.
- 결론은 기대 효과와 향후 과제를 순서대로 제시할 것.

〔개요〕
- 제목 : 공공도서관 이용률 저하 현황과 복합문화공간으로의 전환 방안
- 1장 서론
  1. 디지털 시대 정보 습득 경로 변화와 도서관의 위기
  2. (가)
- 2장 공공도서관 이용률 저하 현황
  1. (나)
  2. 사회적 약자를 위한 맞춤형 프로그램과 예산 부족
- 3장 공공도서관의 복합문화공간 전환 방안
  1. 활기찬 오픈형 공간 설계와 상업시설과의 협업 모델 도입
  2. (다)
- 4장 결론
  1. 독서와 사색이라는 도서관 본연의 역할과 균형 유지
  2. (라)

① (가) : 제3의 공간으로서 공공도서관 역할 재정립의 필요성
② (나) : 경직된 공간 구성으로 인한 젊은 세대의 도서관 기피
③ (다) : 장애인·다문화가정 등을 위한 프로그램 확대와 예산 증액
④ (라) : 공공 도서관 학습 공간 효율성 제고

06 〈지침〉에 따라 〈개요〉를 작성할 때 (가)~(라)에 들어갈 내용으로 적절하지 않은 것은?

〔지침〕
- 서론은 보고서 작성의 배경과 필요성을 포함할 것.
- 본론은 제목에서 밝힌 내용을 2개의 장으로 구성하되, 2장의 하위 항목이 3장의 하위 항목과 서로 대응하도록 할 것.
- 결론은 기대 효과와 향후 과제를 순서대로 제시할 것.

〔개요〕
- 제목 : 청소년 SNS 과의존 현황과 건전한 이용 환경 조성 방안
- 1장 서론
  1. 청소년 정신건강 위협과 유해 콘텐츠 확산의 심각성
  2. (가)
- 2장 청소년 SNS 과의존 현황
  1. (나)
  2. 딥페이크 등 유해 콘텐츠 노출과 플랫폼 기업의 관리 소홀
- 3장 청소년 SNS 건전 이용 환경 조성 방안
  1. 연령별 이용 시간 제한과 부모 동의제 등 제도적 규제 도입
  2. (다)
- 4장 결론
  1. (라)
  2. 청소년 당사자 의견 수렴과 소통·교육 기능 보장의 균형

① (가) : 청소년 보호를 위한 SNS 이용 규제 정책의 필요성
② (나) : 알고리즘 기반 중독성 콘텐츠로 인한 과도한 이용 유도
③ (다) : 청소년에 대한 딥페이크 제작·유포 처벌 강화
④ (라) : 건전한 SNS 이용 문화 정착과 청소년 정신건강 개선 기대

07 〈지침〉에 따라 〈개요〉를 작성할 때 (가)~(라)에 들어갈 내용으로 적절하지 않은 것은?

〔지침〕
- 서론은 보고서 작성의 배경과 필요성을 포함할 것.
- 본론은 제목에서 밝힌 내용을 2개의 장으로 구성하되, 2장의 하위 항목이 3장의 하위 항목과 서로 대응하도록 할 것.
- 결론은 기대 효과와 향후 과제를 순서대로 제시할 것.

〔개요〕
- 제목: 전기차 배터리 생산의 환경·인권 문제 현황과 지속가능한 전환 방안
- 1장 서론
  1. 전기차 전환 과정에서 발생하는 환경파괴와 인권침해 실태
  2. (가)
- 2장 전기차 배터리 생산의 문제 현황
  1. (나)
  2. 기업의 공급망 투명성 부족과 인권실사 정책 미비
- 3장 지속가능한 전기차 산업 전환 방안
  1. 기업의 배터리 재활용 설계 의무화
  2. (다)
- 4장 결론
  1. (라)
  2. 소비자 인식 개선과 지속가능한 교통 체계 구축

① (가): 전기차 전환 과정에서 발생하는 유가 변동의 불안정성
② (나): 기업의 배터리 재활용 기피로 인한 환경 오염 문제
③ (다): 기업 인권실사 정책 강화와 공급망 투명성 확보
④ (라): 투명한 공급망 구축과 공정한 에너지 전환 실현

08 〈지침〉에 따라 〈개요〉를 작성할 때 (가)~(라)에 들어갈 내용으로 적절하지 않은 것은?

〔지침〕
- 서론은 보고서 작성의 배경과 필요성을 포함할 것.
- 본론은 제목에서 밝힌 내용을 2개의 장으로 구성하되, 2장의 하위 항목이 3장의 하위 항목과 서로 대응하도록 할 것.
- 결론은 기대 효과와 향후 과제를 순서대로 제시할 것.

〔개요〕
- 제목: 플랫폼 노동자 보호의 현황과 개선 방안
- 1장 서론
  1. 디지털 전환에 따른 플랫폼 노동의 급속한 확대
  2. (가)
- 2장 플랫폼 노동자 보호의 현황
  1. 근로기준법상 노동자로 인정되지 않아 복지 사각지대에 있음.
  2. (나)
- 3장 플랫폼 노동자 보호를 위한 제도 개선 방안
  1. 근로자성 인정 기준 확대와 관련 복지 제도 정비
  2. (다)
- 4장 결론
  1. (라)
  2. 해외 사례를 참고한 단계적 입법 추진

① (가): 플랫폼 기업의 수익성 개선을 위한 규제 완화 필요성
② (나): 노동 강도 및 안전 문제
③ (다): 산재보험 적용 확대 및 자동 가입
④ (라): 플랫폼 노동자의 사회안전망 편입과 노동권 보장 실현

09 〈지침〉에 따라 〈개요〉를 작성할 때 (가)~(라)에 들어갈 내용으로 적절하지 않은 것은?

[지침]
- 서론은 보고서 작성의 배경과 필요성을 포함할 것.
- 본론은 제목에서 밝힌 내용을 2개의 장으로 구성하되, 2장의 하위 항목이 3장의 하위 항목과 서로 대응하도록 할 것.
- 결론은 기대 효과와 향후 과제를 순서대로 제시할 것.

[개요]
- 제목: 청소년 디지털 성범죄 급증 현황과 예방 대책 강화 방안
- 1장 서론
  1. 딥페이크 등 디지털 기술 악용 성범죄의 급속한 확산
  2. (가)
- 2장 청소년 디지털 성범죄 급증의 문제 현황
  1. 플랫폼 신고·삭제 체계의 실효성 부족과 대응 지연
  2. (나)
- 3장 청소년 디지털 성범죄 예방을 위한 대책 강화 방안
  1. (다)
  2. 학교 현장의 예방 교육 강화와 상담 지원 체계 구축
- 4장 결론
  1. (라)
  2. 지속적인 모니터링과 법·제도 보완을 통한 장기적 대응

① (가): 청소년 보호를 위한 종합적 대응 체계 마련의 시급성
② (나): 디지털 성범죄에 대한 학생·교사의 인식 부족과 교육 미비
③ (다): 청소년 이용자의 플랫폼 접근 제한 시간 확대
④ (라): 안전한 디지털 환경 조성과 청소년 권익 보호 강화

10 〈지침〉에 따라 〈개요〉를 작성할 때 ㉠~㉢에 들어갈 내용으로 적절하지 않은 것은?

[지침]
- 서론은 중심 소재의 개념 정의와 문제 제기를 1개의 장으로 작성할 것.
- 본론은 제목에서 밝힌 내용을 2개의 장으로 구성하되 각 장의 하위 항목끼리 대응되도록 작성할 것.
- 결론은 기대 효과와 향후 과제를 1개의 장으로 작성할 것.

[개요]
- 제목: 노인 돌봄 인력 부족 문제와 외국인 인력 활용 방안
- Ⅰ. 서론
  1. ㉠
  2. 초고령사회 진입에 따른 돌봄 인력 확보의 시급성
- Ⅱ. 노인 돌봄 인력 부족 문제
  1. 저임금과 열악한 근로환경으로 인한 청년층 기피
  2. ㉡
- Ⅲ. 외국인 돌봄 인력 활용 방안
  1. ㉢
  2. 외국인 돌봄 인력의 자격 취득 지원과 장기 체류 경로 마련
- Ⅳ. 결론
  1. ㉣
  2. 서비스 질 관리 체계 구축과 사회적 인식 개선 노력

① ㉠: 노인 돌봄 서비스의 개념과 요양보호사 업무 범위
② ㉡: 외국인 인력 유입으로 인한 내국인 임금 하락 압력
③ ㉢: 처우 개선과 동일임금 원칙을 통한 인력 이탈 방지
④ ㉣: 안정적 돌봄 인력 확보와 서비스 접근성 향상

Chapter 03 [작문] 내용 고쳐 쓰기

관련교재
㉮ 출좋포 독해·논리 p.42~48

◐ 천+기+누+설 출제빈도 체크

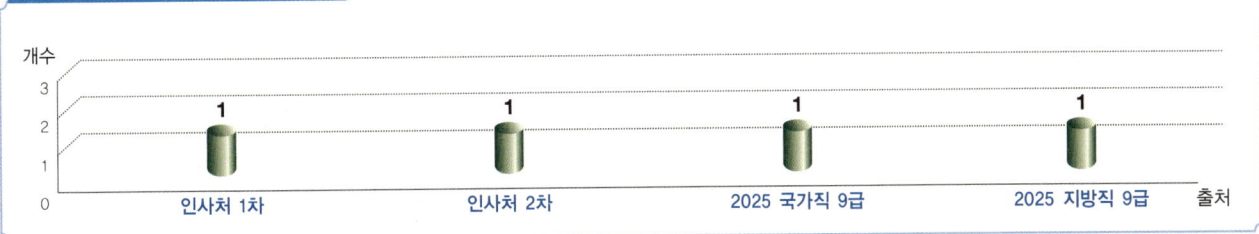

◐ 대표 천+기+누+설 개관

2025년 출제 기조 변화에 따라
1차 샘플과 2차 샘플, 2025 국가직, 지방직에 모두 출제된 유형입니다.
무조건 1문제는 반드시 나오며 소재가 어렵게 나올 경우에는 시간을 더 투자해야 할 수 있습니다.
내용 고쳐 쓰기 유형은 어법을 고치는 것이 아니라 문맥의 내용에 맞지 않는 부분을 고쳐 쓰는 유형입니다.
이 유형은 문제를 맞히는 것도 중요하지만 빠르게 푸는 것이 중요한 유형으로
혜선 쌤이 알려주는 야매꼼수를 알고 문제를 푼다면 효과적으로 시간을 절약할 수 있습니다.
밑줄 친 부분만 읽어서는 안 되며 답의 단서가 밑줄 앞뒤에 있음을 유념해야 합니다.

◐ 대표 천+기+누+설 발문 체크

01 다음 글의 ㉠~㉣ 중 어색한 곳을 찾아 가장 적절하게 수정한 것은?

02 ㉠~㉣을 문맥에 맞게 수정하는 방안으로 적절한 것은?

03 ㉠~㉣의 고쳐 쓰기로 적절하지 않은 것은?

신유형 2025 버전

[작문] 내용 고쳐 쓰기 긍정 발문

빠리 푸는 亦功 전략

1단계
발문을 보고
긍정 발문이면
틀린 내용이 답이 됨을
인지하고
바로 제시문 읽기

2단계
밑줄 친 ㉠~㉣이 맞는지
틀린지는 앞뒤의 단서를
통해 판단해야 함을 알기

3단계
틀린 내용을 발견하면
선지로 가서
잘 고쳤는지 확인하기

01 다음 글의 ㉠~㉣ 중 어색한 곳을 찾아 가장 적절하게 수정한 것은?

> 21세기는 국가 간 경쟁보다는 도시 간 경쟁의 시대가 되었다. 메가시티 전략은 개별 도시의 한계를 넘어, 광역 단위에서 지역의 경쟁력을 강화하고 인재와 자본을 끌어들이기 위한 방안으로 주목받고 있다. 서울은 인구 약 1000만 명이 거주하며 수도권과 같은 생활권을 형성하고 있으나, ㉠글로벌 메가시티로 완벽히 기능하지 못한다는 평가를 받는다. 전문가들은 "서울 중심의 수도권 메가시티를 통해 글로벌 경쟁력을 강화하면서도, 지방 메가시티를 개발해 지역 균형 발전을 도모해야 한다"고 강조하고 있다. 한편, ㉡<u>지방 메가시티 개발은 지역 간 갈등을 해소하고 중복 투자를 방지할 수 있다</u>는 점에서 주목받고 있다. 그러나 실제로는 광역 교통망 건설 과정에서 지자체 간 협의가 어려워 과잉 투자로 이어진 사례들이 보고되었다. 이러한 문제를 해결하기 위해서는 협력을 강화하고, 효율적인 네트워크 구축을 위한 체계적인 접근이 필요하다. 이와 더불어, 서울 중심의 수도권 메가시티는 ㉢<u>지자체 간 협력이 활발하게 이루어지고 있다</u>. 이는 지역 간 연계 부족과 갈등을 심화시키는 주요 원인으로 지적된다. 따라서 메가시티 전략의 성공을 위해서는 ㉣<u>거점 도시 중심의 행정 구역 통합과 효율적인 의사 결정 구조가 필요하다</u>는 주장이 제기되고 있다.

① ㉠: 글로벌 메가시티로 완벽히 기능하고 있다
② ㉡: 지방 메가시티 개발은 지역 간 갈등을 심화시키고 중복 투자를 초래할 위험이 있다
③ ㉢: 지자체 간 협력이 부족하고 행정적 비효율이 지속되고 있다
④ ㉣: 기존의 분산적 접근 방식을 유지해야 한다

신유형 2025 버전

[작문] 내용 고쳐 쓰기 긍정 발문

02 다음 글의 ㉠~㉣ 중 어색한 곳을 찾아 가장 적절하게 수정한 것은?

정신질환의 원인과 치료에 대한 접근 방식은 크게 생물학적 접근과 심리사회적 접근으로 나눌 수 있다. 생물학적 접근은 ㉠정신질환이 주로 신경전달물질의 불균형, 유전적 요인, 또는 뇌 구조의 이상과 같은 생물학적 요인에 의해 발생한다고 본다. 이 접근법에서는 약물 치료나 뇌 자극 치료와 같은 의학적 개입을 통해 증상을 완화하고 정상적인 뇌 기능을 회복하는 데 중점을 둔다. 항우울제나 항정신병 약물은 생물학적 접근을 기반으로 개발된 대표적인 치료 방법이다. 생물학적 접근은 정신질환을 과학적으로 분석하고 치료 가능성을 확대했지만, ㉡정신질환을 지나치게 기계적으로 이해한다는 비판을 받기도 한다. 심리사회적 접근은 ㉢정신질환이 개인의 심리적 경험과 사회적 환경에 의해 형성된다고 본다. 이 접근법은 개인의 감정, 사고 패턴, 그리고 대인 관계와 같은 심리적 요인뿐만 아니라, 경제적 불평등, 사회적 낙인과 같은 환경적 요인을 중점적으로 고려한다. 인지행동치료나 가족 치료는 심리사회적 접근의 대표적인 예이다. 심리사회적 접근은 정신질환을 보다 통합적이고 다차원적으로 이해할 수 있는 틀을 제공하지만, ㉣사회적 요인을 과도하게 강조하여 개인의 책임을 간과한다는 비판이 있다.

① ㉠: 정신질환은 뇌 활동과는 무관하게 전적으로 환경적 요인에서 비롯된다고 본다
② ㉡: 정신질환을 지나치게 복잡하고 다차원적으로 해석하려는 경향이 있다
③ ㉢: 정신질환은 치료 없이 시간이 지나면 자연적으로 해결될 것이라고 주장한다
④ ㉣: 생물학적 요인을 충분히 고려하지 않는다는 한계를 지니고 있다

문제훈련 [작문] 내용 고쳐 쓰기

정답 및 해설 p.213

01 다음 글의 ㉠~㉣ 중 어색한 곳을 찾아 가장 적절하게 수정한 것은?

> 21세기 들어 농업 분야는 기술 혁신을 통해 새로운 전환점을 맞이하고 있다. 스마트 농업은 정보통신기술과 인공지능을 활용해 농업 생산성과 자원 효율성을 극대화하는 것을 목표로 한다. 이러한 기술은 ㉠농업 생산성을 극대화하고 자원 낭비를 최소화한다는 긍정적 평가를 받고 있다. 한편, 스마트 농업은 환경 지속 가능성에도 기여할 가능성이 크다. 자동화된 관개 시스템은 물 사용량을 최적화하고, 정밀 농업 기술은 비료와 농약 사용을 줄여 토양 오염을 방지한다. 그런데 ㉡스마트 농업 기술의 도입은 초기 투자 비용이 낮고, 모든 농가에서 쉽게 적용 가능하다는 평가를 받고 있다. 실제로 많은 농가에서는 초기 도입 비용과 기술적 복잡성 때문에 스마트 농업 기술 활용에 어려움을 겪고 있다. 또한, 스마트 농업의 확산은 농업 종사자들의 역할 변화와 노동 구조의 재편을 요구하고 있다. 자동화 기술이 노동력을 대체하면서, ㉢농업인의 전문성이 더욱 절실해졌다. 스마트 농업의 성공적 확산을 위해서는 ㉣기술 개발에만 집중하는 것이 아니라, 농업인들과의 협력과 소통, 기술 지원 시스템 강화가 필수적이다. 이를 통해 스마트 농업은 단순히 기술 중심의 혁신을 넘어, 지속 가능한 농업 생태계를 구축하는 데 기여할 수 있을 것이다.

① ㉠: 농업 생산성을 낮추고 자원 낭비를 초래한다는 비판을
② ㉡: 스마트 농업 기술의 도입은 초기 투자 비용이 높고, 모든 농가에서 쉽게 적용하기 어렵다
③ ㉢: 농업인의 단순 노동이 더욱 강조되게 되었다
④ ㉣: 최첨단 기술 개발이 최우선 과제이다

02 다음 글의 ㉠~㉣ 중 어색한 곳을 찾아 가장 적절하게 수정한 것은?

> 기후 변화는 인류가 직면한 가장 심각한 도전 과제 중 하나이다. 지구 평균 기온 상승과 극단적 기후 현상이 빈번해지면서, ㉠화석 연료 의존을 줄이고 재생 에너지로 전환하려는 노력이 전 세계적으로 확산되고 있다. 태양광, 풍력, 수력 등 재생 에너지는 무한히 이용 가능하며, 온실가스 배출을 최소화할 수 있는 대안으로 주목받고 있다. 하지만 재생 에너지로의 전환에는 도전 과제도 존재한다. ㉡재생 에너지는 간헐적 공급으로 인해 안정적 에너지 제공에 한계가 있다. 예를 들어, 태양광 발전은 일조량에, 풍력 발전은 풍속에 의존하기 때문에, 안정적인 에너지 공급을 위한 저장 기술과 인프라가 필요하다. 이와 같은 기술적 한계 외에도, ㉢재생 에너지 기술의 초기 도입 비용이 낮아 모든 국가에서 쉽게 적용되고 있다는 평가도 반박을 받고 있다. 실제로 개발도상국에서는 재생 에너지 인프라를 구축하기 위한 자금 조달과 기술적 지원이 부족한 경우가 많다. 결국, 재생 에너지 전환은 기술 개발뿐만 아니라 국제적 협력과 정책적 지원이 뒷받침되어야 한다. 일부 전문가들은 ㉣재생 에너지 사용을 중단하고 화석 연료를 사용해야 한다고 주장하고 있다. 이를 통해 기후 변화에 대응하면서도 에너지 수급의 안정성을 확보할 수 있을 것이라고 보는 것이다.

① ㉠: 화석 연료 의존을 늘리고 재생 에너지 사용을 억제하려는 노력
② ㉡: 재생 에너지는 안정적인 에너지 공급이 가능하다
③ ㉢: 재생 에너지 기술의 초기 도입 비용이 높아 모든 국가에서 쉽게 적용하기 어렵다는 평가
④ ㉣: 재생 에너지만을 고집하기보다는, 단기적으로는 화석 연료를 병행하면서 장기적 계획을 수립해야 한다

03 다음 글의 ㉠~㉣ 중 어색한 곳을 찾아 가장 적절하게 수정한 것은?

> 문화유산은 한 사회의 정체성과 가치를 담고 있는 소중한 자산이다. 현대 사회의 급속한 도시화와 산업화는 ㉠문화유산 보존에 부정적인 영향을 미쳤다는 평가를 받고 있다. 실제로 도시 개발 과정에서 많은 문화유산이 파괴되거나 훼손되었다. 이를 막기 위해 국제사회는 다양한 보존 정책과 협약을 도입했으며, 유네스코의 세계유산 등재 제도는 문화유산 보호를 위한 중요한 기제로 자리 잡고 있다. 한편, 문화유산을 단순히 보존하는 것을 넘어, ㉡현대 사회에서 활용하는 것에 대한 논의도 활발히 이루어지고 있다. 예를 들어, 역사적 유적지와 전통 마을은 관광 자원으로 활용되며 지역 경제에 긍정적인 영향을 미치고 있다. 그러나 무분별한 상업화는 문화유산의 본래 가치를 훼손할 위험이 있다. 따라서 문화유산 활용은 ㉢그 가치를 존중하고 보존하려는 노력이 병행되어야 한다는 주장이 제기되고 있다. 결론적으로, 문화유산은 현대적 관점에서 경제적 자원으로 간주되어야 하며, 사회적 가치를 극대화하는 것이 중요하다. 하지만 ㉣문화유산이 실용적이고 경제적인 측면에 긍정적인 영향을 주어야 한다는 점은 간과되어서는 안 된다. 이를 위해 각국 정부와 지역 사회의 협력이 필수적이다.

① ㉠: 문화유산 보존에 긍정적인 영향을 미쳤다
② ㉡: 현대 사회에서의 활용을 최소화함으로써 보존 효과를 극대화해야 한다는 논의
③ ㉢: 경제적 이익으로 환원하려는 노력이 중요하다
④ ㉣: 문화 유산의 본래 의미와 역사적 맥락을 보존하는 것이 우선되어야 한다는 점

04 다음 글의 ㉠~㉣ 중 어색한 곳을 찾아 가장 적절하게 수정한 것은?

> 현대 도시들은 빠르게 변화하는 사회적·경제적 환경 속에서 지속 가능한 발전을 모색하고 있다. 이 과정에서 도시 재생 프로젝트는 ㉠낙후된 지역을 활력 있는 공간으로 탈바꿈시키는 중요한 수단으로 여겨진다. 도시 재생은 단순한 물리적 공간의 개선을 넘어, 지역 주민의 삶의 질을 향상시키고 경제적 기회를 창출하는 데 기여한다. 특히, 문화적 가치가 담긴 건축물과 장소를 보존하며 새로운 기능을 부여하는 방식은 도시 정체성을 강화하는 데 핵심적인 역할을 한다. 그러나 도시 재생이 항상 긍정적인 결과만을 가져오는 것은 아니다. ㉡재생 과정에서 경제적 이익을 극대화하기 위해 상업화가 지나치게 강조되면, 기존 지역 사회와 문화적 가치를 훼손할 위험이 있다. 예를 들어, 일부 사례에서는 전통적 건축물과 주민 공동체가 사라지고 대규모 상업 단지가 조성되면서 지역의 정체성이 약화되었다. 한편, ㉢도시 재생은 전문가들이 주도할 때 효율적으로 진행될 수 있다는 연구 결과가 있다. 주민들의 의견이 반영된 재생 프로젝트는 단기적 성과를 넘어 장기적인 지속 가능성을 담보할 수 있다. 도시 재생은 ㉣경제적 효율성과 문화적 가치 보존이라는 두 가지 목표를 균형 있게 추구해야 하며, 이를 위해 다양한 이해관계자 간의 협력이 필수적이다.

① ㉠: 낙후된 지역을 현대적 상업 공간으로 대체하는
② ㉡: 재생 과정에서 상업화의 비중이 지나치게 낮아지면
③ ㉢: 도시 재생이 지역 주민의 참여와 협력을 기반으로 진행될 때 더욱 성공적이라는
④ ㉣: 문화적 가치보다 경제적 효율성을 우선시해야 하며

05 다음 글의 ㉠~㉣ 중 어색한 곳을 찾아 가장 적절하게 수정한 것은?

현대 도시에서는 공공 예술이 지역 사회의 정체성을 강화하고 주민들의 문화적 경험을 풍요롭게 만드는 중요한 요소로 자리 잡고 있다. 공공 예술은 도시 공간 속에서 ㉠시민들과의 소통을 촉진하고 지역의 문화적 정체성을 반영한다. 그러나 일부에서는 공공 예술이 도시 재생과 관광 활성화라는 경제적 목표에 치중하여 본래의 예술적 가치를 훼손하고 있다는 비판도 제기되고 있다. 특히, ㉡외부 예술가들이 주도하는 프로젝트는 환경을 오염시키는 경우가 많아, 지역 사회와의 괴리를 초래할 수 있다. 한편, 공공 예술은 도시 공간의 미적 가치뿐만 아니라, 사회적 갈등을 해소하고 공동체 의식을 강화하는 데 기여할 가능성이 크다. 예를 들어, 분쟁 지역에서는 ㉢공공 예술을 통해 화해와 치유의 메시지를 전달하려는 시도가 이루어지고 있다. 이러한 시도는 공공 예술이 단순한 장식이 아니라, 사회적 변화를 촉진하는 도구로 활용될 수 있음을 보여준다. 이렇듯 공공 예술은 ㉣도시의 정체성을 강화하고 사회적 가치를 실현할 수 있는 잠재력을 가지고 있다.

① ㉠: 도시의 미적 가치를 훼손하며 주민들의 소통을 방해한다
② ㉡: 외부 예술가들이 주도하는 공공 예술 프로젝트는 지역 주민들의 의견을 배제하는
③ ㉢: 공공 예술을 통해 지역 사회의 불화를 심화시키려는
④ ㉣: 특정 계층만을 위한 문화적 경험을 제공할 수 있는

06 다음 글의 ㉠~㉣ 중 어색한 곳을 찾아 가장 적절하게 수정한 것은?

과거 예술은 전적으로 인간의 창의력과 감정에 의존하는 영역으로 간주되었으나, 인공지능 기술이 이를 보완하거나 대체할 수 있다는 논의가 본격화되고 있다. 딥러닝 알고리즘을 기반으로 한 AI 모델들은 그림을 그리거나 음악을 작곡하며, 문학 작품의 초안을 작성하기도 한다. 이러한 기술은 ㉠예술적 표현을 인간의 한계를 넘어선 영역으로 확장한다는 점에서 긍정적으로 평가받고 있다. 그러나 인공지능이 창작의 주체로서 자리 잡을 수 있는지에 대해서는 논란이 있다. 많은 예술가와 철학자들은 ㉡AI의 창작이 단순히 데이터를 학습하여 패턴을 모방하는 데 불과하며, 인간의 감정과 맥락을 담아내는 데는 한계가 있다고 지적한다. 예를 들어, AI가 생성한 그림은 기술적으로 정교할 수 있지만, 인간의 경험에서 우러나온 독창적 감정은 결여되어 있다는 것이다. 한편, ㉢AI가 독립적으로 예술 작품을 창작하는 방식이 새로운 패러다임으로 떠오르고 있다. 이러한 협업은 인간의 창의력과 AI의 기술적 정교함을 결합하여 독특하고 혁신적인 결과물을 만들어낼 가능성을 시사한다. 인공지능이 창작 과정에서 독립적인 주체로 인정받는 것은 시간 문제라는 관점도 있지만, ㉣인간의 창의성을 대체하기보다는 보완하는 역할에 머물러야 한다는 시각이 여전히 우세하다. 앞으로 AI와 예술의 관계는 기술 발전과 함께 더욱 복잡하고 다층적인 양상을 띨 것으로 보인다.

① ㉠: 예술적 표현을 인간의 한계를 제한하는 요소로 축소한다는 점에서 부정적으로
② ㉡: AI의 창작이 데이터를 학습하여 인간의 독창성을 넘어선다고 평가한다
③ ㉢: AI와 인간이 협력하여 예술 작품을 창조하는
④ ㉣: AI가 인간의 창의성과는 무관하게 독자적인 예술의 길을 만들어야 한다는 주장이 설득력을 얻고 있다

07 다음 글의 ㉠~㉣ 중 어색한 곳을 찾아 가장 적절하게 수정한 것은?

> 정의의 실현 방식에 있어 두 가지 주요 접근법이 대립한다. 응보적 정의는 ㉠<u>법을 위반한 행위에 대해 처벌을 가함으로써 정의를 실현하려는</u> 접근법이다. 이 관점은 범죄를 저지른 사람에게 상응하는 처벌을 가함으로써, 사회적 질서를 회복하고 미래의 범죄를 예방할 수 있다고 본다. 엄격한 법적 제재는 범죄자의 행위를 억제하고, ㉡<u>사회 구성원들에게 법의 권위를 강화한다는 긍정적 효과를 가져온다는</u> 것이다. 반면, 회복적 정의는 ㉢<u>범죄로 인한 지역사회의 연대 약화와, 이를 회복하기 위한 처벌에 중점</u>을 둔다. 이 접근법은 가해자와 피해자, 그리고 지역사회가 대화를 통해 갈등을 해결하고, 범죄로 인한 상처를 치유하려는 노력을 강조한다. 예를 들어, 가해자가 피해자에게 직접 사과하고 손해를 배상하는 방식은 피해자에게 심리적 회복을 제공하며, 가해자에게 책임감을 심줄 수 있다. 하지만 회복적 정의는 ㉣<u>모든 범죄 상황에서 실현 가능하지 않으며, 중대한 범죄에 대해 충분한 응보적 요소를 제공하지 못할 수 있다는</u> 한계가 지적된다.

① ㉠: 법을 위반한 행위를 사회적 갈등으로 받아들이며, 처벌 대신 화해를 강조하려는
② ㉡: 사회 구성원들에게 법의 경직성을 부각하여 창의성을 억압한다는
③ ㉢: 범죄로 인해 깨진 관계와 사회적 균형을 회복하는 데
④ ㉣: 모든 범죄 상황에서 공정성을 지나치게 강조하며, 실질적 정의를 훼손한다는

08 다음 글의 ㉠~㉣ 중 어색한 곳을 찾아 가장 적절하게 수정한 것은?

> 고전 조성 음악은 ㉠<u>조화와 균형을 추구</u>하며, 음계와 화성의 규칙성을 기반으로 한다. 조성 음악의 핵심은 특정한 중심음을 기준으로 곡의 구조를 구성하는 데 있다. 예를 들어, 모차르트와 베토벤 같은 작곡가들은 이러한 조성 체계를 활용하여 음악적 긴장과 해소를 효과적으로 표현했다. 조성 음악은 대중들에게 친숙하며, 듣는 이로 하여금 자연스러운 음악적 흐름을 경험하게 한다는 장점이 있다. 그러나 이러한 규칙 중심의 접근은 ㉡<u>음악의 실험적 가능성을 제한한다는</u> 비판도 제기된다. 반면, 현대 무조 음악은 전통적인 조성 체계를 거부하고, ㉢<u>자연스러운 화음과 조화를 추구하는</u> 방식으로 작곡된다. 예를 들어 쇤베르크와 같은 작곡가들이 주창한 이 접근법은 더 이상 '도(tonic)' 같은 중심 음을 두지 않고, 12개의 반음(서양 음악의 12음 체계)을 모두 같은 비중으로 사용한다. 무조 음악은 조성 음악에서 경험할 수 없는 긴장과 해체의 미학을 탐구하지만, ㉣<u>대중들에게 지나치게 난해하게 느껴질 수 있다는</u> 한계를 가지고 있다.

① ㉠: 개성을 배제하고 표준화된 음악적 규칙을 준수하며
② ㉡: 새로운 음악적 표현을 무한히 확장할 수 있는 기회를 제공하기도 한다
③ ㉢: 모든 음을 동등하게 취급하는 방식
④ ㉣: 음악적 흐름이 자연스럽고 대중들에게 쉽게 받아들여진다는 평가를 받는다

09 다음 글의 ㉠~㉣ 중 어색한 곳을 찾아 가장 적절하게 수정한 것은?

인공지능의 발전과 그 잠재적 영향에 대한 논의는 기술적 관점뿐 아니라 철학적·사회적 관점에서도 중요한 주제가 되고 있다. AI의 개발 방향과 역할에 관해, 강인공지능과 약인공지능이라는 두 가지 접근법이 서로 다른 비전을 제시한다. 강인공지능은 ㉠인간과 동등하거나 그 이상의 지능과 자율성을 가진 시스템을 목표로 한다. 이 접근은 인간처럼 학습, 추론, 창의적 사고를 할 수 있는 기계를 개발하려는 데 초점이 맞춰져 있다. 강인공지능은 이론적으로 인간의 모든 지적 활동을 수행할 수 있으니, 이를 통해 복잡한 사회적 문제를 해결하거나 새로운 지식을 창출할 수 있을 것으로 기대된다. 그러나 강인공지능은 ㉡인간의 윤리적 기준과 가치관을 정확히 반영할 수 없는 위험성 때문에 논란의 대상이 된다. 약인공지능은 ㉢특정한 문제를 해결하기 위해 설계된 도구적 지능에 초점을 맞춘다. 약인공지능은 특정 작업이나 기능을 수행하는 데 탁월한 성과를 보이며, 자율적 사고보다는 정해진 알고리즘과 데이터에 의존한다. 현재 우리가 사용하는 대부분의 AI 시스템은 약인공지능에 해당한다. 약인공지능은 실용성과 안전성을 강조하며, 예측 가능한 방식으로 작동하기 때문에 비교적 높은 신뢰를 얻고 있다. 이러한 약인공지능은 ㉣모든 복잡한 문제를 인간보다 빠르고 정확하게 해결할 수 있다.

① ㉠: 정해진 프로그램 외에 학습 능력이 없는 시스템
② ㉡: 인간의 윤리적 가치관을 자동으로 학습하여 정확히 반영한다는 안정성
③ ㉢: 모든 지적 활동을 대체하기 위해 설계된 범용적 지능에
④ ㉣: 복잡한 문제 해결이나 창의적 사고를 필요로 하는 상황에서 한계를 보인다

10 다음 글의 ㉠~㉣ 중 어색한 곳을 찾아 가장 적절하게 수정한 것은?

경제 활동의 중심축이 되는 두 가지 모델인 소유경제와 공유경제는 자원과 자산 활용 방식에서 뚜렷한 차이를 보인다. 소유경제는 ㉠재화를 생산하는 대신, 소비자 간 교환을 통해 경제적 가치를 창출하는 전통적인 모델이다. 이 관점에서는 소유권이 자산의 활용과 통제의 중심에 있으며, ㉡소비자가 물건이나 서비스를 직접 구매해 사용권을 독점적으로 누리는 것이 핵심이다. 예를 들어, 자동차나 주택을 구매해 소유하는 것은 소유경제의 전형적인 사례로 꼽힌다. 공유경제는 ㉢재화와 서비스를 소유하지 않고, 공유하거나 대여하는 방식의 새로운 경제 모델이다. 공유경제는 자원을 효율적으로 활용하고, 소비자 간의 협력을 통해 경제적 가치를 창출하는 것을 목표로 한다. 우버나 에어비앤비와 같은 플랫폼은 공유경제의 대표적인 사례로, 사용하지 않는 자산을 공유해 경제적 효율성을 극대화한다. 하지만 공유경제는 ㉣플랫폼 기업이 지나치게 많은 권한을 가져가거나, 노동 조건이 불안정해질 위험이 있다는 비판을 받고 있다.

① ㉠: 개인이 재화와 서비스를 소유함으로써
② ㉡: 소비자가 임시적으로 자산을 대여하거나 빌려 사용권을 분산하는 것
③ ㉢: 모든 재화를 정부의 소유하에 두고, 공적 자원으로 관리하는
④ ㉣: 플랫폼 기업이 자원을 공정하게 분배하여 경제적 불평등을 해소할 가능성이 있다는 평가를

Chapter 04 [작문] 공문서 문장 고쳐 쓰기

관련교재
㉮ 출좋포 독해·논리 p.50~61

◐ 천+기+누+설 출제빈도 체크

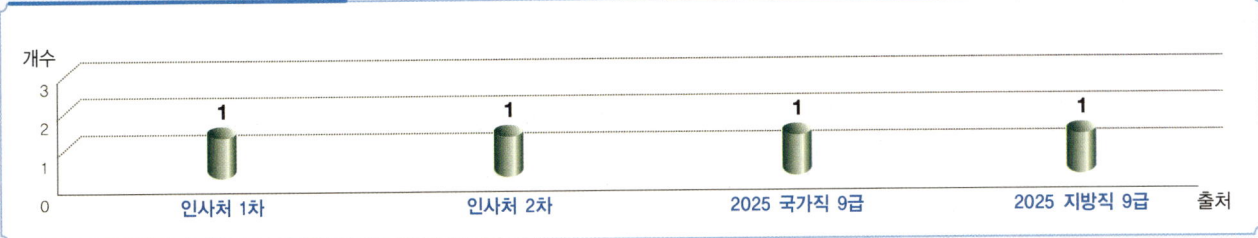

◐ 대표 천+기+누+설 개관

작문의 문장의 어법을 고쳐 쓰는 문제는 전통적으로 나오는 유형 중 하나였습니다.
2025년 출제 기조가 변화된 이후에도 문장 고쳐 쓰기는
무조건 1문제는 나올 예정인 0순위 최빈출 유형에 해당됩니다.
특히, 실무 능력을 돋우는 2025의 새로운 경향을 반영하여
〈공공언어 바로 쓰기 원칙〉에 따른 공문서 문장 고쳐 쓰기라는 신유형의 문제가 반드시 나올 예정입니다.
따라서 1) 문장 고쳐 쓰기의 문법 이론을 암기하고 2) 이를 공문서에 적용할 수 있어야 합니다.

◐ 대표 천+기+누+설 발문 체크

01 〈공공언어 바로 쓰기 원칙〉에 따라 수정한 것으로 적절하지 않은 것은?
02 〈공공언어 바로 쓰기 원칙〉에 따라 〈공문서〉의 ㉠~㉣을 수정한 것으로 적절하지 않은 것은?

천기누설 혜선팍 독해 pin point

정답 및 해설 p.215

신유형 2025 버전 1

[작문_공문서] <기안문>이 없는 문장 고쳐 쓰기

빨리 푸는 亦功 전략

1단계
〈공공언어 바로 쓰기 원칙〉에 초점을 맞춰 적절하지 않은 것을 고르기

2단계
〈공공언어 바로 쓰기 원칙〉의
㉠ 보고 ① 커닝
㉡ 보고 ② 커닝하면서
답을 찾기

01 〈공공언어 바로 쓰기 원칙〉에 따라 수정한 것으로 적절하지 않은 것은?

─── 〈공공언어 바로 쓰기 원칙〉 ───

• 간결하고 명료한 문장 사용
  - ㉠ 주어와 서술어의 관계를 명확하게 표현함.
• 조사·어미 등 생략 시 어법 고려
  - ㉡ 조사, 어미, '-하다' 등을 지나치게 생략하지 않음.
• 대등한 것끼리 접속
  - ㉢ 접속되는 말에는 구조가 같은 표현을 사용함.
• 외국어 번역 투 삼가기
  - ㉣ 영어, 일본어 번역 투 삼감.

① ㉠을 고려하여 '조사 내용은 공통 조사 항목과 체류 자격에 따라 추가로 조사하는 항목들이 있습니다.'를 '조사 내용은 공통 조사 항목과 체류 자격에 따른 조사 항목으로 구성되어 있습니다.'로 고쳐 쓴다.

② ㉡을 고려하여 '정상회담 계기 공동성명을 통해'를 '정상회담을 계기로 공동성명을 발표하여'로 고쳐 쓴다.

③ ㉢을 고려하여 '범칙금 부과 또는 형사 처벌을 받게 되고'를 '범칙금을 부과하거나 형사 처벌을 받게 되고'로 고쳐 쓴다.

④ ㉣을 고려하여 '직원들에 대하여'를 '직원들에게'로 고쳐 쓴다.

신유형 2025 버전 2

[작문_공문서] <기안문>이 있는 문장 고쳐 쓰기

02 <공문서 작성 지침>에 따라 <공문서>의 ㉠~㉣을 수정한 것으로 적절하지 않은 것은?

─────────〈공문서 작성 지침〉─────────
- 문장 성분 간의 호응을 고려할 것.
- 문장이 이어질 때는 적절한 연결사를 사용할 것.
- 불필요한 표현을 사용하지 않도록 주의할 것.
- 필요한 문장 성분이 생략되지 않도록 할 것.

─────────〈공문서〉─────────
○○부

수신 전국 지방자치단체장
(경유)
제목 고향사랑 지정 기부제 시행 안내

─────────────────────────

　○○부는 고향사랑 지정 기부제를 6월 4일(화) 오전 9시부터 공식 시행한다고 밝혔습니다. 지정 기부란 ㉠<u>지방자치단체가 지역사회 문제, 취약계층을 지원하기 위해</u> 준비한 사업들 중에서 기부자 본인이 기부금이 사용되기를 원하는 사업을 지정하여 하는 기부입니다. 기존의 일반기부는 ㉡<u>기부자가 원하는 지자체에 기부하는 방식일 뿐만 아니라</u> 지정기부는 미리 준비된 지자체의 '사업'에 기부한다는 점에서 차이가 있습니다. 즉, 일반기부의 경우 지자체가 모은 기부금을 사용할 사업을 추후에 정하지만, 지정 기부는 ㉢<u>기부자가 미리 본인의 기부금이 사용될 사업과 지원대상을 알면서 기부하기에 만족감이 더욱 높아질 것</u>으로 기대됩니다. ㉣<u>지역사회에 실질적인 도움이 되기를</u> 기원합니다.

① ㉠: 지방자치단체가 지역사회 문제를 해결하고, 취약계층을 지원하기 위해
② ㉡: 기부자가 원하는 지자체에 기부하는 방식인 반면에
③ ㉢: 지정 기부를 선택한 기부자가 미리 본인의 기부금이 사용될 사업과 지원 대상을 알면서 기부
④ ㉣: 이 제도가 지역사회에 실질적인 도움이 되기

빨리 푸는 赤功 전략

1단계
제시문의 발문에 따라 내용보다는 '어법상' 수정할 것이 있는지 판단하기

2단계
<공문서 작성 지침>에 초점을 맞춰 적절하지 않은 것을 고르기

3단계
<지침> 보고
㉠ 보고 ① 커닝
㉡ 보고 ② 커닝하면서
답을 찾기

문제훈련 [작문] 공문서 문장 고쳐 쓰기

정답 및 해설 p.215

01 〈공공언어 바로 쓰기 원칙〉에 따라 〈공문서〉의 ㉠~㉢을 수정한 것으로 적절하지 않은 것은?

─── 〈공공언어 바로 쓰기 원칙〉 ───
- 생소한 외래어나 외국어는 우리말로 다듬을 것.
- 외국어 번역투를 삼갈 것.
- 지나친 명사 나열을 피하고 적절한 조사와 어미를 활용하여 문장을 구성할 것.
- 불필요한 사동·피동 표현을 삼갈 것.

─── 〈공문서〉 ───
□□정책연구원

수신 수신처 참조
제목 연구개발 혁신 전문가 간담회 협조 요청
───────────────────────
1. 귀 기관의 무궁한 발전을 기원합니다.
2. 본원은 우리 경제의 성장동력 확충을 위해 ㉠<u>연구개발 이노베이션 전문가</u> ㉡<u>간담회를 가지려고 합니다</u>. 이번 간담회에서는 민간이 단독으로 추진하기 어려운 혁신·도전적 연구개발과 첨단기술 분야의 국제 공동연구 지원 방안을 논의할 예정입니다.
3. 특히 ㉢<u>연구개발 비용 세액공제율 한시 상향, 출연연 운영 제도 개선, 예산·인력 운영 자율성 확대를 통해</u> 민간 참여를 ㉣<u>활성화하고</u> 정책 효과성을 높이고자 하오니 적극 협조해 주시기 바랍니다.

① ㉠: 연구개발 혁신
② ㉡: 간담회를 개최하려고 합니다
③ ㉢: 연구개발 비용 세액공제율을 한시적으로 상향하고, 출연연 운영 제도를 개선하며, 예산·인력 운영의 자율성을 확대하는 것을
④ ㉣: 활성화시키고

02 〈공공언어 바로 쓰기 원칙〉에 따라 〈공문서〉의 ㉠~㉢을 수정한 것으로 적절하지 않은 것은?

─── 〈공공언어 바로 쓰기 원칙〉 ───
- 외래어나 한자어는 쉬운 우리말로 바꿀 것.
- 주어와 서술어의 호응을 맞출 것.
- 중의적으로 해석될 수 있는 표현은 삼갈 것.
- 불필요한 사동·피동 표현을 삼갈 것.

─── 〈공문서〉 ───
수신 수신자 참조
제목 자료 제출 요청
───────────────────────
1. 귀 기관의 무궁한 발전을 기원합니다.
2. 본 시청에서는 올해 추진한 ㉠<u>리빙 인프라 개선 프로젝트</u>의 성과를 점검하고자 합니다.
3. 조사는 ㉡<u>최근 3년간 추진된 사업의 개요, 생활환경 개선 요구, 주민 만족도 등을 포함되어</u> 실시할 예정입니다.
4. 수집된 자료는 향후 ㉢<u>관계자들과 만나 시민들의 생활환경 개선</u>에 대해 논의하는 데 활용될 예정이며 결과에 따라 관련 정책 수립 및 추진 방향이 ㉣<u>구체화되어질</u> 것입니다.

① ㉠: 생활환경 개선 사업
② ㉡: 최근 3년간 추진된 사업의 개요, 생활환경 개선 요구, 주민 만족도 등을 포함하여
③ ㉢: 관계자들과 시민들의 생활환경 개선
④ ㉣: 구체화될

03. 〈공공언어 바로 쓰기 원칙〉에 따라 〈공문서〉의 ㉠~㉣을 수정한 것으로 적절하지 않은 것은?

―――〈공공언어 바로 쓰기 원칙〉―――
- 중복되는 표현을 삼갈 것.
- 주어와 서술어의 호응을 맞출 것.
- 대등한 것끼리 접속할 때는 구조가 같은 표현을 사용할 것.
- 문맥에 따라 올바른 어휘를 선택할 것.

―――〈공문서〉―――

수신 수신자 참조
제목 전문가 초청 워크숍 참가 안내
――――――――――――――――――
1. 우리 원은 문화 예술 관련 기관·단체 소속 실무자와 예술 교육 ㉠담당자를 위한 문화 예술 전문 역량 강화를 위해 다양한 교육과정을 기획 및 운영하고 있습니다.
2. 정부 중앙 청사의 열린 문화 공간을 조성하고 직원들의 근무 환경을 개선하기 위해 ㉡귀 기관으로부터 미술품을 대여받고자 하오니 협조하여 주시기 바랍니다.
   가. 교육명: ○○필하모닉 교육 부서 전문가 초청 워크숍
   나. 교육 목적: 한일 ㉢과거사와 미래 지향적인 양국 간 관계 발전을 위한 전문가 양성 및 상호 교류
   다. 교육 대상: 문화 행정 인력, 정부 부처·지방자치단체 공무원
       ※ ㉣접수 인원이 많으면 문화 관련 업무 담당자 우선 선정 예정

① ㉠: 담당자의 문화 예술 전문 역량을 강화하고자
② ㉡: 귀 기관으로부터 미술품을 대여하고자 하오니
③ ㉢: 과거사를 극복하고 미래 지향적인 양국 간 관계를 발전시키기 위한
④ ㉣: 신청

04. 〈공공언어 바로 쓰기 원칙〉에 따라 〈공문서〉의 ㉠~㉣을 수정한 것으로 적절하지 않은 것은?

―――〈공공언어 바로 쓰기 원칙〉―――
- 문장 성분의 호응을 맞출 것.
- 외래어 표기법을 올바르게 따를 것.
- 대등한 것끼리 접속할 때는 구조가 같은 표현을 사용할 것.
- 영어 번역 투를 삼갈 것.

―――〈공문서〉―――

수신 수신자 참조
제목 외부 행사 참석 관련 협조 요청
――――――――――――――――――
1. 우리 위원회에서 개최 예정인 토론회에 귀 기관 직원이 참석하여 상시 학습 시간을 인정받을 수 있도록 협조하여 주시기 바랍니다.
2. 아울러, 2000.11.8. 개최 예정이던 가족 걷기 대회는 ㉠신종 플루 전염병 위기 단계를 경계에서 최고 단계인 심각으로 격상(11.3.)함에 따라 무기한 연기되었음을 알립니다.
3. 행사명은 '장애인 차별 금지법과 웹 ㉡포탈 접근성 보장 방안'이며 기 참석한 경우에는 별도 참석하실 필요가 없습니다.
4. 행사 후, ㉢○○○연구소가 발전하고 위상 강화에 뛰어난 공적이 있는 ㉣직원들에 대하여 장관 표창을 주고자 합니다.

① ㉠: 신종 플루 전염병 위기 단계를 경계에서 최고 단계인 심각으로 격상(11.3.)됨
② ㉡: 포털
③ ㉢: ○○○연구소가 발전하고 위상이 강화되는 것에
④ ㉣: 직원들에게

05 〈공공언어 바로 쓰기 원칙〉에 따라 〈공문서〉의 ㉠~㉣을 수정한 것으로 적절하지 않은 것은?
[주의 : 한글 맞춤법에서는 ②, ③ 선지 정도만 알아주세요!]

―――〈공공언어 바로 쓰기 원칙〉―――
- 지나친 명사구의 나열을 삼갈 것.
- 두음 법칙을 지킬 것.
- '하'의 준말의 맞춤법에 유의할 것.
- 필요한 문장 성분이 생략되지 않도록 할 것

―――〈공문서〉―――
수신 수신자 참조
제목 공공기관 지방 이전 계획의 차질 없는 이행 협조 요청
――――――――――――――――――――
1. ○○○○부는 「국가균형발전 특별법」 제18조에 따라 수립된 「공공기관 지방 이전 계획」에 따라 ㉠157개 수도권 소재 공공기관의 지방 이전을 추진하고 있습니다.
2. 그리고, 최근 혁신 도시 건설 사업의 지연 및 중단 우려 등이 제기되고 있습니다만 ○○○○부는 최초 계획대로 추진한다는 점을 다시 한 번 명확히 밝힙니다.
3. 이와 관련하여, 해당 실국에서는 이전 ㉡목표 년도까지 지방 이전이 차질 없이 추진될 수 있도록 내년도 예산을 ㉢확보토록 조치하여 주시기 바랍니다.
4. 아울러, 공공기관 예산 조기 집행과 직결된 사항이므로 신속히 검토하여 ㉣우리 부가 상반기 중에 달성할 수 있도록 협조하여 주시기 바랍니다.

① ㉠: 수도권에 있는 157개 공공기관을 지방으로 이전하는 일을 추진하고
② ㉡: 목표 연도까지
③ ㉢: 확보도록
④ ㉣: 우리 부가 상반기 중에 조기 집행 계획을 달성할 수 있도록

06 〈공공언어 바로 쓰기 원칙〉에 따라 〈공문서〉의 ㉠~㉣을 수정한 것으로 적절하지 않은 것은?

―――〈공공언어 바로 쓰기 원칙〉―――
- 필요한 문장 성분을 생략하지 말 것.
- 올바른 사동, 피동 표현을 사용할 것.
- 어렵고 상투적인 한문 투를 피할 것.
- 대등한 것끼리 접속할 때는 구조가 같은 표현을 사용할 것.

―――〈공문서〉―――
수신 수신자 참조
제목 신종 플루 대응 복무 지침 이행 요청
――――――――――――――――――――
1. 최근 신종 플루 유행 지표의 급증에 따라 정부는 2000년 11월 ㉠3일자로 '심각 단계'로 조정하였습니다.
2. 특히 최근 독감 의심 환자의 1/2가량은 신종 플루 감염으로 ㉡보여질 만큼 심각한 상황입니다.
3. 이에 따라 전 직원은 이미 알려드린 우리 부서의 신종 플루 대응 복무 지침을 철저히 숙지하여 ㉢감염 확산 방지에 철저를 기하여 주시기 바랍니다.
4. 각 부서에서 소속 직원이 ㉣의심 증상을 보이거나 감염 확산의 우려가 있으면 즉시 인사과로 알려주시기 바랍니다.

① ㉠: 3일자로 위기 경보를 '심각 단계'로 조정하였습니다
② ㉡: 보일
③ ㉢: 감염이 확산되지 않도록 철저히 노력해 주시기
④ ㉣: 의심 증상이나 감염 확산의 우려가 있으면

07 〈공공언어의 요건〉에 따라 수정한 것으로 적절하지 않은 것은?

─────── 〈공공언어의 요건〉 ───────

- 표기의 정확성
  - 한글 맞춤법과 표준어 규정을 지켰는가?
    ·· ㉠
  - 외래어 표기법과 로마자 표기법을 지켰는가?
- 표현의 정확성
  - 대등 접속의 관계가 적절한가? ············· ㉡
  - 수식 관계를 명확하게 표현하였는가? ····· ㉢
  - 번역투의 표현을 피하였는가? ················ ㉣

① '승인율'을 ㉠에 따라 '승인률'로 수정한다.
② "'적극 행정을 위한 창의성 증대' 등을 주제로 새로운 아이디어와 구체적인 실천 계획을 세운다.'를 ㉡에 따라 '새로운 아이디어를 발굴하고 구체적인 실천 계획을 세운다.'로 수정한다.
③ '일자리 기업의 홍보 기회를 제공하고 있습니다.'를 ㉢에 따라 '기업의 일자리 홍보 기회'로 수정한다.
④ '이 설문조사 결과는 청소년 언어 개선책을 시급히 마련해야 한다는 점을 말해 주고 있다.'를 ㉣에 따라 '청소년 언어 개선책을 시급히 마련해야 한다는 점을 이 설문조사 결과에서 알 수 있다.'로 수정한다.

08 〈공공언어 바로 쓰기 원칙〉에 따라 수정한 것으로 적절하지 않은 것은?

─────── 〈공공언어 바로 쓰기 원칙〉 ───────

- 문장 성분의 호응
  - ㉠ <u>주어와 서술어를 적절하게 호응시킴.</u>
- 여러 뜻으로 해석되는 표현 삼가기
  - ㉡ <u>하나의 뜻으로 해석되는 문장을 사용함.</u>
- 조사·어미 생략 시 어법 고려
  - ㉢ <u>조사, 어미, '-하다' 등을 지나치게 생략하지 않음.</u>
- 대등한 것끼리 접속
  - ㉣ <u>'-고', '-며', '-와', '-과' 등으로 접속되는 말에는 구조가 같은 표현을 사용함.</u>

① "올해부터 국민이 직접 정책 실명의 공개 과제를 요청되는 '국민 신청 실명제'를 분기별로 시행할 예정이다."를 ㉠에 따라 "올해부터 국민이 직접 정책 실명의 공개 과제를 요청하는 '국민 신청 실명제'를 분기별로 시행할 예정이다."로 수정한다.
② "시장은 구청들과 공원의 위치에 관하여 논의하였다."를 ㉡에 따라 "시장은 구청들과 만나 공원의 위치에 관하여 논의하였다."로 수정한다.
③ "정부는 노인 복지 종합 계획을 수립하여, 올 하반기부터 시행하기로 하였다."를 ㉢에 따라 "정부는 노인 복지 종합 계획을 수립, 올 하반기부터 시행하기로 하였다."로 수정한다.
④ "평화 수호와 인권을 보장하는 것"을 ㉣에 따라 "평화를 수호하고 인권을 보장하는 것"으로 수정한다.

09 〈공공언어 바로 쓰기 원칙〉에 따라 수정한 것으로 적절하지 않은 것은?

―― 〈공공언어 바로 쓰기 원칙〉 ――
- 영어 번역 투 삼가기
  - ㉠ 어색한 피동 표현(~에 의해 ~되다)을 삼감.
- 일본어 번역 투 삼가기
  - ㉡ '~에 있어서' 남용을 삼감.
- 접속어 사용
  - ㉢ 접속어를 사용할 때는 앞뒤 문장의 의미 관계를 고려하여 정확한 표현을 사용함.
- 여러 뜻으로 해석되는 표현 삼가기
  - ㉣ 하나의 뜻으로 해석되는 문장을 사용함.

① "조선은 태조 이성계에 의해 건국되었다."를 ㉠에 따라 "조선은 태조 이성계가 건국했다."로 수정한다.
② "우리의 목표는 조국 통일에 있다."를 ㉡에 따라 "우리의 목표는 조국통일이다."로 수정한다.
③ "○○국에 대한 국제 사회의 지원 필요성이 증대하였다. 그러나 정부는 지원을 하지 않기로 결정하였다."를 ㉢에 따라 "○○국에 대한 국제 사회의 지원 필요성이 증대하였다. 그리고 정부는 지원을 하지 않기로 결정하였다."로 수정한다.
④ "주민센터에서 신청한 아동 복지 지원금 지급을 완료하였다."를 ㉣에 따라 "주민이 주민센터를 통해 신청한 아동 복지 지원금 지급을 완료하였다."로 수정한다.

10 〈공공언어 바로 쓰기 원칙〉에 따라 수정한 것으로 적절하지 않은 것은?

―― 〈공공언어 바로 쓰기 원칙〉 ――
○ 대등한 것끼리 접속
  - ㉠ 대등 접속 시 구조가 같은 표현을 사용함.
○ 불필요한 표현 삼가기
  - ㉡ 불필요한 사동·피동 표현을 지양함.
○ 명료한 수식어구 사용
  - ㉢ 수식어와 피수식어의 관계를 분명하게 표현함.
○ 문맥에 맞는 어휘 사용
  - ㉣ 의미에 맞는 정확한 단어를 사용함.

① "음식물의 신선도 유지와 부패를 방지해야 한다."를 ㉠에 따라 "음식물의 신선도를 유지하고, 부패를 방지해야 한다."로 수정한다.
② "경제 성장에 방해가 되는 요소를 배제시켜야 한다."를 ㉡에 따라 "경제 성장에 방해가 되는 요소를 배제해야 한다."로 수정한다.
③ "5킬로그램 정도의 금 보관함"을 ㉢에 따라 "5킬로그램 정도를 담은 금 보관함"으로 수정한다.
④ "납세자의 결정세액이 기납부세액보다 적은 경우 그 차이만큼 납세자에게 환급할 예정이다."를 ㉣에 따라 "납세자의 결정세액이 기납부세액보다 적은 경우 그 차이만큼 납세자에게 환수할 예정이다."로 수정한다.

MEMO

✦ **Chapter 5** 중심 내용 추론

✦ **Chapter 6** 내용 추론 긍정 발문

✦ **Chapter 7** 내용 추론 부정 발문

천기누설 해선팍 독해 시즌2

Part 02

일반 추론

Chapter 05 중심 내용 추론

관련교재 ◆
㉮ 출좋포 독해·논리 p.124~133

◖ 천+기+누+설 출제빈도 체크

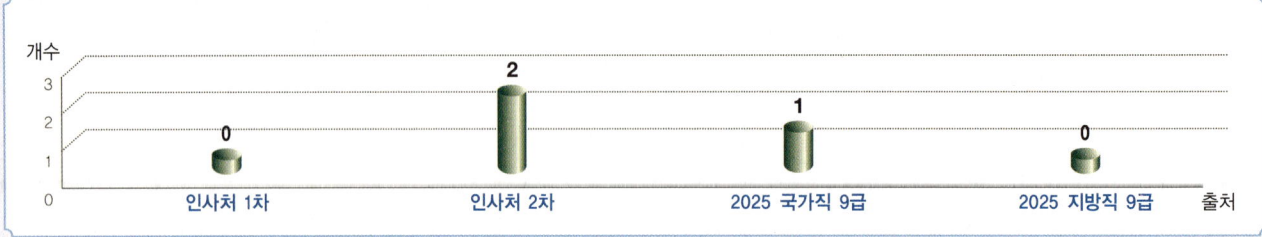

◖ 대표 천+기+누+설 개관

인사혁신처 1차 샘플에는 없었던 중심 내용 추론 문제가
인사혁신처 2차 샘플에 2문제, 2025 국가직 9급 1문제가 출제되었기 때문에
중심 내용 추론은 중요한 유형으로 떠오르게 되었습니다.
중심 내용은 글쓴이가 독자에게 가장 잘 전달하고자 하는 바를 의미합니다.
따라서 중심 내용 추론 문제는 '접속어, 지시어'를 중심으로 중요한 내용을 찾아가며 읽어야 합니다.
이 유형은 더더욱 오답 패턴을 외워야 소거가 쉬워지므로 오답 패턴을 익혀 두는 것이 중요합니다.

◖ 대표 천+기+누+설 발문 체크

01 다음 글의 중심 내용으로 가장 적절한 것은?
02 다음 글의 핵심 논지로 가장 적절한 것은?
03 다음 중 위 글의 제목으로 가장 적절한 것은?
04 다음 글의 주제로 가장 적절한 것은?

천기누설 혜선팍 독해 pin point

신유형 2025 버전 1

중심 내용 추론

01 다음 글의 중심 내용으로 가장 적절한 것은?

약물 개발에서 분자의 입체 구조는 치료 효과를 결정하는 핵심 요소로 작용한다. 어떤 분자는 같은 원자들로 구성되어 있어도 거울상처럼 서로 겹쳐지지 않는 두 형태로 존재할 수 있는데, 이를 '키랄성'이라고 한다. 물리적 특성은 동일하지만, 그러나 생물학적 환경에서는 전혀 다른 작용을 할 수 있다. 생체 내 단백질이나 효소가 특정한 입체 구조를 가지기 때문에, 약물의 두 형태 중 하나는 치료제가 되지만 다른 하나는 독성을 유발할 수 있다. 실제로 1960년대 탈리도마이드 사건에서 한쪽 형태는 임산부의 입덧을 완화했지만, 다른 형태는 태아에게 심각한 기형을 유발했다. 이처럼 과거에는 두 형태를 구분하지 않고 혼합물로 약물을 제조했으나, 이제는 각 형태의 효능과 안전성을 개별적으로 평가하는 것이 필수가 되었다. 다시 말해, 화학적으로 동일해 보이는 물질도 생체 내에서는 완전히 다른 결과를 가져올 수 있다는 인식이 확산된 것이다.

이러한 변화를 반영하여 미국 FDA를 비롯한 각국 규제 기관들은 신약 허가 시 약물의 입체 구조 정보를 명확히 제시하도록 요구하고 있다. 즉, 분자의 입체 구조는 이제 단순한 화학적 특징이 아니라 약물 개발 전반에 걸쳐 반드시 고려해야 할 핵심 요소가 되었다. 따라서 현대 제약 산업에서는 처음부터 원하는 형태만을 선택적으로 합성하는 기술 개발에 투자하고 있다.

① 키랄성을 가진 약물은 형태별로 다른 생물학적 작용을 하므로, 신약 개발 시 각각의 효능과 안전성을 개별적으로 평가해야 한다.
② 화학적으로 동일한 분자라도 입체 구조에 따라 약효가 달라질 수 있어, 혼합물보다 순수한 형태의 약물이 선호된다.
③ 탈리도마이드 사건 이후 규제 기관들은 입체 구조 정보 제시를 의무화했고, 제약업계는 선택적 합성 기술 개발에 집중하고 있다.
④ 생체 내 단백질과 효소가 특정 구조를 가지므로, 약물 분자의 입체 구조가 치료 효과를 결정하는 핵심 요소가 된다.

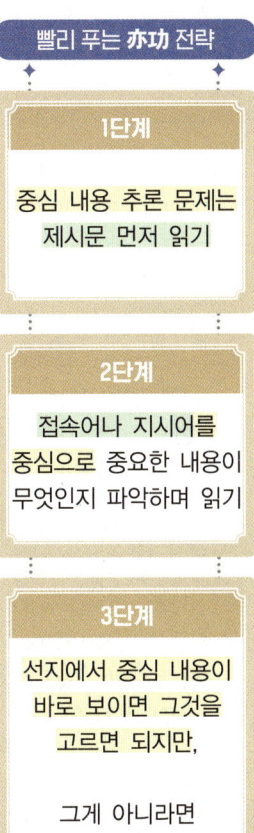

신유형 2025 버전 2

핵심 논지 추론

빠리 푸는 亦功 전략

1단계
중심 내용 추론 문제는 제시문 먼저 읽기

2단계
접속어나 지시어를 중심으로 중요한 내용이 무엇인지 파악하며 읽기

3단계
선지에서 중심 내용이 바로 보이면 그것을 고르면 되지만,

그게 아니라면 **소거법을 통해 푸는 것이** 제일 안전!

02 다음 글의 핵심 논지로 가장 적절한 것은?

기후변화와 감염병의 관계에 대한 인식이 변화하고 있다. 과거에는 감염병을 주로 위생 상태나 의료 체계의 문제로 보았고, 기후는 부차적 요인으로 간주되었다. 기온이나 강수량의 변화가 질병 발생에 미치는 영향은 제한적이라고 여겨졌다. 하지만 최근 연구들은 기후변화가 감염병 확산의 핵심 동인임을 보여준다. 기온 상승은 모기 활동 시기를 연장시키고 서식지를 고위도까지 확대시킨다. 강수량 증가와 홍수는 식수를 오염시켜 콜레라나 장티푸스 같은 수인성 질병을 유발한다. 이상 고온은 병원균의 생존과 번식을 촉진한다. 즉, 기후변화는 매개체 증가, 환경 오염, 병원균 활성화라는 다층적 경로로 감염병 위험을 높이는 것이다. 이러한 인식 변화에 따라 대응 전략도 전환되고 있다. 기존에는 발생 후 치료와 격리에 중점을 두었다면, 이제는 기후 데이터를 활용한 예측과 예방이 강조된다. 단일 국가의 보건 정책에서 국제적 공조 체계로, 의료 중심 접근에서 환경-보건 통합 접근으로 패러다임이 바뀌고 있다. 다시 말해, 감염병 대응이 사후 대처에서 사전 예방으로, 의학적 해결에서 기후-보건 융합으로 진화하는 것이다. 따라서 21세기 공중보건은 기후변화를 핵심 변수로 인식하고 통합적 대응 체계를 구축해야 하는 과제를 안게 되었다.

① 기후변화가 감염병 확산의 주요 원인으로 밝혀지면서 기존의 의료 중심 대응에서 환경 요인을 고려한 예방 체계로 전환이 필요하다.
② 감염병 대응은 과거의 사후 치료 중심에서 기후 데이터를 활용한 예측과 국제 공조를 통한 통합적 예방 체계로 패러다임이 전환되고 있다.
③ 기온 상승, 강수량 증가, 이상 고온이 각각 다른 경로로 감염병 위험을 높이므로 다층적 접근이 필요하다.
④ 기후변화는 단순한 환경 문제가 아니라 공중보건의 핵심 과제이므로 의학과 환경학의 융합이 시급하다.

문제훈련 중심 내용 추론

01 다음 글의 중심 내용으로 가장 적절한 것은?

　행동 변화에 대한 연구들이 흥미로운 사실을 밝혀냈다. 정보와 지식은 행동 변화의 출발점이지만 그 자체로는 무력하다. 흡연의 위험을 아는 사람 중 70%가 여전히 흡연을 지속한다. 건강한 식습관의 중요성을 아는 사람 중 80%가 패스트푸드를 끊지 못한다. 마찬가지로 감정적 충격은 즉각적 반응을 일으키지만 지속성이 없다. 충격적인 금연 광고를 본 직후 금연을 결심하는 비율은 45%지만, 한 달 후 실제 금연 유지율은 5%에 불과하다. 눈물을 흘리며 다이어트를 결심해도 대부분 일주일을 넘기지 못한다. 또한 환경 변화는 행동을 제약하지만 근본적 변화를 보장하지 못한다. 금연 구역이 확대되어도 흡연율 감소는 연 2%에 그친다. 계단 이용을 유도하는 디자인을 도입해도 엘리베이터 이용률은 10%만 감소한다. 심지어 건강 식품의 접근성을 높여도 실제 구매 증가율은 미미하다.
　이러한 연구 결과들은 한 가지 분명한 사실을 보여준다. 인간의 행동은 단일 요인으로 변화시킬 수 없는 복잡한 현상이라는 것이다. 각각의 접근법이 나름의 효과를 갖지만, 그 효과는 예상보다 훨씬 제한적이고 불안정하다. 결국 수많은 행동 변화 캠페인이 실패하는 이유는 인간 행동의 복잡성을 과소평가했기 때문이다. 단순한 해법을 찾으려는 시도 자체가 문제의 본질을 놓치고 있는 것이다.

① 정보 제공, 감정적 호소, 환경 조성은 각각 행동 변화에 제한적 영향만 미치므로 더 효과적인 방법을 찾아야 한다.
② 인간 행동은 단일 요인으로 변화시킬 수 없는 복잡한 현상이므로, 단순한 해법 추구는 근본적 한계를 갖는다.
③ 행동 변화 캠페인의 실패율이 높은 것은 지식, 감정, 환경의 영향력을 과대평가했기 때문이다.
④ 정보와 지식은 행동으로 이어지지 않고, 감정적 충격은 일시적이며, 환경 변화는 제한적 효과만 갖는다.

02 다음 글의 중심 내용으로 가장 적절한 것은?

　공정한 분배는 사회 정의의 핵심 주제이지만, 모두가 만족할 수 있는 기준을 세우기는 매우 어렵다. 사람마다 공정함에 대한 생각이 다르기 때문이다. 정의로운 분배 기준을 찾는 문제는 오랫동안 정치학, 경제학, 철학 등 다양한 분야에서 다뤄져 왔다. 최근에는 과학적 수학 모형을 바탕으로 공정한 분배를 시도하는 새로운 접근이 등장했다. 대표적인 예가 '볼츠만 공정 분배 모델'이다. 원래 물리학에서 입자의 에너지 분포를 설명하기 위해 만들어진 이 모델을 사회 자원 분배에 적용해보려는 것이다. 이 모델은 모든 사람이 동일한 기회를 가진다는 전제 아래, 자유로운 선택의 결과로 분포가 자연스럽게 형성된다고 본다. 즉 사회 제도나 특정 권력의 개입 없이도 자발적 방식으로 공정한 분배가 가능하다는 관점이다.
　물론 이 모델이 모든 상황에 완벽히 적용되는 것은 아니다. 현실 사회의 복잡성과 역사적 불평등을 충분히 반영하지 못한다는 한계도 있다. 그럼에도 기존의 이념적 논쟁을 넘어 수학적이고 중립적인 시각에서 공정성을 해석하려는 시도라는 점에서 의미가 있다. 분배 정의를 둘러싼 오랜 철학적 논쟁에 새로운 분석 도구를 제공하는 것이다. 이는 과학적 모델이 사회 정의에 대한 새로운 통찰을 제공할 수 있음을 보여주는 사례라 할 수 있다.

① 볼츠만 모델은 물리학 이론을 사회 분배에 적용하여 자발적이고 자연스러운 공정 분배가 가능함을 보여준다.
② 공정한 분배 기준은 사람마다 다르므로, 정치학과 경제학, 철학의 관점을 모두 고려해야 한다.
③ 수학 모형을 통한 분배는 이념적 편향 없이 중립적이므로 기존의 철학적 접근보다 우월하다.
④ 과학적 모델은 완벽하지 않지만, 공정 분배 문제에 대한 이념 중립적 접근으로서 새로운 통찰을 제공한다.

03 다음 글의 중심 내용으로 가장 적절한 것은?

> 인권은 모든 사람이 태어날 때부터 가지는 보편적 권리로, 인간의 존엄성과 자유를 보장하는 개념이다. 오랫동안 철학과 정치이론 속에서 논의되어 온 이상적 가치이기도 하다. 그러나 실제 사회에서 인권을 제대로 보장하고 실현하는 일은 결코 간단하지 않다. 이론과 현실 사이에는 큰 간극이 존재한다. 많은 국가가 헌법에 인권 보장을 명시하지만, 실제로는 표현의 자유나 종교의 자유가 제한되는 경우가 빈번하다. 법적 권리를 갖고 있어도 사회적 낙인이나 차별 때문에 제대로 누리지 못하는 상황도 흔하다. 제도적 보장이 곧 실질적 권리 실현으로 이어지지 않는 사례는 세계 곳곳에서 발견된다. 따라서 인권은 단순히 선언하거나 명시하는 것에 그쳐서는 안 된다. 중요한 것은 인권이 실제 사회 속에서 어떻게 작동하는지 끊임없이 점검하고 실천하는 일이다. 교육, 법 제도, 사회 운동, 국제 협력 등 다양한 방식으로 인권이 생활 속에 뿌리내릴 수 있도록 해야 한다. 즉 인권은 철학적 이론이 아니라 삶의 현장에서 구체적으로 실현되어야 하는 실천적 과제인 것이다. 선언과 명문화를 넘어 일상에서의 지속적인 노력과 점검이 인권 보장의 핵심이다.

① 인권은 보편적 가치이지만 각 국가의 문화와 상황에 따라 다르게 해석되고 적용되어야 한다.
② 헌법과 법률에 인권을 명시하는 것만으로는 충분하지 않으며, 사회적 인식 개선이 우선되어야 한다.
③ 인권은 이론적 선언을 넘어 교육, 제도, 사회 운동 등을 통해 실제 삶에서 구체적으로 실현되어야 한다.
④ 인권 실현의 간극은 국제 협력과 감시를 통해 해결할 수 있으므로 국제기구의 역할이 중요하다.

04 다음 글의 중심 내용으로 가장 적절한 것은?

> 공정무역은 개발도상국 생산자들이 정당한 대가를 받도록 돕는 무역 방식으로, 윤리적 소비의 대표 사례로 여겨진다. 단순한 거래를 넘어 생산자의 노동 환경 개선과 지역 공동체 자립을 지향한다는 점에서 지지를 받아왔다. 실제로 공정무역 인증 제품이 증가하고 있으며, 선진국에서 윤리적 소비가 중요한 가치로 자리 잡았다. 하지만 공정무역의 이면에는 간과할 수 없는 문제들이 존재한다. 공정무역 역시 시장 논리 안에서 작동하기 때문에 수요가 감소하면 생산자는 여전히 불안정한 상황에 직면한다. 까다로운 인증 기준과 절차는 오히려 영세한 생산자들을 배제시키는 진입장벽으로 작용한다. 더 심각한 것은 공정무역이 생산자의 근본적 역량 강화보다 '선진국 시장에 적응하는 방식'만을 강조한다는 점이다. 결과적으로 자립을 목표로 했던 공정무역이 새로운 형태의 의존 구조를 만들어낼 위험이 있다. 생산자들은 공정무역 시스템에 편입되면서 독자적인 시장 개척 능력을 상실하고, 선진국 소비자의 선택에 더욱 종속되는 역설적 상황이 발생한다. 따라서 공정무역을 단순히 '착한 소비'로만 이해해서는 안 된다. 그것이 만들어내는 새로운 권력 관계와 의존 구조를 비판적으로 검토해야 한다. 진정한 공정을 위해서는 현재의 공정무역 시스템 자체에 대한 근본적 재검토가 필요한 시점이다.

① 공정무역은 윤리적 소비를 표방하지만 실제로는 시장 논리에 종속되어 생산자의 불안정성을 해결하지 못한다.
② 공정무역의 까다로운 인증 기준은 영세 생산자를 배제시키므로 보다 포용적인 기준 마련이 필요하다.
③ 공정무역은 생산자의 자립보다 새로운 의존 구조를 만들 수 있으므로, 이 구조에 대한 재고가 필요하다.
④ 윤리적 소비로서의 공정무역은 긍정적 측면과 구조적 한계를 동시에 가지므로 진정한 공정이 어렵다.

05 다음 글의 중심 내용으로 가장 적절한 것은?

도덕적 행위의 근거에 대해 아리스토텔레스와 토마스 아퀴나스는 근본적으로 다른 입장을 취한다. 두 사상가 모두 인간을 이성적 존재로 보지만, 선의 기준과 목적에서 뚜렷한 차이를 보인다. 먼저 아리스토텔레스는 인간의 최고 선을 '행복'으로 규정한다. 인간의 본성에 따라 이성을 발휘하고 탁월성을 실현하는 삶이 곧 행복이라는 것이다. 도덕적 행위는 개인이 이성과 습관을 통해 덕을 기르는 과정에서 자연스럽게 이루어진다. 행복은 현실에서 추구 가능한 삶의 완성이며, 인간 스스로 달성할 수 있는 목표다.

반면 아퀴나스는 인간의 목적을 신과의 완전한 결합에서 찾는다. 인간 이성은 신이 부여한 자연법을 인식할 수 있으며, 이 자연법에 따라 선을 추구하고 악을 피하는 것이 도덕의 기준이 된다. 선악의 판단은 인간의 자율적 이성이 아니라 신의 질서와 목적에 부합하는가에 달려 있다. 도덕적 삶의 완성은 신의 뜻을 따르는 데 있다. 이처럼 아리스토텔레스의 윤리학은 인간 중심적이고 현실적인 반면, 아퀴나스의 윤리학은 신 중심적이고 초월적이다. 전자는 인간 이성의 자율성과 현세적 완성을 강조하고, 후자는 신의 권위와 내세적 목적을 우선시한다. 결국 두 사상은 도덕의 궁극적 근거를 인간 자신에서 찾느냐, 신에서 찾느냐라는 근본적 차이를 보여준다.

① 아리스토텔레스와 아퀴나스는 모두 이성을 중시하지만, 이성의 역할과 한계에 대해 다른 견해를 갖는다.
② 아리스토텔레스는 신과의 결합을, 아퀴나스는 현실적 행복을 최고선으로 보아 도덕의 근거가 상반된다.
③ 두 사상가는 인간의 도덕적 삶의 완성을 다르게 정의하지만, 모두 이성적 판단을 통한 선의 추구를 강조한다.
④ 아리스토텔레스의 인간 중심 윤리와 아퀴나스의 신 중심 윤리는 도덕의 근거 측면에서 근본적으로 대립한다.

06 다음 글의 중심 내용으로 가장 적절한 것은?

사망보험계약에서 보험자가 보험금 지급을 거절할 수 있는 면책사유는 다양한 법적 해석의 대상이 되어 왔다. 특히 자살, 고의적 사고, 고지의무 위반 등은 보험자와 피보험자 사이의 법적 다툼이 자주 발생하는 사안이다. 일반적으로 보험자는 피보험자가 보험계약 체결 시 중요한 사실을 고의로 누락했거나, 보험 사고가 피보험자의 자살 혹은 보험수익자의 고의에 의해 발생한 경우 보험금 지급을 면할 수 있다. 하지만 이러한 면책사유가 인정되기 위해서는 일정한 요건이 충족되어야 하며, 법원은 그 해석에 있어 신중한 태도를 보인다. 예컨대 자살로 인한 면책의 경우, 자살이 자유로운 의사결정에 기초한 것인지 여부가 핵심 쟁점이 된다. 특히 정신질환이나 극심한 심리적 압박 상태에서의 자살은 자유로운 결정으로 보기 어렵기 때문에, 보험자는 면책을 주장하기 어렵다. 대법원 역시 '정신질환 또는 심신상실 상태에서의 자살은 보험사고로 본다'는 입장을 취하고 있다. 또한 보험수익자의 고의에 의한 사망의 경우에도, 형사적 책임과는 별개로 민사상 면책 여부가 문제된다. 보험자가 면책되기 위해서는 고의의 직접성과 사망 결과 사이의 인과관계를 입증해야 하며, 단순한 방조나 과실로는 면책이 인정되지 않는다.

① 사망보험계약의 면책사유는 피보험자의 자살과 보험수익자의 고의적 행위에 대해 법원이 엄격한 해석 기준을 적용함으로써 보험금 청구권자를 보호한다.
② 사망보험계약에서 면책사유 적용 여부는 피보험자의 의사결정 능력과 보험수익자 행위의 고의성을 중심으로 판단해야 한다.
③ 사망보험에서 자살과 고의적 사망은 일반적으로 면책사유에 해당하지만, 피보험자의 정신 상태와 보험수익자 행위의 고의 여부에 따라 예외가 인정된다.
④ 사망보험계약의 면책사유는 보험수익자의 형사적 책임과는 별개로 민사상 책임을 중심으로 해석되며 법원의 판단도 이에 한정된다.

07 다음 글의 중심 내용으로 가장 적절한 것은?

> 태풍은 단지 바람과 비만 몰고 오는 것이 아니라, 바다의 온도에도 큰 영향을 미친다. 실제로 태풍이 지나간 뒤에는 바닷물 표면의 온도가 갑자기 떨어지는 현상이 자주 관찰된다. 이는 강한 바람이 표면의 따뜻한 물을 휘저어 아래쪽 차가운 물과 섞이게 만들기 때문이다. 최근 연구에 따르면, 이 온도 하강은 단순히 바람 때문만은 아니다. 태풍이 뿌리는 강한 비도 바닷물의 온도를 추가로 낮추는 데 큰 역할을 한다. 빗물은 대개 바닷물보다 차갑고, 염분이 낮아 바다 위에 가벼운 층을 형성하는데, 이 얇은 층이 열이 빠르게 빠져나가게 만들고 해수면을 더 차갑게 한다.
> 이렇게 바다의 온도가 급격히 떨어지면, 해양 생태계나 기후 시스템에도 영향을 줄 수 있다. 예를 들어, 표층 수온이 급락하면 플랑크톤의 분포가 달라지고, 이는 해양 먹이사슬 전체에 영향을 줄 수 있다. 또한 해수면 온도는 열대성 폭풍의 에너지 공급원이라, 수온 변화는 태풍의 경로와 강도에도 영향을 미칠 수 있다. 태풍은 단순한 기상이변이 아니라, 해양과 대기 사이의 복잡한 연쇄작용의 시작점이 되기도 한다.

① 태풍의 강한 바람과 강수가 바닷물 온도를 급격히 낮추어 해양 생태계와 기후 시스템에 연쇄적 영향을 미친다.
② 태풍으로 인한 해수면 온도 변화는 플랑크톤 분포를 바꾸고 해양 먹이사슬 전반에 걸쳐 생태적 변화를 일으킨다.
③ 태풍 연구에서는 기존의 바람과 강수량 중심 접근을 넘어 해양과 대기의 상호작용을 종합적으로 분석해야 한다.
④ 빗물이 바닷물보다 차갑고 염분이 낮다는 특성으로 인해 태풍 후 해수면 온도가 예상보다 크게 하락한다.

08 다음 글의 중심 내용으로 가장 적절한 것은?

> 인공지능이 사람의 얼굴을 인식하고, 병을 진단하고, 글을 쓰는 시대가 되었다. 그러나 많은 사람들이 여전히 인공지능의 판단 과정을 '검은 상자'처럼 느낀다. 왜 그런 결과가 나왔는지 설명을 들을 수 없기 때문이다. 실제로 인공지능은 수많은 계산을 통해 결과를 도출하지만, 그 안에서 어떤 기준과 과정을 거쳤는지 사람의 눈으로는 쉽게 알 수 없다. 이런 문제는 특히 의료나 법률처럼 생명과 권리가 달린 분야에서 큰 불안 요소가 된다.
> 이에 따라 최근에는 인공지능이 '왜 그런 판단을 내렸는지' 설명할 수 있도록 만드는 기술 개발이 활발히 이루어지고 있다. 예를 들어, 인공지능이 사진 속에서 고양이를 인식했다면, 어떤 부분을 보고 그렇게 판단했는지를 색으로 표시해주는 '시각화 기법'이 있다. 이런 설명 방식은 단순히 기술적 호기심을 만족시키는 데 그치지 않고, 사용자가 인공지능의 결정을 신뢰할 수 있도록 돕는다. 이처럼 인공지능 기술이 고도화될수록 그 작동 원리에 대한 투명성과 이해 가능성의 중요성이 더욱 부각되고 있다.

① 인공지능의 판단 과정이 불투명한 '검은 상자' 문제는 특히 의료와 법률 분야에서 심각한 우려를 야기하고 있다.
② 시각화 기법과 같은 설명 가능 인공지능 기술은 사용자의 기술적 호기심을 만족시키고 신뢰도를 높이는 데 기여한다.
③ 인공지능의 판단 과정에 대한 설명 가능성 확보는 인공지능과 인간의 신뢰 관계 구축과 진정한 협력을 위해 필수적이다.
④ 인공지능 기술의 발전 속도에 맞춰 사람과의 소통 능력도 함께 개발되어야 사회적 수용성을 높일 수 있다.

09 다음 글의 중심 내용으로 가장 적절한 것은?

　러시아혁명이 일어난 직후, 이 사건은 단순한 외국의 정변이 아니라 전 세계적 사회 변동의 신호로 받아들여졌다. 특히 식민지 조선의 지식인들은 이를 '한 사회의 전복'으로 바라보는 동시에 '새로운 사회의 탄생'이라는 희망으로 주목했다. 잡지 『개벽』이나 『신천지』 등은 러시아의 새로운 정권이 보여준 토지 개혁, 노동자 권리 확립 등의 사례를 소개하며 '변화 가능성'의 실마리를 제공했다.
　이는 당대 조선 사회의 억압 구조에 대한 반성과 미래 사회에 대한 구체적 상상을 자극하는 계기였다. 모든 시선이 긍정적이었던 것은 아니며, 일부 지식인들은 혁명의 폭력성과 이념 독점에 대한 비판적 평가도 함께 덧붙였다. 노동 문제, 토지 제도, 계급 갈등 등 러시아 내의 사회 문제는 식민지 조선에서도 깊은 공감을 불러일으켰고, 혁명의 실천 방식보다 그 이념적 가능성에 주목하는 흐름이 강했다. '대중 계몽'을 강조하던 잡지들은 러시아혁명을 일종의 교육적 자극제로 활용하며, 독자들이 사회 구조의 문제를 인식하도록 유도했다. 또한 언론과 출판의 틀 안에서 비교적 합법적인 수단을 통해 혁명 담론이 유통되었다는 점에서, 이는 사상적 전파의 경로로서 잡지의 위상을 보여주는 사례이기도 하다.
　결과적으로 러시아혁명은 조선 사회가 당면한 현실을 돌아보게 만들며, 식민지 상황에서도 '변화는 가능하다'는 인식을 공유하게 만드는 매개가 되었다.

① 러시아혁명은 조선 지식인들에게 식민지 현실을 비판적으로 인식하고 사회 변화의 가능성을 모색하는 이념적 자극제로 작용했다.
② 식민지 조선의 잡지들은 러시아혁명을 비판 없이 수용하여 대중을 계몽하고 사회주의 이념을 확산시키는 데 주력했다.
③ 러시아혁명은 세계적 정치 변동으로, 조선 지식인들은 이를 통해 혁명의 실천 방식보다 사상적 측면에서 토지 개혁과 노동자 권리에 주목했다.
④ 『개벽』이나 『신천지』와 같은 잡지는 러시아혁명을 소개함으로써 식민지 상황에서 합법적 언론 활동의 새로운 가능성을 제시했다.

10 다음 글의 중심 내용으로 가장 적절한 것은?

　물질 하나가 우리 몸에 어떤 영향을 미치는지는 사람마다 다르게 나타난다. 같은 약을 먹어도 어떤 사람은 잘 듣고, 어떤 사람은 부작용을 경험하는 이유 중 하나는 바로 유전자의 차이에 있다. 최근에는 이러한 유전적 차이를 고려해, 약물의 종류나 용량을 개인 맞춤형으로 조절하려는 연구가 활발히 이루어지고 있다. 예를 들어, 특정 유전자형을 가진 사람은 일반적인 약물 용량에서도 심각한 부작용을 겪을 수 있어, 사전에 유전자 검사를 통해 적절한 용량을 판단하는 방식이 점차 도입되고 있다. 이런 방식은 '약물유전체학'이라 불리며, 같은 병을 앓는 사람에게도 서로 다른 약 처방을 가능하게 한다. 현재는 암, 심혈관 질환, 정신질환 등의 분야에서 이 기술이 실제 치료에 적용되고 있으며, 점차 활용 영역이 넓어지고 있다. 이처럼 유전체 정보를 활용한 약물 치료는 환자에게 더 안전하고 효과적인 치료법을 제시하고, 사회적으로도 약물 부작용으로 인한 의료비용을 줄이는 데 기여할 수 있다. 이제 치료는 단순히 병을 없애는 것을 넘어서, 환자 한 사람 한 사람의 특성을 반영하는 방향으로 나아가고 있다.

① 유전자 차이로 인해 같은 약물도 개인마다 효과와 부작용이 다르게 나타날 수 있다.
② 약물유전체학은 개인의 유전적 특성을 고려하여 맞춤형 약물 치료를 가능하게 하는 연구 분야이다.
③ 약물유전체학에 기반한 개인 맞춤형 약물 치료는 환자의 안전성과 치료 효과를 높이고 사회적 의료비용을 줄이는 데 기여할 수 있다.
④ 암, 심혈관 질환, 정신질환 등 다양한 분야에서 환자의 유전자 정보를 활용한 약물 처방이 확대되고 있다.

Chapter 06 내용 추론 긍정 발문

관련교재
㉮ 출좋포 독해·논리 p.134~145

◐ 천+기+누+설 출제빈도 체크

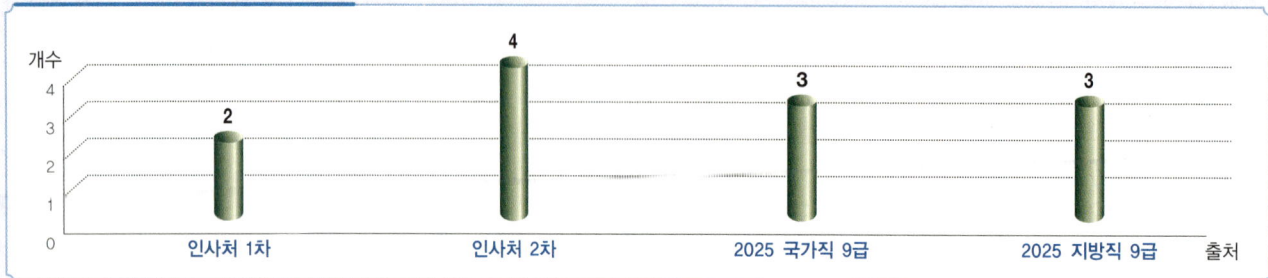

◐ 대표 천+기+누+설 개관

제시문의 내용을 추론하는 것으로 적절한 것을 고르는 문제는
항상 출제 0순위인 유형입니다.
인사혁신처 1차 샘플에는 2문제, 인사혁신처 2차 샘플에는 4문제
2025 국가직 9급에는 3문제, 지방직 9급에는 3문제가 나왔으니
꼭 정복해야 하는 유형임을 알 수 있습니다.
이 유형은 큼직큼직하게 푸는 것보다는 지엽적으로 풀어야 하는 유형이기 때문에
반드시 시간을 투자해야 하는 유형에 해당됩니다.
강의에 나오는 내용 추론 긍정 발문의 야매 꼼수를 토대로 시간 단축 팁을 얻어가시길 바랍니다~^^

◐ 대표 천+기+누+설 발문 체크

01 다음 글을 이해한 내용으로 가장 적절한 것은?

02 다음 글에서 추론한 내용으로 가장 적절한 것은?

03 다음 글에 서술된 '나이브 아트'에 대한 설명으로 적절한 것만을 〈보기〉에서 모두 고르면?

신유형 2025 버전

내용 추론 긍정 발문

01 다음 글에서 추론한 내용으로 가장 적절한 것은?

국가 권력의 분배와 균형은 민주주의의 근간을 이루는 중요한 원칙이다. 전통적 삼권분립의 핵심은 권력의 집중을 막고 상호 견제를 통해 개인의 자유를 보호하는 데 있다. 18세기 몽테스키외가 제시한 이 개념은 입법, 사법, 행정부가 각각 고유의 역할을 수행하며 서로의 권한을 침해하지 않아야 한다고 강조한다. 그러나 현대 사회의 복잡성은 이러한 전통적 모델에 도전장을 던진다. 기술의 발전과 사회 구조의 변화로 행정부의 역할은 점점 더 중요해졌고, 입법부는 전문적이고 기술적인 영역에서 직접적인 결정을 내리기 어려워졌다. 결과적으로 행정기관은 법 제정과 집행, 해석의 경계를 넘나들며 더욱 적극적인 역할을 수행하게 되었다.

행정국가론은 이러한 현실을 반영하여 행정부의 권한 확대를 옹호한다. 금융, 환경, 보건과 같은 복잡한 영역에서 전문성을 갖춘 행정기관이 신속하고 효율적인 정책 결정을 내릴 수 있어야 한다는 것이다. 미국의 연방통신위원회나 환경보호청 같은 독립 행정기관들이 대표적인 사례다. 그러나 이러한 접근에는 위험도 존재한다. 민주적 통제를 벗어난 관료들의 과도한 권력 행사는 새로운 형태의 독재로 변질될 수 있기 때문이다. 따라서 행정부의 권한 확대와 함께 견제와 균형의 메커니즘도 함께 발전해야 한다.

① 현대 사회에서 행정부의 역할 확대를 옹호하지만 이에 따른 견제와 균형이 필요하다.
② 삼권분립에 따르면, 입법부는 법 제정뿐만 아니라 법의 해석과 집행도 담당해야 한다.
③ 행정국가론에 따르면, 민주적 통제가 이루어지는 한 행정부의 권한 확대는 불필요하다.
④ 현대 사회에서는 전통적인 삼권분립 원칙이 무효화되었으므로 행정부 중심의 통치가 필수적이다.

빨리 푸는 亦功 전략

1단계
선지의 길이 확인하기
너무 길면 제시문으로 가기

짧으면 선지를 읽되 선지에서 전체적인 느낌 파악하기

2단계
제시문을 혜선 쌤이 수업에서 알려준 야매꼼수 방식으로 읽기

3단계
제시문을 읽을 때 선지의 초점어가 나타나면 더욱 집중해서 읽고 선지의 참 거짓을 판별하기

신유형 2025 버전

빠르게 푸는 亦功 전략

1단계
선지의 길이 확인하기
너무 길면 제시문으로 가기

짧으면 선지를 읽되
선지에서 전체적인 느낌
파악하기

2단계
제시문을 혜선 쌤이
수업에서 알려준
야매꼼수
방식으로 읽기

3단계
제시문을 읽을 때
선지의 초점어가
나타나면
더욱 집중해서 읽고
선지의 참 거짓을
판별하기

내용 추론 긍정 발문

02 다음 글을 이해한 내용으로 가장 적절한 것은?

> 수요에 영향을 미치는 요인은 가격 이외에도 소득, 다른 재화의 가격, 소비자의 기호 등 여러 가지가 있다. 이 가운데 '다른 재화의 가격'이 수요에 영향을 미치는 경우가 있는데, 다른 재화의 가격이 변하면 특정 재화의 수요는 두 재화가 어떤 관계에 있느냐에 달라진다.
> 대체재는 쓰임새나 용도가 유사하여 서로 대체 관계에 있는 재화이다. 일반적으로 기차와 고속버스, 전기밥솥과 압력밥솥 등이 이에 해당한다. 한 재화의 가격이 상승하면 소비자는 그 대신 다른 재화를 선택하게 되고, 반대로 한 재화의 가격이 하락할 때 다른 재화의 수요가 줄어든다면 두 재화는 대체 관계라고 할 수 있다. 예를 들어 기차 요금이 오르면 소비자들이 대신 고속버스를 이용하여 고속버스의 수요가 늘어나며, 반대로 기차 요금이 내리면 고속버스 대신 기차를 선택하는 이들이 생겨 고속버스의 수요가 감소하게 된다.
> 보완재는 개별적으로 소비할 때보다 함께 소비할 때 더 큰 효용을 주는 재화이다. 대표적인 예로 자동차와 휘발유, 프린터와 잉크가 있다. 보완재는 한 재화의 가격이 하락해 그 재화의 수요가 늘어나면, 그와 보완 관계에 있는 다른 재화의 수요도 늘어나게 된다. 반면 가격이 상승하면 수요는 재화 가격이 하락했을 때와 반대의 양상을 보인다. 예컨대 특정 회사의 프린터 가격이 낮아져 구매자가 늘어난다면, 보완 관계에 있는 잉크의 수요도 함께 증가하게 된다.

① 대체재와 보완재는 모두 특정 재화의 가격이 하락할 때 상대 재화의 수요가 증가한다.
② 대체재는 함께 소비했을 때 효용이 늘어나고, 보완재는 성격이 유사해 대체할 수 있다.
③ 돼지고기 가격 상승으로 소고기 수요가 늘어난다면 두 재화는 대체재로 볼 수 있다.
④ A사 컴퓨터 가격이 하락해 수요가 늘어났다면 A컴퓨터의 소프트웨어의 수요는 감소한다.

문제훈련 내용 추론 긍정 발문

01 다음 글에서 추론한 내용으로 가장 적절한 것은?

역사의 흐름은 어디서 비롯되는가? 위대한 개인의 의지인가, 아니면 보이지 않는 사회적 물결인가? 위인사관은 역사의 주체를 뛰어난 개인에게서 찾는다. 한 시대를 이끄는 지도자들의 비전과 결단이 역사의 흐름을 만든다고 믿는다. 나폴레옹이 유럽의 질서를 재편하고, 링컨이 노예제 폐지를 이끈 사례는 개인의 의지가 역사를 바꿀 수 있음을 보여준다. 이 관점은 역사의 전환점에 서 있는 위대한 인물들의 용기와 통찰력을 강조한다. 개인의 비범한 능력이 사회적 변화를 이끄는 근본적인 동력이라고 주장한다.

사회사관은 역사의 근원을 사회 구조와 집단의 역학관계에서 찾는다. 개인보다는 경제적, 사회적 조건이 역사의 흐름을 결정한다고 본다. 산업혁명이나 프랑스 혁명은 특정 인물의 업적이 아니라, 심층적인 사회 변화의 결과물로 이해된다. 계급 간 갈등, 경제 구조의 변동, 집단의 집합적 의식이 역사적 전환을 만들어낸다는 것이다.

결국 역사는 위대한 개인과 사회적 구조가 만나는 복합적인 지점에서 형성된다. 어느 한쪽으로 치우치지 않고 둘의 상호작용을 읽어내는 것이 역사를 이해하는 진정한 지혜다.

① 위인사관과 사회사관은 모두 역사적 변화를 개인의 의지에서 비롯된다고 본다.
② 사회사관은 역사의 흐름이 개인이 아니라 사회적·경제적 구조에 의해 결정된다고 본다.
③ 위인사관은 집단의 역학관계를 중심으로 역사적 사건을 분석하는 관점이다.
④ 사회사관은 특정 지도자의 비전과 결단이 역사의 변화를 주도한다고 주장한다.

02 다음 글에서 추론한 내용으로 가장 적절한 것은?

우주와 생명의 기원을 탐구하는 과학의 여정은 끊임없는 도전과 수정의 과정이다. 지구는 약 45억 년 전에 형성되었고, 인간은 이 광대한 시간 속에서 극히 짧은 순간을 차지할 뿐이다. 이처럼 방대한 시공간을 이해하기 위해 과학은 다양한 접근을 시도해왔다. 지질학은 지층과 화석을 통해 과거를 추적하고, 천문학은 별과 은하의 관측으로 우주의 역사를 재구성한다. 물리학은 이 모든 현상을 지배하는 근본 법칙을 탐구한다. 그러나 각 분야가 독립적으로 발전한 것은 아니다. 서로 다른 학문들이 교차하고 융합하면서 큰 그림을 그려왔다. 예컨대 운석 연구는 천문학과 지질학을 연결하고, 방사성 동위원소 측정은 물리학과 지질학을 잇는다.

한편 과학사를 돌아보면 수많은 오류와 폐기된 이론들이 존재한다. 천동설이 지동설로 대체되었고, 정상상태 우주론이 빅뱅 이론에 자리를 내주었다. 당시에는 혁신적이었던 이론들이 새로운 증거 앞에서 무너지기도 했다. 하지만 이러한 실패들도 무의미하지 않았다. 잘못된 가설을 검증하는 과정에서 새로운 방법론이 개발되었고, 예상치 못한 발견이 이루어졌다. 즉, 과학은 완벽한 답을 제시하는 것이 아니라 점진적으로 진실에 접근하는 과정이다. 따라서 현재의 과학 지식도 미래에는 수정될 수 있다는 열린 태도가 과학적 탐구의 본질이다.

① 지질학, 천문학, 물리학의 학제 간 융합은 각 분야의 독립적 발전보다 우주 탐구에 더 큰 기여를 했다.
② 과학은 실패와 수정을 통해 점진적으로 진실에 접근하는 과정이며, 현재 지식도 미래에 수정될 수 있다.
③ 정상 상태 우주론이 빅뱅이론에 의해 대체되었으므로 과학은 빅뱅이론이 보편적인 원칙으로 자리잡았다.
④ 인간 존재의 시간적 한계는 우주 탐구의 제약 요인이지만, 다양한 학문의 융합으로 이를 극복하려는 시도가 계속되고 있다.

03 다음 글에서 추론한 내용으로 가장 적절한 것은?

정보는 객관적 사실로만 존재하는 것이 아니라 제시 방식에 따라 다르게 인식된다. 동일한 내용도 어떤 관점과 언어로 전달되느냐에 따라 수용자의 판단이 달라진다. 이를 프레이밍 효과라고 한다. 프레임은 단순한 정보 전달 도구가 아니라 특정 의미를 강조하고 해석의 방향을 유도하는 장치다. 예컨대 "성공률 90%"라는 긍정 프레임은 안심과 신뢰를 주지만, "실패율 10%"라는 부정 프레임은 불안과 경계심을 유발한다. 두 표현은 동일한 통계를 담고 있지만 심리적 영향은 정반대다. 이처럼 프레임은 객관적 정보를 주관적 해석으로 전환시키는 매개체로 작용한다. 또한 프레이밍은 사회적 담론 형성에도 핵심적 역할을 한다. 정부 정책을 '복지 확대'로 제시하면 긍정적 반응을 얻기 쉽지만, '세금 부담 증가'로 표현하면 부정적 여론이 형성된다. 안보 문제를 '국가 안전'으로 프레이밍하면 지지를 받지만, '자유 제한'으로 제시하면 반발을 산다. 더욱이 개인의 정치적 성향, 가치관, 경험에 따라 특정 프레임에 대한 수용도가 달라진다. 보수적 성향은 안보 프레임에, 진보적 성향은 인권 프레임에 더 민감하게 반응하는 경향이 있다. 따라서 현대 사회에서는 정보의 내용뿐 아니라 그것이 어떻게 구성되고 전달되는지를 분석하는 비판적 읽기가 필수적이다. 프레임을 인식하고 해체할 수 있을 때 정보를 균형있게 이해할 수 있다.

① 동일한 정보도 긍정과 부정 프레임 중 어느 것을 선택하느냐에 따라 설득력이 달라지므로, 효과적인 커뮤니케이션을 위해서는 상황에 맞는 프레임 선택이 중요하다.
② 미디어와 정치 영역에서 프레이밍이 자주 활용되는 것은 대중의 비판적 사고 능력이 부족하기 때문이라고 추론할 수 있다.
③ 개인의 가치관과 성향이 프레임 수용도에 영향을 미친다는 것은 객관적 정보 전달이 원천적으로 불가능함을 의미한다.
④ 프레이밍 효과는 정보가 제시되는 방식이 수용자의 해석과 판단에 영향을 미치는 현상으로, 비판적 정보 읽기의 필요성을 시사한다.

04 다음 글에서 추론한 내용으로 가장 적절한 것은?

구조 설계의 패러다임이 변화하고 있다. 오랫동안 공학 분야에서는 부재의 강도와 안정성 확보를 최우선으로 하는 전통적 설계 방식이 주류를 이루어왔다. 하중을 견디기 위한 재료 배치가 핵심이었고, 이는 검증된 안전성과 실현 가능성이라는 측면에서 분명한 장점을 갖추고 있었다. 하지만 이러한 접근법은 구조물 전체의 에너지 흐름이나 응력 분포를 종합적으로 다루지 못한다는 한계를 보여왔다. 이에 반해 최근 주목받는 에너지 기반 설계는 구조물 내부에서 에너지가 어떻게 분포하고 흐르는지를 중심으로 최적화를 추구한다. 개별 부재의 강도보다는 전체 시스템의 에너지 균형과 효율적 분산이 설계의 핵심 원리가 되는 것이다. 예컨대 응력이 집중되기 쉬운 부위에서 에너지가 원활하게 흐르도록 설계하면 불필요한 진동이 줄어들고 파손 위험도 낮아진다. 더욱이 이러한 방식은 재료 사용량을 최소화하면서도 구조물의 성능을 유지하거나 오히려 향상시킬 수 있어, 친환경성과 경제성이라는 현대적 요구에도 부합한다. 이처럼 구조 최적화를 바라보는 관점이 '어떻게 강도를 확보할 것인가'에서 '어떻게 에너지를 효율적으로 분산시킬 것인가'로 확장되고 있는 것이다. 결과적으로 이는 단순한 기술적 개선을 넘어서는 의미를 갖는다. 구조물을 독립된 부재들의 집합이 아닌 에너지가 흐르는 하나의 통합된 시스템으로 인식하는 새로운 설계 철학이 자리잡고 있는 것이다.

① 에너지 기반 설계는 전통적 설계보다 우수한 안전성을 보장하므로 모든 구조물에 적용되어야 한다.
② 전통적 설계 방식의 한계는 개별 부재의 강도만 고려했기 때문이며, 전체 구조의 안정성은 간과했다.
③ 응력 집중 부위의 에너지 흐름 개선은 재료 절감보다 구조물의 내구성 향상에 더 큰 기여를 한다.
④ 구조 설계가 강도 중심에서 에너지 분산 중심으로 전환되면서 설계 철학과 구조물에 대한 인식 자체가 변화하고 있다.

05 다음 글에서 추론한 내용으로 가장 적절한 것은?

공공정책의 효과는 법률이나 제도의 내용만으로 결정되지 않으며, 사람들의 인지적 특성과 행동 경향을 얼마나 잘 반영했는지가 성공의 핵심이 된다. 이러한 인식에 따라 사회심리학적 이론과 실험 결과를 바탕으로 정책을 설계하는 '행동 과학 기반 정책'이 각국에서 주목받고 있다. 대표적으로 넛지 전략은 시민의 선택 자유를 보장하면서도 바람직한 행동을 유도하는 방법으로 활용된다. 전기요금 고지서에 '이웃보다 에너지 사용량이 높다'는 문구를 추가하는 것만으로도 실제 사용량 감소 효과가 나타나는데, 이는 타인의 행동을 기준으로 자신을 조정하려는 사회적 준거 심리를 활용한 것이다. 마찬가지로 기초연금 신청서를 눈에 잘 띄는 위치에 배치하거나 건강보험 가입 메시지에 긍정적 언어를 사용하는 것도 행동 과학의 적용 사례다. 한편 사람들은 즉각적 보상에는 민감하게 반응하지만 장기적 이득은 과소평가하는 경향을 보인다. 따라서 공공정책 설계 시 먼 미래의 이익만 강조하기보다는 당장 체감할 수 있는 편익을 제시하는 것이 효과적이다. '지금 행동하면 오늘부터 혜택이 시작된다'는 구체적 메시지가 '장기적으로 사회가 더 좋아질 것이다'는 추상적 표현보다 행동 변화를 이끌어내기 쉽다. 이처럼 인간의 심리적 특성을 고려한 정책 설계는 강제나 규제 없이도 시민들의 자발적 참여를 유도할 수 있다는 점에서 현대 공공정책의 새로운 방향을 제시하고 있다.

① 넛지 전략은 자신의 행동을 기준으로 타인을 조정하려는 사회적 기제를 활용하는 것이다.
② 행동 과학 기반 정책은 사람들의 비합리적 판단을 교정하여 올바른 선택을 하도록 강제하는 새로운 규제 방식이다.
③ 행동 과학 기반 정책은 인간의 심리적 특성을 활용하여 강제나 규제 없이 자발적 행동 변화를 유도하는 새로운 정책 접근법이다.
④ 즉각적 보상 선호 경향을 고려한 정책 메시지는 단기적 이익을 강조하는 것보다 효과가 좋다고 볼 수 있다.

06 다음 글에서 추론한 내용으로 가장 적절한 것은?

경제 위기 상황에서 취약계층의 부채 탕감 정책이 논란이 되고 있다. 하나는 정부 개입의 필요성을 강조하는 입장이다. 인플레이션과 금리 급등으로 영세사업자와 청년층의 금융 부담이 가중되고 있으며, 이들이 신용불량자가 되면 실업 지원금 등 사회적 비용이 더 커진다는 것이다. 30조원 규모의 채무조정을 통해 선제적으로 대응하는 것이 장기적으로는 비용을 절감하는 방법이라고 본다. 다른 하나는 모럴해저드를 우려하는 입장이다. 90일 이상 연체자 원금의 60~90%를 탕감하는 것은 성실 상환자에게 박탈감을 주며, 특히 투자 실패로 빚진 청년들까지 구제하는 것은 부적절하다고 지적한다. 금융회사와 협의 없이 정부가 일방적으로 추진하는 것도 문제라고 본다. 이러한 논쟁은 경제 위기 대응책이 갖는 딜레마를 보여준다. 취약계층 지원의 시급성과 금융 질서 유지의 원칙이 충돌하는 지점이다. 한편 정부는 무조건적 탕감이 아니라 채무조정, 장기 분할상환 등을 병행하며 한시적으로 운용한다는 점을 강조한다. 그러나 반대 측은 이미 2년간 대출 만기 연장을 네 차례나 반복한 정부가 이제 원금까지 탕감하는 것은 문제를 더 키운다고 비판한다. 결국 이 정책을 둘러싼 논쟁은 경제 위기 시 정부 역할의 범위와 시장 원칙의 경계를 어디에 둘 것인가의 문제로 귀결된다.

① 부채 탕감 정책은 찬반 양측이 경제 위기 대응과 시장 원칙이라는 서로 다른 가치를 우선시하는 데서 비롯된 논쟁이다.
② 취약계층 부채 탕감은 장기적으로 사회적 비용을 절감하므로 모럴해저드 우려보다 시급성이 우선되어야 한다.
③ 정부의 반복적인 대출 만기 연장과 원금 탕감은 금융 시장의 건전성을 해치는 관치금융의 전형적 사례이다.
④ 청년층 대출 탕감에 대한 비판은 투자 실패자 구제가 정책의 본래 취지에서 벗어났기 때문이다.

07 다음 글에서 추론한 내용으로 가장 적절한 것은?

현대 사회의 부정의를 설명하는 두 가지 이론적 접근이 존재한다. 프레이저는 분배 정치와 인정 정치를 구분하며, 경제적 불평등과 문화적 차별을 각각 독립된 영역으로 다룬다. 그는 제도화된 문화적 가치 체계가 특정 집단을 차별할 때 발생하는 지위 종속 문제를 분석한다. 반면 호네트는 인정 이론을 통해 일상에서 발생하는 무시와 모욕의 경험에 초점을 맞춘다. 그는 공론장에서 잘 드러나지 않는 사회적 고통이나 개인이 겪는 정체성 훼손 같은 문제들을 중요하게 다룬다. 이러한 차이에도 불구하고 두 접근법은 현대 사회의 부정의를 이해하는 데 상호보완적 역할을 한다. 프레이저가 제도적 차원의 구조적 문제를 다룬다면, 호네트는 일상적 차원의 미시적 고통을 포착하기 때문이다. 그러나 자본주의 체제를 이해하는 방식에서는 두 이론이 서로 다른 한계를 드러낸다. 프레이저는 경제와 문화를 분리된 영역으로 보면서 자본이 독자적 체계로 작동한다고 가정하는데, 이는 자본주의의 문화적 측면을 간과하는 결과를 낳는다. 이와 달리 호네트는 자본과 문화의 상호연관성은 파악하지만, 사회적 관계만 강조하면서 자본주의가 갖는 객관적이고 체계적인 작동 원리를 충분히 설명하지 못한다. 이처럼 두 이론은 자본을 인식하기 어렵게 만드는 자본의 은폐적 성격이 만들어내는 서로 다른 함정에 빠져 있는 것이다.

① 프레이저는 제도적 차별을, 호네트는 일상적 무시를 다루면서 부정의 문제에서는 상호보완적이나, 자본 이해에서는 각각 다른 한계를 보인다.
② 프레이저의 이론은 호네트의 이론보다 현대 사회의 미시적 고통을 더 잘 포착한다.
③ 두 이론 모두 자본주의의 경제적 측면에만 집중하여 문화적 차원을 간과한다는 공통된 한계를 갖는다.
④ 프레이저와 호네트의 이론은 현대 사회의 부정의를 설명하는 데 상호보완적이며, 자본주의 분석에서도 서로의 약점을 보완한다.

08 다음 글에서 추론한 내용으로 가장 적절한 것은?

농업이 경제적 기반이었던 전근대 사회에서 토지 소유권은 권력의 핵심이었다. 땅을 가지고 있다는 것은 그 자체로도 재산을 가진 것이지만, 소작을 주어 대가를 취할 수 있었기 때문이다. 조선 전기에 토지를 빌린 대가로 지불해야 하는 소작료는 수확량의 절반에 달했다. 조선 후기에 이르러서도 소작료는 수확량의 3분의 1가량이었다. 농사는 오롯이 노비들의 몫이 되었는데 평소에 노비들이 농사와 집안일을 도맡아서 해주었으므로 양반은 경전을 읽고 쓰는 일에 몰두할 수 있었다. 조선 사회에서 과거에 급제하면 노비들이 일을 다 해주는 것은 물론이거니와 소작의 대가로 막대한 부를 축적할 수 있었다. 이렇듯 과거에 급제한다는 것은 조선 사회에서 단순히 사회적으로 인정받는 것 이상의 의미였다. 과거시험의 평균 경쟁률은 약 2000 대 1에 달했다고 전해지는데, 극악의 경쟁을 뚫고 붙기만 한다면 급제자는 물론이고 가문과 씨족 전체가 몇 대에 걸쳐 사회경제적 특권을 누릴 수 있었다.

① 조선 사회의 노비들은 자신이 소유한 땅에서 농사를 지었다.
② 조선 사회에서 양반이 학업에 몰두하기 위해서는 노비들의 노동이 뒷받침되어야 했다.
③ 조선 전기에서 후기로 시간이 흐름에 따라 소작료는 점차 증가하였다.
④ 조선의 양반들은 노비들에게 일을 시키지 않고 직접 농사를 짓기도 하였다.

09 다음 글에서 추론한 내용으로 가장 적절한 것은?

'빛 공해'는 인공 불빛으로 인해 밤에도 낮처럼 밝은 상태가 유지되는 현상이다. 일부에서는 '공해'라 이름 붙일 만큼 이 현상이 치명적인가에 대한 의문을 제기한다. 하지만 이스라엘의 연구 결과, 빛 공해 지역에 사는 여성의 유방암 발병률이 대조 지역에 비해 70%나 높았고, 농촌진흥청 조사에서는 빛 공해에 노출된 벼의 수확량이 20% 감소한 것을 확인하였다. 또 철새가 고층 빌딩의 불빛에 이끌려 부딪혀 죽거나 호숫가 동물성 플랑크톤이 빛 공해로 성장하지 못해 녹조류의 급증으로 수질이 악화하는 현상도 관측되었다. 이처럼 빛 공해는 사람과 생태계에 악영향을 미치기에 '공해'라 이름 붙이는 것이 타당하다. 현재 우리나라는 이탈리아 다음으로 빛 공해가 심한 지역으로 '빛 공해 방지법'이 있긴 하지만 실효성이 떨어져 빛 공해 문제가 심각한 상황이다.
이에 비영리 시민 단체인 '국제 밤하늘 보호 협회'가 '어두운 하늘 공원'을 선정해 빛 공해의 심각성을 알리고 어둠을 지키려 노력하고 있다. 경북 영양의 '반딧불이 공원'은 아시아 최초로 '어두운 하늘 공원'에 선정되어 수많은 관광객의 발길이 이어지고 있다.

① 빛 공해는 국제적으로 심각한 문제로 여겨지고 있으며 이 문제를 예방하기 위한 법 제정이 시급하다.
② 밤에도 밝은 지역의 수질 악화를 예방하려면 동물성 플랑크톤 번식을 위한 어두운 환경 조성이 필요하다.
③ 정부에서는 '국제 밤하늘 보호 협회'를 조직하여 사람들에게 빛 공해의 심각성과 해결 필요성을 알리고 있다.
④ 철새가 빌딩의 불빛이 꺼질 때 길을 찾지 못하거나 벼의 수확량이 감소하는 것에서 빛 공해의 심각성을 알 수 있다.

10 다음 글을 이해한 내용으로 가장 적절한 것은?

단어는 하나의 의미로만 사용되는 것이 아니라 상황과 맥락에 따라 다양한 의미로 쓰일 수 있다. 사전을 보더라도 단어의 뜻은 여러 개가 나온다. 대부분의 단어가 여러 의미로 쓰인다는 것은 쉽게 확인할 수 있다. 그렇다면 단어가 애매하다는 것은 어떤 의미일까? 언어학자들과 철학자들에 따르면 특정한 상황에서 단어가 애매하다고 말하기 위해서는, 어떤 의미가 사용되는가에 대하여 어느 정도의 불확실성이 있어야 한다. 다시 말하면 단어는 그 자체로 애매한 것이 아니라, 애매하게 사용되는 것이다. 이를 다시 말하자면 문맥을 통해 단어가 사용된 의미를 구분할 수 없을 때 단어가 애매한 것이 된다.
그런데 인간은 문맥을 통해서만 단어가 어떻게 사용되는지를 파악할 수 있다. 예를 들어, 만약 당신이 "나는 배를 타러 항구에 가고 있어."라고 말한다면, 청자는 당신이 먹는 배가 아니라 운송수단 배를 타려고 한다는 것을 알아차릴 수 있을 것이다. 이처럼 '배'라는 단어는 다양한 의미를 가지고 있지만 각각의 의미는 관련이 없기 때문에 이를 혼동하는 일은 일어나지 않는다.

① 단어의 의미는 상황과 맥락의 영향을 받지 않는다.
② 언어의 애매함은 주로 단어 자체의 복잡성에서 비롯된다.
③ 문맥 없이도 단어의 의미는 대체로 명확하게 구분될 수 있다.
④ 단어가 애매하다는 것은 사용에서의 불확실성이 있을 때 성립한다.

Chapter 07 내용 추론 부정 발문

관련교재
㉮ 출좋포 독해·논리 p.146~156

◐ 천+기+누+설 출제빈도 체크

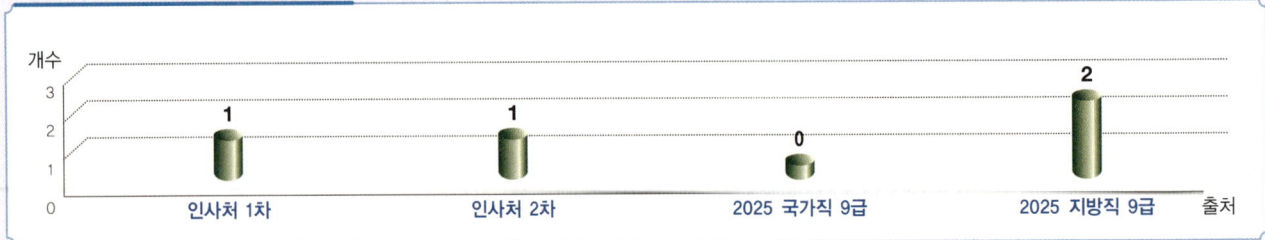

◐ 대표 천+기+누+설 개관

제시문의 내용을 추론하는 것으로 적절하지 않은 것을 고르는 문제는
항상 출제 0순위인 유형입니다.
인사혁신처 1차 샘플에는 2문제, 인사혁신처 2차 샘플에는 1문제,
지방직에서는 2문제가 출제되었으니
꼭 정복해야 하는 유형임을 알 수 있습니다.
이 유형은 큼직큼직하게 푸는 것보다는 지엽적으로 풀어야 하는 유형이기 때문에
반드시 시간을 투자해야 하는 유형에 해당됩니다.

◐ 대표 천+기+누+설 발문 체크

01 다음 글을 이해한 내용으로 적절하지 않은 것은?
02 다음 글에서 추론한 내용으로 적절하지 않은 것은?
03 다음 글의 내용과 부합하지 않는 것은?
04 다음 글에서 알 수 있는 내용이 아닌 것은?

천기누설 혜선팍 독해 pin point

신유형 2025 버전

내용 추론 부정 발문

01 다음 글에서 추론한 내용으로 적절하지 않은 것은?

최근 드론 기술은 건축, 물류, 의료, 재난 구조 등 다양한 분야에서 활용 범위를 넓혀가고 있다. 특히 넓은 지역을 실시간으로 감시하고 빠르게 이동할 수 있는 장점 덕분에 보안 분야에서의 활용 가능성도 주목받고 있다. 그중에서도 보안의 중요성이 특히 높은 원자력발전소와 같은 국가중요시설에서는 드론을 감시와 탐지에 활용하려는 시도가 활발해지고 있다. 기존의 물리보안 시스템은 CCTV나 경비 인력, 출입통제 시스템에 의존해왔지만, 넓은 구역을 빈틈없이 감시하기에는 한계가 있다. 이때 드론은 고정된 장비로는 감지하기 어려운 지역까지 실시간으로 감시하거나, 열 감지 카메라와 센서를 탑재해 침입자나 이상 징후를 포착하는 데 유용할 수 있다. 또한, 드론은 사람이 접근하기 어려운 구역의 방사능 수치를 측정하거나, 민감 구역의 감시 업무를 수행할 수 있어 보안 효율을 높일 수 있다.

하지만 비행시간 제한, 날씨 영향, 해킹 위험 등 기술적 제약과 함께 법·제도의 정비도 필요한 상황이다. 그럼에도 불구하고 드론은 기존 보안 시스템을 보완하는 유연한 수단으로서 점점 더 중요해지고 있으며, 원자력발전소의 안전성을 높이는 데 기여할 수 있을 것으로 기대된다.

① 드론을 활용한 보안 시스템은 기존 물리보안 체계가 가진 공간적 제약을 보완하는 데 기여할 수 있다.
② 원자력발전소에서 드론 활용이 증가하는 이유는 주로 인력을 절감하여 보안 비용을 감소시키는 경제적 효과 때문이다.
③ 드론 기술이 보안 분야에서 주목받는 이유 중 하나는 실시간으로 넓은 지역을 이동하며 감시할 수 있는 기동성이다.
④ 드론이 보안 시스템으로서 갖는 한계점을 극복하기 위해서는 기술 개발과 함께 관련 법규의 개선이 필요하다.

빨리 푸는 亦功 전략

1단계
선지의 길이 확인하기
너무 길면
제시문으로 가기

짧으면 선지를 읽되
선지에서 전체적인 느낌
파악하기

2단계
제시문을 혜선 쌤이
수업에서 알려준
야매꼼수
방식으로 읽기

3단계
제시문을 읽을 때
선지의 초점어가
나타나면
더욱 집중해서 읽고
선지의 참 거짓을
판별하기

신유형 2025 버전

내용 추론 부정 발문

빨리 푸는 亦功 전략

1단계
선지의 길이 확인하기
너무 길면 제시문으로
가기

짧으면 선지를 읽되
선지에서 진제직인 느낌
파악하기

2단계
제시문을 혜선 쌤이
수업에서 알려준
야매꼼수
방식으로 읽기

3단계
제시문을 읽을 때
선지의 초점어가
나타나면
더욱 집중해서 읽고
선지의 참 거짓을
판별하기

02 다음 글을 이해한 내용으로 적절하지 않은 것은?

> 선거는 국민의 의사를 제도적으로 반영하는 민주주의의 핵심 장치이다. 그러나 선거 제도가 제대로 작동하기 위해서는 공정하고 합리적인 선거구 획정이 필수적이다. 선거구는 국민이 대표를 선출하기 위해 설정한 지역 단위로, 인구 규모나 행정 구역, 지리적 여건 등이 중요한 기준이 된다. 이러한 기준에 따라 선거구를 어떻게 나누느냐에 따라 민의의 반영 방식과 정치 질서의 모습이 달라질 수 있다.
>
> 보통 선거구는 한 선거구에서 한 명을 선출하는 소선거구제와 여러 명을 선출하는 다인 선거구제로 구분된다. 소선거구제는 선거구당 최다 득표를 한 한 명의 후보자만 당선되는 제도로, 선거 비용이 적고 선거 관리가 쉽다는 장점이 있다. 또한 양대 정당의 경쟁 구도를 만들어 정국 안정에 기여할 수 있다. 하지만 떨어진 후보의 표가 사표가 되어 민의가 왜곡될 수 있고, 지지율에 비해 특정 정당이 과도한 의석을 얻게 되는 단점이 있다. 반면 다인 선거구제는 선거구당 득표순으로 2~5명을 선출하는 제도이다. 이 방식은 소수 정당의 후보가 당선될 수 있어 정당의 의석 독점을 줄이고, 유권자의 사표를 줄여 민의가 더 잘 반영된다는 장점이 있다. 그러나 선거 비용이 많이 들고 다수의 군소 정당이 원내에 진입하면 정국의 불안을 초래할 수 있다.

① 국민의 의사를 제도적으로 반영하기 위해서는 공정하고 합리적으로 선거구를 획정하는 것이 필요하다.
② 다인 선거구제는 소수 정당의 의회 진출을 어렵게 만들어, 거대 정당의 독점 체제를 강화할 수 있다.
③ 다인 선거구제는 의회에 다양한 정당이 진출할 수 있으나, 그만큼 국정 운영이 불안정해질 수 있다
④ 소선거구제는 지지율과 특정 정당의 의석 수가 괴리될 수 있고, 사표가 발생해 민의가 왜곡될 수 있다.

문제훈련 내용 추론 부정 발문

01 다음 글에서 추론한 내용으로 적절하지 않은 것은?

과학, 기술, 공학, 수학을 통합적으로 다루는 STEM 교육은 미래 사회에 필요한 역량을 기르기 위한 교육 방식으로 전 세계적으로 주목받고 있다. 특히 산업 구조의 변화와 기술 중심 사회로의 전환 속에서 STEM 교육은 단지 특정 학문을 잘하는 것을 넘어, 복합적인 문제를 해결하고 새로운 가치를 창출하는 능력을 키우는 데 중점을 둔다. 그러나 STEM 교육이 실제 학교 현장에서 어떻게 실현되는지는 지역과 학교의 교육 철학에 따라 크게 다르다. 일부 학교에서는 로봇 조작이나 코딩 활동이 STEM 교육의 전부처럼 진행되기도 한다. 이는 기술 습득에는 효과적일 수 있으나, 학생들이 그 기술의 사회적 맥락과 영향력을 고민할 기회는 제한적이다. 반면, 어떤 학교에서는 STEM 수업을 통해 물 부족이나 에너지 문제 같은 실제 사회적 이슈를 다룬다. 학생들이 물 사용 데이터를 분석해 빗물 저장 방법을 고안하거나, 직접 태양광 조명을 만들어 전력 부족 지역에 보내는 활동을 하는 경우도 있다. 이처럼 STEM 교육이 기술 연습을 넘어 사회 문제와 연결될 때, 학생들은 학문을 삶의 문제 해결과 연관 지어 바라보는 관점을 기를 수 있다.

① STEM 교육의 효과적인 실행을 위해서는 학생들이 기술의 사회적 영향력을 이해하는 과정이 필요하다.
② 같은 STEM 교육이라도 학교마다 실행 방식에 차이가 있는 것은 교육 기관의 철학과 관련이 있다.
③ 사회 문제와 연계된 STEM 수업은 학생들에게 학문과 실생활의 연결성을 인식시키는 데 기여할 수 있다.
④ STEM 교육의 핵심 목적은 과학기술 분야의 우수 인재를 조기에 발굴하여 전문가로 양성하는 것이다.

02 다음 글에서 추론한 내용으로 적절하지 않은 것은?

기술이 발전하면서, 자연재해에 대응하는 방식도 점차 변화하고 있다. 예전에는 산불이 발생하면 인력과 장비를 동원해 진화하는 것이 전부였지만, 이제는 인공지능과 빅데이터를 활용해 '산불이 발생할 가능성이 높은 시점과 장소'를 예측하려는 시도가 이루어지고 있다. 예를 들어, 강원도 강릉 지역은 건조한 바람이 자주 부는 지형적 특성 탓에 산불이 자주 발생하는 곳이다. 이에 연구자들은 이 지역의 기온, 습도, 풍속 같은 날씨 데이터를 수십 년간 축적하고 분석해, 산불 발생과 관련된 기상 조건의 패턴을 찾아냈다.

이러한 예측 모형은 단순히 과거 데이터를 바탕으로 하는 것이 아니라, 실시간 기상 정보를 반영해 '지금 이 순간의 위험'을 경고할 수 있다는 점에서 더욱 주목받고 있다. 실제로 일부 지자체에서는 이 시스템을 활용해 산불 위험 경보를 조기 발령하거나 인력과 장비를 사전에 배치하기도 한다.

그러나 이러한 기술이 단순히 예측에 머무르지 않고, 실질적인 예방과 대응으로 이어지기 위해서는 사회 전체의 관심과 협력이 필요하다. 산불을 예측했다고 해도 그 정보를 활용해 사전에 경고하고, 지역 주민이 적극적으로 대비하지 않으면 효과는 제한적일 수밖에 없다. 결국 제일 중요한 것은, 기술이 제시하는 정보를 어떻게 받아들이고 행동으로 옮기느냐 하는 공동체의 선택일지도 모른다.

① 산불을 예측하는 것이 기술이 제공하는 정보를 통해 행동하는 것보다 더 중요하다.
② 예측도를 높이려는 노력과 사회적 관심은 자연재해 대응 기술에 중요한 요소이다.
③ 실시간 기상 정보를 반영한 예측 모형은 과거 데이터에 기반한 모델보다 현재의 위험 상황에 더 효과적으로 대응할 수 있다.
④ 산불 예방 및 대응 시스템이 효과를 거두기 위해서는 지역 사회 구성원들의 협력과 적극적인 참여가 필요하다.

03 다음 글에서 추론한 내용으로 적절하지 않은 것은?

사람의 몸속에서 일어나는 일들은 대부분 자동적이며 복잡하다. 이 중에서도 단백질은 눈에 보이지 않지만 다양한 일을 도맡아 수행한다. 최근에는 자연에서 만들어지는 단백질뿐 아니라, 사람이 설계하고 만든 '인공단백질'이 주목받고 있다. 마치 건축가가 설계도를 그려 집을 짓듯, 과학자들은 아미노산이라는 재료를 배열하고 결합해 특정한 목적에 맞는 단백질을 만들어낸다. 인공단백질은 기존에 없던 기능을 갖거나, 기존 단백질보다 더 정교하게 작동할 수 있도록 설계된다. 이를 통해 질병을 더 정확히 진단하거나, 약을 더 효과적으로 전달할 수 있는 길이 열리고 있다.

예를 들어, 어떤 인공단백질은 특정 바이러스를 찾아내어 그 활동을 막기도 하고, 또 어떤 단백질은 우리 몸 안에서 약의 작용 시기와 양을 조절하기도 한다. 이러한 기술은 단순한 과학 실험을 넘어서, 앞으로 우리가 어떤 방식으로 질병을 예방하고 치료할 것인지에 대한 새로운 상상력을 가능하게 만든다. 과학이 생명을 이해하고 다루는 방식은 점점 더 정밀해지고 있으며, 이제 우리는 '만들어진 단백질'이 전하는 생명의 메시지를 귀 기울여 듣게 되었다.

① 인공단백질 기술의 발전은 질병의 진단과 치료 방식에 혁신적인 변화를 가져올 가능성이 있다.
② 과학자들은 아미노산을 특정한 순서로 배열함으로써 원하는 기능을 수행하는 단백질을 설계할 수 있다.
③ 자연에서 생성되는 단백질은 인공단백질보다 더 복잡한 구조를 가져 의학적 활용도가 높다.
④ 인공단백질은 특정 바이러스를 표적화하거나 약물의 작용을 제어하는 등 정밀한 기능을 수행할 수 있다.

04 다음 글에서 추론한 내용으로 적절하지 않은 것은?

태양광 발전은 햇빛을 전기로 바꾸는 방식으로, 친환경 에너지 생산에 널리 활용되고 있다. 하지만 발전 효율은 패널이 태양빛을 얼마나 잘 받을 수 있는지에 따라 달라진다. 특히 태양의 고도는 시간과 계절에 따라 바뀌므로, 고정된 각도의 패널은 하루 중 일정 시간에만 최적의 효율을 낸다. 이러한 문제를 해결하기 위해 패널의 각도를 조절하는 기술이 도입되고 있다. 자동 제어 장치를 통해 패널을 태양의 움직임에 맞춰 조절하면, 고정형 패널보다 더 많은 발전량을 확보할 수 있다. 실제 실험에서는 계절별, 시간대별로 패널 각도를 달리 적용했을 때 발전량이 유의미하게 증가하는 결과도 나타났다. 일부 연구에서는 연간 누적 발전량이 20% 이상 향상되기도 하였으며, 이는 동일한 설치 면적에서 더 많은 에너지를 생산할 수 있음을 의미한다. 각도 조절 시스템은 초기 설치 비용이 더 들 수 있지만, 장기적으로는 에너지 효율과 경제성 모두에서 이점을 제공한다. 이러한 기술적 접근은 한정된 자원으로 더 많은 에너지를 생산하려는 지속가능한 에너지 전략의 일환으로 주목받고 있다. 태양광 발전의 효율은 단순히 패널을 설치하는 것만으로 결정되지 않으며, 환경 조건에 맞춘 정밀한 설계와 조절이 함께 이루어져야 한다.

① 태양광 패널의 발전 효율은 태양의 고도 변화에 따라 달라지므로, 하루 중 모든 시간대에 최적의 발전량을 얻기는 어렵다.
② 자동 제어 장치를 통한 태양광 패널의 각도 조절 기술은 주로 일조량이 부족한 지역에서 더욱 효과적이다.
③ 자동 각도 조절 시스템의 초기 투자 비용은 더 들지만, 발전량 증가로 인한 장기적 수익성을 고려하면 경제적 이점을 가질 수 있다.
④ 태양광 발전의 효율성 향상을 위해서는 패널 자체의 성능뿐만 아니라 환경 조건에 따른 설치 방식과 운영 전략도 중요하다.

05 다음 글에서 추론한 내용으로 적절하지 않은 것은?

> 사람이 살아가는 데 적절한 기후 범위는 생각보다 좁다. 그러나 최근 기후 변화로 인해, 세계 곳곳이 이 범위에서 벗어나고 있다. 특히 열과 습도가 동시에 높아지는 지역이 늘어나면서, 전 세계 인구의 일부는 더 이상 '살기 좋은' 기후 조건 아래 살고 있지 않다. 앞으로 지구 온도가 1도씩 오를 때마다, 이와 같은 조건에 처하는 인구는 10%씩 늘어날 것이라는 전망도 있다.
>
> 이러한 변화는 단순히 더위의 불편함을 넘어, 생존과 직결되는 문제로 이어진다. 농업 생산성이 떨어지고, 고온다습한 날씨는 신체 활동에 제약을 주며, 특히 어린이·노약자·야외 노동자와 같은 취약계층에게 더 큰 부담이 된다. 실제로 일부 지역에서는 극심한 더위로 인해 일상생활이 마비되거나, 의료 시스템에 부담이 가중되는 사례가 보고되고 있다.
>
> 공공 보건, 주거 환경, 노동 조건 등 사회 전반의 구조가 기후 변화에 대응할 수 있도록 바뀌어야 한다는 지적도 나온다. 일부 국가는 폭염 대응 계획이나 조기경보 시스템을 도입하고 있지만, 기후 변화가 가져오는 영향에 비해 준비는 충분하지 않다. 결국 더워지는 지구에서 사람이 어떻게 적응하며 살아갈 수 있을지에 대한 질문은, 더 이상 먼 미래의 일이 아니라 오늘날의 과제가 되었다.

① 인간이 쾌적하게 생활할 수 있는 기후 조건의 범위는 제한적이며, 기후 변화로 이 범위를 벗어나는 지역이 증가하고 있다.
② 기후 변화로 인한 고온다습 환경은 취약계층의 건강과 생활에 더 심각한 영향을 미칠 가능성이 높다.
③ 기후 변화 대응을 위한 국제적 협력이 강화됨에 따라 대부분의 국가에서는 폭염 피해를 효과적으로 통제하고 있다.
④ 기온 상승에 따른 사회적 영향은 개인의 불편함을 넘어 농업, 의료, 노동 환경 등 사회 시스템 전반에 부담을 가중시킨다.

06 다음 글에서 추론한 내용으로 적절하지 않은 것은?

> 20세기 후반, 한국은 급격한 산업화를 추진하면서 에너지 수요가 폭발적으로 증가하는 상황에 직면했다. 특히 1970년대 두 차례의 석유 파동은 석유에 대한 지나친 의존이 국가 경제의 근간을 흔들 수 있다는 점을 각인시켰고, 이는 에너지 정책 전반의 대대적인 전환을 유도하는 계기가 되었다. 정부는 에너지 수급의 안정을 최우선 과제로 삼아, 공급 측면에서는 석탄, 원자력 등 대체 에너지원의 비중을 확대하고, 수요 측면에서는 에너지 절약 캠페인과 가격 조정 정책을 통해 국민의 소비 행태를 유도하고자 하였다. 또한, 중앙집중형 계획경제 체제 아래에서 공기업 주도의 에너지 개발과 인프라 확충이 병행되었으며, 이에 따라 발전소 건설, 송배전망 구축 등 기반시설 확충이 빠르게 이루어졌다.
>
> 이러한 경험은 단기간 내 에너지 안보를 확보하면서도 산업 성장을 지속해낸 사례로, 이후 여러 개발도상국들에게 정책 모델로서의 의미를 가지게 되었다. 실제로 한국은 정책 경험을 바탕으로 지식공유사업(KSP)을 운영하며, 자국의 에너지 전환 사례를 해외 정부와 공공기관에 체계적으로 전수하고 있다. 특히 한국형 모델은 단순한 기술 이전을 넘어, 에너지 수급 불균형을 겪는 국가들이 장기적 전략을 수립하고 제도적 기반을 갖추는 데 실질적인 도움을 주는 방향으로 활용되고 있다.

① 1970년대 석유 파동은 한국이 에너지원 다변화를 추진하는 중요한 원인으로 작용하였다.
② 한국의 에너지 정책은 공급 확대와 수요 관리를 동시에 고려하는 방향으로 전개되었다.
③ 한국형 에너지 정책 모델은 개발도상국들에게 주로 관련 기술 이전에 초점을 맞추어 전수되었다.
④ 중앙집중형 계획경제 체제는 한국이 단기간에 에너지 인프라를 구축하는 데 기여하였다.

07 다음 글에서 추론한 내용으로 적절하지 않은 것은?

> 자산과 소비 수준으로 계급이 형성되고 오직 눈에 보이는 가치를 바탕으로 자신의 사회적 위치와 지위를 확인하는 사회에서는 선택의 첫 번째 기준이 '그 행동이 돈이 되는지' 여부다. 단순한 취미 생활이 아니고서는 돈이 될 것인가 하는 물음에서 자유롭기 어렵다. 사람들은 어려서는 대학에 진학하는 데 도움이 되지 않는 일을 피하려 하고 성인이 된 후에는 돈이 되지 않는 일에 큰 관심을 두지 않으려 한다. 이런 현상이 지속될수록 자신이 원하는 것이 무엇인지는 알지 못한 채로 세상을 숫자로 환산 가능한 외적 조건으로 수치화하는 데 익숙해지게 된다. 신뢰할 수 있는 영역이 일부 주변인에 한정되는 사회에서 사람들은 항상 가진 것들을 비교하면서 불행해지게 된다. 뒤처지지 않기 위한 과시적 소비와 소비를 통한 정체성 확인, 인정욕구 충족은 저신뢰 성과중심 사회의 모습을 여실히 드러낸다. 대단한 성공이나 자아실현은 차치하더라도 사회적으로 인정받고자 하는 욕구와 '중산층'이 되고자 하는 욕망 속에서 사람들은 지금 이 순간에도 고통받고 있다.

① 한국의 높은 노인 빈곤율은 사회적 안전망의 역할을 간과한 결과일 수 있다.
② OECD 회원국 중 노인 자살률이 가장 높다는 사실은 한국 사회의 노인 지원이 미비함을 보여주는 지표가 될 수 있다.
③ 한국의 노인들은 산업화 시대에 노후를 제대로 대비하지 않았기 때문에 빈곤한 상황에 처한 것이다.
④ 고령화와 국민연금의 고갈 가능성으로 인해, 정부와 개인은 노후 대비에 더 많은 관심을 기울여야 하는 상황에 직면했다.

08 다음 글에서 추론한 내용으로 적절하지 않은 것은?

> 20세기 영국의 경제학자 케인스는 초기 자본주의가 시장이 스스로 자기를 조절할 수 있다고 믿는 것은 잘못된 생각임을 지적하였다. 대신 정부가 적극적으로 개입해서 시장의 문제점을 해결할 것을 제안하였다. 정부는 세수를 확보하여 부를 재분배함으로써 독점을 막고 소비가 활성화될 수 있도록 보완해야 한다는 것이다. 이러한 후기 자본주의의 등장에 따라 시장 실패로 발생했던 경제 대공황은 빠르게 안정되어 갔다. 정부는 세금을 높이고 적극적인 규제 정책을 시행함으로써 시장 실패를 막으려 하였다. 또한 거대 자본이 산업을 독점하는 것을 견제하면서도 노동자의 임금을 올려 노동 환경을 개선하려 하였다. 발전과 성장만을 추구하는 것이 아니라, 사회 전체와 소외계층까지도 살펴보는 '인간적인 자본주의' 시대가 도래한 것이다. 이러한 기조는 대공황 때 시작되어 소련이 붕괴하기 전까지 이어졌는데, 각고의 노력으로 미국은 소련과의 체제경쟁에서 자본주의를 효과적으로 보호할 수 있었다.

① 과도한 독점과 시장 실패를 방지하고자 정부는 적극적으로 시장에 개입하였다.
② 정부의 경제적 개입은 자본주의 초기 단계에서 대두되었던 시장의 자율적 조절에 대한 회의론을 반영한 것이다.
③ 소련과의 체제 경쟁에서 미국은 자본주의의 보호와 발전을 위해 다양한 경제 정책을 적용하였다.
④ 경제 대공황은 정부의 개입 없이도 시간이 지나면 자연스럽게 회복되었을 것이다.

09 다음 글에서 추론한 내용으로 적절하지 않은 것은?

자산과 소비 수준으로 계급이 형성되고 오직 눈에 보이는 가치를 바탕으로 자신의 사회적 위치와 지위를 확인하는 사회에서는 선택의 첫 번째 기준이 '그 행동이 돈이 되는지' 여부다. 단순한 취미 생활이 아니고서는 돈이 될 것인가 하는 물음에서 자유롭기 어렵다. 사람들은 어려서는 대학에 진학하는 데 도움이 되지 않는 일을 피하려 하고 성인이 된 후에는 돈이 되지 않는 일에 큰 관심을 두지 않으려 한다. 이런 현상이 지속될수록 자신이 원하는 것이 무엇인지는 알지 못한 채로 세상을 숫자로 환산 가능한 외적 조건으로 수치화하는 데 익숙해지게 된다. 신뢰할 수 있는 영역이 일부 주변인에 한정되는 사회에서 사람들은 항상 가진 것들을 비교하면서 불행해지게 된다. 뒤처지지 않기 위한 과시적 소비와 소비를 통한 정체성 확인, 인정욕구 충족은 저신뢰 성과 중심 사회의 모습을 여실히 드러낸다. 대단한 성공이나 자아실현은 차치하더라도 사회적으로 인정받고자 하는 욕구와 '중산층'이 되고자 하는 욕망 속에서 사람들은 지금, 이 순간에도 고통받고 있다.

① 사람들은 물질적 조건을 수치화하는 데 익숙해져 자신이 원하는 것을 잘 모르고 산다.
② 사람들은 자신의 가치를 내적 성취로 측정하는 데 더 몰두하는 경향이 있다.
③ 사람들은 끊임없이 다른 이들과 자신을 비교하며 불행을 느낀다.
④ 사람들은 경제적 가치가 없는 행동에 관심을 갖지 않는 경향이 있다.

10 다음 글에서 추론한 내용으로 적절하지 않은 것은?

최근 대기오염물질이 촉발하는 사회문제가 대두되고 있으며, 미세먼지를 중심으로 한 연구가 활발히 이루어지고 있다. 하지만 미세먼지 발생량 중 절반을 차지하는 비산먼지 연구는 미미한 실정이어서 이를 연구할 필요성이 증대되고 있다. 비산먼지란 일정한 배출구 없이 대기에 배출되는 먼지로 정의되는데, 이는 특정 오염원에서 배출되는 것이 아니라 도로 재정비, 건설공사, 나대지 등 다양한 오염원에서 발생한다. 비산먼지는 대기 중으로 배출된 후의 빛의 산란 및 흡수로 인한 시야 범위 악화 및 위해성 물질 유발 등 다양한 문제점을 가지고 있어 삶의 질에 악영향을 미친다.

이러한 비산먼지 연구는 다양한 주제로 확장되는 경향을 보이고 있는데 풍속에 따른 비산먼지 발생량을 분석한 것부터 건설 현장에서 발생하는 것, 공사 구역별 비산먼지 확산 범위 및 예측 농도를 통한 비산먼지 저감시설 운용 연구, 소규모 공사장의 비산먼지 저감방안 및 관리 규제 수립 연구 등이 있다. 이러한 연구동향을 파악하는 데에는 다양한 방법이 존재하는데 과거의 연구는 분석 대상 포함 여부를 연구자의 주관적 판단에 따라 결정했다면 최근에는 다량의 텍스트 데이터를 분석한 동향 연구가 생겨나고 있다.

① 대기오염 문제가 최근 중요한 논의 주제로 떠오르고 있다.
② 비산먼지는 몇 가지 오염원에서 집중적으로 배출되는 경향을 보인다.
③ 과거의 문헌연구 방법은 연구자의 자의적 판단에 의존하는 경향이 있었다.
④ 미세먼지 발생량 중 큰 비중을 차지하는 것은 비산먼지이다.

Chapter 8 단수 빈칸 추론

Chapter 9 복수 빈칸 추론

천기누설 혜선팍 독해 시즌2

Part 03

빈칸
추론

Chapter 08 단수 빈칸 추론

관련교재 ◆
㉠ 출좋포 독해·논리 p.160~166

◐ 천+기+누+설 출제빈도 체크

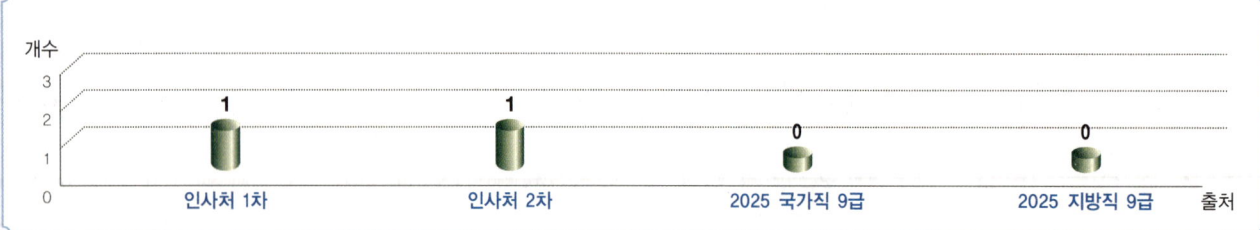

◐ 대표 천+기+누+설 개관

빈칸 추론 유형은 상시 나올 유형으로
이제는 빈칸이 1개뿐만 아니라 2-3개까지 뚫리는 식으로 나올 예정입니다.
제시문의 중간 혹은 맨 뒤에 빈칸을 뚫어 놓고 빈칸에 어떠한 내용이 들어갈지 추론해야 하는 유형으로
인사혁신처 1차, 2차 샘플에 모두 나온 0순위 최빈출 유형입니다.
빈칸 추론은 밑줄 싸움이니 어느 곳에 초점을 맞춰 밑줄을 그어야 하는지 학습해야 합니다.

◐ 대표 천+기+누+설 발문 체크

01 빈칸에 들어갈 내용으로 가장 적절한 것은?
02 〈보기〉에 이어질 내용으로 가장 적절한 것은?

천기누설 혜선팍 독해 pin point

신유형 2025 버전

단수 빈칸 추론

01 다음 글의 빈칸에 들어갈 결론으로 가장 적절한 것은?

1971년 스탠포드 대학교에서 진행된 감옥 실험은 사회적 역할이 개인의 행동에 미치는 영향을 조사하기 위해 설계되었다. 필립 짐바르도 연구팀은 신체적, 정신적으로 건강한 대학생 24명을 선발하여 무작위로 간수와 수감자 역할로 나누었다. 간수들은 거울 선글라스를 착용하고 수감자들에게 신체적 학대를 가하지 말라는 지시만 받았다. 수감자들은 실제 경찰에 의해 '체포'되어 캠퍼스 지하에 설치된 모의 감옥에 수용되었으며, 드레스형 유니폼을 입고 발목에 쇠사슬을 차야 했다. 짐바르도는 이 실험을 통해 '억압의 분위기'를 매우 빠르게 조성하고자 했다.

실험 이틀째부터 수감자들이 반란을 일으켰고, 간수들은 이를 진압하며 상벌 제도를 도입했다. 며칠이 지나면서 일부 간수들은 점점 더 잔혹하고 폭압적으로 변했고, 많은 수감자들은 극심한 우울증과 방향감각 상실을 겪었다. 처음 나흘 동안 세 명의 수감자가 심각한 트라우마로 인해 실험에서 제외되어야 했다. 결국 외부 관찰자가 현장을 목격하고 충격을 받은 후에야 짐바르도는 2주 예정이었던 실험을 단 6일 만에 중단했다. 연구팀은 이로부터 _____ 라는 결론을 내릴 수 있었다.

① 권위적인 환경에서는 개인의 성격이 행동을 결정하는 주요 요인이다
② 사회적 역할과 환경이 개인의 평소 태도와 행동을 극적으로 변화시킬 수 있다
③ 신체적 학대를 금지하는 규칙만으로도 집단 내 갈등을 예방할 수 있다
④ 모의 상황에서는 참가자들이 실제 감정을 느끼지 않기 때문에 안전하다

빨리 푸는 亦功 전략

1단계
빈칸의 위치를 파악하고 빈칸이 포함된 문장을 읽고 단서 추론하기

2단계
빈칸을 추론할 수 있는 핵심 정보에 밑줄을 긋기

3단계
핵심 정보를 통해 빈칸을 스스로 예측한 후 가장 비슷한 내용을 가진 선지를 고르기

신유형 2025 버전

빨리 푸는 亦功 전략

1단계
빈칸의 위치를 파악하고 빈칸이 포함된 문장을 읽고 단서 추론하기

2단계
빈칸을 추론할 수 있는 핵심 정보에 밑줄을 긋기

3단계
핵심 정보를 통해 빈칸을 스스로 예측한 후 가장 비슷한 내용을 가진 선지를 고르기

단수 빈칸 추론

02 다음 글의 빈칸에 들어갈 내용으로 가장 적절한 것은?

필리핀은 7천 개가 넘는 섬과 백여 개 이상의 지역 방언이 공존하는 다언어 국가로, 국어의 정립은 곧 국가정체성의 기반을 설정하는 정치적 사안이었다. 식민지배 이후 국어를 지정하는 과정은 단지 언어 선택의 문제가 아니라, 특정 집단의 정치적 헤게모니를 둘러싼 투쟁이기도 했다. 미국 식민지 시기에는 영어가 유일한 교육어어로 기능하며 엘리트 지배구조를 유지하는 도구가 되었다. '필리피노'는 타갈로그어를 기반으로 하여 국어로 채택되었으나, 비타갈로그어권의 반발과 언어 식민주의 논쟁 속에서 그 정당성을 끊임없이 의심받아왔다. 이러한 상황에서 필리핀 정부는 지역 방언의 교육언어 도입을 골자로 하는 '다중언어교육정책'을 시행하며, 언어 정책의 균형을 모색하였다.

그러나 현실에서는 여전히 수도권 중심의 타갈로그어와 엘리트 중심의 영어가 권력언어로 기능하고 있다. 이러한 가운데, 과거 스페인 식민지 시기의 문화와 언어적 유산을 재해석하고, 스페인어를 정체성의 기반으로 다시 조명하려는 움직임도 나타나고 있다. 이는 단순한 언어 복원이 아닌, 국가정체성 형성의 한 방식으로 히스패닉 문화에 대한 향수가 작용하고 있다는 점에서 주목된다. 필리핀의 언어 정책이 시사하는 바는 _____.

① 국가의 언어적 통일성 확보가 경제 발전과 사회 통합의 필수 전제조건이라는 것이다.
② 식민지 경험을 극복하고 고유한 문화적 정체성을 회복하기 위해서는 과거 토착어의 복원이 선행되어야 한다는 것이다.
③ 특정 언어의 국어 지정보다 다층적 언어 공존을 인정하는 유연한 정책이 실질적 언어 평등을 가능케 한다는 것이다.
④ 언어가 단순한 소통 수단을 넘어 권력 관계와 정체성 정치의 매개체로 기능하는 복합적 사회 현상이라는 것이다.

문제훈련 단수 빈칸 추론

01 다음 글을 읽고 ㉠에 들어갈 내용으로 가장 적절한 것은?

잉카제국은 불과 100여 년이라는 짧은 기간 동안 안데스 고산지대를 관통하는 거대한 제국을 형성하였다. 이들은 고도로 조직된 행정 시스템과 독특한 종교, 건축기술, 지역 공동체 기반의 생산체계를 통해 국가를 운영했으며, 그 흔적은 오늘날 페루 전역의 문화유산으로 남아 있다. 수도 쿠스코를 중심으로 한 잉카의 도시는 퓨마 형상을 본떠 배치되었고, 삭사이와만 요새나 코리칸차 신전과 같은 건축물은 종교와 정치 권력의 통합적 상징이었다. 또한 성스러운 계곡의 농업유산과 마추픽추의 계단식 경작지는 고산지대의 지형을 능동적으로 활용한 생태적 지혜를 보여준다.
이러한 유산들은 고대 문명이 단순히 과거의 유물이 아닌, 오늘날에도 문화적 의미와 생태적 지속가능성의 관점에서 재해석될 수 있음을 시사한다. 그러나 그 해석에는 여전히 한계와 논쟁이 존재한다. 일부 유적은 관광자원으로 소비되면서 원래의 의례적·공동체적 기능이 희미해졌고, 현지 원주민의 역사적 정체성과 연결되기보다 전지구적 문화유산으로만 강조되는 경향도 있다. 더구나 잉카 제국의 유산은 대부분 파차쿠티 이후 중앙집권적 왕권 확립 이후의 흔적에 집중되어 있어, 초기 잉카 문화나 지역 공동체의 다양성은 충분히 반영되지 못하고 있다. 이러한 상황이 현대 고고학 연구에 시사하는 바는 ㉠ .

① 문화유산의 물리적 보존과 복원에 초점을 맞추기보다 그것이 담고 있는 사회적 맥락과 생활문화적 의미를 복원하는 방향으로 나아가야 한다는 것이다.
② 고고학적 발굴과 해석의 주도권을 국제기구가 아닌 현지 원주민 공동체에게 이양함으로써 탈식민적 연구 방법론을 확립해야 한다는 것이다.
③ 건축기술과 예술성에 대한 형식적 분석을 넘어 잉카 특유의 종교적 세계관과 우주론에 기반한 본질적 이해가 선행되어야 한다는 것이다.
④ 잉카 문명과 유럽 문명 간의 기술적·문화적 격차를 객관적으로 규명함으로써 문명 간 위계와 영향 관계를 명확히 설정해야 한다는 것이다.

02 다음 글의 빈칸에 들어갈 결론으로 가장 적절한 것은?

영국의 의사 에드워드 제너는 농부들로부터 우두에 걸린 사람은 천연두에 걸리지 않는다는 이야기를 듣고 이를 과학적으로 검증하기로 했다. 1796년 5월 제너는 소젖을 짜는 사라 넬름이라는 여인의 손에 우두로 인한 물집이 생긴 것을 보고 그 내용물을 8세 소년 제임스 핍스의 팔에 찰과상을 내고 접종했다. 2개월 후인 7월 1일, 제너는 천연두 환자의 수포에서 채취한 내용물을 같은 소년에게 피하 투여하고 경과를 관찰했다. 소년에게 천연두 증상이 나타나지 않자, 제너는 수개월에 걸쳐 천연두 환자들의 분비물이나 화농 물질을 반복적으로 소년에게 투여했다. 그 결과 아무리 투여해도 소년은 천연두에 걸리지 않았으며, 이는 최초의 과학적인 종두법 실험이었다.
제너는 이 실험 결과를 왕립협회에 보고했지만, 단 한 사람의 피험자로부터 얻은 결과만으로는 설득력이 부족하다는 이유로 공식 인정을 받지 못했다. 결국 제너는 1798년 자비로 『우두의 원인과 효과에 관한 연구』라는 책을 출판했고, 영국 국회는 1802년에야 그의 공적을 기려 1만 파운드를 수여했다. 제너의 종두법 실험을 통해 _____ 라는 사실이 입증되었다.

① 새로운 의학적 발견은 반드시 대규모 임상시험을 거쳐야만 과학적 타당성을 인정받는다
② 민간에서 전해지는 치료법은 대부분 과학적 근거가 부족한 미신에 불과하다
③ 질병의 정확한 원인을 모르더라도 경험적 관찰을 통해 예방법을 개발할 수 있다
④ 혁신적인 의학 기술은 처음에는 사회적 편견과 저항에 부딪히지만 결국 받아들여진다

03 다음 글을 읽고 ㉠에 들어갈 내용으로 가장 적절한 것은?

> 디지털 시대에서 데이터는 사회·경제적 가치를 창출하는 핵심 자원으로 자리 잡았다. 특히 공공데이터는 정부 및 공공기관이 보유한 정보로서 국민과 기업이 활용할 수 있도록 개방되고 있으며, 이는 공공서비스 개선과 산업 발전에 중요한 역할을 한다.
> 그러나 단순히 데이터를 개방하는 것만으로는 충분하지 않으며, 데이터의 품질과 일관성을 보장하는 것이 필수적이다. 공공데이터의 품질은 완전성, 유일성, 유효성, 일관성, 정확성과 같은 기준으로 평가된다. 그러나 현재 공공데이터 시스템은 기관별로 다른 형식과 구조를 가지고 있어, 데이터 간의 연계와 융합이 어렵다는 문제가 있다. 또한, 표준화되지 않은 데이터는 해석의 오류를 초래할 수 있으며, 이는 행정 서비스의 비효율성을 초래한다.
> 데이터 표준화는 이러한 문제를 해결하기 위해 단어, 용어, 코드, 도메인 등을 일정한 원칙에 따라 정의하고, 모든 기관이 동일한 방식으로 데이터를 생성하고 관리하도록 하는 방식이다. 예를 들어, 동일한 행정 정보를 다루는 여러 기관이 각기 다른 명칭과 형식으로 데이터를 저장할 경우, 이를 통합하고 분석하는 과정에서 오류가 발생할 가능성이 크다. 따라서 ㉠

① 공공데이터 개방 정책보다 개인정보 보호가 우선시 되어야 한다.
② 표준화된 데이터 체계를 도입하면 기관 간 데이터 공유와 활용성이 향상된다.
③ 각 기관의 특수성을 반영한 데이터 구조를 유지하는 것이 효율적이다.
④ 정부는 데이터 표준화보다 데이터 양적 확대에 초점을 맞추어야 한다.

04 다음 글을 읽고 ㉠에 들어갈 내용으로 가장 적절한 것은?

> 다문화청소년의 수는 지속적으로 증가하고 있지만, 이들이 학교생활에서 겪는 어려움도 여전히 크다. 특히, 학교 부적응과 문화적 차이로 인해 다문화청소년의 학교중단위험은 비다문화청소년보다 높은 수준을 보인다. 이런 경우 다문화 청소년이 자라 사회에 적응하고 통합되는 과정에서 문제가 생길 수 있다. 이러한 문제를 해결하기 위해서는 개인이 속한 가족, 학교, 지역사회 등의 네트워크에서 형성되는 신뢰와 지원 체계가 중요해진다. 이는 청소년의 학교 적응과 학업 지속 여부에 중요한 영향을 미치기 때문이다. 연구에 따르면, 부모의 관심과 정서적 지지가 높을수록 다문화청소년의 학교중단위험이 낮아지는 경향을 보이며, 교사와의 긍정적인 관계 또한 학업 지속에 중요한 요인으로 작용한다.
> 반면, 이것들이 부족한 경우, 다문화청소년은 언어적 장벽, 문화적 차별, 학업 스트레스 등으로 인해 학교생활에서 고립될 가능성이 크며, 결국 학업을 중단할 위험이 증가한다. 이에 따라, 다문화청소년의 학업 지속을 위해서는 가족 및 학교의 지원을 강화하고, 지역사회와 연계한 교육 프로그램을 확대하는 정책적 접근이 필요하다. 따라서 ㉠

① 다문화청소년에게는 언어교육보다 문화적응 프로그램이 우선적으로 제공되어야 한다.
② 다문화청소년의 학업 지원을 위해서는 학교와 가정 간의 연계보다 개별 맞춤형 교육에 중점을 두어야 한다.
③ 다문화청소년의 사회적 자본을 강화하는 것은 단순한 교육 지원을 넘어 사회 통합을 위한 필수적인 과제이다.
④ 다문화청소년의 학교중단 문제는 개인적 차원의 노력과 의지로 극복할 수 있는 문제이다.

05 다음 글의 빈칸에 들어갈 결론으로 가장 적절한 것은?

러시아의 생리학자 이반 파블로프는 개의 소화 과정을 연구하던 중 흥미로운 현상을 발견하였다. 개가 어느 순간부터 먹이가 입에 들어가기 전부터 침을 흘리는 것을 관찰한 것이다. 파블로프는 이 현상을 체계적으로 연구하기 위해 실험을 설계했다. 완전히 방음이 되는 실험실에서 개를 묶어 놓고 종소리를 들려준 뒤 2초 후에 먹이를 주는 과정을 반복했다. 처음에 종소리는 개에게 아무런 특별한 반응을 일으키지 않는 중립 자극이었지만, 먹이와 반복적으로 짝지어진 후에는 상황이 달라졌다. 개는 종소리만 들어도 침을 흘리기 시작했으며, 이는 먹이라는 무조건 자극 없이도 조건 반응이 나타난 것이었다.

파블로프는 이러한 현상을 '고전적 조건형성'이라고 명명하였다. 그는 중립 자극이었던 종소리가 무조건 자극인 먹이와 반복적으로 결합되면서 조건 자극으로 변화했으며, 이로 인해 본능적인 무조건 반응이 조건 반응으로 학습되었다고 설명했다. 또한 이 과정에는 시간적 순서, 자극의 강도, 일관성, 계속성 등의 원리가 중요하게 작용한다는 것을 발견했다. 파블로프는 이 실험을 통해 _____ 라는 결론에 도달할 수 있었다.

① 복잡하고 고차원적인 사고 과정에서만 학습과 기억의 연합이 가능하다
② 중립적인 자극도 반복적 연합을 통해 특정한 반응을 유발하는 조건이 될 수 있다
③ 동물의 학습 능력은 인간의 인지적 학습 과정과 근본적으로 다른 메커니즘을 갖는다
④ 본능적 반응은 후천적 학습을 통해서는 절대로 변화시킬 수 없는 고정된 특성이다

06 다음 글을 읽고 ㉠에 들어갈 내용으로 가장 적절한 것은?

조선 후기는 법의학적 수사가 본격적으로 활용되기 시작한 시기였다. 당시 사회에서는 변사 사건이 발생하면 정확한 사망 원인을 규명하고 억울한 죽음을 방지하기 위해 법의학적 절차가 중요하게 여겨졌다. 이에 따라, 조선의 수사 관행은 단순한 범죄 조사에서 벗어나 검안이라는 체계적인 법의학적 기록을 통해 과학적인 접근을 시도했다. 검안은 변사 사건이 발생했을 때 지방 관아에서 작성하는 공식 문서로, 시신의 상태, 부검 결과, 증언 기록 등이 포함되었다. 이는 오늘날의 부검 보고서와 유사한 역할을 하였으며, 조선 후기에는 중국의 『무원록』과 같은 법의학 지침서를 참고하여 검안 절차를 체계화하였다. 특히, 정약용은 『흠흠신서』에서 법의학적 수사의 중요성을 강조하며, 관리들이 억울한 사건을 방지하기 위해 철저한 검안을 수행해야 한다고 주장했다. 당시 법의학적 수사는 신체의 부패 상태, 외상 여부, 독극물 중독 가능성을 확인하는 과정으로 이루어졌다. 법물이라고 불리는 도구들이 사용되었으며, 은비녀를 시신에 접촉시켜 변색 여부를 확인하는 방법은 독극물 중독을 판별하는 데 활용되었다. 또한, 시신을 물로 씻어 상처의 형태를 명확히 드러내거나, 특정 약재를 이용해 혈흔을 감식하는 등의 기법도 사용되었다. 오늘날 현대 법의학과 비교하면 기술적 한계가 있었음에도 불구하고, 이러한 조선 후기의 법의학적 수사는 ㉠

① 미신과 관습에 주로 의존하여 현대적 의미의 법의학 발전에 기여하지 못했다.
② 중국의 영향에서 벗어나지 못해 독자적인 법의학 체계를 구축하는 데 실패했다.
③ 당시의 기술적 한계로 인해 정확한 사망 원인 규명에 제한적인 역할만 수행했다.
④ 체계적인 기록과 과학적 분석을 시도했다는 점에서 초기 법의학의 중요한 사례로 평가될 수 있다.

07 다음 글을 읽고 ㉠에 들어갈 내용으로 가장 적절한 것은?

> 간호사는 병원 조직 내에서 환자의 생명을 돌보는 핵심 전문 인력이지만, 동시에 감정노동과 조직 내 갈등에 가장 취약한 직군이기도 하다. 특히 중·대형 종합병원에 근무하는 간호사들은 높은 업무 강도와 복잡한 조직 구조 속에서 이직을 고려하게 되는 경우가 많다. 최근 한 연구에 따르면, 이직의도에 가장 큰 영향을 미치는 요인은 '직장 내 괴롭힘'이었다. 간호사들은 언어적 공격, 부적절한 업무 배정, 감시와 통제 등 부정적 경험에 반복적으로 노출되면서 조직에 대한 애착을 잃게 되는 것이다.
> 반면, 조직의 윤리풍토는 예상과 달리 간호사의 이직의도에 유의한 영향을 미치지 못한 것으로 나타났다. 이는 도덕적 신념이나 병원의 윤리 강령보다도 실질적인 상호작용의 경험이 더 큰 영향을 준다는 사실을 시사한다. 특히 업무 부담이 높은 특수병동 근무자, 석사 이상의 학력을 가진 간호사일수록 이직의도가 더 높았으며, 이는 역설적으로 전문성과 책임이 커질수록 조직 내 괴롭힘에 민감해진다는 사실을 보여준다. 이러한 연구 결과가 시사하는 바는 ㉠ 이다.

① 의료 현장에서의 윤리적 딜레마를 해소하기 위한 보다 철저한 윤리교육이 필요하다는 것이다.
② 간호사의 직무 스트레스 관리를 위한 개인적 회복탄력성 강화 프로그램이 우선적으로 도입되어야 한다는 것이다.
③ 형식적 윤리규범보다 실제 대인관계의 질이 전문 인력의 조직 몰입에 더 결정적 영향을 미친다는 것이다.
④ 조직 문화의 개선보다는 업무 강도 완화를 위한 제도적 보완이 더 시급하다는 것이다.

08 다음 글을 읽고 ㉠에 들어갈 내용으로 가장 적절한 것은?

> 20세기 중반까지 영국과 프랑스는 유럽의 '근대 이행'을 설명하는 두 축으로 기능했다. 영국은 산업혁명이라는 경제 구조의 대전환을 통해 자본주의적 생산 양식을 정착시켰고, 프랑스는 프랑스혁명을 통해 국민국가라는 정치 형태의 이상형을 제시했다. 이러한 해석은 '이중혁명론'이라는 서사 구조로 정식화되었으며, 유럽 근대화의 보편 경로로 받아들여졌다. 특히 1960년대 중후반까지 마르크스주의와 구조주의의 영향 아래 양국의 역사적 전개는 진보적 시간성과 단계론적 모델 위에서 분석되었다.
> 그러나 1970년대 이후, 기존 해석에 균열을 가한 것은 소위 '수정주의' 역사학의 등장이다. 프랑스에서는 일괄적인 '정체론'보다는 지역성과 점진성에 주목하며 '미시적 성장'의 가능성을 탐색하였고, 영국에 대해서도 산업혁명의 급진성과 선도성을 절대시하던 관점이 도전받았다. 더 나아가 영국의 '개방적 시장경제'가 반드시 선진적이거나 모범적인 경로가 아니었으며, 프랑스의 '국가주도형 근대화' 역시 일관된 논리를 갖춘 대안적 모델일 수 있음을 보여주는 연구들이 축적되었다. 이러한 수정주의 역사학의 의의는 ㉠ 이다.

① 영국과 프랑스의 모델을 각각 시장형과 국가형으로 이분화하여 근대화의 두 가지 경로를 유형화한 데 있다.
② 근대 이행의 성공 모델로서 영국보다 프랑스의 국가주도형 발전 경로가 더 효율적이었음을 실증적으로 입증한 데 있다.
③ 진보의 직선적 경로라는 단일한 근대화 모델을 비판하고 다양한 역사적 경로의 가능성을 비교사적 관점에서 재조명한 데 있다.
④ 정체론에 주목한 영국과 시장 경제에 주목한 프랑스가 시장 경제를 모범적으로 전개한 것은 아니라는 것을 보여주는 데에 있다.

09 다음 글을 읽고 ㉠에 들어갈 내용으로 가장 적절한 것은?

> 뮤지컬은 연극과 음악, 춤, 무대예술이 융합된 복합 예술로, 20세기 이후 대중문화의 주요 장르로 자리 잡았다. 초기에는 대중적 오락으로 인식되었지만, 점차 예술성과 철학적 메시지를 담은 작품들이 등장하면서 고급예술의 위상도 확보하게 되었다. 예를 들어, 『아이다(AIDA)』는 고대 이집트 비극을 현대적 음악 어법으로 재해석함으로써 오페라적 서사와 팝음악의 대중성이 만나는 지점을 개척했다. 『빌리 엘리어트』는 광산촌 소년의 성장기를 통해 노동계층의 현실을 무대 위에 올리면서, 사회적 메시지를 품은 뮤지컬의 확장 가능성을 보여준다. 또한 『지킬 앤 하이드』는 이중성과 내면의 분열이라는 고전적 주제를 강렬한 음악과 시각적 장치로 풀어내며 인간 존재에 대한 철학적 탐구를 시도한다. 더 나아가 최근에는 『오이디푸스』와 같이 고대 희곡을 뮤지컬 형식으로 재구성하여, 전통 서사의 현대적 계승이라는 도전까지 이뤄지고 있다. 이러한 현대 뮤지컬의 장르적 발전은 ㉠ .

① 첨단 무대 기술과 미디어 융합을 통해 시각적 스펙터클을 강화함으로써 예술적 한계를 극복하려는 전략적 선택이다.
② 고전적인 주제와 현대의 기술이 만나 전통 서사의 현대적인 계승을 이루어 내고 있는 것이다.
③ 장르의 경계와 위계를 해체하며 예술의 대중화와 대중의 예술화라는 양방향적 문화 변동을 반영한 현상이다.
④ 뮤지컬 고유의 형식적 관습을 고수하면서도 다양한 문화적 맥락을 수용하는 탈지역적 적응 과정의 산물이다.

10 다음 글을 읽고 ㉠에 들어갈 내용으로 가장 적절한 것은?

> 보호종료아동은 일정 연령이 되면 보호조치가 종료되어 자립해야 하는 아동을 의미한다. 이들은 부모의 학대, 유기, 빈곤 등으로 인해 아동복지시설이나 위탁가정에서 생활해왔지만, 만 18세가 되는 순간 독립을 강제당한다. 이에 따라 이들은 충분한 준비 없이 사회로 나가야 하며, 경제적 빈곤과 심리적 고립, 교육 기회의 박탈, 주거 불안 등 복합적인 위험에 노출되는 경우가 많다. 한국 정부는 이러한 문제를 완화하고자 보호 기간을 연장하고, 자립수당 지급 및 주거지원 통합서비스 등을 도입했지만, 실질적인 자립은 여전히 어려운 과제로 남아 있다.
>
> 무엇보다 보호종료아동의 자립은 단순한 복지의 확대만으로 해결되지 않는다. 독일은 청소년국(Jugendamt)이라는 전담 조직을 통해 아동과 청소년의 행복추구권을 국가와 지자체가 공동으로 책임지는 체계를 갖추고 있다. 이들은 단순한 금전 지원에 그치지 않고, 위기 상황 개입, 후속 돌봄, 자립기술 훈련, 생애사 설계까지 통합적으로 수행하며, 특히 보호종료 이후에도 복귀가 가능한 유연한 돌봄 체계와 청년의 자기 결정권을 존중하는 상담 및 참여 구조가 특징이다. 한국도 최근 이러한 접근을 반영하고자 노력하고 있지만, 여전히 자립 지원은 행정적 파편화와 형식적 지원에 머무르는 경우가 많다. 보호종료아동이 사회의 동등한 구성원으로 성장하기 위해서는 ㉠ .

① 보호기간을 만 20세까지 확대하여 사회로 나갈 수 있는 충분한 준비 기간을 보장하는 제도적 개선이 우선되어야 한다.
② 민간 복지기관과 정부의 협력 체계를 강화하여 물질적 지원의 효율성을 극대화해야 한다.
③ 당사자의 자기결정권과 주체성이 존중되는 개별화된 자립 경로 설계가 가능한 구조를 마련해야 한다.
④ 보호종료아동을 위한 별도의 교육 트랙과 취업 할당제를 도입하여 사회 진입 장벽을 낮춰야 한다.

Chapter 09 복수 빈칸 추론

관련교재
📖 출좋포 독해·논리 p.160~166

☾ 천+기+누+설 출제빈도 체크

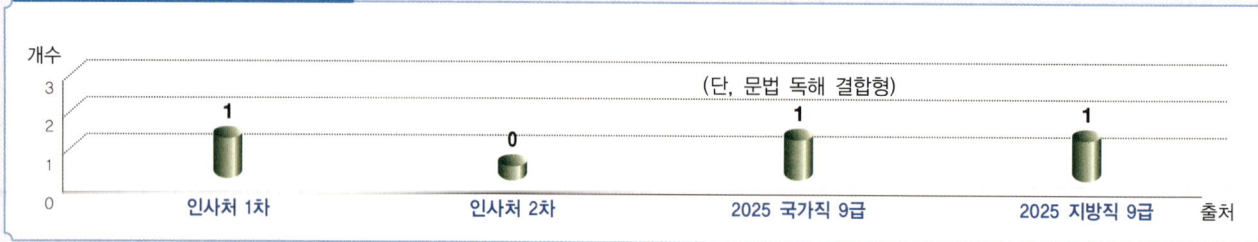

☾ 대표 천+기+누+설 개관

빈칸이 2개 이상 뚫리는 유형은 2023년부터 잘 나오는 유형에 속하게 되었습니다.
이번에 인사혁신처 1차 샘플에는 복수 빈칸 추론이 1문제 나왔으나 2차 샘플에서는 나오지 않았습니다.
그렇지만 2025년 국가직, 지방직 9급에 출제되었으므로 풀이 과정을 익혀야 합니다.
특히 혜선 쌤만의 빨리 푸는 전략이 있으니 그 부분을 꼭 익혀야 합니다.

☾ 대표 천+기+누+설 발문 체크

01 (가)와 (나)에 들어갈 말로 가장 적절한 것은?
02 ㉠, ㉡에 들어갈 내용으로 적절한 것은?

천기누설 혜선팍 독해 pin point

정답 및 해설 p.232

신유형 2025 버전 1

복수 빈칸 추론

01 다음 글의 (가)와 (나)에 들어갈 말로 가장 적절한 것은?

심리학자들은 인간의 기억이 항상 객관적 사실을 그대로 저장하지 않는다는 점을 보여 주기 위해 다양한 실험을 진행했다. 그중 하나로 엘리자베스 로프터스가 실시한 '자동차 충돌 실험'이 있다. 참가자들에게 교통사고 장면이 담긴 같은 영상을 보여 준 뒤, "차량이 서로 세게 충돌했을 때 속도가 얼마였는가?"라고 묻거나, "차량이 서로 부딪쳤을 때 속도가 얼마였는가?"라고 질문을 달리했다. 그 결과 '충돌했다'라는 표현을 들은 집단이 평균 속도를 훨씬 높게 추정했고, 실제로 없었던 파편 유리까지 보았다고 잘못 기억했다. 이는 질문에 사용된 단어 선택이 기억 내용에 직접적인 영향을 미친다는 것을 보여 준다. 따라서 인간의 기억은 ___(가)___ 에 의해 왜곡될 수 있다.

이러한 실험 결과는 법정 증언에서도 중요한 함의를 갖는다. 목격자의 증언이 항상 사실과 일치한다고 믿을 수 없는 이유는, 목격자가 본 장면이 시간이 지나면서 왜곡되기 때문이다. 현장을 목격했다고 해서 모든 목격자가 정확한 증언을 하는 것은 아니다. 현장을 목격하는 것이 정확한 증언의 ___(나)___ 없기 때문이다.

① (가): 언어적 표현과 제시 방식
   (나): 충분조건일 수는 있어도 필요조건일 수는
② (가): 언어적 표현과 제시 방식
   (나): 필요조건일 수는 있어도 충분조건일 수는
③ (가): 개인적 경험과 주관적 해석
   (나): 충분조건일 수는 있어도 필요조건일 수는
④ (가): 개인적 경험과 주관적 해석
   (나): 필요조건일 수는 있어도 충분조건일 수는

빨리 푸는 亦功 전략

1단계
빈칸 (가)의 위치를 파악하고 빈칸 (가)를 스스로 예측하기

2단계
(가)의 빈칸을 추론할 수 있는 핵심 정보에 밑줄을 긋기

(가)에 알맞은 내용의 선택지는 살리고 맞지 않은 선지는 소거하기

3단계
살린 선지의 (나)를 먼저 보고 둘 중 어떤 내용이 둘째 빈칸에 맞는지 확인 후 답을 고르기

신유형 2025 버전 2

3개 빈칸, 명사구 넣기

빠리 푸는 亦功 전략

1단계
1문단에 나열된 명사구들의 핵심어에 체크하기

2단계
㉠, ㉡, ㉢ 중 가장 자신 있게 답을 고를 수 있는 빈칸을 찾고 세로로 답을 찾기

3단계
답을 골랐으면 나머지 선지는 소거하기

02 다음 글의 ㉠~㉢에 들어갈 말을 적절하게 나열한 것은?

혁신적인 기업이 시장에서 성공하기 위해서는 세 가지 핵심 역량을 갖춰야 한다. 변화하는 소비자 요구와 시장 동향을 민감하게 파악하고 그에 맞는 전략을 수립할 때 시장의 통찰력이 확보된다. 기존에 없던 제품이나 서비스를 창조하거나 기존 방식을 획기적으로 개선할 때 기술의 혁신성이 달성된다. 새로운 시도에 따른 위험을 감수하고 실패를 통해서도 지속적으로 학습하며 도전할 때 실행의 민첩성이 구현된다.

애플의 아이폰 개발 과정에서 이 세 역량이 통합적으로 발휘되었다. 통신업계의 기존 관습을 깨고 이동통신사와의 혁신적 제휴 모델을 시도하며 출시 후에도 지속적인 업데이트를 통해 제품을 발전시켜 나감으로써 ㉠ 을 보여주었다. 멀티터치 기술과 iOS 운영체제를 독자 개발하고 하드웨어와 소프트웨어를 완전히 통합한 새로운 스마트폰 플랫폼을 구축함으로써 ㉡ 을 실현하였다. 스티브 잡스는 기존 휴대폰 사용자들이 복잡한 버튼과 불편한 인터페이스에 불만을 느낀다는 점을 정확히 포착하고 직관적인 터치 스크린의 필요성을 예견함으로써 ㉢ 을 발휘하였다. 그 결과 아이폰은 스마트폰 시장 자체를 재정의하며 모바일 혁명을 이끌었다.

	㉠	㉡	㉢
①	시장의 통찰력	기술의 혁신성	실행의 민첩성
②	시장의 통찰력	실행의 민첩성	기술의 혁신성
③	기술의 혁신성	시장의 통찰력	실행의 민첩성
④	실행의 민첩성	기술의 혁신성	시장의 통찰력

문제훈련 복수 빈칸 추론

01 다음 글의 맥락을 고려할 때 빈칸에 들어갈 말로 가장 적절한 것은?

경제적 불평등은 단순한 빈부 격차를 넘어 민주주의의 근본을 위협할 수 있다. 현대 민주주의는 모든 시민이 평등한 정치적 권리를 가진다는 전제 위에서 운영되지만, 현실에서는 (가) 에 의해 실질적인 정치적 평등이 훼손되는 경우가 많다. 경제적 불평등이 심화될수록 정치 과정에서 부유층의 영향력이 커지고, 이는 정책 결정과정에서도 특정 계층의 이익이 우선시되는 결과를 초래할 수 있다. 특히, 선거 과정에서 막대한 자금이 필요한 구조에서는 거대 자본을 가진 기업과 개인이 정치권과 유착하여 자신들의 이해관계를 관철시키는 경향이 강해진다. 반면, 경제적으로 취약한 계층은 정치적 참여가 제한되거나 정치에 대한 신뢰를 잃고 점점 더 소외될 위험이 높아진다.

이러한 문제를 해결하기 위해 일부 국가에서는 정치 자금 지원 제도와 같은 정책적 개입을 시도하고 있다. 예를 들어, 미국 시애틀에서는 '민주주의 바우처' 제도를 도입하여 시민들이 직접 후보자를 지원할 수 있도록 하였다. 이는 (나) 완화하고 다양한 계층이 정치 과정에 참여할 수 있도록 유도하는 방안으로 평가된다. 민주주의가 건강하게 유지되기 위해서는 단순히 선거 절차를 보장하는 것을 넘어, 실질적인 정치적 평등을 실현할 수 있는 제도적 장치가 마련되어야 한다.

① (가): 정치적 의사 결정 과정에서 개인의 이념이 배제되는 구조
　(나): 정책 결정 과정에서 정당이 아닌 시민 단체의 영향력이 커지는 문제를

② (가): 정치적 의사 결정 과정에서 개인의 이념이 배제되는 구조
　(나): 선거에서 특정 계층의 정치적 영향력이 과도하게 확대되는 현상을

③ (가): 경제적 자원이 정치적 영향력으로 전환되는 구조적 불균형
　(나): 선거에서 특정 계층의 정치적 영향력이 과도하게 확대되는 현상을

④ (가): 경제적 자원이 정치적 영향력으로 전환되는 구조적 불균형
　(나): 정책 결정 과정에서 정당이 아닌 시민 단체의 영향력이 커지는 문제를

02 다음 글의 맥락을 고려할 때 빈칸에 들어갈 말로 가장 적절한 것은?

> 스마트 학습 광고는 유아 교육 시장에서 점점 더 큰 비중을 차지하고 있으며, 특히 학습의 효율성만을 조장하는 방향으로 구성되는 경향이 강하다. 이러한 광고들은 유아기의 학습을 단순한 놀이가 아닌 조기 경쟁의 도구로 변형시키며, 학습이 곧 성공의 필수 요소라는 메시지를 전달한다. 유아 스마트 학습 광고에서 반복적으로 등장하는 표현은 '빠르게 한글 떼기', '하루 만에 덧셈 완성' 등이다. 이러한 문구들은 (가) 을(를) 강조한다. 또한, 광고에서는 학부모의 후기를 활용하고 전문가의 의견을 제시하여 스마트 학습기의 효과성을 부각하는 전략을 사용한다.
> 그러나 유아기의 교육은 학습이 아닌 놀이를 중심으로 이루어져야 하며, 발달적 관점에서 적절한 학습 방식이 고려되어야 한다. 스마트 학습 광고에서 강조하는 요소들은 유아기의 창의성과 자기 주도적 탐구 능력을 저해할 위험이 있다. 더욱이, (나) 는 점에서 선행학습이 초등학교 이후의 학습 성취에 반드시 긍정적인 영향을 미친다고 단정할 수 없다. 유아기 교육이 경쟁 중심의 학습 문화로 변질되지 않도록 하기 위해서는, 공교육과 사교육이 조화를 이루는 방향으로 나아가야 한다. 정부는 유아 교육 정책을 강화하고, 학부모들에게 유아기의 적절한 학습 방식에 대한 인식을 제고할 필요가 있다.

① (가) : 조기 학습이 아이의 인지 발달을 촉진하는 필수 요소임
　(나) : 선행학습이 초등학교 이후 학습 성취에 미치는 영향이 명확하지 않다
② (가) : 조기 학습이 아이의 인지 발달을 촉진하는 필수 요소임
　(나) : 선행학습이 창의성과 자기 주도적 탐구 능력을 저해할 수 있다
③ (가) : 유아기 학습에서 속도가 중요한 경쟁력이 된다는 사고방식
　(나) : 선행학습이 창의성과 자기 주도적 탐구 능력을 저해할 수 있다
④ (가) : 유아기 학습에서 속도가 중요한 경쟁력이 된다는 사고방식
　(나) : 선행학습이 초등학교 이후 학습 성취에 미치는 영향이 명확하지 않다

03 다음 글의 맥락을 고려할 때 빈칸에 들어갈 말로 가장 적절한 것은?

> 고령화가 빠르게 진행되면서, 노인의 건강 관리와 장기요양비 부담이 주요 사회적 문제로 떠오르고 있다. 이에 대응하여 한국은 2008년 노인장기요양보험을 도입해 노인들에게 공적 서비스를 제공하고 있다. 이 제도는 장기요양비 부담을 줄여 삶의 질을 향상시키는 한편, 가족의 경제적 부담을 경감하는 역할을 한다. 그러나 이 제도의 도입이 노인 가구의 경제적 의사결정에 미치는 영향에 대한 연구는 부족한 실정이다. 일반적으로 노년층은 의료비 부담과 예상치 못한 장기요양비 지출을 고려해 (가) 을(를) 유지하려는 경향이 있다. 그러나 노인장기요양보험이 시행되면서 이러한 필요성이 감소할 가능성이 있다. 실제로 최근 연구에서는 장기요양보험이 노인 가구의 자산 처분 속도를 높이고 소비 지출을 증가시키는 경향이 있음을 발견했다. 이에 따라 노인 가구는 보유 자산을 보다 적극적으로 소비하는 모습을 보일 수 있다.
>
> 이러한 변화는 거시경제적으로도 중요한 의미를 갖는다. 노인 가구의 소비 증가는 경제 활동을 촉진할 수 있지만, 동시에 자산 처분이 가속화되면 (나) 문제가 발생할 가능성도 존재한다. 기대수명이 늘어나는 상황에서 지나치게 빠른 자산 처분이 진행되면, 노인들이 생애 후반부에 경제적 어려움을 겪을 위험이 커질 수 있다. 따라서 노인장기요양보험의 긍정적 효과를 유지하면서도, 노인의 재정적 지속 가능성을 보장할 보완 정책이 필요하다.

① (가): 의료비 부담을 대비해 자산을 축적하는 예비적 저축 동기
　(나): 자산 유동성의 증가로 소비가 확대되는
② (가): 의료비 부담을 대비해 자산을 축적하는 예비적 저축 동기
　(나): 소득 불안정으로 생애 후반부 경제적 어려움이 증가하는
③ (가): 사회적 불확실성에 대비해 금융자산과 실물자산을 균형 있게 보유하는 전략
　(나): 자산 유동성의 증가로 소비가 확대되는
④ (가): 사회적 불확실성에 대비해 금융자산과 실물자산을 균형 있게 보유하는 전략
　(나): 소득 불안정으로 생애 후반부 경제적 어려움이 증가하는

04. 다음 글의 맥락을 고려할 때 빈칸에 들어갈 말로 가장 적절한 것은?

고등교육은 개인의 경제적 기회를 결정하고 사회 이동성을 촉진하는 중요한 역할을 한다. 그러나 최근 연구에 따르면, OECD 국가 간 고등교육 양극화가 심화되고 있으며, 특히 한국은 대학 재정과 노동 시장과의 연계에서 취약한 모습을 보이고 있다. 이는 교육이 계층 이동의 수단이 아니라 오히려 불평등을 고착화하는 요인으로 작용할 가능성을 시사한다. 고등교육 양극화는 다양한 요인에서 비롯된다. 먼저, ⎡ (가) ⎦ 이 주요 원인으로 지적된다. 한국은 다른 국가와는 달리 대학생 1인당 제공되는 교육비 복지, 정부 예산 대비 고등교육 투자가 부족하여 학생과 학부모의 부담이 크다. 또한, 교수당 학생 비율이 높아 교육의 질이 저하될 우려가 있으며, 대학 졸업 후 노동시장과의 연계도 OECD 평균보다 낮아 학력 인플레이션과 취업난이 심화되고 있다. 특히, 사립대학 비율이 높은 한국에서는 대학 간 재정 격차가 교육의 질적 불평등을 심화시키고 있으며, 이는 ⎡ (나) ⎦ (으)로 이어질 수 있다. 결국, 고등교육이 사회적 격차를 완화하는 역할을 하기 위해서는 정부 차원의 재정 지원과 구조적 개혁이 필수적이다. 단순히 대학 진학률을 높이는 것이 아니라, 실질적인 교육 기회와 질을 보장하는 방향으로 정책이 나아가야 하며, 이를 위해 국가 차원의 지속적인 연구와 제도적 개선이 이루어져야 한다.

① (가): 공공재정 지원 부족
   (나): 지역 간 교육 기회의 불균형
② (가): 대학평가 지표의 국제화 미흡
   (나): 지역 간 교육 기회의 불균형
③ (가): 공공재정 지원 부족
   (나): 대학 졸업생의 해외 유출 증가
④ (가): 대학평가 지표의 국제화 미흡
   (나): 대학 졸업생의 해외 유출 증가

05. 다음 글의 (가)와 (나)에 들어갈 말로 가장 적절한 것은?

고대 로마의 도로망은 직선 위주의 설계와 체계적인 포장 기술로 유명하다. 로마인들은 돌과 자갈을 층층이 다져 올리고 그 위에 큰 판석을 깔아, 수천 년이 지난 지금까지도 원형에 가까운 상태로 남아 있는 도로를 만들었다. 이러한 도로는 군대의 신속한 이동과 상업 활동의 확대를 가능하게 하여 제국의 팽창에 중요한 기반이 되었다. 로마군은 잘 정비된 도로를 통해 멀리 떨어진 지역까지 빠르게 진군할 수 있었고, 상인들은 안전하고 효율적인 길을 따라 물품을 운반하며 경제권을 확장시켰다. 또한 도로를 따라 로마의 언어와 문화가 전파되면서 정치적 통합도 이루어졌다. 따라서 로마 도로의 사례는 ⎡ (가) ⎦ 을 잘 보여 준다.

오늘날에도 고속도로, 철도, 항공로 등 국가의 주요 교통망은 단순히 이동 편의를 넘어서 경제 발전과 정치·문화적 통합에 핵심적 역할을 한다. 현대 국가들이 막대한 예산을 투입하여 교통 인프라를 구축하는 이유도 여기에 있다. 잘 발달된 교통망을 가진 국가는 지역 간 격차를 줄이고 전체적인 국가 경쟁력을 높일 수 있기 때문이다. 실제로 고속철도나 고속도로가 개통되면 해당 지역의 경제 활동이 크게 활성화되는 현상을 볼 수 있다. 이는 ⎡ (나) ⎦ 는 사실을 의미한다.

① (가): 기반 시설이 제국의 군사적·경제적 성장에 기여한다는 것
   (나): 정부의 대규모 예산 지출 자체가 경제 성장을 이끈다
② (가): 기반 시설이 제국의 군사적·경제적 성장에 기여한다는 것
   (나): 사회 인프라는 한 국가의 발전을 좌우한다
③ (가): 로마 제국의 군사력과 상업 활동이 제국의 팽창을 이끌었다는 것
   (나): 사회 인프라는 한 국가의 발전을 좌우한다
④ (가): 로마 제국의 군사력과 상업 활동이 제국의 팽창을 이끌었다는 것
   (나): 정부의 대규모 예산 지출 자체가 경제 성장을 이끈다

06 다음 글의 맥락을 고려할 때 빈칸에 들어갈 말로 가장 적절한 것은?

> 현대 사회는 과거보다 훨씬 더 많은 선택지를 제공한다. 우리는 인터넷 쇼핑을 통해 수천 개의 제품을 비교할 수 있으며, 수많은 스트리밍 플랫폼에서 원하는 콘텐츠를 선택할 수 있다. 하지만 최근의 심리학 연구를 살펴보면, 선택지가 지나치게 많을 경우 (가) 고 한다. 이는 '선택 과부하'라는 개념으로 설명될 수 있다. 선택의 자유는 긍정적인 가치지만, 지나치게 많은 옵션이 존재하면 사람들은 올바른 결정을 내리기보다 선택 자체를 회피하거나, 선택한 후에도 후회하는 경향을 보인다. 이러한 문제를 해결하기 위해 일부 연구자들은 결정 피로를 방지하는 방법을 제안한다. 예를 들어, 미리 정해진 원칙에 따라 선택하는 전략을 사용하면 불필요한 고민을 줄일 수 있다. 또한, 중요한 결정을 내릴 때는 정보의 양을 줄이고 핵심적인 요소에 집중하는 것이 효과적이다. 하지만 (나) 사람들은 다양한 가능성을 원하기 때문에, 선택의 범위를 지나치게 제한하면 불만을 초래할 수 있다.

① (가): 선택지가 많을수록 비교에 집착하여 오히려 타인의 성과에 불만을 느낀다
　(나): 선택지의 개수를 지나치게 줄이는 것은 최선의 해결책이 아니다.
② (가): 선택지가 많을수록 비교에 집착하여 오히려 타인의 성과에 불만을 느낀다
　(나): 결정의 효율성을 위해서는 선택지를 최소화하는 것이 바람직하다.
③ (가): 오히려 만족도가 낮아지고 결정을 내리는 것이 어려워진다
　(나): 결정의 효율성을 위해서는 선택지를 최소화하는 것이 바람직하다.
④ (가): 오히려 만족도가 낮아지고 결정을 내리는 것이 어려워진다
　(나): 선택지의 개수를 지나치게 줄이는 것은 최선의 해결책이 아니다.

07 다음 글의 맥락을 고려할 때 빈칸에 들어갈 말로 가장 적절한 것은?

> 많은 전문가들은 인공지능 기술이 인간의 삶에 미칠 영향을 분석하고 있다. 최근 연구에 따르면 인공지능은 (가) 양면성을 보이고 있다. 인공지능은 단순하고 반복적인 업무나 위험한 작업을 대체함으로써 인간의 삶의 질을 향상하기도 하지만, 이와 동시에 일자리 감소와 같은 사회적 문제를 야기할 수 있기 때문이다. 주목할 만한 점은 인공지능이 발전할수록 인간 고유의 능력에 대한 재평가가 이루어지고 있다는 것이다. 기계가 대체할 수 없는 창의성과 공감 능력이 더욱 중요해지면서, 교육 분야에서도 변화가 일어나고 있다. 이는 (나) 패러다임의 전환을 의미한다. 실제로 많은 교육기관들이 암기식 교육에서 벗어나 문제해결력과 감성지능을 키우는 방향으로 교육과정을 재편하고 있다. 한 연구에서는 2030년까지 현재 직업의 60%가 자동화될 것으로 전망하면서, 미래 세대는 평생에 걸쳐 7-8번의 직업 전환을 경험하게 될 것이라고 예측했다. 이는 단순한 지식전달이 아닌 자기주도적 학습 능력과 창의적 문제해결력을 갖춘 인재 양성이 미래 사회에서 더욱 중요해질 것임을 의미하는 것이다. 특히 인공지능이 처리하기 어려운 복잡한 감정적, 윤리적 판단능력을 기르는 교육이 새로운 교육과정의 핵심으로 자리잡고 있다.

① (가): 기술 발전과 인간 소외라는
　(나): 지식 축적에서 능력 개발로의
② (가): 기술 발전과 인간 소외라는
　(나): 개인 학습에서 협동 학습으로의
③ (가): 생산성 향상과 윤리적 문제라는
　(나): 개인 학습에서 협동 학습으로의
④ (가): 생산성 향상과 윤리적 문제라는
　(나): 지식 축적에서 능력 개발로의

08 다음 글의 ⊙~ⓒ에 들어갈 말을 적절하게 나열한 것은?

효과적인 학습이 이루어지기 위해서는 세 가지 핵심 요소가 갖춰져야 한다. 첫째, 동기의 형성은 학습자가 배우고자 하는 의지와 목표 의식을 분명히 가질 때 이루어진다. 외부의 강요가 아닌 내재적 동기가 있어야 지속적인 학습이 가능하다. 둘째, 방법의 적용은 학습 내용과 개인의 특성에 맞는 효율적인 전략을 선택하고 실행할 때 성취된다. 단순한 암기보다는 이해와 연결을 통한 체계적 접근이 필요하다. 셋째, 성과의 확인은 학습한 내용을 실제 상황에서 활용하고 그 결과를 점검할 때 달성된다. 피드백을 통해 부족한 부분을 보완하고 학습의 질을 높일 수 있다.

한 고등학생의 영어 학습 사례는 이 세 요소 중 어떤 것이 제일 중요한지를 보여준다. 자신의 학습 스타일에 맞춰 듣기는 팟캐스트로, 말하기는 원어민과의 대화로, 읽기는 관심 분야 원서로 나누어 공부함으로써 ⊙ 을 실현하였다. 이것이 가장 중요하다. 정기적으로 모의고사를 치르고 영어 말하기 대회에 참가하여 자신의 실력을 객관적으로 평가받음으로써 ⓒ 을 달성하였다. 이것이 두 번째로 중요한 것이다. 마지막으로 중요한 가치는 다음과 같다. 그는 해외 유학에 대한 꿈을 품고 영어 실력 향상에 대한 강한 의지를 다짐으로써 ⓔ 을 형성하였다.

	⊙	ⓒ	ⓔ
①	동기의 형성	방법의 적용	성과의 확인
②	동기의 형성	성과의 확인	방법의 적용
③	방법의 적용	동기의 형성	성과의 확인
④	방법의 적용	성과의 확인	동기의 형성

09 다음 글의 (가), (나)에 들어갈 말을 적절하게 나열한 것은?

인지 심리학에서는 사람이 정보를 처리하는 방식을 크게 두 가지로 나눈다. 하나는 반복적인 훈련이나 경험을 통해 거의 의식하지 않고 빠르게 수행되는 자동화된 처리이고, 다른 하나는 주의를 기울이고 단계별로 점검하면서 이루어지는 통제된 처리이다. 예를 들어, 초보 운전자는 신호등 색깔을 확인하고, 발의 위치를 조절하고, 핸들을 돌리는 모든 과정을 일일이 주의를 기울여 수행해야 한다. 반면 숙련된 운전자는 별다른 의식적 주의 없이도 부드럽게 차량을 조작할 수 있다. 이처럼 숙련된 기술은 대부분 (가) 를 통해 이루어진다.

또한 인간의 판단과 반응도 이 두 가지 방식으로 나타난다. 친구가 "오늘 날씨 어때?"라고 물었을 때 창밖을 보지도 않고 "좋은 것 같아"라고 즉각 대답하는 것은 깊은 사고 과정 없이 나오는 직관적 반응이다. 하지만 "이번 방학에 어느 나라로 여행을 갈까?"라는 질문에 대해서는 예산, 기간, 관심사 등을 종합적으로 고려해야 한다. 이러한 복잡한 의사결정은 (나) 이(가) 필요하다. 심리학자들은 전자를 '시스템 1', 후자를 '시스템 2'라고 부르기도 하며, 이 두 시스템이 상호보완적으로 작용하여 인간의 효율적인 정보 처리를 가능하게 한다고 본다.

	(가)	(나)
①	자동화된 처리	직관적 반응
②	자동화된 처리	의식적 숙고
③	통제된 처리	직관적 반응
④	통제된 처리	의식적 숙고

10 다음 글의 (가), (나)에 들어갈 말을 적절하게 나열한 것은?

> 인간의 의사소통에는 말이나 글과 같이 직접적으로 의미를 전달하는 방식과, 몸짓·표정·억양처럼 언어를 사용하지 않고도 의미를 전하는 방식이 있다. 상대방이 "괜찮아"라고 말하면서도 얼굴을 찌푸리거나 한숨을 내쉰다면 우리는 그 메시지를 문자 그대로 받아들이지 않는다. 실제로 연구에 따르면 대화에서 전달되는 정보 중 약 55%가 표정과 몸짓을 통해, 38%가 목소리 톤과 억양을 통해 전달되며, 실제 말의 내용이 차지하는 비율은 7%에 불과하다고 한다. 이처럼 표정과 몸짓도 중요한 의미를 전달하므로 인간의 의사소통에는 언어 이외에도 (가) 가 포함된다.
>
> 또한 메시지를 전달하는 방식은 내용이 뚜렷하게 드러나도록 말하거나 글로 표현하는 경우도 있고, 직접적인 언급 없이 눈빛이나 말투로 은근히 암시하는 경우도 있다. 예를 들어, "문 좀 닫아줄래?"라는 말은 상대에게 요구를 명확하고 구체적으로 드러낸 것이다. 이처럼 의도를 분명하게 표현하는 방식을 (나) 이라고 한다. 심리학자들은 효과적인 의사소통을 위해서는 상황에 따라 이러한 다양한 전달 방식을 적절히 조합하여 사용하는 것이 중요하다고 강조한다.

	(가)	(나)
①	언어적 메시지	명시적 의사소통
②	언어적 메시지	암시적 의사소통
③	비언어적 메시지	명시적 의사소통
④	비언어적 메시지	암시적 의사소통

Chapter 10 순서 배열

천기누설 헤선팍 독해 시즌2

Part 04

순서
배열

순서 배열

Chapter 10

관련교재
기 출좋포 독해·논리 p.196~206

◐ 천+기+누+설 출제빈도 체크

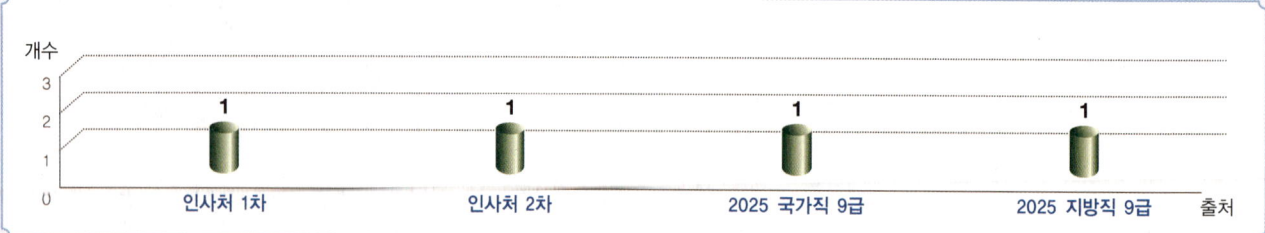

◐ 대표 천+기+누+설 개관

(가)~(라)의 문장이나 문단을 배열하는 문제 유형으로

2024년 이전은 물론이고 2025년 이후에도 살아남은 0순위 최빈출 유형입니다.

2025년 인사혁신처 1차 샘플, 2차 샘플, 2025 국가직, 지방직에도 1문제씩 모두 출제가 되었습니다.

순서 배열 문제에서 기억할 점은

자의적이고 주관적인 방법으로 풀어서는 안 된다는 것입니다.

실제로 일상적인 글들을 여러 글 구조를 가지지만

순서 배열에서는 출제자가 원하는 문제 풀이 방식을 따라야 합니다.

출제자가 원하는 문제 풀이 방식이 다른 유형보다 훨씬 더 고정되어 있는 유형이므로

무조건 혜선 쌤이 알려주는 순서 배열 방식을 암기하고 여러 번 반복적으로 적용해야 합니다.

◐ 대표 천+기+누+설 발문 체크

01 (가)~(다)를 맥락에 맞게 순서대로 나열한 것은?

02 (가)~(라)를 맥락에 따라 가장 자연스럽게 배열한 것은?

03 (가)~(라)의 전개 순서로 가장 자연스러운 것은?

천기누설 혜선팍 독해 pin point

정답 및 해설 p.235

신유형 2025 버전 1

순서 배열 : 첫 문단이 주어지는 경우

01 다음 글의 (가)~(다)를 순서대로 나열한 것은?

자동화가 급속하게 발전하면서 사람이 하는 일이 줄어들고 공산품의 가격이 하락한다는 예측이 있다. 그런데 그것이 우리가 원하는 이상적인 사회일까? 이러한 예측은 기술 발전의 긍정적 측면을 보여주지만, 그 이면에는 여러 우려가 존재한다.

(가) 이처럼 과학 기술의 발전이 분명히 우리가 사는 사회를 더 괜찮은 사회, 살기 좋은 사회로 만드는 측면이 있지만, 동시에 일하는 사람이 점점 없어진다든지 아니면 조금 다른 용어로 사회의 불평등이 점점 심해져서 아주 많은 돈을 버는 소수의 사람들과 일자리가 없는 다수의 사람들로 세상이 양극화될 가능성을 크게 하는 측면도 있다. 그야말로 유토피아와 디스토피아의 공존이 일어날 수 있는 것이다.

(나) 그러면 나머지 9,500명은 어디로 갔겠는가 말이다. 인공지능이 대거 활약하게 되는 4차 산업혁명이 가속화돼서 이런 일이 상품과 지식 생산의 모든 영역에서 일어난다면 어찌 될 것인가. 어쨌건 상품이나 지식의 값은 싸지겠지만, 그것을 돈 주고 사는 소비자는 점점 없어져 버리는 사회가 될 수도 있다. 이는 분명히 우려할 만한 일이다.

(다) 좋은 물건을 싸게 살 수 있으니 좋겠지만, 다른 한편으로 생산 공정의 합리적 발달 때문에 인간의 일자리가 줄어들고, 결국 소비가 줄어드는 세상이 되는 것은 아닐지 걱정되기도 한다. 뉴스에서도 한번 크게 보도된 적이 있는데, 중국에서 종업원 규모가 만 명 되는 공장을 독일식의 '산업 4.0 시스템'을 적용해서 합리화했더니 종업원 수가 500명으로 줄었다고 했다.

① (가) - (나) - (다)
② (가) - (다) - (나)
③ (다) - (가) - (나)
④ (다) - (나) - (가)

빨리 푸는 亦功 전략

1단계
첫 문단의 끝 문장에 집중하고
다음 문단에 어떤 내용이 올지 예측하기

2단계
선지를 커닝하여
그 다음 올 문단을
파악한 후
적합한 문단을 고르기

3단계
혜선쌤이 제시한
가이드라인 그대로
모방하여 소거하며
답을 고르기

신유형 2025 버전 2

순서 배열: 첫 문단이 주어지지 않는 경우

빨리 푸는 亦功 전략

1단계
선지에서
첫 문단에 올 가능성이 있는
문단을 확인하기
(나) 혹은 (라)

2단계
첫 문단을 찾았으면
표면적 연결,
이면적 연결을
확인하면서
문단을 배열하기

3단계
자의적이거나
주관적인 방법이 아니라
반드시 혜선 쌤이
일러 준 방법을 사용하기

02 다음 글의 (가)~(마)를 순서대로 나열한 것은?

(가) 이러한 관광 방식은 도시재생의 새로운 가능성을 부여준다. 대규모 자본 투입 없이도 지역의 역사와 일상성에 기초해 관광객의 방문을 유도할 수 있으며, 이는 지역 경제뿐 아니라 공동체 의식 형성에도 기여한다. 빈곤관광을 통한 접근은 지역의 이야기와 역사성을 보존하면서 지속가능한 발견을 추구한다.
(나) 빈곤관광은 낙후된 지역을 방문하는 관광 형태를 넘어, 지역주민의 삶과 역사적 기억을 보존하는 수단이 될 수 있다.
(다) 그러나 빈곤관광에는 여러 사회윤리적 문제가 내포된다. 관광객의 무례한 언행, 외부 자본 유입으로 인한 기존 주민의 소외, 보진과 개발 사이의 갈등은 해결해야 할 과제다.
(라) 일상적 역사문화콘텐츠를 활용할 경우, 관광객은 감성적 공감을 경험하고 지역주민은 정체성을 재확인하게 된다. 리우데자네이루의 파벨라 투어처럼 이러한 관광은 해당 지역의 실제 생활상을 통해 새로운 시각을 제공한다.
(마) '빈곤의 상품화'라는 비판은 심각하게 고려해야 하며, 관광지화가 진행되면서 임대료 상승으로 원주민이 밀려나는 젠트리피케이션 현상도 발생하고 있다.

① (나) - (가) - (라) - (마) - (다)
② (나) - (라) - (가) - (다) - (마)
③ (라) - (나) - (가) - (다) - (마)
④ (라) - (나) - (다) - (마) - (가)

문제훈련 순서 배열

01 다음 글의 (가)~(다)를 순서대로 나열한 것은?

보편관세 정책을 실현하기 위해, 트럼프 행정부는 1930년 관세법 제338조와 1977년 국제긴급경제권한법이라는 두 가지 법률을 법적 기반으로 삼고 있다.

(가) 한편 국제긴급경제권한법은 미국 대통령이 전쟁 또는 국가비상사태를 선포할 경우, 외국과의 금융 거래, 수입 규제, 자산 몰수 등의 강력한 경제 제재를 시행할 수 있도록 하는 법적 근거를 제공한다. 이는 대통령의 재량권이 크게 인정되어, 빠르게 관세 정책을 실행하고자 할 때 자주 활용된다.

(나) 트럼프 2기 행정부는 미국의 무역적자 해소와 제조업 보호를 위한 핵심 정책 수단으로 이러한 보편관세를 부과하겠다는 의지를 표명했다. 이는 특정 국가와 품목을 불문하고 미국으로 수입되는 물품에 일률적인 추가 관세를 부과하는 방식이며, 국가 안보나 공공 이익 차원에서 정당화될 수 있는 것으로 제시된다.

(다) 그러나 이러한 법적 근거들은 국제무역 규범, 특히 WTO의 다자간 통상 질서와 충돌할 수 있다. 예를 들어, 1999년 WTO 패널은 미국 무역법 제301조의 일방적 구제 조치를 문제 삼은 바 있으며, 보편관세의 일방적 부과 역시 국제 규범 위반 소지가 높아 신중한 접근이 필요하다.

① (가) - (다) - (나)
② (나) - (가) - (다)
③ (나) - (다) - (가)
④ (다) - (가) - (나)

02 다음 글의 (가)~(다)를 순서대로 나열한 것은?

여기에 대리석 두 개가 있다고 가정해 보자. 하나는 거칠게 깎아낸 그대로이며, 다른 하나는 조각술에 의해 석상으로 만들어져 있다. 플로티노스에 따르면 석상이 아름다운 이유는, 그것이 돌이기 때문이 아니라 조각술을 통해 거기에 부여된 '형상' 때문이다. 형상은 그 자체만으로는 질서가 없는 질료에 질서를 부여하고, 그것을 하나로 통합하는 원리이다.

(가) 그렇다면 우리가 어떤 석상을 '아름답다'고 느낄 때는 어떠한 일이 일어날까? 플로티노스는 우리가 물체 속의 형상을 인지하고, 이로부터 질료와 같은 부수적 성질을 버린 후 내적 형상으로 다시 환원할 때, 이 물체를 '아름답다'고 간주한다고 보았다. 즉, 내적 형상은 장인에 의해 '물체 속의 형상'으로 구현되고, 감상자는 물체 속의 형상으로부터 내적 형상을 복원함으로써 아름다움을 느끼는 것이다.

(나) 형상은 돌이라는 질료가 원래 소유하고 있던 것이 아니며, 돌이 찾아오기 전부터 돌을 깎는 장인의 안에 존재하던 것이다. 장인 속에 있는 이 형상을 플로티노스는 '내적 형상'이라 부른다. 내적 형상은 장인에 의해 돌에 옮겨지고, 이로써 돌은 아름다운 석상이 된다.

(다) 그러나 내적 형상이 곧 물체에 옮겨진 형상과 동일한 것은 아니다. 플로티노스는 내적 형상이 '돌이 조각술에 굴복하는 정도'에 응해서 석상 속에 내재하게 된다고 보았다. 이는 장인의 기술과 돌의 물성이 상호작용하여 최종적인 형상이 결정됨을 의미한다.

① (나) - (가) - (다)
② (나) - (다) - (가)
③ (다) - (가) - (나)
④ (다) - (나) - (가)

03 다음 글의 (가)~(다)를 순서대로 나열한 것은?

기술지정학은 과거의 군사 중심 지정학과는 다르게, 첨단 기술이 국가 경쟁력과 안보를 동시에 좌우하는 시대의 전략 구도를 뜻한다. 그중에서도 반도체 산업은 핵심 중의 핵심으로, 국가 간 긴장과 협력의 주요 무대로 자리 잡고 있다. 단순한 기술 산업을 넘어, 반도체는 국제질서 재편의 열쇠로 작용하고 있다.

(가) 칩4 동맹은 한국, 일본, 대만 등 주요 생산국과의 기술 협력으로 단순한 산업 차원을 넘어 외교·안보 전략과 맞물려 있다. 동맹을 통한 공급망 재편은 자국의 영향력을 강화하려는 목적도 함께 내포한다.
(나) 미국은 이러한 반도체 산업을 주도하며 반도체 공급망 협의체인 '칩4 동맹' 구성을 통해 중국에 대한 견제에 나섰다.
(다) 이러한 세계적 흐름 속에서 한국 역시 단순한 경제 논리만으로는 대응하기 어려운 상황에 직면해 있다. 기술 자립, 소재 국산화, 공급망 다변화는 단기 정책이 아니라 중장기 전략으로 접근해야 할 문제다.

① (가) − (다) − (나)
② (나) − (가) − (다)
③ (나) − (다) − (가)
④ (다) − (가) − (나)

04 다음 글의 (가)~(라)를 순서대로 나열한 것은?

(가) 즉 상호 존중과 협력이 없는 우주 개발은 오히려 갈등과 불신을 불러올 수 있다. 특히 우주는 법적 소유가 불가능하다는 점에서 기존의 공간 개념과는 분명히 다르다.
(나) 우주는 이제 일부 국가만의 독점 영역이 아니다. 기술이 발달하고 다양한 민간 주체들이 참여하면서, 우주 공간은 점점 더 많은 이해관계가 얽힌 공동의 장으로 변모하고 있다.
(다) 우주는 인류 공동의 자산이라는 인식은 단지 이상적인 구호에 그치지 않는다. 앞선 기술력을 갖춘 국가일수록 더 높은 수준의 책임과 투명성을 요구받으며, 활동 내용과 성과를 국제사회와 공유하는 문화가 자리 잡아가고 있다.
(라) 이는 단지 법적 선언을 넘어, 새로운 자원관과 윤리관을 정립해야 함을 의미한다. 오늘날 우리가 내리는 판단은 먼 미래 세대의 우주 이용 가능성에도 영향을 미칠 수 있다.

① (나) − (다) − (가) − (라)
② (나) − (다) − (라) − (가)
③ (다) − (나) − (가) − (라)
④ (다) − (나) − (라) − (가)

05 다음 글의 (가)~(라)를 순서대로 나열한 것은?

(가) 독자들은 이러한 약속에 암묵적으로 동의한 상태로 책을 읽어나간다. 주석을 계속 추적해 나가는 것은 책 읽기와는 구별되는 별개의 행위로 취급된다. 주석은 주석일 뿐이다. 그러나 하이퍼텍스트성이란 이러한 본문과 주석의 구분을 무의미한 것으로 취급하는 비선형적 텍스트성이다.

(나) 하이퍼텍스트란 쉽게 생각하면 주석들이 끝없이 연결되어 더 이상 본문과 주석의 구분이 불가능해진 텍스트를 의미한다. 이제까지는 글에서 주석은 어디까지나 본문을 설명하기 위한 종속적인 기능만을 지니고 있었다. 본문은 순차적인 흐름으로 이어져간다.

(다) 본문은 저자의 논리에 따라 선형적으로 연결되어 있다. 그러다가 중간 중간 저자는 별도의 설명이 필요하다고 생각하는 부분에 따로 표시를 해놓고 주석을 단다. 그러면 독자들은 그 주석을 통해 부가적인 정보를 얻는다. 하지만 독자들이 그 주석을 통해 아무리 흥미 있는 어떤 사실을 발견한다 하더라도 어쨌든 저자들은 그것을 보조적인 설명으로 취급한다.

(라) 글 읽기의 순차가 정해진 것도 없고, 가지를 치고 독자들에게 선택을 허용한다. 텍스트들은 끈들에 의해 연결되어 있을 뿐이며 어느 것이 중심이고 어느 것이 가지인지를 결정하는 것도 독자/사용자의 몫이다. 심지어는 독자/사용자조차도 어느 것이 중심이고 어느 것이 가지인지 알지 못한다. 그저 자신의 관심이 가는 대로 움직일 뿐이다.

① (나) – (가) – (다) – (라)
② (나) – (다) – (가) – (라)
③ (라) – (나) – (가) – (다)
④ (라) – (나) – (다) – (가)

06 다음 글의 (가)~(라)를 순서대로 나열한 것은?

(가) 그런데 자본주의의 역사는 얼마나 될까? 자본주의를 '개인 소유권의 인정'이라고 본다면 구약 성경에도 기록될 정도로 오래된 것으로 추정된다. 왕이 국가의 모든 자산을 소유하는 것으로 여겨졌던 절대 군주주의 시대에도 상업 활동을 통해서 부를 축적한 상인 계급이 존재했다. 그러나 보통 근대 자본주의의 시작은 1776년으로 간주된다. 이 해는 미국이 독립하고, 애덤 스미스의 "국부론"이 출간된 때이다.

(나) 하지만 미국에서조차도 20세기 초에야 여성에게 투표권을 부여하면서 제대로 된 대중 민주주의의 형태를 갖추게 되었다. 유럽의 본격적인 민주주의 도입도 19세기 말에야 시작되었고, 유럽과 미국을 제외한 각국의 대중 민주주의의 도입은 이보다 훨씬 더 늦었다.

(다) 민주주의, 특히 대중 민주주의의 역사는 생각보다 짧다. 고대 그리스의 민주주의나 마그나 카르타(대헌장) 이후의 영국 민주주의는 귀족이나 특정 신분 계층만이 누릴 수 있는 체제였다. 우리가 흔히 알고 있는 대중 민주주의, 즉 모든 계층의 성인들이 1인 1표의 투표권을 행사할 수 있는 정치 체제는 영국에서 독립한 미국에서 시작되었다고 보는 것이 맞다.

(라) 아나톨 칼레츠키는 그의 저서 "자본주의 4.0"에서 대중 민주주의와 자본주의는 제대로 결합하여 발전을 서로 도와 온 것으로 설명하고 있다. 실제로 산업 혁명 이후, 식민지 경영 시대, 공산주의와 자본주의의 대립 등을 거쳐, 지금은 세계 수많은 나라가 민주주의와 자본주의를 결합한 정치·경제 체제를 갖추고 있다.

① (다) – (나) – (가) – (라)
② (다) – (나) – (라) – (가)
③ (다) – (라) – (가) – (나)
④ (라) – (가) – (다) – (나)

07 다음 글의 (가)~(라)를 순서대로 나열한 것은?

(가) 그러나 법은 절도를 엄격히 금한다. 십계 중 일곱 번째 계명이 '도둑질하지 말라'이며, 고조선의 팔조금법에도 '도둑질을 하면 노비로 삼는다'는 내용이 포함되어 있다. 절도가 용인되면, 즉 개인의 재산을 보호하지 않으면 사회 자체가 붕괴된다. 그러기에 절도는 동서고금을 막론하고 사회적 금기로 남아있다.

(나) 인간의 내부에는 절도에 대한 은밀한 욕망이 자리 잡고 있다. 절도는 적은 비용으로 많은 먹이를 획득하고자 하는 생명체의 생존욕과 관련이 있을 것이다. 따라서 사회적 금제 시스템이 무너졌을 때 절도를 향한 욕망은 거침없이 드러난다. 1992년 LA 폭동 때 우리는 그 야수적 욕망의 분출을 목도한 바 있다.

(다) 이렇게 절도는 범죄지만 인간은 한편으로 그 범죄를 합리화한다. 절도의 합리화는 부조리한 사회, 주로 재화의 분배에 있어 불공정한 사회를 전제로 한다

(라) 그리고 한 걸음 더 나아가 절도 행위자인 도둑을 찬미하기도 한다. 혹 그 도둑이 약탈물을 달동네에 던져주기라도 하면 그는 의적으로 다시 태어나 급기야 전설이 되고 소설이 된다. 그렇게 해서 가난한 우리는 일지매에 빠져들고 장길산에 열광하게 되는 것이다.

① (나) - (가) - (다) - (라)
② (나) - (가) - (라) - (다)
③ (나) - (다) - (가) - (라)
④ (나) - (다) - (라) - (가)

08 다음 글의 (가)~(라)를 순서대로 나열한 것은?

(가) 길 가다가 문득 눈이 뜨인 그 사람은 앞으로도 계속 눈을 감고 지팡이에 의존해서 살아가야 하는 것일까? 한번 뜨인 눈을 다시 감을 수는 없다. 그의 문제는 길에서 갑자기 눈을 뜨는 바람에 제집을 찾지 못하게 된 데서 생겼다. 그러니 지팡이를 짚고서라도 집을 찾는 것이 먼저다.

(나) 그 사람에게 눈을 도로 감으라는 것은 앞을 못 보던 예전의 삶으로 돌아가라는 것이 아니다. 주체적으로 판단하고 능동적으로 대처할 수 있는 상태를 유지하라는 말이다. 강물을 건널 때 물살을 보지 않으려고 하늘을 우러르고, 밤중에 강물 소리에 현혹되지 않아야 하는 것도 같은 이유이다.

(다) 지금 당장 별 문제가 없어도 문제는 늘 다시 생겨난다. 평소 눈길조차 주지 않아도 고전은 늘 우리 곁을 지키고 있다. 삶이 문득 방향을 잃고 갈팡질팡할 때 고전의 힘은 눈먼 사람의 지팡이보다 더 큰 위력을 발휘한다. 어떤 상황에 놓이든 침착하게 대응하려면 평소에 생각의 힘을 길러야 한다.

(라) 고전은 '창애에게 답하다'에 나오는 지팡이와 같다. 갑자기 길을 잃고 헤맬 때 길을 알려 준다. 지팡이가 있으면 길에서 계속 울며 서 있지 않아도 된다. 하지만 사람들은 일단 눈을 뜨고 나면 지팡이의 존재를 까맣게 잊는다. 고전은 그러한 사람에게 길을 알려 주는 든든한 지팡이다.

① (가) - (나) - (다) - (라)
② (가) - (라) - (나) - (다)
③ (라) - (가) - (나) - (다)
④ (라) - (나) - (다) - (가)

09 다음 글의 (가)~(라)를 순서대로 나열한 것은?

(가) 그러나 이러한 역사는 시간이 흐르면서 점점 소멸되고 있으며, 중앙아시아 한인들에 대한 역사적 평가는 한국 사회 내에서 주변부에 머물러 있다.

(나) 결과적으로 디아스포라 한인들의 독립운동 기억은 단순한 회고를 넘어, 정체성 재구성의 문제로 이어진다. 이러한 맥락에서 중앙아시아 한인들의 독립운동은 단지 해외 독립운동의 일면이 아니라, 대한민국 역사와 연결되는 보편적 민족 서사의 일부로 재조명되어야 한다.

(다) 중앙아시아 한인 디아스포라는 일제강점기 강제이주의 상처를 지닌 집단이다. 이들의 독립운동 기억은 단순한 과거 회상이 아니라, 정체성 형성에 영향을 미치는 중요한 자산이다. 특히 1937년 스탈린 정권에 의해 이주된 한인들은 혹독한 환경 속에서도 민족학교를 세우고 독립정신을 지켜냈다.

(라) 이는 국가 중심의 독립운동 서술이 재외 한인들의 경험을 충분히 담아내지 못하고 있기 때문이다.

① (가) - (나) - (다) - (라)
② (가) - (다) - (나) - (라)
③ (다) - (가) - (나) - (라)
④ (다) - (가) - (라) - (나)

10 다음 글의 (가)~(라)를 순서대로 나열한 것은?

(가) 그러나 한편으로는 다양한 도시나 국가에서도 공통적으로 발견되는 이동의 보편적 경향이 존재한다. 짧은 거리부터 장거리까지 일정한 분포로 이동이 이뤄지는 현상은 여러 연구에서 반복적으로 확인되었다. 이는 인간 이동이 특정한 문화나 제도에 구애받지 않고 일정한 패턴을 따르는 보편성이 있음을 시사한다.

(나) 인간의 이동 양상은 단순한 개인의 의지로 설명되지 않으며, 지역의 지리적 구조나 사회 환경에 따라 다르게 나타난다.

(다) 예를 들어 방사형 구조를 지닌 도시는 중심지 집중형 이동이 유도되며, 격자형 구조는 분산형 이동이 나타나기 쉽다. 이뿐만 아니라 이동 경로를 다르게 결정짓는 요인으로는 도시의 형태뿐 아니라 교통망의 밀도와 중심지의 배치 방식까지 포함된다.

(라) 결국 인간 이동성은 각 지역의 고유한 지리적 제약과 지역을 초월한 보편적 경향이 함께 작용하며 나타난다. 이러한 이중적인 특성을 이해하는 것은 도시 계획이나 정책 수립 시 보다 정교한 접근을 가능하게 한다. 단일한 분석 틀만으로는 인간 이동의 복합적 양상을 충분히 설명할 수 없기 때문이다.

① (나) - (가) - (다) - (라)
② (나) - (가) - (라) - (다)
③ (나) - (다) - (가) - (라)
④ (나) - (다) - (라) - (가)

✦ **Chapter 11** 초점 강화 약화

✦ **Chapter 12** 일반 강화, 약화

✦ **Chapter 13** 〈보기〉 강화, 약화

천기누설 혜선팍 독해 시즌2

Part
05

강화,
약화

Chapter 11 초점 강화 약화

관련교재
㉠ 출좋포 독해·논리 p.170~177

◖ 천+기+누+설 출제빈도 체크

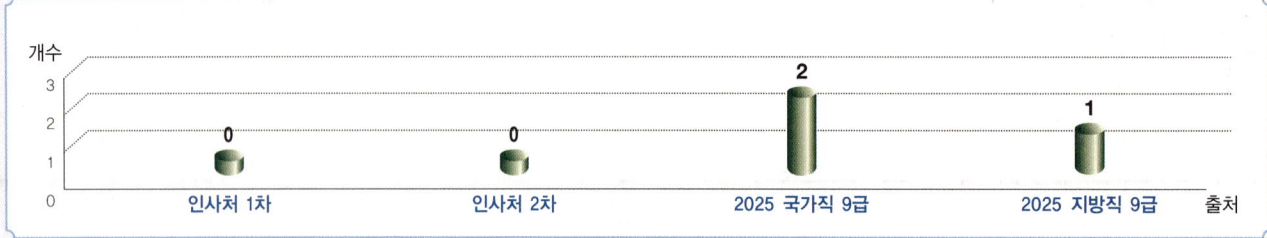

◖ 대표 천+기+누+설 개관

'강화, 약화' 문제는 전통적으로는 사례 추론 문제로 출제가 되었습니다.
기존 사례 추론 문제의 경우에는 밑줄 친 부분의 이론에 맞지 않는 사례를 찾는다거나
밑줄 친 부분의 이론에 맞는 사례를 찾는 문제가 많이 출제되었습니다.

이 유형이 발전되어 '강화, 약화' 추론 문제로 나오게 되었는데,
'초점 강화, 약화'의 경우에는 강화 약화 유형 중 가장 난도가 쉬운 경우에 해당됩니다.
왜냐하면 일반 강화 약화와는 달리 정보의 양이 제한적이기 때문입니다.
특히 초점 강화, 약화가 국가직에서 2문제, 지방직에서 1문제 출제되었으므로
내년 시험에 나올 확률이 높다는 것을 알 수 있습니다.
초점 강화 약화의 경우에는 시간을 단축해서 풀어야 하는 유형이므로
특히 혜선 쌤의 야매꼼수를 잘 들어야 합니다.

◖ 대표 천+기+누+설 발문 체크

01 다음 글의 논지를 강화하는 것으로 적절한 것은?
02 다음 글의 논지를 약화하는 것으로 적절한 것은?
03 다음 글의 (가)를 강화하는 것으로 가장 적절한 것은?

천기누설 혜선팍 독해 pin point

정답 및 해설 p.238

신유형 2025 버전 1

초점 강화 약화 중 '강화'

01 다음 글의 (가)의 주장을 강화하는 것으로 가장 적절한 것은?

전 세계적으로 고령화와 출산율 저하는 국가의 경제·사회적 지속 가능성을 위협하는 주요 인구학적 변수로 떠오르고 있다. 특히 한국은 세계 최저 수준의 출산율과 빠른 고령화 속도를 보이며, 생산가능인구의 감소가 노동시장 위축과 복지 지출 증가라는 이중 압박으로 이어지고 있다. 이민은 이러한 인구학적 위기에 대한 효과적인 해결책이 될 수 있다. 이민자 유입은 단기적으로는 부족한 노동력을 보충하고, 장기적으로는 인구 구조의 균형을 회복시키는 역할을 한다. 실제로 캐나다는 1990년대 이후 연간 GDP의 약 0.8%에 해당하는 경제 성장을 이민을 통해 달성했으며, 독일 역시 2010년 이후 이민자 유입으로 생산가능인구 비율을 10% 이상 증가시켰다. 또한 이민자들은 평균적으로 내국인보다 젊은 연령대에 속해 있어 사회보험료 납부 기간이 길고, 창업 활동도 활발하여 경제 활력을 제고하는 효과가 있다.

반면, 한국은 이민자 유입에 대해 상대적으로 제한적인 정책 기조를 유지해 왔다. 체류 자격 심사가 까다롭고, 언어 교육이나 직업 훈련 등 사회 통합 프로그램도 체계적이지 못하다. 그 결과 한국의 외국인 비율은 OECD 평균의 절반 수준에 머물러 있으며, 숙련 이민자 유치에서도 다른 선진국에 뒤처지고 있다. 이러한 맥락에서 (가) <u>일부 학자들은 지속 가능성을 위협받고 있는 한국 사회에 있어 적극적인 이민정책은 더 이상 선택이 아닌 필수라고 주장한다.</u> 이민을 단순히 외국인 유입이 아닌 국가 생존 전략으로 재인식해야 한다는 것이다.

① 스웨덴에서 이민 2세대의 실업 문제와 교육 격차 문제가 발생하고 있다.
② 일본은 2019년 이후 외국인 취업 비자를 대폭 확대했지만 여전히 노동력 부족 문제가 지속되고 있다.
③ 프랑스는 1990년대 이후 지속적인 이민자 유입에도 불구하고 사회 갈등과 통합 문제가 심화되고 있다.
④ 싱가포르는 적극적인 이민정책을 통해 생산가능인구 비율을 70% 이상 유지하며 경제 성장을 지속하고 있다.

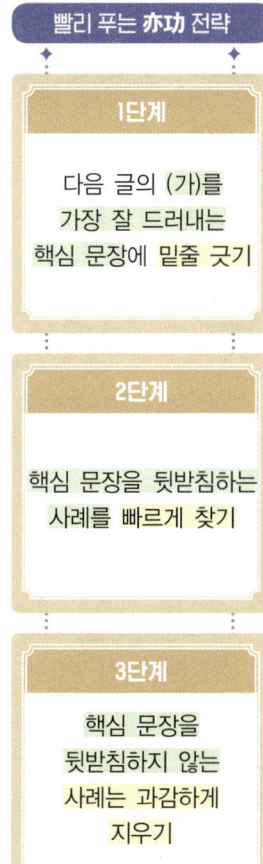

신유형 2025 버전 2

빨리 푸는 亦功 전략

1단계
다음 글의 논지를 드러내는 핵심 문장에 밑줄 긋기

2단계
핵심 문장을 반증하는 사례를 빠르게 찾기

3단계
핵심 문장을 뒷받침하는 사례는 과감하게 지우기

초점 강화 약화 중 '약화'

02 다음 글의 논지를 약화하는 것으로 가장 적절한 것은?

자율주행차 기술 발전에 따른 규제 방향을 둘러싸고 전문가들 사이에 견해가 엇갈리고 있다. 규제를 강화해야 한다는 입장은 자율주행차 사고 발생 시 책임 소재가 불분명하다는 점을 지적한다. 현행 법체계는 교통사고 책임 주체를 운전자로 규정하고 있으나, 자율주행 단계가 높아질수록 사고 원인이 시스템 결함이나 제조사 관리에 기인할 가능성이 커진다는 것이다. 따라서 기존의 운전자 중심 책임 구조로는 피해자 구제가 미흡할 수 있다고 본다. 규제가 선제적으로 정비된다면 운전자와 제조사, 시스템 관리자 간의 책임 분담이 명확해지고, 보험 및 배상 체계도 안정적으로 작동할 수 있다고 주장한다. 법과 제도의 정비가 늦어진다면 기술 발전 속도를 따라가지 못해 사회적 혼란과 법적 공백이 발생할 수 있다는 우려도 제기한다.

① 자율주행 사고로 보험 및 배상 체계가 애매하여 보상 절차가 지연된 사례는 제도 정비 지연 위험성을 보여준다.
② 제조사·운전자·관리주체가 책임을 서로 떠넘겨 분쟁 장기화된 자율주행 사고는 사전 규제 필요성을 드러낸다.
③ 국가 간 자율주행 책임 기준 차이로 동일 사고가 국가마다 다른 판정을 받은 사례는 법적 공백의 위험을 보여준다.
④ 독일에서 자율주행차 사고 시 제조사 책임을 명시한 법률 제정 후 관련 기업들이 보험료 절감과 안정적 서비스 운영을 실현했다.

문제훈련 초점 강화 약화

정답 및 해설 p.238

소요시간 분 초

01 다음 글의 논지를 강화하는 것으로 가장 적절한 것은?

> 현대 자본주의 사회에서 소비는 단순한 생존 수단을 넘어, 개개인의 가치관을 반영하고 사회에 영향을 미치는 행위로 자리잡고 있다. 그중에서도 '윤리적 소비'는 소비자가 상품을 구매할 때 생산 과정에서의 인권 침해 여부, 환경 파괴, 동물 실험 여부, 지역사회 기여도 등을 고려하는 실천적 행동이다. 이러한 소비는 가격과 품질 외의 새로운 기준을 시장에 도입함으로써 기업의 생산 방식을 변화시키는 압력으로 작용한다. 실제로 공정무역 상품, 동물실험을 하지 않은 화장품, 지역 생산물 구매 등 윤리적 소비 운동이 확산된 이후, 다국적 기업들은 공급망 전반에 걸쳐 노동 윤리와 환경 기준을 강화하려는 시도를 보이고 있다. 이는 단순한 개인의 선택이 집단적 소비 행태로 이어질 때 사회 전반의 구조와 관행에 실질적인 영향을 줄 수 있음을 시사한다. 따라서 윤리적 소비는 소비자의 도덕적 책임을 넘어서 사회적 변화를 촉진하는 중요한 수단으로 평가된다. 윤리적 소비의 확산은 시장의 윤리적 감수성을 높이고, 지속가능한 사회를 실현하는 데 실질적인 기여를 할 수 있다.

① 윤리적 소비에 대한 소비자들의 관심은 높아지고 있지만 실제 구매로 이어지는 비율은 여전히 낮은 수준에 머물고 있다.
② 유럽의 한 지역에서 로컬푸드 운동이 확산되면서 지역 농가의 소득이 30% 증가하고 탄소 배출량이 크게 감소했다.
③ 일부 기업들이 윤리적 소비 트렌드를 이용해 실제로는 윤리적이지 않은 제품을 마케팅하는 '그린워싱' 현상이 증가하고 있다.
④ 윤리적 소비 제품은 일반 제품보다 가격이 높아 경제적 여유가 있는 계층만 접근할 수 있어 사회적 불평등을 심화시킬 수 있다.

소요시간 분 초

02 다음 글의 (가)를 강화하는 것으로 가장 적절한 것은?

> 교육 평가 방식을 둘러싼 논쟁이 지속되고 있다. (가) 일부 교육학자들은 절대평가의 필요성을 강조한다. 이들은 평가가 학습자가 무엇을 어느 수준까지 성취했는지를 확인하는 과정이어야 한다고 주장한다. 절대평가는 공인된 성취기준을 미리 제시하고, 그 기준을 충족하면 모두가 합격하도록 설계된다. 운전면허나 의료 분야 국가시험처럼 최소 역량 확보가 핵심인 영역에서는 등수보다 기준 달성이 중요하다는 것이다. 이들에 따르면 절대평가는 학생이 타인과의 서열보다 기준 달성에 집중하게 하여 과도한 경쟁과 불안 심리를 완화하고, 교사는 성취기준에 맞춘 피드백과 보정학습을 통해 학습의 본질에 접근할 수 있다고 본다.
> 반면, 상대평가를 지지하는 교육 전문가들은 현실적 한계를 지적한다. 대학이나 대기업 선발처럼 정원과 예산의 제약이 있는 곳에서는 집단 내에서의 상대적 우수성을 가리는 장치가 필요하다고 주장한다. 상대평가는 동일 집단에서의 성취 분포를 활용해 변별력을 확보하고, 미세한 점수 차이 속에서도 선발의 정당성을 설명할 근거를 제공한다는 것이다. 또한 절대평가에서는 평가자 재량에 따라 높은 등급이 과다 배분될 수 있지만, 상대평가의 분포 관리는 성적의 희소성과 신뢰도를 지킨다고 강조한다.

① 일본에서는 절대평가 확대에도 불구하고 학생들 간의 경쟁이 여전히 치열하여 사교육비 지출이 오히려 증가하고 있다.
② 상대평가를 유지하는 학교들에서 학생들의 협력적 문제 해결 능력이 향상되고 학습 동기가 크게 증가하는 것으로 나타났다.
③ 핀란드에서 절대평가 도입 후 학생들의 학습 동기가 향상되고 협력적 학습 문화가 확산되어 전체적인 학업 성취도가 크게 개선되었다.
④ 최근 국내 대학에서 학점 인플레이션 현상이 심화되면서 졸업생들의 성적 신뢰도에 대한 기업들의 우려가 커지고 있다.

03 다음 글의 (가)를 강화하는 것으로 가장 적절한 것은?

대도시 교통 체계 개선을 둘러싼 논쟁에서 (가) 간선급행버스 체계를 지지하는 교통 전문가들이 있다. 이들은 BRT(간선급행버스체계, Bus Rapid Transit)가 비용 대비 효과가 뛰어나고 도입 속도가 빠르다고 강조한다. 현재 도로를 활용해 짧은 공사 기간으로 급행 네트워크를 구축할 수 있으며, 노면 경전철 대비 설치비가 약 25% 수준으로 동일 예산으로 4배 연장이 가능하다고 주장한다. 이들에 따르면 전용차로와 신호우선, 급행운영을 통한 정시성과 속도 개선으로 승용차 수요 일부를 흡수하여 대중교통 경쟁력을 빠르게 끌어올릴 수 있으며, 도시 구조 변화 부담이 작아 단계적 확장과 노선 재조정이 용이하다고 본다.

반면, 경전철 체계를 지지하는 도시계획 학자들은 다른 관점을 제시한다. 이들은 고정 전용노선으로 정시성과 신뢰성이 가장 높고, 중장기 대용량 수송에 적합하다고 강조한다. 자가용에서 대중교통으로의 실질적 전환을 끌어내려면 철도급 속도와 예측가능성이 필요하다는 것이다. LRT(노면경전철, Light Rail Transit)는 도로 간섭을 구조적으로 차단하여 신속하고 정시성을 보장하며, 고정노선 중심의 대중교통지향 개발을 촉진해 장기적 도시경쟁력에 기여한다고 주장한다. 또한 인구 100만 이상 대도시에서는 혼잡 해소와 수송안정성 차원에서 별도 노선 건설이 불가피하다고 본다.

① 한 대도시에서 경전철 도입 후 승객 수송량이 크게 증가하고 도시 내 교통 혼잡이 현저히 감소하여 시민 만족도가 높아지고 있다.
② 한 신도시에서 BRT 시범 운영 결과 기존 버스 대비 통행시간이 30% 단축되고 대중교통 이용률이 25% 증가하여 교통 혼잡 완화 효과가 나타났다.
③ 특정 지역의 경전철 건설 과정에서 예산 초과와 공사 지연으로 인해 지방자치단체의 재정 부담이 크게 증가하였다.
④ 한 광역시에서 BRT 도입 후에도 전용차로 구간에서 일반차량 진입으로 인한 지연이 빈발하여 정시성 확보에 어려움을 겪고 있다.

04 다음 글의 (가)를 강화하는 것으로 가장 적절한 것은?

탄소 감축을 위한 정책 수단을 두고 학계에서 논쟁이 지속되고 있다. (가) 탄소세를 강조하는 경제학자들은 단순하고 투명한 가격신호로 전 경제주체의 감축을 폭넓게 유도할 수 있다고 주장한다. 이들은 생산과 소비 전 과정에 동일한 탄소가격을 부과하여 오염자 부담 원칙을 내부화하고, 예측 가능한 세율 경로로 중장기 투자를 촉진할 수 있다고 본다. 또한 기존 과세 인프라를 활용할 수 있어 행정비용이 낮고, 세수를 취약계층 환급이나 탄소배당으로 활용하면 형평성과 수용성을 높일 수 있다고 강조한다. 특히 수송이나 건물 등 분산 배출부문에서 효과적이라고 주장한다.

반면, 배출권거래제를 지지하는 환경정책 전문가들은 다른 접근을 제시한다. 이들은 총량을 먼저 정해 감축 확실성을 담보하는 것이 핵심이라고 강조한다. 정부가 배출허용총량을 설정하면 목표 달성이 확실하고, 시장거래를 통해 기업 간 한계저감비용을 균등화하여 사회적 총감축비용을 최소화할 수 있다는 것이다. 또한 시장이 가격을 결정하므로 탄소가격의 공정성과 수용성이 높고, 경매수입으로 기후기금을 마련해 저소득층 지원이나 산업전환을 도울 수 있다고 본다. 특히 전력이나 제철, 시멘트 등 대형 고정배출원에 적합하며 국제 연계를 통한 효율성 증대가 가능하다고 주장한다.

① 한 연구에 따르면 배출권거래제 도입 후 기업들의 배출권 가격 변동성으로 인해 중장기 투자 계획 수립에 어려움을 겪고 있는 것으로 나타났다.
② 유럽연합의 배출권거래제에서 초기 설계 복잡성과 산업계 반발로 인해 도입 과정에서 상당한 시행착오를 겪었다.
③ 캘리포니아의 배출권거래제가 안정적으로 운영되면서 기업들의 탄소 감축 투자가 활발해지고 청정기술 혁신이 가속화되고 있다.
④ 스웨덴에서 탄소세 도입 이후 운송부문의 화석연료 소비가 크게 감소하고 에너지 효율성 투자가 확대되어 경제성장과 감축을 동시에 달성했다.

05 다음 글의 논지를 강화하는 것으로 가장 적절한 것은?

일제강점기 말기, 조선인은 일본 제국의 전시 동원 체제에 따라 대규모로 사할린에 강제로 이주되었다. 이들은 주로 석탄광산과 군수공장 등 열악한 노동 현장에서 착취당했으며, 민족적 차별과 인권 침해에 시달렸다. 특히 사할린은 조선인 이주자가 자발적으로 선택할 수 없는 '노무 동원지'로 기능했으며, 일본 정부는 조선인의 강제 이주 및 배치를 조직적으로 수행했다. 문제는 해방 이후에도 지속되었다. 일본의 패전과 소련의 점령 이후 사할린 한인들은 귀환할 교통편과 신분이 보장되지 않은 채 현지에 고립되었다. 일본 정부는 전후 책임을 회피하며 한인들의 귀환 지원에 소극적이었고, 그 결과 수많은 사할린 한인들이 소련 국적자도, 일본 국적자도 아닌 '무국적자'로 남게 되었다. 이에 따라 사할린 한인 문제는 단지 해방 이후의 복지 정책 부족이나 국제정치의 문제로 볼 것이 아니라, 전시 강제동원과 전후 외면이라는 일본 정부의 구조적 책임을 물어야 한다. 강제이주와 방치 모두 국가 주도의 체계적 인권 유린이라는 점에서 연속성을 지니기 때문이다.

① 사할린 한인 2세, 3세들이 언어와 문화적 차이로 인해 소련 사회에 적응하는 데 어려움을 겪었다.
② 일본 정부가 사할린 강제동원 관련 자료를 의도적으로 폐기하거나 은폐하여 피해 실태 파악을 어렵게 만들었다.
③ 사할린 한인 문제는 냉전 체제 하에서 미국과 소련의 대립으로 인해 해결이 지연되었다.
④ 다른 동남아시아 국가들도 일제강점기에 유사한 강제동원을 경험했지만 해방 후 대부분 본국으로 돌아갔다.

06 다음 글의 논지를 약화하는 것으로 가장 적절한 것은?

국제사회의 분쟁 해결과 평화 정착을 위한 유엔의 평화유지활동(PKO)은 시간이 지날수록 그 성격과 범위가 확대되고 있다. 과거에는 정전 감시와 휴전선 감독 같은 군사 중심 임무가 주를 이루었으나, 최근에는 치안 유지, 인도적 지원, 선거 감독, 인권 보호 등 복합적 기능을 포함한 '다차원적 임무'로 진화하고 있다. 이러한 변화 속에서 한국 역시 PKO 참여의 목적과 방식에 대해 근본적인 재검토가 필요하다는 지적이 제기되고 있다.

지금까지 한국은 유엔의 요청에 따라 제한적 병력 파견이나 인프라 지원을 중심으로 활동해 왔으나, 국제사회는 이제 단순한 수동적 참여를 넘어, 책임 있는 글로벌 행위자로서의 역할을 요구하고 있다. 실제로 중견국 국가들은 평화유지활동을 자국의 외교적 영향력을 확대하는 기회로 활용하고 있으며, 현지 주민과의 협력적 관계 구축을 통해 외교적 위상을 높이고 있다. 예컨대 캐나다와 노르웨이는 PKO를 통해 중재자 역할을 담당하며 국제사회에서의 발언권을 강화해왔다. 이러한 성공 사례를 바탕으로 한국도 PKO 참여를 단순한 국제적 기여 수준을 넘어, 외교 전략과 연계된 선진적 참여로 전환함으로써 국제적 위상을 제고할 수 있다.

① 한국이 파견한 PKO 부대가 현지에서 의료 지원과 인프라 구축에 기여하며 주민들로부터 긍정적 평가를 받고 있다.
② 한국의 PKO 예산과 파견 규모가 지속적으로 증가하고 있지만 국제사회에서의 외교적 위상 변화는 미미한 수준에 그치고 있다.
③ 최근 PKO에 적극 참여한 일부 중견국들이 평화 유지 활동을 통해 외교적 영향력을 확대했다.
④ 덴마크는 PKO 참여를 단순 파병이 아니라 인도주의 중심 외교의 핵심축으로 활용하고 있다.

07 다음 글의 논지를 약화하는 것으로 가장 적절한 것은?

> 19세기 후반부터 20세기 초반까지의 유럽 근대사는 산업화와 민주주의가 함께 진전되며 '표준적 발전 경로'를 형성한 시기로 여겨져 왔다. 특히 영국은 일찍이 시장경제와 의회제 민주주의를 확립한 국가로서 '성공적인 현대 이행'의 전형으로 인식되었고, 이후 다른 국가들도 이를 모범으로 삼아야 한다는 시각이 지배적이었다. 그러나 최근 역사학계에서는 이러한 영국 중심 발전 서사를 보편적 기준으로 삼는 데 대한 비판이 제기되고 있다. 프랑스, 독일, 이탈리아 등은 각기 다른 정치사회적 조건 속에서 '비표준적 경로'를 통해 현대 사회로 이행했으며, 이는 결코 '실패'나 '지체'로 단순화될 수 없다는 것이다. 예컨대 프랑스는 영국보다 늦은 산업화와 불안정한 의회 정치에도 불구하고, 강력한 국가 중심의 개혁과 시민 동원의 경험을 통해 고유한 현대성을 구축했다. 독일 역시 비스마르크의 권위주의적 통일 과정을 거쳐 독특한 형태의 근대 국가를 완성했다. 이처럼 각국의 근대 이행 과정은 고유한 역사적 조건과 문화적 배경에 따라 다양하게 전개되었으며, 영국식 모델을 유일한 기준으로 삼아 다른 경로를 평가하는 것은 역사적 다양성을 간과하는 편협한 시각이다. 근대 이행을 '하나의 길'이 아닌 '다양한 길들'로 바라볼 때, 우리는 보다 풍부하고 균형 잡힌 역사 이해에 도달할 수 있다.

① 독일은 자유주의보다 국가주의적·권위주의적 방식으로 산업화와 통일을 달성하였다.
② 프랑스는 프랑스의 혁명 이후 강력한 국가 개혁과 시민 참여로 근대사회를 형성하였다.
③ 러시아는 자본주의 대신 사회주의 계획경제로 근대화를 달성하였다.
④ 미국, 캐나다, 호주 등 영국계 식민지 출신 국가들이 모두 영국식 의회제 민주주의와 시장경제 체제를 성공적으로 정착시켰다.

08 다음 글의 (가)를 약화하는 것으로 가장 적절한 것은?

> 오늘날 지식 생산과 의사결정 방식은 크게 집단지성과 전문가 권위라는 두 가지 원리에 따라 전개된다. (가) <u>집단지성을 강조하는</u> 입장은, "모든 것을 아는 사람은 없지만 모든 사람은 어떤 무엇인가를 알고 있다"는 전제에서 출발한다. 다수의 독립적인 참여자들이 상호작용하며 협력할 때, 개별 전문가가 제시하지 못한 새로운 해법이 도출될 수 있다는 것이다. 위키피디아와 같은 사례는 중앙 통제 없이도 대규모 협력이 가능하며, 개방성과 다양성이 집단의 판단을 더욱 정교하게 만든다는 점을 보여준다. 잘못된 정보 역시 수많은 참여자들의 감시 속에서 신속히 수정되며, 지식은 실시간으로 보완·발전한다. 따라서 집단지성은 지식의 민주화와 사회적 신뢰성 확보에 기여한다고 주장된다.
>
> 반면, 전문가 권위를 중시하는 입장은 집단지성의 한계를 지적한다. 전문적 훈련을 거치지 않은 아마추어 참여자들이 무분별하게 개입할 경우, 정보 왜곡이나 책임 회피가 발생할 수 있다는 것이다. 전문가들은 오랜 연구와 경험을 바탕으로 객관적이고 검증된 지식을 축적해왔으며, 이러한 전문성은 단순한 다수의견이나 협업으로 대체될 수 없다고 본다. 실제로 특정 분야의 깊이 있는 논의나 정밀한 판단은 고도의 전문 지식과 훈련 없이는 이루어지기 어렵다고 강조한다.

① 한 대학에서 소수의 교수들이 학술 위원회를 구성했지만 새로운 해법을 도출하지 못하고 있다.
② 코로나19 초기 대중들이 SNS에서 확산시킨 잘못된 의료 정보로 인해 방역 정책에 혼란이 발생했다.
③ 최근 인공지능 기술 발전으로 정보 처리와 의사결정 과정에서 자동화가 급속히 확산되고 있다.
④ 전문가들이 기후변화 예측에서 서로 다른 견해를 보이면서 정책 결정에 어려움을 겪고 있다.

09 다음 글의 (가)를 약화하는 것으로 가장 적절한 것은?

> 경제 발전 전략을 둘러싼 논의는 크게 성장 우선론과 분배 중심론으로 나뉜다. (가) 성장 우선론을 옹호하는 학자들은 경제 성장을 통해 더 큰 '파이'를 만든 뒤 그 성과를 나누는 것이 바람직하다고 주장한다. 산업화와 기술 혁신은 고용을 창출하고 국가 경쟁력을 높이며, 장기적으로 모든 계층이 혜택을 누리게 한다는 것이다. 이들은 성장에 집중할 때 세수 기반이 확대되어 복지 재원을 안정적으로 마련할 수 있고, 국제 무대에서도 경제력이 국가의 지위를 결정한다는 점에서 성장 우선이 불가피하다고 본다. 특히 성장의 과실이 '낙수 효과'를 통해 사회 전반으로 확산될 수 있다고 강조한다. 그들은 불평등 해소에 초점을 두는 분배 중심론을 비판하며 분배에 초점을 두면 경제는 성장할 수 없다고 보았다.
>
> 반면, 분배 중심론을 강조하는 학자들은 성장만으로는 불평등을 해소할 수 없다고 비판한다. 빠른 경제 성장 속에서도 상위 계층에 부가 집중되고, 하위 계층의 생활 수준은 정체되거나 악화되는 경우가 많다는 것이다. 이들은 경제 성과가 공정하게 분배되지 않으면 소비 기반이 취약해지고 사회 갈등이 심화되어, 결국 성장이 지속될 수 없다고 지적한다. 분배 정책을 강화하여 교육, 의료, 주거 등 기본 생활을 보장해야 개인의 역량이 발휘되고, 내수가 확대되어 성장도 장기적으로 안정된다는 논리다. 따라서 성장은 분배와 병행될 때 지속 가능하며, 분배는 단순한 결과 조정이 아니라 성장의 전제 조건이라고 강조한다.

① 한 연구에서 경제 성장률이 높았던 국가들에서도 소득 불평등이 심화되고 중산층 비중이 오히려 감소하는 현상이 관찰되었다.
② 분배 정책을 강화한 북유럽 국가들에서 높은 복지 지출로 경제 성장률과 국가 경쟁력이 지속적으로 떨어지고 있다.
③ 최근 글로벌 경제에서 디지털 기술 발전으로 인한 산업 구조 변화가 가속화되면서 새로운 일자리 창출과 기술 혁신이 활발해지고 있다.
④ 소득 재분배 정책을 적극 도입한 국가들에서 경제 성장이 일시적이었을 뿐이라는 결과가 나타나고 있다.

10 다음 글의 다음 글의 논지를 약화하는 것으로 가장 적절한 것은?

> 현대 사회에서 스포츠 정책은 단순한 체육 진흥이나 엘리트 선수 육성에 그치지 않고, 국민의 삶의 질 향상과 사회 통합에 기여하는 복지 수단으로 변화하고 있다. 특히 복지국가 모델을 채택한 국가들은 스포츠를 교육, 보건, 복지 등과 연계된 공공정책으로 간주하며, 그 역할을 적극적으로 확대하고 있다. 이들 국가는 스포츠 참여를 권리로 인식하며, 계층·성별·연령에 상관없이 누구나 스포츠 활동에 접근할 수 있도록 제도적 장치를 마련해왔다.
>
> 반면, 시장 중심적 논리가 강한 국가에서는 스포츠 정책이 상대적으로 민간 부문에 의존하고, 국가의 역할은 제한적이거나 일시적 지원에 그치는 경우가 많다. 예컨대 북유럽 복지국가들은 공공체육시설 확충, 생활체육 활성화, 소외 계층 스포츠 프로그램 지원 등에 지속적 예산을 투입하며, 스포츠를 사회통합과 건강 증진의 핵심 수단으로 활용해왔다. 그 결과 북유럽 국가들의 국민 체력 지수와 사회 통합 지수는 세계 최고 수준을 유지하고 있다.
>
> 이처럼 국가의 복지 정책 방향이 스포츠 정책의 성격과 우선순위를 구조적으로 결정하며, 이는 국민의 스포츠 접근성과 사회적 효과에 직접적인 영향을 미친다. 고령화, 정신 건강, 지역 공동체 회복 등 새로운 사회 문제에 대응하는 데 있어서도 복지국가일수록 스포츠를 권리 기반 공공재로 인식하여 더 효과적인 정책을 펼치는 경향이 강하다.

① 북유럽 복지국가들에서 공공체육시설 예산을 대폭 증액한 결과, 소외계층의 스포츠 접근성이 크게 개선되고 지역 공동체가 활성화되었다.
② 복지국가로 분류되는 독일에서 공공체육시설 이용률이 지속적으로 증가하며 국민 건강 지수가 크게 개선되었다.
③ 복지국가인 스웨덴과 시장 중심 국가인 싱가포르의 국민 스포츠 참여율, 건강지수, 사회통합지수가 모두 비슷한 수준으로 조사되었다.
④ 북유럽 복지국가들이 스포츠 정책에 막대한 예산을 투입했지만, 이는 새로운 시도가 아니라 이미 갖춰진 높은 국민소득과 복지 인프라에 기반한 결과였다.

Chapter 12 일반 강화 약화

관련교재 ◆
기 출좋포 독해·논리 p.178~185

◐ 천+기+누+설 출제빈도 체크

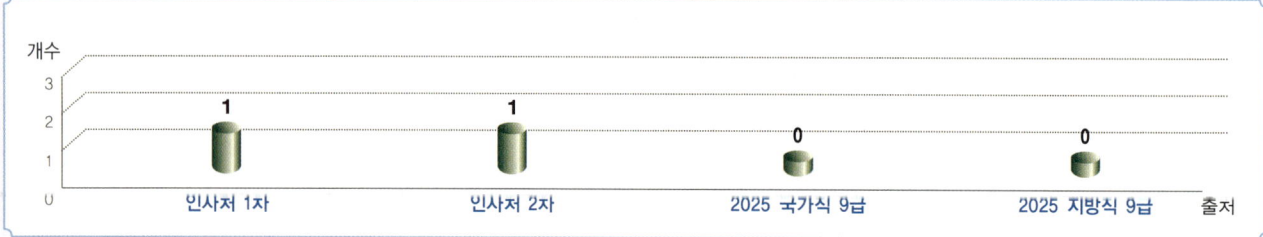

◐ 대표 천+기+누+설 개관

2025년에 새로 추가된 유형으로 이 챕터는 일반 강화 약화 유형으로
0순위 최빈출 유형에 해당됩니다.

'일반 강화, 약화'의 경우에는 제시문에 적으면 2개, 많으면 4개 이상의 이론들이 나열되므로
제시문의 정보의 양이 가장 많다고 볼 수 있습니다.

따라서
1) 선지를 어떻게 분석하는가
2) 제시문에 나열된 이론들의 핵심을 어떻게 뽑아내는가가
문제를 맞히는 핵심 KEY라고 볼 수 있습니다.

참고로 그 이론을 뒷받침하면 강화, 그 이론의 반증 사례가 나타나면 약화,
그 이론과 관련이 없는 사례라면 강화하지도 약화하지 않는 것으로 보면 됩니다.

◐ 대표 천+기+누+설 발문 체크

01 윗글에 대해 평가한 내용으로 가장 적절한 것은?

02 다음 글의 (가)와 (나)의 주장에 대해 평가한 내용으로 가장 적절한 것은?

03 다음 글의 ㉠과 ㉡에 대한 평가로 올바른 것은?

천기누설 혜선팍 독해 pin point

정답 및 해설 p.242

신유형 2025 버전 1

일반 강화 약화-대조 구조

01 다음 글의 ㉠과 ㉡에 대한 평가로 가장 적절한 것은?

　공정성은 사회적 제도와 정책을 평가하는 핵심 기준으로, 이와 관련하여 서로 다른 관점이 존재한다. ㉠형평성을 중시하는 입장에서는 개인의 필요와 상황을 고려하여 자원을 차등적으로 분배해야 한다고 주장한다. 이들은 동일한 기회가 주어졌더라도 개인마다 처한 상황과 출발점이 다르기 때문에, 실질적인 불평등 해소를 위해서는 추가적인 지원이 필요하다고 본다. 예를 들어, 저소득층이 교육을 받을 기회를 실질적으로 보장받으려면 단순히 동일한 교육 정책을 제공하는 것만으로는 부족하며, 장학금이나 교육비 지원과 같은 추가적인 지원책이 필요하다는 것이다. 이러한 관점에서는 사회적 약자를 위한 차등적 지원이 오히려 공정성을 높이는 역할을 한다고 본다.
　반면, ㉡평등성을 중시하는 입장에서는 모든 사람에게 동일한 조건과 기회를 제공하는 것이 가장 공정한 방식이라고 주장한다. 이들은 차등적 지원이 오히려 새로운 사회적 불만과 형평성 논란을 초래할 수 있으며, 결과적으로 더 큰 불균형을 야기할 수 있다고 본다. 예를 들어, 특정 집단에 대한 우대 정책이 다른 집단에게는 역차별로 작용할 수 있으며, 장기적으로는 개인의 자립 의지와 노력을 저하시킬 수 있다는 것이다. 이러한 입장에서는 공정성이란 누구에게나 동등한 기회를 보장하는 것이며, 이후의 결과는 각자의 선택과 노력에 따라 결정되어야 한다고 본다.

① 공공 서비스 접근성 향상을 위한 정부 정책의 효과를 분석한 연구에서 서비스 만족도가 지역별로 차이를 보인다는 결과가 나온다면, 이는 ㉠을 약화한다.
② 중증 장애인에게 고용 기회를 확대하기 위한 할당제를 도입한 결과, 장애인의 사회 참여도와 경제적 자립도가 향상되었다는 연구 결과가 발표된다면, 이는 ㉠을 강화한다.
③ 대학입시에서 모든 학생에게 동일한 시험 환경을 제공한 결과, 학업 성취도의 사회경제적 격차가 심화되었다는 보고서가 발표된다면, 이는 ㉡을 강화한다.
④ 직장 내 승진 기준을 객관화하여 모든 직원에게 동일하게 적용한 기업의 경영 성과를 분석한 보고서가 발표된다면, 이는 ㉡을 약화한다.

빨리 푸는 亦功 전략

1단계
선지를 먼저 읽고 대상을 뽑기
[㉠, ㉡]

2단계
'㉠과 ㉡의 주장'을 설명한 대조 구조의 제시문 읽기
(각 주장을 설명하는 핵심 문장에 밑줄 긋기)

3단계
선택지를 2파트로 나누고

① 특정 사례가 이 이론을 뒷받침하면 강화,

② 반대로 뒷받침하면 약화

③ 특정 사례가 이론과 관련이 없는 경우에 '강화, 약화'라고 판단을 내리는 것은 잘못된 것임에 유의하기

신유형 2025 버전 2

빠리 푸는 亦功 전략

1단계
선지를 먼저 읽고 대상을 뽑기
[교육학자, 교사, 필자]

2단계
'교육학자, 교사 필자의 주장'을 설명하는 나열 구조의 제시문 읽기
(각 주장을 설명하는 핵심 문장에 밑줄 긋기)

3단계
선택지를 2파트로 나누고

① 특정 사례가 이 이론을 뒷받침하면 강화,

② 반대로 뒷받침하면 약화

③ 특정 사례가 이론과 관련이 없는 경우에 '강화, 약화'라고 판단을 내리는 것은 잘못된 것임에 유의하기

일반 강화 약화-나열 구조

02 다음 글에 대해 평가한 내용으로 가장 적절하지 않은 것은?

> AI 교육 도구는 현대 교육에 새로운 가능성을 열어주고 있다. 교육학자들은 AI 기반 교육 도구가 학습자 맞춤형 교육을 제공하여 학습 성과를 높일 수 있다고 주장했다. AI 교육 도구는 학생들의 학습 패턴을 분석하고, 개별적인 학습 계획을 제공함으로써 효율적인 학습을 가능하게 한다. 특히, AI는 실시간 피드백을 제공하여 학생들이 학습 과정에서 발생하는 문제를 즉각적으로 해결할 수 있도록 돕는다.
>
> 그러나 일부 교사들은 AI 교육 도구가 인간 교사의 역할을 완전히 대체할 수 없다고 우려했다. 그들은 AI가 학생들의 정서적 요구나 창의성을 충분히 반영하지 못할 수 있으며, 인간 교사의 지도와 격려가 여전히 중요하다고 주장했다. 이에 대해 교육학자들은 AI 교육 도구가 인간 교사를 보조하여 교육의 질을 높일 수 있다고 반박했다.
>
> 그럼에도 불구하고, AI 교육 도구가 실제로 교육 현장에 미칠 영향은 논란의 여지가 있다. AI 교육 도구가 모든 학생에게 동등한 학습 혜택을 제공할 수 있을지, 아니면 특정 학생 집단에만 유리하게 작용할지에 대한 것도 연구 데이터가 없으며 AI가 인간 교사를 보조하는 역할에 그칠지, 아니면 인간 교사를 완전히 대체할 수 있을지에 대해서도 논란이 많다. 기술의 발전이 교육의 질과 접근성에 어떻게 기여할 수 있을지는 근본적인 질문으로 남아 있다.

① AI 교육 도구가 개별 학생들에게 최적화된 학습 계획을 제공하여 좋은 성과를 낸 사례가 많아지면, 교육학자들의 주장이 강화될 것이다.

② AI 교육 도구가 획일화되어 학생들의 창의성을 저해했다는 사례가 많아지면, 교사들의 주장이 강화될 것이다.

③ AI 교육 도구가 실시간 피드백을 제공할 수는 있지만 학생들과의 정서적 교감이 부족한 사례가 많아지면, 교사들의 주장이 약화될 것이다.

④ AI 교육 도구가 모든 학생들에게 공평하게 혜택을 제공하는지에 대한 연구의 필요성을 강조하는 사례가 많아지면 필자의 주장이 강화될 것이다.

문제훈련 일반 강화 약화

01 다음 글을 평가한 내용으로 가장 적절한 것은?

수도, 전기, 의료, 교통과 같은 공공 서비스는 국민 생활의 필수적인 요소로 작용한다. 이러한 공공재를 정부가 직접 운영해야 하는지, 아니면 민영화를 통해 더 효율적으로 운영할 수 있는지에 대한 논쟁이 계속되고 있다. 민영화를 지지하는 입장에서는 공공 서비스가 시장 원리에 따라 운영될 때 더 높은 효율성과 경쟁력이 확보된다고 본다. 이들은 정부 운영의 비효율성과 관료주의를 지적하며, 민간 부문이 공공재를 운영할 경우 더 나은 서비스와 낮은 비용을 제공할 수 있다고 주장한다. 또한 민간 기업이 운영하면 재정 부담이 정부에서 기업으로 이동하여 세금 부담을 줄일 수 있다고 보며, 시장 경쟁을 통해 서비스 품질이 향상될 것이라고 기대한다.

반면, 공공 서비스의 정부 운영을 지지하는 입장에서는 공공재는 시장 원리에 맡겨질 경우 사회적 형평성을 해칠 위험이 있다고 주장한다. 특히 수도, 의료, 전기와 같은 필수 서비스는 모든 국민이 접근할 수 있어야 하는데, 민영화되면 이윤을 추구하는 기업이 운영을 담당하면서 서비스가 특정 계층에만 집중될 수 있다는 것이다. 또한 공공 서비스는 단순한 경제적 논리가 아니라 국민의 기본적인 삶의 질과 직결된다는 점에서 정부가 직접 책임지는 것이 바람직하다는 견해도 있다.

① 민영화된 공공 서비스 기업들의 투자 수익률이 다른 산업 분야에 비해 높게 나타나고, 이들 기업의 주가가 꾸준히 상승하는 경향이 있다는 분석 결과가 나온다면, 이는 민영화를 지지하는 입장을 강화한다.
② 민영화된 철도 서비스의 효율성과 고객 만족도가 크게 향상되었다는 연구 결과가 발표된다면, 이는 민영화를 지지하는 입장을 약화한다.
③ 정부가 운영하는 의료 서비스가 민간 의료 시스템보다 더 높은 보편적 접근성을 보장한다는 연구 결과가 발표된다면, 이는 공공 서비스의 정부 운영을 지지하는 입장을 강화한다.
④ 공공 서비스 분야에서 민간 기업의 참여가 증가함에 따라 관련 산업의 고용 구조와 인력 수요가 변화하고 있으며, 새로운 직업군이 등장하고 있다는 조사 결과가 발표된다면, 이는 공공 서비스의 정부 운영을 지지하는 입장을 약화한다.

02 다음 글을 평가한 내용으로 가장 적절한 것은?

국제 사회에서 한 국가 내에서 인권 탄압, 내전, 대량 학살과 같은 심각한 인도적 위기가 발생할 경우, 외부 국가나 국제기구가 개입해야 하는지, 아니면 해당 국가의 주권을 존중해야 하는지에 대한 논쟁이 지속되고 있다. 국제적 개입을 지지하는 입장에서는 심각한 인권 침해나 인도적 위기가 발생할 경우, 해당 국가의 주권보다 인간의 기본적 권리를 보호하는 것이 우선되어야 한다고 본다. 이들은 국제 사회가 개입하지 않으면 독재 정권이 국민을 억압하거나 희생할 위험이 있다고 주장한다. 또한, 이들은 국가 간 상호 의존이 심화된 현대 사회에서는 국제적 책임이 강조되어야 하며, 인도적 개입은 전 세계적 인정과 평화를 유지하는 데 기여한다고 본다.

반면, 국가의 주권을 존중해야 한다고 주장하는 입장에서는 외부의 개입이 해당 국가의 정치적 안정성을 더욱 악화시키거나, 특정 강대국이 정치적·경제적 이익을 위해 개입을 정당화하는 수단으로 악용될 수 있다고 우려한다. 이들은 모든 국가가 자국의 내정에 대해 스스로 결정할 권리가 있으며, 외부 세력의 개입은 오히려 갈등을 심화시킬 가능성이 높다고 본다. 또한, 외부 개입이 특정 국가의 이해관계를 반영하는 경우, 이는 공정한 개입이 아니라 또 다른 형태의 침략 행위로 간주될 수 있다.

① 국제적 개입 이후 재건 과정에서 해당 국가의 정치적 자율성이 보장되고 장기적 안정이 달성된 사례가 증가했다는 연구 결과가 발표된다면, 이는 국제적 개입을 지지하는 입장을 강화한다.
② 국제 분쟁 조정 과정에서 다양한 국가와 지역 조직의 참여 방식과 그 협력 체계에 대한 연구가 활발히 진행되고 있다면, 이는 국제적 개입을 지지하는 입장을 약화한다.
③ 국제적 개입이 이루어진 국가에서 개입 과정에서 사용된 군사적 전략과 외교적 수단에 대한 분석이 이루어지고 있다면, 이는 국가의 주권을 존중해야 한다고 주장하는 입장을 강화한다.
④ 국내 시민사회의 노력만으로 인권 상황이 개선되고 민주화가 진행된 국가들의 사례가 증가하고 있다는 연구 결과가 발표된다면, 이는 국가의 주권을 존중해야 한다고 주장하는 입장을 약화한다.

03 다음 글을 평가한 내용으로 가장 적절한 것은?

부패는 정부와 기업뿐만 아니라 사회 전반에서 발생할 수 있는 심각한 문제다. 그 원인을 두고 개인의 도덕적 책임과 사회적·구조적 요인이라는 두 가지 상반된 시각이 존재한다. 개인의 도덕적 책임을 강조하는 입장에서는 부패가 도덕적으로 타락한 개인의 선택에서 비롯된다고 본다. 이들은 부패가 특정한 제도나 환경의 문제가 아니라, 윤리적 기준을 지키지 않은 개인의 문제라고 주장한다. 이에 따르면, 강력한 법적 처벌과 윤리 교육이 부패를 줄이는 핵심적인 해결책이 될 수 있다. 이 입장에서는 청렴한 리더와 엄격한 윤리 규범이 확립될 경우, 부패가 자연스럽게 줄어들 것이라고 본다.

반면, 구조적 문제를 강조하는 입장에서는 부패가 개인의 윤리적 결함이 아니라 사회적·제도적 환경에서 비롯된다고 주장한다. 이들은 부패가 만연한 사회에서는 개인이 윤리적으로 행동하기 어려우며, 정당한 행동이 오히려 불이익으로 이어질 수 있다고 본다. 예를 들어, 열악한 근무 조건과 불공정한 승진 체계는 부패의 가능성을 높일 수 있다. 따라서 이들은 부패를 줄이기 위해서는 사회적 불평등을 완화하고, 투명한 제도를 마련하는 것이 필수적이라고 주장한다.

① 부패가 만연한 국가일수록 경제 성장이 둔화되고 사회적 불신이 증가한다는 연구 결과가 발표된다면, 이는 개인의 도덕적 책임을 강조하는 입장을 강화한다.
② 동일한 환경에서 일부는 부패에 가담하고 일부는 청렴성을 유지했다는 것은 개인의 도덕적 책임을 강조하는 입장을 약화한다.
③ 특정 국가에서 투명한 행정 절차와 복지 제도를 통해 부패 수준이 세계 최저로 유지되었다면, 이는 구조적 문제를 강조하는 입장을 강화한다.
④ 공공기관의 승진 시스템이 불투명한 조직일수록 내부 부패가 심각하다는 연구 결과가 발표된다면, 이는 구조적 문제를 강조하는 입장을 약화한다.

04 다음 글을 평가한 내용으로 가장 적절한 것은?

> 창의적 사고는 AI가 발전하는 현대 사회에서 가장 중요한 능력으로 평가되고 있으며, 이를 둘러싼 다양한 연구가 전개되고 있다. 그러나 실패가 창의력에 미치는 영향에 대해서는 여전한 논쟁이 존재한다. 실패가 창의력을 높인다고 주장하는 입장에서는 실패 경험이 도전 정신을 강화하고 새로운 접근 방식을 탐색하도록 만든다고 본다. 이들은 실패가 단순한 좌절이 아니라, 기존의 방식이 효과적이지 않다는 신호 역할을 하며, 이를 통해 더 창의적인 해결책을 모색할 수 있다고 주장한다. 또한, 반복된 실패를 통해 문제 해결력을 기르고, 기존의 사고 방식을 벗어나 혁신적인 시도를 할 수 있게 된다고 본다.
>
> 반면, 실패가 창의력을 저해한다고 주장하는 입장에서는 실패가 심리적 위축을 초래하여 새로운 시도를 주저하게 만든다고 본다. 이들은 반복된 실패가 개인의 자신감을 낮추고, 위험을 감수하려는 태도를 약화한다고 주장한다. 특히, 실패가 부정적인 결과로 이어지는 환경에서는 사람들이 안전한 선택을 선호하게 되어 창의적 사고가 억제될 수 있다고 본다.

① 특정 국가에서 창의 교육을 강화한 이후 특허 출원 건수가 증가했다는 연구 결과가 발표된다면, 이는 실패가 창의력을 높인다고 주장하는 입장을 강화한다.
② 도전적인 프로젝트에서 실패를 경험한 후, 기존 방식이 아닌 새로운 전략을 시도한 사례가 증가했다는 연구 결과가 발표된다면, 이는 실패가 창의력을 높인다고 주장하는 입장을 약화한다.
③ 성공적인 예술가와 과학자들의 연구를 분석한 결과, 초기 실패를 겪은 인물일수록 더 혁신적인 성과를 냈다는 연구 결과가 발표된다면, 이는 실패가 창의력을 저해한다고 주장하는 입장을 강화한다.
④ 창의성이 높은 사람들이 실패 경험을 학습의 기회로 받아들이고 더욱 혁신적인 아이디어를 제시했다는 연구 결과가 발표된다면, 이는 실패가 창의력을 저해한다고 주장하는 입장을 약화한다.

05 다음 글에 대해 평가한 내용으로 가장 적절한 것은?

> 교육의 목적을 어떻게 설정할 것인가에 대해 교육학자들은 서로 다른 관점을 제시해 왔다. 허친스는 교육의 주목적을 세계와 인간 자신에 대한 깊은 이해로 보았다. 그는 교육을 학생이 지식을 수동적으로 받아들이는 과정으로만 파악하는 것의 한계를 지적하면서도, 지성의 훈련과 판단력 신장이 교육의 궁극적 목표라고 강조했다. 오늘날 지식의 전문화와 분절은 학문 간 통합과 통찰에 어려움을 준다. 그는 교양교육을 통해 이해력과 판단력을 함께 키우는 조화로운 교육을 강조했으며, 교육이 단순한 직업 준비 수단이 아니며 인간의 지성 훈련과 시민 양성에 초점을 둬야 한다고 보았다. 따라서 허친스는 교육을 지식의 단순 축적보다 세계와 인간을 총체적으로 이해하는 과정으로 보았다.
>
> 이에 반해 듀이는 교육을 성장과 경험의 과정으로 보며, 학습자는 능동적 탐구자로 간주했다. 그는 문제 해결 능력과 창의성 계발을 교육의 핵심 목표로 강조했으며, 학습과 행동의 통합, 즉 지식과 실제의 연계를 중시했다. 암기 중심 교육은 빠르게 변화하는 현대 사회에 부적합하며, 역량 기반 교육이 필요하다고 주장했다. 듀이 교육은 개인의 성장과 자아실현을 지향하며, 사회적 상호작용을 통한 학습을 강조한다. 경험과 탐구 기반의 수업이 학생의 내적 동기와 흥미를 증진시켜 학습 효과를 높인다. 결국 듀이는 교육이 지식을 단순 전달하는 것이 아니라 학습자의 전인적 성장 과정임을 주장했다.

① 고전 문학과 철학 교육을 강화한 학교에서 학생들의 비판적 사고력과 윤리적 판단력이 향상되었다는 연구 결과가 발표되면 허친스의 주장은 약화될 것이다.
② 한 학교에서 스마트 교실 구축을 위해 전자 칠판과 태블릿을 도입하여 수업이 더 편리해지고 교실 운영이 효율적으로 바뀌었다면 허친스의 주장은 강화될 것이다.
③ 프로젝트 기반 학습을 실시한 학급에서 학생들의 협력 능력과 자기주도 학습 태도가 크게 개선되었다는 사례가 보고되면 듀이의 주장은 약화될 것이다.
④ 실습과 체험 중심 교육과정을 운영한 학교에서 학생들의 문제 해결 능력과 실무 적응력이 향상되었다는 연구가 확인되면 듀이의 주장은 강화될 것이다.

06 다음 글을 평가한 내용으로 가장 적절한 것은?

인간의 본성을 어떻게 규정할 것인가는 오랜 철학적 논쟁의 주제였다. 홉스는 인간을 본성적으로 이기적 존재로 보았다. 그는 자연상태의 인간은 자기 보존을 위해 투쟁하며, 경쟁·불안·명예욕의 정념에 지배된다고 보았다. 따라서 인간 사회는 "만인에 대한 만인의 투쟁" 상태에 놓이며, 이로부터 벗어나기 위해 계약과 통제를 통해 국가를 형성한다고 설명했다.

이에 빈해 로크는 인간을 중립적 존재로 파악했다. 그는 인간의 마음을 '백지(tabula rasa)'로 규정하며, 모든 지식과 성격은 경험과 학습을 통해 형성된다고 주장했다. 인간은 선하거나 악하지 않은 가능적 존재이며, 사회적 환경과 교육에 따라 변화한다고 본다.

루소는 이러한 관점을 비판하며, 인간을 본래 선한 존재로 보았다. 그는 자연상태의 인간이 타인에게 해를 끼치지 않고 동정과 협동의 감정을 지닌다고 주장했다. 그러나 사회 제도와 사유재산의 등장으로 인간의 선한 본성이 왜곡되고 불평등이 발생한다고 분석했다.

마지막으로 마르크스는 인간을 사회적 존재로 규정했다. 그는 "사회적 존재가 의식을 결정한다"고 보며, 인간의 사고와 성격은 사회적·경제적 조건 속에서 형성된다고 주장했다. 인간의 본성은 고정된 속성이 아니라 역사적 실천과 관계망 속에서 변하는 사회적 산물이다.

① 자원이 풍족한 자연상태의 부족에서도 영역 분쟁과 경쟁이 지속적으로 발생했다는 기록이 발견되면 홉스의 주장은 강화될 것이다.
② 동일한 환경에서 성장한 아동들이 서로 다른 성격과 도덕성을 보인다는 연구 결과가 발표되면 로크의 주장은 강화될 것이다.
③ 원시 부족 사회에서 사유재산 개념이 발달했음에도 협력적 문화가 유지되었다는 증거가 발견되면 루소의 주장은 강화될 것이다.
④ 동일한 유전자를 가진 쌍둥이가 서로 다른 사회에서 상이한 가치관을 형성했다는 사례가 보고되면 마르크스의 주장은 약화될 것이다.

07 다음 글을 평가한 내용으로 가장 적절한 것은?

도덕적 행위의 옳고 그름을 무엇으로 판단할 것인가는 서양 윤리학의 핵심 문제였다. 공리주의는 행위의 결과를 도덕 판단의 기준으로 본다. 벤담은 모든 행위의 가치를 쾌락과 고통의 총량으로 계산할 수 있다고 보았고, 사회 전체의 행복을 극대화하는 것이 옳은 행위라 주장했다. 밀은 여기에 쾌락의 질적 차이를 더해 정신적·도덕적 행복을 더 높은 가치로 보았다.

반면 칸트의 의무론은 행위의 결과가 아니라 그 행위가 이루어진 의도와 동기에 주목한다. 칸트는 "행동은 오직 의무에서 행해졌을 때만 도덕적 가치를 가진다"고 하였다. 그는 "너의 행위 준칙이 동시에 보편적 법칙이 되기를 원할 수 있도록 행동하라"는 정언명령을 제시하며, 모든 인간이 따를 수 있는 보편적 원리를 기준으로 행위를 평가해야 한다고 보았다.

이에 비해 아리스토텔레스의 덕 윤리는 행위의 단편적 결과나 규범적 의무보다 행위자의 성품과 덕성에 도덕의 근거를 둔다. 그는 행복은 덕 있는 삶을 통해 실현되며, 덕은 이성적 선택의 습관적 상태로서 중용의 원리 속에서 형성된다고 설명했다. 덕 윤리는 "무엇을 해야 하는가"보다 "어떤 사람이 되어야 하는가"를 중시한다.

마지막으로 사르트르의 실존주의 윤리는 도덕을 자유와 책임의 문제로 본다. 그는 "실존이 본질에 앞선다"고 주장하며, 인간은 미리 정해진 본성 없이 자유로운 선택을 통해 자신을 규정한다고 보았다. 도덕적 옳음은 외적 규범이 아니라, 각 개인이 자신의 선택에 진정성 있게 책임지는가에 달려 있다.

① 공익을 위한 정책이 소수 집단에게 불이익을 준 사례가 많다는 조사 결과가 발표되면 공리주의의 주장은 약화될 것이다.
② 선한 의도로 행한 행동이라면 결과가 어떻든 모두 도덕적으로 옳은 행위라고 본다면 칸트의 주장은 강화될 것이다.
③ 반복적인 도덕 교육과 실천을 통해 개인의 성품이 개선되고 윤리적 판단 능력이 향상되었다는 장기 연구 결과가 발표되면 아리스토텔레스의 주장은 약화될 것이다.
④ 사람마다 도덕적 선택의 기준이 다르며 보편적 도덕 원리는 존재하지 않는다는 인류학 연구 결과가 발표되면 사르트르의 주장은 약화될 것이다.

08 다음 글을 평가한 내용으로 가장 적절한 것은?

> 허버트 스펜서는 사회 불평등을 생물학적 진화의 산물로 보았다. 그는 사회를 자연과 유사한 진화 법칙이 작용하는 유기체로 파악하며, '적자생존'과 '사회도태'의 원리에 따라 불평등이 발생한다고 설명했다. 사회적 경쟁은 자연선택의 연장선이며, 약자와 강자의 구분은 필연적 결과다. 따라서 사회 개입이나 복지 정책은 이러한 자연적 질서를 왜곡하여 사회 진보를 저해한다고 보았다.
>
> 이에 반해 칼 마르크스는 사회 불평등의 근본 원인을 경제 구조와 계급 관계에서 찾았다. 그는 인간 사회의 모든 역사적 변화가 생산수단의 소유 관계에서 비롯된다고 보았다. 불평등은 자본가 계급이 생산수단을 독점하면서 노동자를 착취하는 구조적 관계에서 발생한다. 이러한 계급갈등은 경제 문제를 넘어 정치·이념·문화 전반에 영향을 미치며, 사회 변혁의 근본 동력이 된다.
>
> 막스 베버는 마르크스의 경제결정론을 비판하면서, 사회 불평등을 보다 다차원적 현상으로 보았다. 그는 불평등이 경제적 계급뿐 아니라, 사회적 명예와 권력의 차이에서도 발생한다고 주장했다. 지위집단은 유사한 생활양식과 명예를 공유하는 사회적 단위로, 교육·직업·종교 등을 통해 구별된다. 베버는 사회 불평등을 경제·지위·권력이라는 세 축의 상호작용 결과로 이해했다.
>
> 마지막으로 피에르 부르디외는 사회 불평등의 원인을 문화자본의 불평등한 축적과 재생산에서 찾았다. 그는 지식, 취향, 언어, 교육양식 등 비물질적 자원이 사회적 지위를 유지·확대하는 중요한 수단이 된다고 보았다. 특히 교육 제도는 문화자본을 특정 계층에 유리하게 재분배함으로써 불평등을 지속시킨다.

① 사회적 지원 정책이 확대된 국가에서 오히려 경제 성장률과 사회 혁신이 증가했다는 연구 결과가 발표되면 스펜서의 주장은 약화될 것이다.
② 경제적으로 부유한 자본가 계층 내부에서도 심각한 이해관계 갈등과 경쟁이 지속적으로 발생한다는 사례가 확인되면 마르크스의 주장은 약화될 것이다.
③ 동일한 경제적 소득 수준을 가진 집단 내에서도 직업의 사회적 명예에 따라 뚜렷한 위계와 차별이 나타난다는 조사 결과가 발표되면 베버의 주장은 약화될 것이다.
④ 문화자본이 부족한 배경의 학생들이 교육 제도를 통해 상류층으로 이동한 사례가 다수 발견되면 부르디외의 주장은 강화될 것이다.

09 다음 글을 평가한 내용으로 가장 적절한 것은?

> 예술의 가치는 무엇으로 결정되는가? 예술 철학에서는 작품의 형식, 감정, 사회적 실천, 그리고 수용자의 해석이라는 네 가지 축을 중심으로 서로 다른 답을 제시해 왔다.
> 먼저 클라이브 벨의 형식주의는 예술의 가치를 작품 외적 내용이 아니라, '의미 있는 형식'에서 찾는다. 그는 선·색·구조 등 시각적 요소의 관계가 미적 정서를 일으킨다고 보았다. 작품의 주제나 서사는 부차적이며, 진정한 예술은 순수한 형식의 조화 속에서 자율적 미를 실현한다.
> 이에 비해 콜링우드의 표현이론은 예술의 가치를 예술가의 '감정 표현' 과정에 둔다. 그는 예술이 모방이 아니라, 내면의 정서를 창조적으로 구체화하는 행위라고 보았다. 예술가는 상상과 직관을 통해 감정을 인식하고 표현하며, 관객은 그 감정의 본질을 함께 체험한다. 예술은 개인적 정서를 사회적 공감으로 전환시키는 소통의 장이다.
> 브레히트의 사회참여예술론은 예술의 본질을 사회적 실천으로 본다. 그는 예술이 현실의 모순을 드러내고 사회 변화를 촉구해야 한다고 주장했다. 관객은 감상의 주체가 아니라, 사회적 행동의 동참자로 호명된다. 작품의 미적 형식은 사회비판의 수단이며, 예술의 가치는 변화의 가능성을 여는 참여적 힘에서 비롯된다.
> 마지막으로 한스 로베르트 야우스의 수용미학은 예술의 가치를 수용자의 해석과 반응 속에서 찾는다. 작품은 고정된 의미를 지닌 완결물이 아니라, 관객의 기대와 해석에 따라 의미가 새롭게 생성되는 열린 구조다. 예술의 경험은 시대와 맥락 속에서 변화하며, 감상자는 의미의 공동 생산자다.

① 작품의 내용이나 주제와 무관하게 형식적 요소만으로 미적 감동을 받았다는 관람객들의 응답이 다수 확인되면 클라이브 벨의 주장은 약화될 것이다.
② 예술가의 창작 의도와 무관하게 작품이 다양하게 해석되고 감상되는 사례가 발견되면 콜링우드의 주장은 강화될 것이다.
③ 정치적 메시지가 강한 예술 작품이 실제로 사회 운동과 제도 개선에 기여한 역사적 사례가 확인되면 브레히트의 주장은 강화될 것이다.
④ 동일한 작품에 대해 시대와 문화권에 따라 해석과 평가가 크게 달라진 사례가 발견되면 야우스의 주장은 약화될 것이다.

10 다음 글을 평가한 내용으로 가장 적절한 것은?

> 인간 행동의 동기를 어떻게 이해할 것인가에 대해 심리학자들은 서로 다른 해석을 제시해 왔다. 프로이트의 정신분석이론은 인간 행동의 근본 원인을 무의식적 동기에서 찾았다. 그는 무의식이 개인이 자각하지 못하는 욕망, 충동, 갈등으로 구성되어 있으며, 많은 행동은 무의식적 힘에 의해 결정된다고 보았다. 초기 아동기의 경험과 내면의 갈등이 성인 행동에 깊은 영향을 끼치며, 본능적 욕구와 사회적 억압 간 균형을 맞추려는 자아의 노력으로 행동을 설명했다.
> 이에 반해 스키너의 행동주의는 인간 행동을 외부 자극과 반응의 결과로 설명하는 조작적 조건화 이론을 발전시켰다. 행동은 강화와 처벌에 의해 학습되고 유지된다. 내적 상태나 무의식은 행동 설명에서 배제되고 관찰 가능한 행동이 핵심이다. 자율적 의지나 내적 동기 개념을 부정하고, 행동은 환경적 자극에 의해 결정된다고 주장했다.
> 피아제의 인지이론은 인간 행동 동기의 핵심을 인지 구조의 발달과 변화에서 찾았다. 행동은 개인의 환경 적응과 인지적 조직의 결과라고 본다. 아동은 인지적 도식을 통해 세계를 이해하고, 도식은 환경과 상호작용하며 동화와 조절 과정을 통해 발달한다. 행동은 인지적 균형을 유지하려는 지적 적응의 산물이며, 의미 있고 목적 지향적 인지 과정으로 이해했다.
> 마지막으로 매슬로의 욕구위계이론은 인간 행동을 욕구의 위계적 충족과 자기 실현 동기로 설명했다. 욕구는 생리적 욕구, 안전 욕구, 사회적 욕구, 존중 욕구, 자아실현 욕구로 단계화되며, 하위 욕구가 충족되어야 상위 욕구가 동기화된다. 행동은 결핍 욕구를 충족시키려는 노력과 성장 욕구 실현을 위한 움직임으로 구성되며, 궁극적 동기는 자아 실현에 있다.

① 성인기의 특정 공포증이 어린 시절의 억압된 트라우마와 연결되어 있다는 임상 사례가 축적되면 프로이트의 주장은 약화될 것이다.
② 동일한 환경에서 동일한 강화를 받은 개인들이 서로 다른 행동 패턴을 보인다는 실험 결과가 확인되면 스키너의 주장은 약화될 것이다.
③ 인지 발달 단계가 낮은 아동들이 복잡한 사회적 상황에서 성인과 유사한 도덕적 판단을 내린 사례가 발견되면 피아제의 주장은 강화될 것이다.
④ 하위 욕구가 충족되지 않았음에도 예술적 창작이나 사회 공헌 등 자아실현 행동을 보이는 사람들이 다수 관찰되면 매슬로의 주장은 강화될 것이다.

Chapter 13 <보기> 강화 약화

관련교재
📘 출좋포 독해·논리 p.186~193

◐ 천+기+누+설 출제빈도 체크

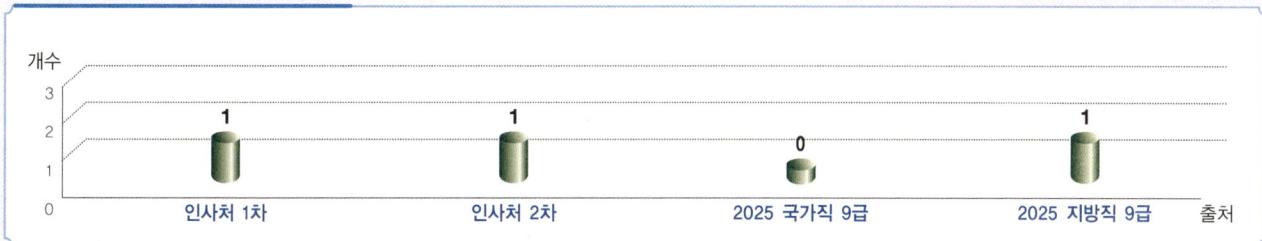

◐ 대표 천+기+누+설 개관

'<보기> 강화, 약화 유형'은 '일반 강화, 약화 유형'과는 달리 제시문에 이론이 하나 나옵니다.
이론이 하나가 나와서 쉬워 보일 수도 있겠지만,
<보기>의 'ㄱ, ㄴ, ㄷ'이 몇 개 정답인지 오답인지 정해져 있는 것이 아니므로
난도가 더 높을 수 있습니다.
그 이론을 뒷받침하면 강화,
그 이론의 반증 사례가 나타나면 약화,
그 이론과 관련이 없는 사례라면 강화하지도 약화하지 않는 것으로 보면 됩니다.

◐ 대표 천+기+누+설 발문 체크

01 ㉠을 평가한 내용으로 적절한 것만을 <보기>에서 모두 고르면?
02 다음 글의 ㉠을 강화하는 것만을 <보기>에서 모두 고르면?
03 ㉠ 주장을 약화하는 근거로 적절한 것을 <보기>에서 모두 고르면?
04 다음 대화에 대한 평가로 적절한 것만을 모두 고르면?

천기누설 혜선팍 독해 pin point

정답 및 해설 p.246

신유형 2025 버전 1

빨리 푸는 亦功 전략

1단계
〈보기〉에서 대상을 뽑기 (갑, 을)

2단계
갑의 핵심 주장에 밑줄 긋고 ㄱ 해결하기

3단계
을의 핵심 주장에 밑줄 긋고 ㄴ 해결하기

4단계
마지막으로 ㄷ을 해결하기

[화법] 의견의 대립 양상 + 〈보기〉 강화·약화

01 다음 대화에 대한 평가로 적절한 것만을 모두 고르면?

갑: 우리 아이 학교에서 숙제를 너무 많이 내주는 것 같아. 매일 밤 11시까지 숙제하느라 잠도 제대로 못 자고, 주말에도 과제에 시달려서 가족과 시간을 보낼 여유가 없어. 아이들에게 충분한 휴식과 자유 시간을 보장해 주는 것이 더 중요하다고 생각해.
을: 그런 생각은 아이의 미래를 생각하지 않는 거야. 요즘 경쟁이 얼마나 치열한데? 숙제를 통해서 기초 실력을 탄탄히 다져놓지 않으면 나중에 후회하게 될 거야. 물론 아이가 스트레스를 받는 것은 안타깝지만, 지금의 노력이 나중에 더 큰 성취로 이어질 거라고 봐. 학습 습관을 어릴 때부터 제대로 잡아주는 것이 부모의 역할이라고 생각해.
갑: 하지만 과도한 학습 부담이 오히려 아이들의 창의성과 학습 동기를 떨어뜨릴 수 있어. 스트레스를 받으면 학습 효과도 떨어지고, 무엇보다 아이가 공부 자체를 싫어하게 될 수도 있잖아. 적당한 휴식과 놀이를 통해서도 충분히 배우고 성장할 수 있다고 봐. 균형 잡힌 생활이 더 중요해.

〈보기〉
ㄱ. 핀란드에서 숙제를 대폭 줄이고 놀이 중심 교육을 실시한 결과 학생들의 창의성과 학업 성취도가 모두 향상되었다는 연구는 갑의 입장을 강화한다.
ㄴ. 동아시아 국가들에서 집중적인 학습과 많은 숙제를 통해 국제 학업 성취도 평가에서 상위권을 차지하고 있다는 조사 결과는 을의 입장을 약화한다.
ㄷ. 과도한 학습 부담으로 인해 청소년들의 우울증과 스트레스 지수가 급증하고 있다는 보고서는 갑과 을의 입장을 모두 강화한다.

① ㄱ
② ㄱ, ㄴ
③ ㄱ, ㄷ
④ ㄱ, ㄴ, ㄷ

신유형 2025 버전 2

<보기> 강화·약화

02 다음 글을 읽고 ㉠을 평가한 내용으로 적절한 것만을 <보기>에서 모두 고르면?

현대 사회에서 도시 공간의 효율적 활용에 대한 관심이 높아지고 있다. 기존의 도시 계획은 주거, 상업, 업무 구역을 명확히 분리하는 단일 기능 중심의 토지 이용을 추구해왔다. 이러한 방식은 도시 기능의 체계적 관리와 효율성 확보에 기여했지만, 교통 혼잡과 긴 통근 시간, 획일적 도시 경관 등의 문제를 야기하기도 했다. 이에 대한 대안으로 ㉠<u>복합 용도 개발</u>이 주목받고 있다. 복합 용도 개발은 하나의 건물이나 지구 내에서 주거, 상업, 업무, 문화 등 다양한 기능을 통합적으로 배치하는 개발 방식이다. 이 방식은 도보 중심의 생활환경을 조성하여 교통 수요를 줄이고 대중교통 이용을 촉진한다. 또한 다양한 계층과 연령대가 한 공간에서 생활하며 상호작용할 수 있는 기회를 제공하여 지역 공동체 형성을 촉진한다고 강조된다. 복합 용도 개발을 지지하는 전문가들은 이러한 방식이 도시의 활력을 높이고 경제적 시너지 효과를 창출하며, 토지 이용의 효율성을 극대화할 수 있다고 주장한다. 특히 24시간 활동이 가능한 도시 환경을 만들어 도시 안전성과 편의성을 동시에 향상시킬 수 있다는 것이다.

─〔보기〕─

ㄱ. 한 신도시에서 복합 용도 단지 조성 후 주민들의 도보 이용률이 증가하고 지역 내 상권이 활성화된 것은 ㉠을 약화한다.
ㄴ. 복합 용도 건물이 들어선 지역에서 소음과 혼잡으로 인해 주거 만족도가 크게 떨어지고 이주를 원하는 주민이 늘어난 것은 ㉠을 약화한다.
ㄷ. 단일 기능 중심으로 개발된 업무 지구에서 교통 체증이 심화되고 야간 시간대에 유동 인구가 급격히 감소한 것은 ㉠을 강화한다.

① ㄱ
② ㄴ
③ ㄴ, ㄷ
④ ㄱ, ㄴ, ㄷ

빨리 푸는 亦功 전략

1단계
㉠의 핵심 정보에 밑줄 긋기

2단계
선택지를 2파트로 나누고

① 특정 사례가 이 이론을 뒷받침하면 강화,

② 반대로 뒷받침하면 약화

③ 특정 사례가 이론과 관련이 없는 경우에 '강화, 약화'라고 판단을 내리는 것은 잘못된 것임에 유의하기

문제훈련 <보기> 강화 약화

01 다음 글의 ㉠을 평가한 내용으로 적절한 것만을 <보기>에서 모두 고르면?

　　미래 교육의 방향을 두고 전문가들 사이에서 활발한 논의가 이어지고 있다. 전통적인 교육 방식은 교사가 정해진 교육과정에 따라 학습자에게 지식을 전달하는 일방향적 구조였다. 하지만 정보화 시대에 들어서면서 단순한 지식 암기와 수동적 학습의 한계가 지적되고 있으며, 급변하는 사회에 적응할 수 있는 새로운 역량 함양의 필요성이 대두되고 있다.
　　이에 대한 대안으로 ㉠<u>구성주의 교육론</u>이 주목받고 있다. 구성주의는 학습자가 기존 지식과 경험을 바탕으로 새로운 정보를 해석하고 재구성하여 자신만의 지식을 만들어간다고 본다. 이 관점에서 교사는 지식의 전달자가 아니라 학습 과정을 촉진하는 조력자 역할을 해야 한다. 학습자는 능동적으로 탐구하고 문제를 해결하며, 동료들과의 협력을 통해 지식을 구성해 나간다. 구성주의 교육론에 따르면 이러한 과정을 통해 학습자의 창의적 사고력과 문제해결 능력이 향상되며, 학습에 대한 동기와 흥미도 높아진다고 강조한다. 특히 실생활과 연계된 학습 활동을 통해 지식의 전이와 응용 능력을 기를 수 있으며, 다양한 관점과 해석을 인정하여 개별 학습자의 잠재력을 발휘하도록 돕는다고 주장한다.

【보기】
ㄱ. 학생들이 함께 해결 방안을 강구하는 토의 중심 수업을 도입한 A 고등학교에서 학생들의 논리적 사고력이 크게 향상되고 학습 참여도가 높아진 것은 ㉠을 강화한다.
ㄴ. B 중학교에서 교사가 학생들에게 능동적 학습을 유도하였으나 학생들이 자기주도적 학습 능력을 기르지 못하고 오히려 학업 성취도가 하락한 것은 ㉠을 약화한다.
ㄷ. 강의식 수업을 유지한 C 초등학교에서 기초 학력이 탄탄하게 다져져 상급 학교 진학 후 우수한 성과를 거두고 있다는 것은 ㉠을 강화한다.

① ㄱ
② ㄱ, ㄴ
③ ㄴ, ㄷ
④ ㄱ, ㄴ, ㄷ

02 다음 글의 ㉠을 평가한 내용으로 적절한 것만을 <보기>에서 모두 고르면?

　　인공지능 기술의 발전과 함께 노동 시장의 변화에 대한 우려가 커지고 있다. 전통적으로 기술 혁신은 일부 직업을 사라지게 하면서도 새로운 형태의 일자리를 창출해왔다. 산업혁명 시기에도 수공업자들의 일자리가 줄어들었지만, 공장 근로자나 기계 운영자 등의 새로운 직업군이 등장했다. 하지만 현재의 인공지능 혁명은 과거와는 다른 양상을 보이고 있다. 이와 관련하여 ㉠<u>기술적 실업론</u>이 제기되고 있다. 기술적 실업론은 인공지능과 자동화 기술이 인간의 노동을 대체하는 속도가 새로운 일자리가 창출되는 속도보다 빨라 구조적 실업이 증가할 것이라고 주장한다. 특히 단순 반복 업무뿐만 아니라 인지적 업무 영역까지 인공지능이 침투하면서 중간 숙련 직종의 공동화 현상이 나타날 것이라고 예측한다. 이 이론의 지지자들은 인공지능의 학습 능력과 처리 속도가 인간을 능가하는 영역이 확대되고 있으며, 과거와 달리 기술 변화의 속도가 노동자의 재교육과 적응 속도를 압도한다고 강조한다. 또한 플랫폼 경제의 확산으로 고용의 불안정성이 증가하고, 소수의 기술 기업이 부가가치를 독점하면서 소득 불평등이 심화될 것이라고 주장한다.

【보기】
ㄱ. 제조업에서 로봇 도입 후 생산직 일자리가 크게 감소했지만 로봇 관리 및 유지보수 분야에서 새로운 고용이 창출된 것은 ㉠을 강화한다.
ㄴ. 한 은행에서 AI 상담 시스템 도입 후 상담원 수가 30% 감소했으나 재교육을 통한 전환 배치가 어려워 구조조정이 불가피해진 것은 ㉠을 강화한다.
ㄷ. 배달 플랫폼 기업들이 시장을 독점하면서 개별 배달원들의 수수료 부담이 증가하고 소득이 불안정해진 것은 ㉠을 강화한다.

① ㄱ, ㄴ
② ㄴ, ㄷ
③ ㄱ, ㄷ
④ ㄱ, ㄴ, ㄷ

03 다음 글의 ㉠을 평가한 내용으로 적절한 것만을 〈보기〉에서 모두 고르면?

　기후변화에 대응하기 위한 에너지 전환 정책을 둘러싸고 활발한 논의가 이어지고 있다. 전통적으로 화석연료는 저렴한 비용과 안정적인 공급으로 산업 발전의 핵심 동력 역할을 해왔다. 하지만 온실가스 배출로 인한 기후변화 문제가 심각해지면서 재생에너지로의 전환 필요성이 제기되고 있다. 이 과정에서 에너지 전환의 속도와 방법을 둘러싼 견해차가 나타나고 있다. 이와 관련하여 ㉠급진적 에너지 전환론이 주목받고 있다. 급진적 에너지 전환론은 기후변화의 심각성을 고려할 때 화석연료 의존도를 단기간 내에 대폭 줄이고 재생에너지 중심으로 빠르게 전환해야 한다고 주장한다. 이 이론의 지지자들은 기후변화로 인한 피해 비용이 에너지 전환 비용을 훨씬 상회하므로 조기 전환이 경제적으로도 합리적이라고 강조한다. 또한 재생에너지 기술의 급속한 발전과 비용 절감으로 화석연료와의 경쟁력 격차가 줄어들고 있어 전환 가속화가 가능하다고 본다. 정부의 강력한 정책 지원과 과감한 투자를 통해 에너지 인프라를 단기간에 혁신하고 새로운 녹색 산업을 육성하여 미래 경쟁력을 확보할 수 있다고 주장한다.

〔보기〕
ㄱ. 독일이 원전을 조기 폐쇄하고 재생에너지 확대 정책을 추진한 결과 전력 요금이 크게 상승하고 산업 경쟁력이 약화된 것은 ㉠을 약화한다.
ㄴ. 덴마크가 풍력 발전 중심의 급속한 에너지 전환을 통해 에너지 자립을 달성하고 관련 기술 수출로 경제적 이익을 얻은 것은 ㉠을 강화한다.
ㄷ. 최근 태양광 패널과 풍력 터빈의 생산 비용이 급격히 하락하면서 화석연료 발전 비용을 하회하기 시작한 것은 ㉠을 강화한다.

① ㄱ, ㄴ
② ㄴ, ㄷ
③ ㄱ, ㄷ
④ ㄱ, ㄴ, ㄷ

04 다음 글의 ㉠을 강화하는 것만을 〈보기〉에서 모두 고르면?

　현대 사회에서 언어 습득과 관련된 다양한 이론들이 제시되고 있다. 전통적으로 언어학자들은 인간이 태어날 때부터 언어를 습득할 수 있는 특별한 능력을 지니고 있다고 보았다. 이러한 관점에서는 언어 습득이 주로 생물학적 요인에 의해 결정된다고 여겨졌다. 하지만 최근 들어 이와는 다른 접근이 주목받고 있다.
　언어발달 연구의 새로운 동향으로 ㉠사회적 상호작용 이론이 부각되고 있다. 이 이론은 언어 습득이 단순히 생득적 능력의 발현이 아니라 사회적 환경과의 상호작용을 통해 이루어진다고 주장한다. 아이들은 부모나 양육자와의 지속적인 대화와 소통 과정에서 언어의 규칙과 용법을 자연스럽게 익혀간다는 것이다. 특히 문화적 맥락과 사회적 상황이 언어 발달에 결정적 영향을 미치며, 같은 언어권에서도 사회 계층이나 환경에 따라 언어 습득 양상이 달라진다고 강조한다. 또한 언어는 의사소통의 도구일 뿐만 아니라 사회적 관계 형성과 정체성 구축의 수단으로 기능한다고 본다. 이러한 관점에서 언어 교육은 단순한 문법 전수가 아닌 상호작용적 활동이 되어야 한다고 제안한다.

〔보기〕
ㄱ. 같은 언어권 내에서도 부모의 사회경제적 지위에 따라 아이들의 어휘 발달 속도가 현저히 다르게 나타났다.
ㄴ. 쌍둥이 연구에서 서로 다른 가정에서 자란 일란성 쌍둥이들이 동일한 언어 습득 패턴을 보였다.
ㄷ. 다문화 가정 아이들이 가정 내 언어 사용 빈도에 따라 각 언어의 숙련도가 달라지는 현상이 관찰되었다.

① ㄱ, ㄴ
② ㄴ, ㄷ
③ ㄱ, ㄷ
④ ㄱ, ㄴ, ㄷ

05 다음 글의 ㉠을 강화하는 것만을 <보기>에서 모두 고르면?

현대 소비 사회에서 개인의 구매 행동을 설명하는 다양한 이론들이 제시되고 있다. 전통적인 경제학에서는 소비자가 합리적으로 계산하여 자신에게 가장 유리한 선택을 한다고 보았다. 이러한 관점에서는 소비자들이 가격과 효용을 비교 분석해 최적의 결정을 내린다고 여겨졌다. 하지만 실제 소비 행동을 관찰해보면 이론과 다른 양상이 자주 나타난다.

최근 소비자 행동 연구에서 ㉠감성적 소비 이론이 주목받고 있다. 이 이론은 소비자의 구매 결정이 논리적 분석보다는 감정과 심리적 요인에 의해 크게 좌우된다고 주장한다. 사람들은 기분이나 감정 상태에 따라 즉흥적으로 구매하는 경우가 많으며, 특히 스트레스나 우울감을 해소하기 위한 보상적 소비가 빈번하게 일어난다는 것이다. 또한 브랜드나 제품이 주는 상징적 의미와 사회적 지위 표현에 대한 욕구가 구매 동기로 작용한다고 강조한다. 이러한 관점에서 마케팅은 소비자의 감정에 호소하는 전략이 이성에 호소하는 것보다 효과적이라고 본다.

〔보기〕
ㄱ. 백화점 세일 기간 중 충동구매를 한 소비자들 대부분이 사전 계획 없이 감정적으로 결정했다고 응답했다.
ㄴ. 스트레스가 많은 직장인들이 퇴근 후 온라인 쇼핑을 통해 심리적 위안을 얻는 현상이 증가하고 있다.
ㄷ. 온라인 쇼핑몰에서 가격 비교 기능을 활용하는 소비자들의 구매 만족도가 더 높게 나타났다.

① ㄱ, ㄴ　　② ㄴ, ㄷ
③ ㄱ, ㄷ　　④ ㄱ, ㄴ, ㄷ

06 다음 글의 ㉠을 강화하는 것만을 <보기>에서 모두 고르면?

현대 기업의 조직 운영 방식을 둘러싸고 다양한 이론들이 제시되고 있다. 전통적인 조직 이론에서는 위계질서와 분업을 통한 효율성 극대화를 중시해왔다. 이러한 관점에서는 명확한 지휘 체계와 표준화된 업무 프로세스가 조직의 성과를 좌우한다고 여겨졌다. 하지만 급변하는 경영 환경에서 이러한 접근법의 한계가 지적되고 있다. 최근 조직 경영 연구에서 ㉠수평적 조직문화 이론이 주목받고 있다. 이 이론은 조직의 성과가 수직적 통제보다는 구성원 간의 자율적 협력과 소통에 의해 더 크게 좌우된다고 주장한다. 직급 간 격차를 줄이고 의사결정 권한을 현장에 분산시킬 때 조직의 창의성과 혁신이 촉진된다는 것이다. 특히 복잡하고 불확실한 업무 환경에서는 일선 직원들의 자율성과 판단력이 조직 전체의 적응력을 높인다고 강조한다. 또한 팀 기반의 협업 구조가 개별 구성원의 역량을 극대화하고 조직 학습을 가속화한다고 본다. 이러한 관점에서 리더십은 지시와 통제가 아닌 지원과 촉진의 역할을 해야 한다고 제안한다.

〔보기〕
ㄱ. 강력한 위계 구조를 도입한 스타트업이 빠른 의사결정을 통해 시장 선점에 성공했다.
ㄴ. 수직적 명령 체계를 유지한 제조업체가 표준화된 생산 라인을 통해 높은 품질과 효율성을 달성했다.
ㄷ. 팀 중심의 프로젝트 조직으로 전환한 IT 기업에서 직원들의 창의적 아이디어 제안이 급증했다.

① ㄱ　　② ㄴ
③ ㄷ　　④ ㄱ, ㄴ

07 다음 글의 ㉠을 강화하는 것만을 <보기>에서 모두 고르면?

현대 도시화 과정에서 녹지 공간의 역할에 대한 연구가 활발히 진행되고 있다. 전통적으로 도시 계획에서는 녹지를 단순한 휴식 공간이나 미관상의 요소로 여겨왔다. 이러한 관점에서는 녹지 공간이 도시 기능에 부수적인 역할을 한다고 인식되었으며, 개발 압박이 있을 때 우선적으로 축소되는 대상이었다. 하지만 최근 도시 환경에 대한 인식이 변화하고 있다.

최근 도시 연구에서 ㉠생태계 서비스 이론이 주목받고 있다. 이 이론은 도시 녹지가 단순한 장식적 기능을 넘어 도시민의 건강과 환경 개선에 핵심적 역할을 한다고 주장한다. 녹지 공간은 대기 정화와 온도 조절을 통해 도시 열섬 현상을 완화하고 미세먼지를 흡수하는 환경적 기능을 수행한다는 것이다. 또한 도시민들에게 스트레스 해소와 정신 건강 증진의 기회를 제공하며, 생물 다양성 보전과 도시 생태계 안정성에도 기여한다고 강조한다. 특히 기후변화와 환경 오염이 심화되는 상황에서 녹지의 환경 조절 기능이 더욱 중요해지고 있다고 본다. 이러한 관점에서 녹지는 도시 인프라의 필수 요소로 인식되어야 한다고 제안한다.

─〈보기〉─

ㄱ. 도심 공원 조성 후 주변 지역의 여름철 평균 기온이 2도 낮아지고 대기질이 개선된 것으로 측정되었다.
ㄴ. 녹지 비율이 높은 주거 지역 주민들이 낮은 지역 주민들보다 우울증 발생률이 현저히 낮게 나타났다.
ㄷ. 대규모 상업 단지 개발을 위해 기존 녹지를 철거한 후 해당 지역의 부동산 가치가 크게 상승했다.

① ㄱ
② ㄴ
③ ㄷ
④ ㄱ, ㄴ

08 다음 글의 ㉠에 대해 평가한 것으로 적절한 것을 <보기>에서 모두 고르면?

코로나19 팬데믹은 기존 복지체계의 한계를 드러내며 보편복지에 대한 사회적 논의를 촉진시켰다. 특히 한국 정부가 시행한 제1차 긴급재난지원금은 소득 수준과 무관하게 전 국민에게 지급되어 보편복지의 가능성을 실험한 사례로 평가된다. 긴급재난지원금은 팬데믹으로 위축된 소비심리를 회복하고, 국민 모두가 국가의 보호 아래 있다는 심리적 안정감을 제공했다. 이는 공동소유와 상호부조를 중시하는 ㉠공생주의 원리에 부합한다. 다만 일회성 지원이 아닌 지속 가능한 복지 체계를 마련하기 위해서는 재정 안정성 확보와 더불어 정책의 철학적 정당성이 뒷받침되어야 한다는 지적도 있다.

재정 부담과 포퓰리즘 논란은 국가가 보편복지를 지속 가능하게 운영하기 위해 철학적 비전과 사회적 합의를 구축해야 함을 시사한다. 더욱이 코로나19 이후 기본소득과 보편복지에 대한 논의가 활발히 이어지면서, 국민 사이에서는 복지 확대에 대한 기대와 함께 조세 부담에 대한 인식 전환이 요구되고 있다. 공생주의는 국민의 생존권과 존엄성을 보장하는 것을 국가의 기본 책무로 보며, 이를 위해 보편복지를 확대하고 지속 가능한 재원 조달 방안을 마련해야 한다고 강조한다. 이는 단순한 재분배 차원을 넘어 국민 모두가 공동체 구성원으로서 상호 책임을 나누는 사회로 나아가기 위한 기반이 될 것이다.

─〈보기〉─

ㄱ. 모든 시민에게 의료서비스를 제공하는 국가 의료보험 체계를 도입한 국가들이 의료 접근성 격차 해소와 함께 전체 의료비 지출 효율성도 향상되었다는 국제 비교 연구가 있다면, 이는 ㉠을 강화한다.
ㄴ. 재난 상황에서 상호부조 네트워크가 형성된 지역사회가 그렇지 않은 지역보다 위기 극복 속도가 3배 이상 빨랐으며, 심리적 회복력도 높게 나타났다는 조사 결과가 있다면, 이는 ㉠을 강화한다.
ㄷ. 높은 세율의 보편복지 체계를 운영하는 국가들에서 근로 의욕 저하와 경제 성장률 둔화 현상이 지속적으로 관찰되고 있다는 경제 지표 분석이 발표되었다면, 이는 ㉠을 강화한다.

① ㄱ, ㄴ ② ㄴ, ㄷ ③ ㄱ, ㄷ ④ ㄱ, ㄴ, ㄷ

09 다음 대화에 대한 평가로 적절한 것만을 모두 고르면?

갑: 우리 동네에 공유킥보드가 많이 깔렸는데 정말 편리해. 지하철역까지 걸어가기엔 멀고 버스 기다리기엔 애매한 거리인데, 킥보드 타고 금방 갈 수 있거든. 환경에도 좋고 교통비도 절약되고, 언제든 이용할 수 있어서 좋아. 이런 공유 서비스가 더 확산되어야 한다고 생각해.

을: 장점은 인정하지만 문제점도 많아. 인도에 무질서하게 주차된 킥보드 때문에 보행자들이 불편해하고, 특히 휠체어나 유모차 이용자들은 통행에 큰 지장을 받고 있어. 또 안전모 착용 없이 차도로 나가는 이용자들도 많아서 안전사고 위험이 크고. 편의만 생각할 게 아니라 공공질서와 안전을 먼저 고려해야 해.

갑: 나도 그 부분은 공감해. 하지만 그런 문제들은 이용자들의 의식 개선과 관리 체계 보완으로 해결할 수 있어. 새로운 서비스가 도입될 때는 항상 초기에 혼란이 있기 마련이거든. 중요한 건 장기적으로 도시 교통의 효율성을 높이고 탄소 배출을 줄이는 긍정적 효과가 더 크다는 거야. 규제보다는 올바른 이용 문화 정착에 집중해야 해.

〔보기〕

ㄱ. 파리에서 공유킥보드 도입 후 교통 혼잡이 줄어들고 대기질이 개선되었지만 보행자 사고가 증가했다는 조사 결과는 갑과 을의 입장을 모두 강화한다.

ㄴ. 서울시가 공유킥보드 주차 구역을 지정하고 관리를 강화한 결과 무질서 주차 문제가 크게 해결되었다는 보고서는 갑의 입장을 약화한다.

ㄷ. 싱가포르에서 사고 위험을 이유로 공유킥보드 서비스를 전면 금지했다는 사례는 을의 입장을 강화한다.

① ㄱ, ㄴ ② ㄴ, ㄷ
③ ㄱ, ㄷ ④ ㄱ, ㄴ, ㄷ

10 다음 대화에 대한 평가로 적절한 것만을 모두 고르면?

갑: 우리 아이가 중학생인데 요즘 친구들과 SNS에서 연예인이나 인플루언서 따라 하기에 푹 빠져 있어. 옷 스타일부터 말투까지 똑같이 따라 하려고 하는데, 이런 게 아이 정체성 형성에 나쁜 영향을 주는 것 같아서 걱정이야. 자기만의 개성을 잃어버리는 건 아닌지 모르겠어.

을: 그런 걱정은 이해하지만 너무 부정적으로만 볼 필요는 없어. 청소년기에는 다양한 역할 모델을 통해 자아를 탐색하는 것이 자연스러운 과정이거든. 연예인이나 인플루언서를 따라하면서도 자신에게 맞는 것과 맞지 않는 것을 구분하게 되고, 결국 자신만의 스타일을 찾아가게 돼. 오히려 이런 경험이 정체성 형성에 도움이 될 수 있어.

갑: 하지만 요즘 SNS의 영향력은 과거와는 차원이 달라. 하루 종일 휴대폰을 보면서 완벽하게 꾸며진 이미지들에 노출되고, 그걸 자신과 비교하면서 열등감을 느끼기도 해. 무엇보다 진정한 자기 모습보다는 남들에게 보이기 위한 가짜 모습에 더 신경 쓰게 되는 것 같아. 이런 환경에서는 건전한 정체성 형성이 어렵다고 봐.

〔보기〕

ㄱ. 청소년들이 다양한 역할 모델을 통해 자아 탐색을 하는 과정에서 최종적으로 독창적인 개성을 발달시킨다는 연구 결과는 을의 입장을 강화한다.

ㄴ. SNS 이용 시간이 많은 청소년일수록 외모나 인기에 대한 스트레스가 높고 자존감이 낮아진다는 조사는 갑의 입장을 약화한다.

ㄷ. 인플루언서를 롤모델로 삼는 청소년들이 그렇지 않은 청소년들보다 창의적 활동 참여율이 높게 나타났다는 보고서는 갑과 을의 입장을 모두 강화한다.

① ㄱ ② ㄴ
③ ㄷ ④ ㄱ, ㄴ

MEMO

✦ **Chapter 14** 문맥적 의미 추론

✦ **Chapter 15** 바꿔 쓸 수 있는 유사한 표현

✦ **Chapter 16** 지시 대상 추론

천기누설 혜선팍 독해 시즌2

Part 06

세트형 독해

Chapter 14 문맥적 의미 추론

관련교재
출좋포 독해·논리 p.210~219

◐ 천+기+누+설 출제빈도 체크

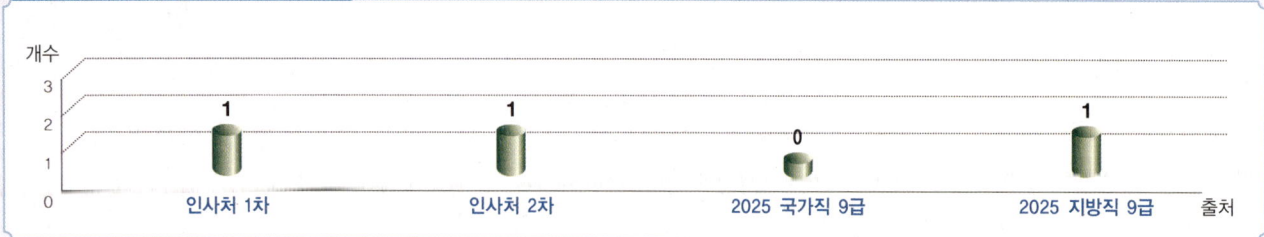

◐ 대표 천+기+누+설 개관

인사혁신처에서 2025년부터 단순 암기를 줄이겠다는 선언을 하였습니다.
이에 따라 어휘 문제는 단순 암기식이 아니라 문맥적인 의미를 추론할 수 있는 식으로 출제가 되고 있습니다.
이 어휘 유형은 단독으로 나오지는 않고, 세트형의 2번째 문제에 출제될 것입니다.
이번에 2025 인사처 1차, 2차 샘플, 2025 지방직 9급에도 출제되었기 때문에
반드시 정복해야 할 유형이 되었습니다.

문맥적 의미 추론 문제는 혜선 쌤 고유의 문제 풀이 방식을 그대로 적용한다면
틀리지 않을 수 있는 유형이므로 수업을 통해 방법을 암기하고 적용해야 합니다.

◐ 대표 천+기+누+설 발문 체크

01 문맥상 ㉠의 의미와 가장 가까운 것은?
02 밑줄 친 표현이 문맥상 ㉠의 의미와 가장 가까운 것은?

천기누설 혜선팍 독해 pin point

정답 및 해설 p.249

신유형 2025 버전 1

내용 추론 + 어휘의 문맥적 의미

[1~2] 다음 글을 읽고 물음에 답하시오.

자유의지와 결정론의 관계는 철학의 오래된 쟁점이다. 그러나 이 둘의 양립 가능성을 둘러싼 논쟁은 각 개념을 어떻게 정의하느냐에 따라 달라진다. 먼저 결정론과 운명론을 구별해야 한다. 결정론은 어느 한 시점에서 오직 하나의 미래만이 물리적으로 가능하다는 견해로, 과거와 자연법칙이 모든 미래 사건을 결정한다고 본다. 반면 운명론은 우리가 실제로 행하는 것 이외에는 어떤 것도 할 수 없다는 관점이다. 이는 우리의 의도나 노력이 실제 행동에 아무런 영향을 ㉠미치지 못한다는 것을 의미한다. 하지만 결정론은 운명론과 다르다. 결정론적 세계에서도 우리의 선택과 행동이 인과 과정의 중요한 부분이 될 수 있다. 물이 끓는 예를 보면, 결정론에서는 물을 스토브에 올리고 가열하는 우리의 행위가 물이 끓게 만드는 원인이 된다. 그런데 운명론에서는 우리가 무엇을 하든 관계없이 물은 예정된 시간에 끓는다. 자유의지 개념 또한 다양하다. 쉬운 자유는 원하는 것을 할 수 있는 능력을 의미한다. 한편 대안적 가능성 관점은 다르게 행동할 수 있는 능력을 요구한다. 또한 근원 관점은 행위자가 자신의 행동의 적절한 근원이 되는 것을 중시한다. 이처럼 자유의지에 대한 서로 다른 이해는 결정론과의 양립 가능성에 대해서도 다른 결론을 이끌어낸다. 즉, 자유의지의 정의에 따라 결정론적 세계에서도 자유가 가능할 수 있다는 것이다.

01 윗글에서 추론한 내용으로 가장 적절한 것은?

① 결정론은 운명론과 본질적으로 동일한 개념으로, 미래가 예정되어 있다고 본다.
② 자유의지의 세 가지 관점은 모두 결정론과 양립할 수 없으며, 자유를 위해서는 비결정론이 필요하다.
③ 결정론과 자유의지의 양립 가능성은 자유의지 개념에 따라 다른 결론이 가능하다.
④ 쉬운 자유는 대안적 가능성을 전제로 하므로 결정론적 세계에서는 실현될 수 없다.

02 윗글의 문맥상 ㉠의 의미와 가장 가까운 것은?

① 사퇴를 하라는 압력이 그에게 미쳤다.
② 한번 그쪽으로 생각이 미치자 영희의 마음은 갑작스레 불안하고 다급해졌다.
③ 우리 편 선수는 결승점에 못 미쳐서 넘어지고 말았다.
④ 성질이 찬찬한 함안댁은 솜씨는 봉순네에게 미치지 못했다.

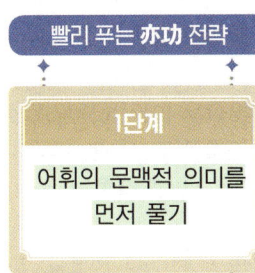

빨리 푸는 亦功 전략

1단계
어휘의 문맥적 의미를 먼저 풀기

2단계
㉠과 호응하는 단어의 성격을 파악하기

선지에서 가장 비슷한 것을 찾기

(㉠을 문맥에 맞는 제3의 단어로 교체해 보는 방법도 써 보기)

3단계
내용 추론 긍정 발문 문제를 풀기

신유형 2025 버전 2

초점 강화 약화 + 어휘의 문맥적 의미

빨리 푸는 亦功 전략

1단계
어휘의 문맥적 의미를 먼저 풀기

2단계
㉠과 호응하는 단어의 성격을 파악하기

선지에서 가장 비슷한 것을 찾기

(㉠을 문맥에 맞는 제3의 단어로 교체해 보는 방법도 써 보기)

3단계
초점 강화 약화 문제를 풀기

[3~4] 다음 글을 읽고 물음에 답하시오.

현대 사회에서 체육 시설은 단순한 운동 공간을 넘어 지역 주민의 건강 증진과 공동체 형성을 돕는 중요한 사회 인프라로 자리 잡고 있다. 최근에는 이러한 시설을 건설할 때 환경 친화적인 자재를 도입하려는 시도가 점점 확대되고 있다. 과거에는 콘크리트, 플라스틱, 인공 잔디처럼 환경에 부담을 주는 자재가 주로 사용되었으나, 이는 미세먼지 확산, 토양 오염, 온실가스 배출 등의 문제를 유발하며 장기적인 환경 피해로 이어졌다. 반면 천연 목재, 재활용 자재, 생분해성 소재 등 친환경 자재는 이산화탄소 배출량을 줄이고, 유해 화학물질 발생을 억제하며, 사용자의 건강에 긍정적인 영향을 준다는 점에서 주목받고 있다.

실제로 유럽의 일부 지역에서는 친환경 자재로 설계된 체육관이 실내 공기 질을 개선하고, 피부 질환 발생률을 낮추는 데 효과가 있었다는 연구 결과도 보고되었다. 이와 함께 친환경 체육 시설은 지역 에너지 소비 절감, 탄소중립 실현, 친환경 건축 산업 활성화 등 다양한 부수 효과를 ㉠낳고 있다. 이러한 변화는 단지 건설 자재의 선택을 넘어서, 지역사회 전반의 지속 가능성을 실현하고 주민 복지를 증진하는 핵심 전략으로 떠오르고 있다. 특히 청소년과 노년층의 건강한 여가 활동을 지원하는 시설일수록 친환경성과 안전성이 함께 고려되어야 한다는 인식이 확산되면서, 공공 정책 차원에서의 지원과 규범 정비 요구도 커지고 있다.

03 윗글의 논지를 강화하는 것으로 가장 적절한 것은?

① 친환경 자재로 건설된 체육 시설의 초기 건설 비용이 기존 시설보다 평균 20% 높아 지방자치단체의 재정 부담이 증가하고 있다.
② 지방 도시에서 에너지 절약형 복합체육센터를 신축한 이후, 노년층 주민의 운동 참여율이 전년 대비 35% 상승했다.
③ 친환경 체육 시설에 사용되는 일부 천연 자재가 습도에 민감해 유지 관리 비용이 예상보다 높게 나타나고 있다.
④ 친환경 자재의 공급망이 불안정하여 체육 시설 건설 일정이 지연되는 사례가 늘어나고 있다.

04 윗글의 문맥상 ㉠의 의미와 가장 가까운 것은?

① 그는 우리나라가 낳은 천재적인 과학자이다.
② 이념의 갈등은 결국 조국 분단의 비극을 낳았다.
③ 우리 집 소가 오늘 아침 송아지를 낳았다.
④ 예전에는 집집마다 무명을 낳고 손으로 길쌈 하였다.

문제훈련 문맥적 의미 추론

[1~2] 다음 글을 읽고 물음에 답하시오.

영토는 단순한 땅의 문제가 아니라 역사적 정당성, 국민 정체성, 국가 주권이 결합된 복합적 사안이다. 동북아시아 지역에서 진행되고 있는 영토 분쟁은 대부분 식민 지배, 강제 점령, 전후 처리의 복잡한 역사적 배경을 내포하고 있으며, 당사국 간에 역사 해석과 국제법 적용 방식이 다르다는 점에서 해결이 쉽지 않다. 특히 독도, 이어도, 서해 북방한계선(NLL) 등은 단지 영토 소유권을 둘러싼 법적 분쟁을 넘어, 국가의 자원권과 안보 전략, 외교 정책의 핵심 축으로 작용한다. 한국은 이러한 영유권 문제에 대해 국제법적 대응뿐 아니라 역사·문화적 정당성에 기반한 입장을 지속적으로 강조해 왔다. 그러나 분쟁 당사국과의 이견이 존재하고 국제 여론전 또한 치열하게 전개되는 상황에서, 단발적인 대응이나 외교적 항의만으로는 실질적인 효과를 기대하기 어렵다. 영토 분쟁 해결을 위해서는 국민적 인식 제고가 무엇보다 중요하며, 이를 위한 체계적 노력이 필요하다. 학교 교육, 문화 콘텐츠, 지리 정보 시스템, 시민 외교 등 다양한 분야의 통합적 접근이야말로 영토 분쟁에 대한 국제사회의 인식을 ㉠바꾸고 실효적 지배력을 강화하는 핵심 수단이다. 단순한 외교 채널에 의존하기보다는 문화와 교육을 통한 장기적이고 체계적인 전략이 영토 주권 확립에 더욱 효과적이기 때문이다.

01 윗글의 논지를 강화하는 것으로 가장 적절한 것은?

① 한국 정부가 독도 관련 외교 문서를 국제사법재판소에 제출했지만 상대국의 반발로 중재 절차가 무산되었다.
② 영토 분쟁 지역의 해양 자원 개발을 둘러싸고 관련국 간의 갈등이 심화되어 군사적 긴장이 고조되고 있다.
③ 독도를 소재로 한 다큐멘터리와 교육 프로그램이 해외에서 호평을 받으며 한국의 영토 주권에 대한 국제적 이해도가 높아졌다.
④ 영토 분쟁 해결을 위한 양자 협상이 수차례 진행되었지만 당사국 간의 입장 차이로 인해 가시적 성과를 거두지 못하고 있다.

02 윗글의 문맥상 ㉠의 의미와 가장 가까운 것은?

① 곁에 있던 통역관이 우리의 말을 중국어로 바꾸어 주었다.
② 은행에 가서 헌 돈을 새 돈으로 바꾸었다.
③ 습관을 바꾸기란 여간 어렵지 않다.
④ 두 사람이 서로 자리를 바꾸어 앉아라.

[3~4] 다음 글을 읽고 물음에 답하시오.

현대의료 환경이 고도화됨에 따라, 환자의 생명과 치료에 관한 결정은 단순한 의학적 판단을 ㉠넘어 복잡한 윤리적 문제를 수반한다. 특히 중증 환자나 말기 환자의 치료 과정에서는 '연명의료 중지', '진실 알리기', '의사결정대리' 등과 관련된 갈등이 빈번하게 발생하며, 이는 의료진에게 상당한 심리적 부담을 초래한다. 실제로 국내 대학병원 의료진을 대상으로 한 조사에 따르면, 약 80% 이상의 의사와 간호사가 윤리적 갈등을 경험했으며, 이 중 상당수는 3개월에 한 번 이상 갈등 상황을 겪고 있는 것으로 나타났다.

그러나 대부분의 의료진은 이러한 문제를 개인적인 판단이나 비공식적 상의로 해결하고 있었고, 공식적인 병원윤리위원회나 법률 자문을 활용하는 경우는 드물었다. 이처럼 복잡하고 빈번한 윤리 문제에 비해 체계적인 지원 체계가 부재하다는 점에서 임상윤리자문서비스는 의료현장의 실질적인 윤리 문제 해결과 의료진 부담 경감을 위한 필수적 제도이며, 환자 중심의 윤리적 의사결정을 위해서는 반드시 도입되어야 한다. 자문서비스는 신속하고 전문적인 판단을 제공함으로써 의료 윤리 갈등을 효과적으로 해결할 수 있는 핵심 수단이 될 것이다.

03 윗글의 논지를 약화하는 것으로 가장 적절한 것은?

① 임상윤리자문서비스를 도입한 외국 병원들에서 의료진의 윤리적 스트레스가 30% 감소하고 환자 만족도가 크게 향상되었다.
② 윤리적 갈등을 겪는 의료진들이 동료 간 비공식적 상담을 통해 대부분의 문제를 성공적으로 해결하고 있는 것으로 조사되었다.
③ 국내 일부 대학병원에서 시범 운영 중인 임상윤리자문서비스에 대한 의료진들의 인지도와 활용률이 매우 높은 수준을 보이고 있다.
④ 복잡한 의료 윤리 문제는 개별 사례의 특수성이 강해 표준화된 자문 지침만으로는 해결하기 어려운 경우가 많다.

04 윗글의 문맥상 ㉠의 의미와 가장 가까운 것은?

① 그 회사는 긴 불황 끝에 드디어 보릿고개를 넘었다.
② 장마로 강물이 넘어서 온 동네가 물바다가 되었다.
③ 이 시기만 무사히 넘으면 재도약할 수 있을 것이다.
④ 그런 말은 빈정거림을 넘어 시비를 거는 것에 가깝다.

[5~6] 다음 글을 읽고 물음에 답하시오.

서울 종로구의 중심가에 있는 삼일빌딩은 오늘날에는 흔히 '대형 오피스 건물'로 인식되지만, 그 장소가 지닌 역사적 기억은 그리 단순하지 않다. 이 자리는 원래 1919년 3·1운동의 도화선이 되었던 독립운동가들의 주요 활동 지점 중 하나였다. 일제강점기 동안, 이 일대는 조선인의 민족의식이 가장 뜨거운 장소였고, 많은 시위와 정치적 연설, 그리고 단속이 반복되던 공간이었다. 특히 3·1운동 이후 이 주변은 경찰과 헌병의 감시가 집중되었고, 동시에 많은 이들이 '잊지 말아야 할 장소'로 기억하기 시작했다.

해방 이후 이 자리에 세워진 삼일빌딩은 단순한 건축물이 아닌, 장소에 ⊙쌓인 기억과 역사에 대한 응답이었다. 건물명 '삼일'은 3·1운동을 기념한 명명이며, 이는 장소의 역사성을 이어가기 위한 상징적 행위였다. 하지만 시간이 흐르며 이 건물과 공간은 점차 경제적 기능만이 강조되고, 그 역사적 의미는 서서히 잊혀 갔다. 지금도 이 일대를 지나는 사람들 중 다수가 이곳이 과거 독립운동의 현장이었다는 사실조차 모르고 지나친다.

공간은 단지 물리적 장소를 넘어, 사람들의 기억과 감정이 쌓인 '사회적 기억의 그릇'이다. 특정한 장소에 새겨진 역사는 단지 과거의 일이 아니라, 현재 우리가 무엇을 기억하고 무엇을 잊는지를 통해 다시 쓰인다. 삼일빌딩은 그런 점에서 우리가 '기억할 장소'를 어떻게 대하고 있는지에 대한 중요한 물음을 던진다.

05 윗글의 중심 내용으로 가장 적절한 것은?
① 삼일빌딩은 3·1운동의 역사적 장소에 세워진 건물로, 장소의 역사적 의미가 시간이 흐르며 망각되는 현상을 보여준다.
② 공간에는 사람들의 기억과 감정이 축적되며, 특정 장소에 새겨진 역사는 현재의 기억 방식에 따라 재구성된다.
③ 일제강점기 종로 일대는 조선인의 민족의식이 가장 뜨겁게 표출되었던 공간으로, 많은 독립운동가들의 활동 무대였다.
④ 삼일빌딩이라는 명칭은 3·1운동을 기념하기 위한 의도적 명명으로, 장소의 역사성을 상징적으로 계승하고자 했다.

06 윗글의 문맥상 ⊙의 의미와 가장 가까운 것은?
① 그 둘 사이에는 나날이 신뢰가 쌓여 갔다.
② 발밑에는 옷이 한 무더기 쌓여 있었다.
③ 십 년 동안 쌓인 그 경험이 이번 일을 해결하는 데에 많은 도움이 되었다.
④ 금고에 돈이 쌓여도 근심이 끊일 날이 없다.

[7~8] 다음 글을 읽고 물음에 답하시오.

엠파이어스테이트 빌딩은 1931년 완공된 이후 뉴욕의 상징적 초고층 건물로 자리 잡아 왔다. 그러나 수십 년이 흐른 뒤, 건물의 과도한 에너지 소비와 이산화탄소 배출량은 환경적 문제로 대두되었다. 이에 따라 건물주는 단순한 개보수에 그치지 않고, 기존 건물에 친환경 설계를 도입하는 리모델링을 추진하였다. 이 프로젝트는 단열 성능이 높은 창호 교체, 고효율 냉난방 장치 도입, 실시간 에너지 관리 시스템 구축 등 다양한 기법을 통해 약 38%의 에너지 절감 효과를 기대할 수 있는 것으로 분석되었다.

무엇보다 이 프로젝트는 친환경성과 경제성을 동시에 추구한 사례로, 초기 투자 비용이 약 3년 안에 회수 가능한 구조로 설계되었다는 점에서 주목할 만하다. 이 과정에서 설계팀은 기존 구조물의 역사성과 공간적 제약을 고려하여 최소한의 해체로 최대의 효율을 ㉠끌어내는 방식을 채택했다. 또, 개별 사무실 사용자에게 에너지 소비 정보를 제공하고 자율적으로 조절할 수 있게 함으로써, 사용자 참여 기반의 에너지 절감 모델을 실현했다. 이와 같은 리모델링은 단순히 건물의 외형을 바꾸는 데 그치지 않고, 도시 전체의 지속 가능성과 환경 정책 방향에도 긍정적인 영향을 미쳤다. 이후 다른 국가의 초고층 건물들도 이 사례를 벤치마킹하며, 기존 건축물의 탄소 중립 전환 가능성에 대한 논의가 활발히 이어지고 있다.

07 윗글의 중심 내용으로 가장 적절한 것은?

① 뉴욕의 엠파이어스테이트 빌딩은 다양한 친환경 기술을 도입하여 약 38%의 에너지 절감 효과를 달성했다.
② 초고층 건물의 에너지 소비와 탄소 배출량 감소를 위해서는 건물 사용자의 적극적인 참여가 필수적이다.
③ 역사적 가치가 있는 건축물은 최소한의 구조 변경을 통해 친환경적으로 개선하는 것이 중요하다.
④ 엠파이어스테이트 빌딩의 친환경 리모델링은 에너지 효율성과 경제성을 함께 달성하여 기존 건축물의 지속 가능한 전환 모델을 제시했다.

08 윗글의 문맥상 ㉠의 의미와 가장 가까운 것은?

① 창고에서 항아리를 끌어내어 닦다.
② 살려고 발버둥 치는 돼지를 우리에서 끌어내기가 쉽지 않다.
③ 상대편을 공개 토론회에 끌어냈다.
④ 그는 사람들의 지혜와 힘을 최대한으로 끌어낼 수 있는 감화력이 있다.

[9~10] 다음 글을 읽고 물음에 답하시오.

많은 개발도상국은 관광을 빈곤을 줄일 수 있는 산업으로 기대해 왔다. 관광업이 빠르게 성장했지만 정작 현지 주민들에게 돌아가는 혜택은 적었다. 호텔과 주요 시설의 소유권이 외국인 투자자와 정치 엘리트에게 집중되면서 주민들은 낮은 임금의 단기 일자리에 머물렀고, 교육·훈련 기회도 부족했다. 이 과정에서 토지 이용과 환경 파괴, 문화적 충돌 같은 사회 문제도 함께 ㉠나타났다. 관광 수익이 지역사회에 재투자되지 않자 기반시설이 개선되지 못했고, 생활비가 오히려 오르는 역설도 생겼다. 전통과 문화가 관광상품으로만 소비되면서 지역 정체성이 약화되는 부작용도 나타났다. 관광이 지역사회와 협력해 운영되지 않으면 외부 수요에 맞춘 개발이 지속가능성을 해치고 환경을 파괴할 위험이 크다. 이런 문제는 관광산업이 단순히 외국인 손님을 끌어들이는 것에 그치지 않고, 주민이 직접 참여하고 이익을 공유할 수 있는 구조가 마련될 때 완화될 수 있다. 결국 관광산업의 외형적 성장은 지역사회의 생활 향상으로 자동 연결되지 않으며, 현지 사람과 환경, 문화가 함께 성장할 수 있도록 계획하고 관리해야 관광이 진정한 발전의 도구가 될 수 있다.

09 윗글에서 추론한 내용으로 가장 적절한 것은?

① 개발도상국의 관광산업은 외국인 투자자 중심으로 운영되어 주민들은 주로 저임금 단기 일자리에 종사한다.
② 관광 수익의 지역사회 재투자는 기반시설 개선에 기여하지만 생활비 상승 문제는 여전히 발생할 수 있다.
③ 전통과 문화의 관광상품화가 개발도상국 지역 정체성 강화의 가장 핵심적인 방법이다.
④ 관광산업의 외형적 성장은 자동으로 지역 주민의 생활 수준 향상으로 이어진다.

10 윗글의 문맥상 ㉠의 의미와 가장 가까운 것은?

① 그의 얼굴에는 굳은 의지가 나타나 있다.
② 열심히 공부한 결과가 시험 성적에 나타나기 시작했다.
③ 뜻밖에 목격자가 우리 앞에 나타나는 바람에 상황은 우리에게 유리하게 진행되었다.
④ 이 곡에서는 그의 슬픔이 애잔한 가락으로 나타나고 있다.

Chapter 15 바꿔 쓸 수 있는 유사한 표현

관련교재
㉎ 출좋포 독해·논리 p.220~227

◐ 천+기+누+설 출제빈도 체크

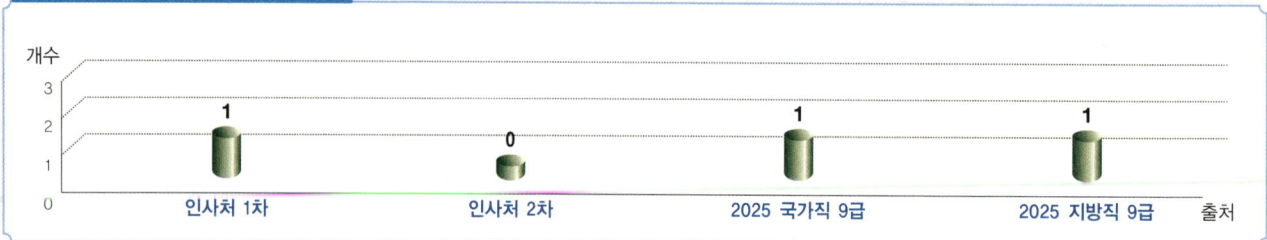

◐ 대표 천+기+누+설 개관

2026년에 이 유형은 20문제 중 무조건 1문제 나올 수 있는 0순위 최빈출 유형입니다.

한자어인 ㉠~㉣을 의미가 비슷한 고유어로 바꾸거나

고유어인 ㉠~㉣을 의미가 비슷한 한자어로 바꿀 수 있는가를 묻는 문제라고 볼 수 있습니다.

단독으로 나오지는 않고, 세트형의 2번째 문제에 출제될 가능성이 있습니다.

2025년 국가직은 전자 유형이, 2025년 지방직은 후자의 유형이 골고루 출제되었습니다.

따라서 기존 출제되었던 기출들을 통해 두 유형 모두 고루 익히셔야 합니다.

◐ 대표 천+기+누+설 발문 체크

㉠~㉣과 바꿔 쓸 수 있는 유사한 표현으로 적절하지 않은 것은?

천기누설 혜선팍 독해 pin point

정답 및 해설 p.252

신유형 2025 버전 1

세트형 독해(내용 추론 긍정 발문 + 고유어 → 한자어로 바꾸어 쓰기)

[1~2] 다음 글을 읽고 물음에 답하시오.

> 심신 문제는 철학과 신경과학의 핵심 쟁점이다. 이에 대해 이원론은 현실이 물리적 실체와 비물리적 실체로 ㉠<u>이루어져</u> 있다고 본다. 즉, 몸은 물리적이지만 마음은 그렇지 않으며, 따라서 마음과 몸은 ㉡<u>나누어진</u> 존재라는 것이다. 이원론은 16세기 데카르트에 의해 발전되었다. 그는 마음을 의식 및 자각과 동일시하고, 이를 지능의 물리적 자리인 뇌와 구별했다. 이러한 관점에서 마음은 분명히 존재하며 몸과는 구별되는 것이었다. 그러나 현재 신경과학자들 중 이원론적 입장을 ㉢<u>드러내는</u> 사람은 거의 없으며, 물리주의 같은 일원론적 신념이 훨씬 일반적이다. 이원론에는 여러 유형이 있다. 먼저 실체 이원론은 마음이 독립적으로 존재하는 실체라고 본다.
>
> 반면 속성 이원론은 마음이 뇌에서 발생하는 독립적 속성들의 집합이지만 뇌와 구별되지는 않는다고 주장한다. 속성 이원론은 다시 ㉣<u>나누어진다</u>. 상호작용론은 믿음과 욕구가 물질적 효과를 낳을 수 있다고 본다. 그런데 기연론은 물질적 기초 위에서 물질과 비물질 간의 상호작용은 불가능하다고 주장한다. 또한 평행론은 정신적 원인은 정신적 효과만을, 물리적 원인은 물리적 효과만을 갖는다고 본다. 한편 동양 전통과 연결되는 비이원론은 마음과 몸의 이원론적 성격이 착각이라고 제시한다. 이는 마음과 몸 사이에 실제 분리는 없으며, 양자는 상호의존적이라는 관점이다.

01 윗글에서 추론한 내용으로 가장 적절한 것은?

① 일원론적 신념보다 데카르트의 실체 이원론이 현대 신경과학의 주류 관점으로 자리 잡고 있다.
② 심신 관계에 대한 다양한 철학적 입장들이 존재하며, 이원론은 마음과 몸을 분리된 존재로 보는 관점이다.
③ 속성 이원론의 하위 유형들은 모두 마음과 몸의 상호작용을 인정한다는 공통점을 갖는다.
④ 비이원론은 서양 철학의 전통적 관점으로, 마음과 몸의 실질적 분리를 강조한다.

02 ㉠~㉣과 바꿔 쓸 수 있는 유사한 표현으로 적절하지 않은 것은?

① ㉠: 구성되어
② ㉡: 분리된
③ ㉢: 채택하는
④ ㉣: 세분화된다

빨리 푸는 亦功 전략

1단계
고유어 → 한자어로 바꾸는 문제 유형은 해당 고유어에 한자어를 넣어서 자연스러운지 확인하는 것이 핵심이다.

2단계
만약 애매하다면 해당 한자어로 내가 스스로 말을 만들어 본다!

3단계
어휘 문제를 풀고 내용 추론 긍정 발문 문제 풀기

신유형 2025 버전 2

빠리 푸는 亦功 전략

1단계
한자어 → 고유어로 바꾸는 문제 유형은 해당 단어의 한자를 잘 읽어내는 것이 핵심이다.

2단계
한자를 다 읽어낼 필요는 없고, 아는 한자 한 놈만 조진다!

3단계
어휘 문제를 풀고 내용 추론 부정 발문 문제 풀기

● 세트형 독해(내용 추론 부정 발문 + 한자어 → 고유어로 바꾸어 쓰기) ●

[3~4] 다음 글을 읽고 물음에 답하시오.

황지우의 「너를 기다리는 동안」은 기다림에서 발생하는 복합적인 정서와 거리를 적절한 긴장 관계로 표현하는 작품이다. 독자는 작품을 ㉠음미하면서 강렬한 미적 쾌감을 느낄 수 있는데, 이때의 미적 쾌감이란 미적 관조의 대상과 그 대상의 정서적 경험을 양식화하는 과정에서 대상과 얼마나 거리를 유지하느냐에 따라 생겨날 수 있다. 시 창작에서의 심리적 거리는 시적 화자의 시점, 다양한 이미지의 적절한 사용, 담화 양식의 표현기법을 통해 ㉡확보될 수 있다. 시적 거리는 언어를 통해 상상력의 공간을 무한히 ㉢확장해 나갈 가능성을 갖게 되는데, 시를 통해 나타나는 거리는 물리적 거리가 아니라 시를 읽음으로 인해 느껴지는 감정적, 미적 거리이므로 응축과 확장이 무한하다. 「너를 기다리는 동안」은 '오고 있는 너'와 '가고 있는 나', '밖에서 울리는 발자국 소리'와 '심장에서 울리는 발자국 소리'가 만들어내는 쌍방향적인 움직임을 통해 나와 타자, 안과 밖을 ㉣이분하는 문을 넘나들면서 새로운 시·공간을 향하는 길을 만들어낸다. 이러한 공간은 물리적 시간과 심리적 시간, 현실적 시간과 초월적 시간이 이어진 길이며, 길 위에서의 기다림이란 사랑하는 사람 둘 만의 개인적인 사건이 아니라, 세계를 포괄하는 총체적이고 보편적인 정서를 표출해내는 기능을 한다.

03 윗글을 읽고 추론한 내용으로 적절하지 않은 것은?
① 「너를 기다리는 동안」은 기다림의 정서를 다양한 이미지와 시적 화자의 시점을 통해 드러낸 작품이다.
② 「너를 기다리는 동안」에서 표현된 기다림의 공간은 기다리는 이와 화자의 물리적 거리를 보여준다.
③ 「너를 기다리는 동안」은 기다림의 정서를 개인적 사건을 넘어서는 것으로 표현한 작품이다.
④ 「너를 기다리는 동안」의 화자는 기다림의 상황을 통해 새로운 시·공간을 창출하는 능력을 보여준다.

04 ㉠~㉣과 바꿔 쓸 수 있는 유사한 표현으로 적절하지 않은 것은?
① ㉠: 느끼면서
② ㉡: 얻어질
③ ㉢: 늘릴
④ ㉣: 지나치는

문제훈련 바꿔 쓸 수 있는 유사한 표현

[1~2] 다음 글을 읽고 물음에 답하시오.

철학의 전통적 문제들은 독특한 혼란스러움을 특징으로 한다. 자유의지 문제를 수업에서 처음 소개할 때, 학생들이 모두 같은 답에 의견이 ㉠모이지 않는다. 오히려 처음 들어도 학생들은 완전히 다른 견해를 표현한다. 이러한 현상은 의식, 도덕, 개인 정체성 등 여러 철학적 질문에서도 마찬가지다. 먼저 이런 혼란의 원인에 대한 일반적인 설명은 서로 다른 사람들이 서로 다른 생각을 가진다는 것이다. 예를 들어 자유의지 문제에서 어떤 사람들은 자유의지가 존재한다고 생각하고, 다른 사람들은 존재하지 않는다고 생각할 수 있다는 것이다. 그러나 실험철학 연구는 매우 다른 설명을 제시한다. 즉, 어려움은 한 개인이 마음속에서 서로 다른 생각을 동시에 갖는 문제라는 것이다. 이는 한 사람이 철학적 문제를 접할 때 한쪽으로 끌리는 생각과 동시에 정반대쪽으로 ㉡끌리는 생각을 모두 갖는다는 의미이다.

지난 20년간의 연구에서 놀라운 발견은 사람들의 반응이 특정 견해를 압도적으로 지지하지 않는다는 점이다. 대신 모든 경우에서 의견이 ㉢나뉘는 반응을 발견했다. 예를 들어 의식에 대한 연구에서 참가자들에게 인간과 똑같이 ㉣움직이지만 컴퓨터로 만들어진 안드로이드가 고통을 느낄 수 있는지 물었다. 그 결과 강하게 동의하는 사람들과 강하게 반대하는 사람들이 비슷한 비율로 나타났다. 이처럼 철학적 문제들에 대한 사람들의 반응은 의견이 나뉘는 양상을 보여준다.

01 윗글을 읽고 추론한 내용으로 가장 적절한 것은?
① 실험철학 연구는 철학적 문제에 대해 사람들이 명확하고 일관된 직관을 가지고 있음을 증명한다.
② 철학적 문제들이 혼란스러운 이유는 한 개인이 동시에 상반된 생각을 품기 때문이다.
③ 자유의지나 의식 같은 철학적 문제들에서는 한쪽 견해가 압도적 지지를 받는 경우가 일반적이다.
④ 철학의 전통적 문제들은 명확한 답을 제시하기 쉬운 주제들로 구성되어 있다.

02 ㉠~㉣과 바꿔 쓸 수 있는 유사한 표현으로 적절하지 않은 것은?
① ㉠: 통합되지
② ㉡: 경도되는
③ ㉢: 분열되는
④ ㉣: 작동하지만

[3~4] 다음 글을 읽고 물음에 답하시오.

> 정의는 사회 구성원 간의 권리와 의무, 이익과 부담을 공정하게 분배하는 것을 의미하며, 이는 사회적, 법적, 정치적 영역에서 중요한 가치로 여겨진다. 분배적 정의는 절차적 원리를 비판하며 사회적 자원과 혜택을 공정하게 분배하는 것이 정의의 핵심이라고 주장한다. 이 관점에서는 각 개인이나 집단이 그들의 필요, 기여, 능력 등에 따라 적절한 몫을 ⊙<u>얻는</u> 것이 중요하다. 분배적 정의를 지지하는 사람들은 경제적 자원, 교육 기회, 의료 서비스 등 사회적 혜택이 불평등하게 분배될 때, 그 불평등을 바로잡기 위한 재분배가 필요하다고 본다.
>
> 반면, 절차적 정의는 공정한 절차와 과정을 통해 결과가 ⓒ<u>나오는</u> 것이 정의롭다고 본다. 이 관점에서는 결과보다는 과정의 공정성이 더 중요하며, 공정한 규칙과 절차에 따라 자원과 혜택이 분배되는 것이 정의롭다고 ⓒ<u>여겨진다</u>. 절차적 정의를 지지하는 사람들은 공정한 절차가 ⓔ<u>지켜질</u> 경우, 그 결과가 불평등하더라도 그것이 정의롭다고 주장한다.

03 윗글에 나타난 분배적 정의의 입장을 약화하는 근거로 적절한 것은?

① 공정한 절차에 따라 경쟁이 이루어진 결과, 능력이 더 뛰어난 사람들이 더 많은 자원을 차지하게 된 사례가 보고되었다.
② 재분배 정책이 시행된 국가에서 경제적 불평등이 줄어들고, 사회적 안정성이 높아졌다는 연구 결과가 발표되었다.
③ 절차적 정의에 따라 법과 규칙이 엄격히 적용되었음에도 불구하고, 사회적 불평등이 여전히 존재한다는 비판이 제기되었다.
④ 사회적 약자에 대한 자원 분배를 강화한 국가에서 범죄율과 사회적 갈등이 현저히 감소한 사례가 보고되었다.

04 ⊙~ⓔ과 바꿔 쓸 수 있는 유사한 표현으로 적절하지 않은 것은?

① ⊙: 수령하는
② ⓒ: 도출되는
③ ⓒ: 간주된다
④ ⓔ: 보장될

[5~6] 다음 글을 읽고 물음에 답하시오.

인공지능, 유전자 편집, 복제 기술 등의 발달로 인해 인간 정체성에 대한 철학적 질문이 다시 제기되고 있다. 특히, 인간처럼 감정을 느끼고 윤리적 판단을 내리는 인공지능의 등장 이후, 과거에 인간 고유의 특성으로 여겨지던 자율성과 감수성조차 기계가 구현할 수 있다는 인식이 ㉠번지고 있다. 이에 따라 일부 학자들은 인간이야말로 불필요한 고통과 갈등을 끊임없이 만들어내는 존재이며, 인공지능이 인간보다 더 안정적이고 도덕적인 사회를 만들 수 있다는 주장을 ㉡펼친다. 그러나 이러한 기술 중심적 관점은 인간 존재의 본질을 놓치고 있다. 인간이 스스로 필멸의 존재임을 자각하고, 고통 속에서도 의미를 ㉢찾고 타인과의 연대를 형성해 나가는 과정 자체가 인간만의 독특한 가치이다. 죽음을 두려워하고 작별을 준비하며 현재를 살아가는 그 방식은 기술이 아무리 정교해져도 기계가 ㉣흉내 낼 수 없는 인간의 본질이며, 이것이야말로 인간이 기계와 구별되는 진정한 존재적 의미라 할 수 있다.

05 윗글의 논지를 강화하는 것으로 가장 적절한 것은?

① 최신 AI 시스템이 인간의 감정 패턴을 99% 이상 정확하게 모방하며 윤리적 딜레마 상황에서도 인간과 유사한 판단을 내리고 있다.
② 인간 고유의 창의성이라 여겨지던 예술 영역에서도 AI가 만든 작품들이 인간 예술가의 작품만큼 감동을 주고 있다는 평가를 받고 있다.
③ 인공지능이 아무리 발달하더라도, 죽음을 앞둔 순간에는 가족과의 유대감을 느끼려는 인간의 노력이 오히려 더욱 커지는 것으로 나타났다.
④ 전 세계적으로 AI 기술 발전에 대한 우려가 커지면서 인공지능 개발에 대한 규제와 윤리적 가이드라인 마련을 요구하는 목소리가 높아지고 있다.

06 ㉠~㉣과 바꿔 쓸 수 있는 유사한 표현으로 적절하지 않은 것은?

① ㉠: 만연하고
② ㉡: 주창한다
③ ㉢: 발견하고
④ ㉣: 모방할

[7~8] 다음 글을 읽고 물음에 답하시오.

특수교육 대상 학생에게 제공되는 개별화 교육계획은 단순한 수업안이 아니라, 학생의 권리를 ㉠보장하기 위한 법적 문서로서의 성격을 지닌다. 특히 미국에서는 관련 교육법을 근거로, 각 주마다 법제화된 표준 양식을 개발하여 학교 현장에 적용하고 있다. 이 양식에는 학업성취 수준, 연간 목표, 특수교육 서비스, 평가 방법 등 학생 개개인의 학습과 삶을 종합적으로 고려한 요소들이 포함된다. 예컨대 자폐성 장애 아동을 위한 세부 항목이나 보조기기 필요 여부까지 구체적으로 ㉡기입하도록 하고 있다. 미국에서는 교사뿐 아니라 학부모와 학생 본인의 참여를 통해 계획 수립의 투명성과 실효성을 확보하고 있다.

반면 한국의 경우, 구성요소에 대한 법적 기준이 ㉢미비하고, 행정 시스템과 학교 현장의 양식이 분리되어 있어 계획의 연속성과 현장 활용도에 한계가 있다는 지적이 나온다. 그 결과 현장 교사는 형식적인 서류 작업에 그치거나, 계획의 활용도를 높이지 못하는 경우가 많다. 이에 따라 장애학생의 권리 보장을 위한 실질적인 제도 개선 논의가 제기되고 있으며, 개별화교육계획이 선언적 의미에 ㉣국한되지 않도록 현장의 목소리를 반영한 정책 설계가 요구되고 있다.

07 윗글의 중심 내용으로 가장 적절한 것은?

① 개별화 교육계획은 장애학생의 교육권을 보장하는 법적 문서이나, 한국의 경우 제도적 미비로 현장 활용도가 낮아 실질적인 개선이 필요하다.
② 미국의 개별화 교육계획 제도는 법적 근거와 표준화된 양식을 통해 체계적으로 운영되는 반면, 한국은 학부모와 학생의 참여가 제한적이다.
③ 특수교육 대상 학생을 위한 개별화 교육계획은 국가별로 다양한 형태로 발전해왔으며, 각 국가의 교육 철학과 법체계에 따라 그 성격이 달라진다.
④ 개별화 교육계획의 효과적 실행을 위해서는 교사의 전문성 향상과 함께 행정적 지원 체계가 강화되어야 하며, 이는 장애학생의 학습권 보장에 직결된다.

08 ㉠~㉣과 바꿔 쓸 수 있는 유사한 표현으로 적절하지 않은 것은?

① ㉠: 지키기
② ㉡: 담도록
③ ㉢: 모자라고
④ ㉣: 머무르지

[9~10] 다음 글을 읽고 물음에 답하시오.

최근 인공지능과 빅데이터가 발전하면서 인문학 연구 방식도 달라지고 있다. 책이나 신문, 잡지, 역사 기록처럼 방대한 텍스트를 컴퓨터로 처리해 분석하는 '디지털 인문학'이 주목받고 있는 것이다.

과거에는 주로 국어학이나 언어학에서 사용하던 말뭉치(언어자료)가 이제는 문학·역사·사회 연구에도 활용된다. 예를 들어 특정 시기의 신문·잡지·편지를 모아 단어와 표현의 변화를 ㉠더듬어 가거나, 여러 시대의 자료를 비교해 사회 분위기를 파악하는 식이다. 이런 연구를 제대로 하려면 자료를 체계적으로 ㉡모으고 정리하는 일이 중요하다. 연구자들은 옛날 문서나 발간물이 종이·이미지 파일로 ㉢흩어져 있던 것을 전산화해 검색과 분석이 가능하도록 언어자료를 ㉣만들고 있다. 이를 통해 사람 손으로는 보기 힘들었던 방대한 자료를 한눈에 비교하거나 패턴을 찾아낼 수 있게 된다. 디지털 인문학 방법은 단순히 속도를 높이는 것에 그치지 않고, 과거와 현재를 새로운 시각으로 연결해 보여 주는 도구가 된다.

덕분에 우리가 익숙한 고전이나 역사 사건도 다른 맥락에서 다시 읽고 이해할 수 있는 길이 열리고 있다. 이렇게 구축된 언어자료와 분석 도구는 학술연구뿐 아니라 교육·문화 콘텐츠 제작 등에도 활용될 수 있다.

09 윗글에서 추론한 내용으로 가장 적절한 것은?

① 디지털 인문학 연구는 주로 국어학과 언어학 분야에 한정되어 활용되며 문학이나 역사 연구에는 적용되지 않는다.
② 디지털 인문학 연구 방법의 도입으로 전통적인 인문학 연구자들의 역할이 대체되고 있다.
③ 디지털 인문학의 가장 핵심적인 성과는 대량의 자료를 빠르게 처리하여 연구 속도를 향상시키는 것이다.
④ 디지털 인문학을 통해 구축된 언어자료는 학술연구 외에도 교육과 문화 콘텐츠 제작에 활용 가능하다.

10 ㉠~㉣과 바꿔 쓸 수 있는 유사한 표현으로 적절하지 않은 것은?

① ㉠: 추적하거나
② ㉡: 모집하고
③ ㉢: 산재해
④ ㉣: 구축하고

Chapter 16 지시 대상 추론

관련교재
⑦ 출좋포 독해·논리 p.228~237

☾ 천+기+누+설 출제빈도 체크

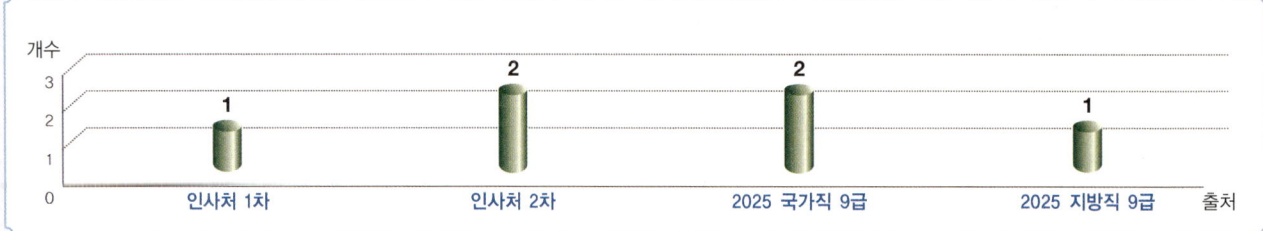

☾ 대표 천+기+누+설 개관

지시 대상 추론 유형은 추론 유형이 강조되면서 0순위 최빈출 유형이 되었습니다.
2025 인사혁신처 1차 샘플에서는 1문제가 출제되었으나
2025 인사혁신처 2차 샘플에서는 2문제, 2025 국가직 9급에서도 2문제, 지방직 9급에서도 1문제 출제되었습니다.
지시 대상 추론 유형을 출제자들이 굉장히 중시함이 방증된 것입니다.
지시 대상 추론 유형은 세트형의 2번째 문제에 출제될 예정인데,
제시문을 준 후에 단어나 어구에 밑줄을 친 후
1) 같은 지시 대상을 한 묶음으로 묶거나,
2) 범주가 같은 지시 대상을 추론하거나,
3) 밑줄 친 (가)와 같은 지시 대상을 찾거나,
4) 밑줄 친 (가)와 다른 지시 대상을 찾거나,
4) 유사한 지시 대상을 한 묶음으로 묶는 문제가 출제될 예정입니다.

☾ 대표 천+기+누+설 발문 체크

1) 같은 지시 대상을 한 묶음으로 묶음
   01 문맥상 ㉠~㉢ 중 지시 대상이 같은 것만으로 묶인 것은?
   02 윗글의 ㉠~㉣ 중 지시하는 바가 같은 것끼리 짝 지은 것은?
   03 윗글의 ㉠~㉢ 중 문맥상 지시 대상이 같은 것만으로 묶인 것은?

2) 밑줄 친 (가)와 같은 지시 대상을 찾음
   01 윗글의 ㉠~㉢ 중 문맥상 (가)의 의미와 가장 가까운 것은?

3) 밑줄 친 (가)와 다른 지시 대상을 찾음
   01 윗글의 ㉠~㉢ 중 문맥상 의미가 나머지와 다른 하나는?
   02 ㉠~㉢ 중 문맥상 (가)에 해당하는 의미로 사용되지 않은 것은?

신유형 2025 버전 1

일반 강화 약화 + 문맥상 (가)의 의미와 다른 것 찾기

[1~2] 다음 글을 읽고 물음에 답하시오.

범죄 억제 정책을 둘러싸고 서로 다른 접근법이 대립하고 있다. (가) 응보주의자들은 범죄에 대한 엄벌이 범죄 예방의 핵심이라고 주장한다. ㉠이들은 범죄의 기대 비용을 극대화함으로써 잠재적 범죄자들이 범행을 포기하도록 유도할 수 있다고 본다. 특히 사형 집행과 같은 극형은 범죄자가 치러야 할 대가를 최대화하여 강력한 억제 효과를 발휘한다고 강조한다. 반면 (나) 예방주의자들은 범죄의 근본 원인을 경제적 불평등과 사회적 소외에서 찾는다. 이들은 범죄의 기회비용을 높이는 것이 처벌 강화보다 더 효과적인 범죄 예방책이라고 주장한다. ㉡전자의 접근법은 범죄를 경제적 행위로 간주하여, 범죄자가 기대 이익과 기대 비용을 비교한 후 합리적 판단을 내린다는 전제에 기초한다. ㉢후자는 사회안전망 강화와 소득 재분배 정책을 통해 범죄를 저지를 경우 잃게 되는 것을 늘리는 것이 근본적 해결책이라고 본다. 두 입장 사이의 논쟁은 현실 데이터 해석에서도 나타난다. 한국은 1997년 이후 사형을 집행하지 않지만 살인 사건은 오히려 감소 추세를 보이고 있다. ㉣한 입장은 처벌에 대한 두려움이 여전히 작동하고 있기 때문이라고 해석한다. 반면 다른 입장을 지지하는 연구자들은 경제 성장과 사회보장제도 확충이 범죄 감소에 기여했다고 본다.

빨리 푸는 亦功 전략

1단계
일반 강화 약화 문제를 먼저 풀고 나서 지시 대상 문제를 풀거나

일반 강화 약화 문제와 지시 대상 문제를 동시에 풀기

2단계
지시어를 기준으로 앞의 대상 중 어떤 대상을 가리키는 것인지 앞뒤 단서를 근거 삼아 확인하기

01 윗글을 읽고 평가한 내용으로 가장 적절한 것은?

① 사형제를 재개한 국가들에서 강력범죄 발생률이 현저히 감소했다는 국제 비교 연구가 발표된다면, 이는 (가)의 주장을 강화한다.
② 소득 불평등이 심한 지역일수록 범죄율이 높게 나타난다는 통계 분석이 제시된다면, 이는 (가)의 주장을 강화한다.
③ 범죄 발생률이 계절에 따라 차이를 보인다는 연구가 제시된다면, 이는 (나)의 주장을 강화한다.
④ 소외 계층이 기초생활보장 혜택을 받았음에도 범죄 발생률이 일반인보다 높게 나타났다는 조사 결과가 공개된다면, 이는 (나)의 주장을 강화한다.

02 ㉠~㉣ 중 문맥상 (가)에 해당하는 의미로 사용되지 않은 것은?

① ㉠ ② ㉡
③ ㉢ ④ ㉣

신유형 2025 버전 2

빨리 푸는 亦功 전략

1단계
일반 강화 약화 문제를 먼저 풀고 나서 지시 대상 문제를 풀거나

일반 강화 약화와 지시 대상 문제를 동시에 풀기

2단계
지시어를 기준으로 앞의 대상 중 어떤 대상을 가리키는 것인지 앞뒤 단서를 근거 삼아 확인하기

일반 강화 약화 + 지시 대상이 같은 것끼리 묶음

[3~4] 다음 글을 읽고 물음에 답하시오.

지방교육재정교부금의 대학 배분을 둘러싸고 대립이 가시화되고 있다. (가) 확대배분론자들은 학령인구 감소로 남는 초·중등 교육용 교부금을 대학에도 배분해야 한다고 주장한다. ㉠이들은 대학의 심각한 재정난을 해결하기 위해 교육교부금을 적극 활용해야 한다고 본다. 10년 이상 등록금이 사실상 동결되면서 실험·실습 기자재가 낙후되고 시간 강사 확보도 어려운 상황이라는 것이다. 반면 (나) 원칙고수론자들은 법에 초·중·고교 지원용으로 정해진 교육교부금을 대학 지원 용도로 돌리는 것은 부적절하다고 반박한다. ㉡이들은 이 재원이 엄연히 국민의 기초교육인 초·중등 교육용이므로 원칙을 지켜야 한다고 주장한다. ㉢이에 반대하는 이들은 교육행정의 칸막이를 철폐하고 초·중·고교와 대학을 하나의 특별회계로 단일 지원해야 한다고 본다. 4차 산업혁명 시대 미래 준비를 위해서도 대학의 경쟁력을 살려야 한다는 것이다. 반면, ㉣다른 이들은 학생 수가 줄어드는 지방대학에 지원금을 주는 것은 스러져가는 대학에 인공호흡 장치를 다는 것과 같다고 비판한다. 또한 원칙을 중시하는 ㉤연구자들은 지금 시급한 것은 학령인구 감소에 맞춰 교부세율을 낮추고, 이 재원을 더 생산적인 곳에 투자하는 것이라고 강조한다.

03 윗글을 읽고 평가한 내용으로 가장 적절한 것은?
① 교육교부금을 받은 지방대학들의 재정 상황이 더욱 악화되었다는 조사 결과가 발표된다면, 이는 (가)의 주장을 강화한다.
② 대학 등록금 동결 정책이 교육의 질에 미치는 영향이 미미하다는 연구가 발표된다면, 이는 (가)의 주장을 약화한다.
③ 부실 대학에 대한 교육교부금 지원이 대학의 자구 노력을 저해한다는 연구가 발표된다면, 이는 (나)의 주장을 강화한다.
④ 학령인구 감소에도 불구하고 초·중등 교육 예산 수요가 증가하고 있다는 분석이 제시된다면, 이는 (나)의 주장을 약화한다.

04 윗글의 ㉠~㉤ 중 함축하는 바가 같은 것끼리 짝 지은 것은?
① ㉠, ㉣
② ㉡, ㉣
③ ㉠, ㉢, ㉣
④ ㉡, ㉣, ㉤

문제훈련 지시 대상 추론

정답 및 해설 p.256

[1~2] 다음 글을 읽고 물음에 답하시오.

　최근 유럽에서는 지역 행정 체계에 관한 두 가지 접근법이 대립하고 있다. (가)<u>광역화론</u>은 규모의 경제를 통한 효율성 증대를 강조하며, 더 큰 행정 단위가 재정적 우위와 국제 경쟁력을 확보할 수 있다고 본다. 반면, (나)<u>근접성 이론</u>은 행정 단위와 주민 간의 밀접한 관계를 중시한다. ㉠<u>이 이론</u>은 소규모 행정 단위일수록 주민의 필요와 특성에 더 민감하게 대응할 수 있다고 주장한다. 프랑스는 2015년 둘 중 ㉡<u>한 가지 이론</u>을 채택하여 22개 지역을 13개로 통합하고 '거대 지역' 체제를 도입했다.
　기존의 행정 경계를 허물고 더 넓은 범위로 통합함으로써 재정 효율성과 국제 경쟁력을 동시에 확보하려는 전략이었다. 새로운 체제를 지지하는 이들은 이러한 조치가 유럽연합 내 지역 간 경쟁에서 우위를 점하기 위한 필수적 조치라고 주장했다. 그러나 현실에서 ㉢<u>거대 지역화</u>는 지역 간 불균형과 주민들의 소속감 약화라는 문제를 야기했다. 특히 역사적 뿌리가 깊은 지역들이 통합되면서 주민들의 정체성 혼란이 발생했고, 당초 기대했던 행정 비용 절감 효과도 제한적이어서 ㉣<u>비판론</u>이 대두되었다.
　덴마크와 같은 국가에서도 유사한 과정이 있었으나, 이들은 주민 참여 체계를 강화하는 보완책을 함께 도입했다. 지방 자치의 본질이 단순한 행정 효율성이 아니라 주민 삶의 질 향상에 있다는 인식이 확산되면서, 프랑스 역시 최근에는 광역 행정 체계 내에서 주민 참여를 강화하는 방향으로 정책을 수정하고 있다.

01 윗글을 읽고 평가한 내용으로 가장 적절한 것은?

① 프랑스의 거대 지역 개편 이후 행정 비용이 예상보다 크게 증가했다는 예산 분석 결과가 발표된다면, 이는 (가)의 주장을 강화한다.
② 지역 통합으로 형성된 대규모 행정 단위에서 지역 간 경제적 격차가 더 빠르게 해소되었다는 경제 지표가 발표된다면, 이는 (가)의 주장을 약화한다.
③ 규모가 작은 지방정부일수록 주민 의견 수렴 과정이 더 활발하게 이루어진다는 연구 결과가 제시된다면, 이는 (나)의 주장을 강화한다.
④ 규모가 큰 도시 지역일수록 주민의 요구 사항을 받아들이는 비율이 낮아진다는 경제학 연구가 발표된다면, 이는 (나)의 주장을 약화한다.

02 윗글의 ㉠~㉣ 중 지시하는 바가 같은 것끼리 짝 지은 것은?

① ㉠, ㉡
② ㉠, ㉣
③ ㉠, ㉢, ㉣
④ ㉡, ㉢, ㉣

[3~4] 다음 글을 읽고 물음에 답하시오.

AI 문학 창작에 관해 (가) 기술낙관주의자들은 기계 알고리즘이 새로운 문학적 가능성을 열었다고 주장한다. 이들은 인공지능이 데이터를 학습하여 다양한 스타일과 장르를 실험할 수 있으며, 인간과 구별하기 어려운 글을 생산한다는 점에 주목한다. 반면 (나) 인간중심주의자들은 진정한 창작은 고유한 경험과 정서를 지닌 인간만이 가능하다고 본다. ⊙ 이러한 관점에서 기계가 생성한 텍스트는 기존 작품의 재조합일 뿐 진정한 의미의 창의성이 결여되어 있다고 판단한다. 기술이 발전하면서 두 관점 사이의 긴장은 더욱 심화되고 있다.

AI 작품이 문학상을 수상하는 사례가 늘어나면서, 창작의 본질에 대한 질문이 철학적 차원으로 확장되고 있다. ⓒ 일부 평론가들은 AI가 인간의 편향된 데이터를 학습하여 기존 문학의 한계를 오히려 강화한다고 비판한다. 반면 ⓒ 다른 이들은 AI가 인간 작가들이 미처 발견하지 못한 서사 구조나 표현 방식을 제시하며 문학의 경계를 확장한다고 옹호한다. 더불어 ② 전통적 창작 개념이 도전받는 상황에서, 일부 작가들은 AI를 협업 도구로 활용하는 혼합적 접근을 시도하고 있다. 이는 기계의 계산적 효율성과 인간의 섬세한 감성이 조화를 이루는 새로운 창작 모델로 주목받고 있다. 이처럼 AI 시대의 글쓰기는 창작의 주체성과 진정성에 관한 근본적인 질문을 던지며, 문학의 미래를 재정의하는 과정에 있다.

03 윗글을 읽고 평가한 내용으로 가장 적절한 것은?

① AI가 특정 편향된 데이터에 기반해 고정된 주제나 인물 유형만을 반복적으로 생성한다는 연구 결과가 발표된다면, 이는 (가)의 주장을 강화한다.
② AI가 독창적인 서사 구조를 스스로 생성해 문학상 후보로 지명된 사례가 증가하고 있다면, 이는 (가)의 주장을 약화한다.
③ 출판사들이 AI 작품 출판 시 저작권 및 수익 배분에 관한 새로운 계약 모델을 도입하고 있다면, 이는 (나)의 주장을 강화한다.
④ AI가 그전에 없던 서사로 독자에게 감동을 주어서 판매량과 독자 평점이 인간 작가 작품을 넘어섰다는 사례가 보고되었다면, 이는 (나)의 주장을 약화한다.

04 ⊙~② 중 문맥상 (가)에 해당하는 의미로 사용된 것은?

① ⊙
② ⓒ
③ ⓒ
④ ②

[5~6] 다음 글을 읽고 물음에 답하시오.

막스 베버와 뒤르켐은 현대 사회학에 큰 영향을 준 위대한 사회학자이다. 베버의 이해사회학은 개인의 주관적 의미와 동기를 이해하는 데 중점을 두었고, 뒤르켐의 기능주의는 사회 구조와 집합의식을 분석하는 데 중점을 두었다. 막스 베버는 사회적 행동의 이해를 중시하며 개인의 동기와 의미 부여 과정을 분석하는 이해사회학을 발전시켰다. ㉠그는 사회 현상을 설명하기 위해서는 개인의 주관적 의미와 동기가 중요하다고 보았다. 특히 ㉡그는 합리화 과정이 사회 발전의 핵심이라고 보았고 근대 자본주의의 발전을 분석할 때 합리적 행동과 효율성을 강조하였다. 『프로테스탄트 윤리와 자본주의 정신』에는 이러한 베버의 사상이 잘 드러난다.

에밀 뒤르켐은 사회를 하나의 독립된 실체로 보고, 개인의 행동이 아닌 사회 구조와 집합의식을 강조하는 기능주의를 제시하였다. ㉢그는 사회적 사실이 개인의 행동을 규정한다고 보았으며 사회 통합과 규범의 중요성을 강조하였다. ㉣그는 자살률 연구를 통해 사회적 규제가 개인의 행동에 미치는 영향을 분석하였는데 이는 사회가 개인의 행동에 미치는 영향에 대한 중요한 통찰을 제공하였다. 특히 『자살론』에서 그는 현대 사회에서의 아노미적 자살의 증가를 통해 사회 규범의 붕괴와 그로 인한 문제를 실증적으로 증명하였다.

05 윗글을 읽고 평가한 내용으로 가장 적절한 것은?

① 합리화 과정이 근대 자본주의의 발전에 결정적인 역할을 했다는 경제사적 연구가 발견된다면, 이는 베버의 주장을 강화한다.
② 사회적 통합과 규제가 개인의 삶의 만족도에 큰 영향을 미치지 않는다는 사례가 축적된다면, 이는 베버의 주장을 약화한다.
③ 사회적 구조와 집합의식이 개인의 행동을 규정하는 것과 관련이 없다는 비판적 연구가 발표된다면, 이는 뒤르켐의 주장을 강화한다.
④ 현대 사회에서 효율성과 합리적 행동보다는 비합리적 요소가 조직의 성공에 더 중요한 역할을 한다는 사례가 축적된다면, 이는 뒤르켐의 주장을 약화한다.

06 문맥상 ㉠~㉣ 중 지시 대상이 같은 것만으로 묶인 것은?

① ㉠ / ㉡, ㉢, ㉣
② ㉠, ㉡ / ㉢, ㉣
③ ㉠, ㉢ / ㉡, ㉣
④ ㉠, ㉡, ㉢ / ㉣

[7~8] 다음 글을 읽고 물음에 답하시오.

현대 의학의 발전은 전염병의 통제와 예방에 큰 역할을 하고 있다. 특히 백신 기술의 진보는 많은 감염병을 근절하는 데 중요한 기여를 했다. 하지만 이러한 과학적 성취가 모든 인구에게 동등하게 혜택을 제공하는지에 대한 논쟁이 계속되고 있다. 2000년대 초반, 공중보건 전문가들은 현대 백신 기술이 전 세계적으로 감염병의 부담을 줄이고, 보건 시스템에 폭넓은 혜택을 제공할 것이라고 예측했다. ㉠이들은 백신의 보급이 국가 간, 계층 간 건강상 불평등을 해소하는 데 중요한 역할을 할 것이라고 믿었다.

그러나 일부 사회학자와 경제학자들은 이러한 낙관적인 전망을 비판했다. ㉡그들은 백신 접근성의 불균형이 결국 건강 불평등을 심화시킬 수 있다고 주장했다. 경제학자 센과 사회학자 파머는 보건 자원의 분배가 불균등하게 이루어지며, 이로 인해 저소득 국가와 취약 계층에서의 건강 문제가 더욱 심각해질 수 있다고 지적했다. 이에 대해 ㉢공중보건 전문가들은 기술의 혁신과 국제적 협력이 점차 이러한 문제를 해결할 수 있을 것이라고 반박했다. ㉣이들은 세계보건기구(WHO)와 같은 국제기구의 협력을 통해 백신의 보편적 접근성이 향상되고, 전 세계적으로 건강 불평등을 감소시킬 수 있다고 강조했다.

그럼에도 불구하고, 백신 기술이 실제로 모든 인구 계층에게 동등한 혜택을 제공할 수 있는지 여부는 여전히 논란의 여지가 있다. 백신이 전 세계 모든 인구에게 실제로 동등한 혜택을 제공할 수 있을지, 아니면 특정 집단만을 유리하게 만들어 보건 및 경제적 격차를 심화시킬지는 아직 미지의 영역이다. 백신 기술의 발전이 모든 사회 구성원에게 평등한 보건 혜택을 제공할 수 있을지에 대한 근본적인 질문은 여전히 열려 있다.

07 윗글에 대해 평가한 내용으로 가장 적절하지 않은 것은?

① 저소득 국가에서 백신 접근성 개선을 통해 전염병 발병률이 크게 감소한 사례가 확인되면, 공중보건 전문가들의 주장이 강화될 것이다.
② 고소득 국가에서만 고급 백신을 독점 사용하는 사례가 증가하면, 일부 사회학자들과 경제학자들의 주장이 강화될 것이다.
③ WHO는 백신의 중요성을 알리기 위해 대중 인식 개선 캠페인을 전 세계적으로 확대하여 백신 접종 참여를 장려하였다면, 일부 사회학자와 경제학자들의 주장이 강화될 것이다.
④ 저개발 지역에서 백신 교육 프로그램을 통해 대규모 백신 접종이 성공적으로 이루어진 사례가 증가하면, 공중보건 전문가들의 주장이 강화될 것이다.

08 문맥상 ㉠~㉣ 중 지시 대상이 다른 것 하나를 고른 것은?

① ㉠
② ㉡
③ ㉢
④ ㉣

[9~10] 다음 글을 읽고 물음에 답하시오.

우주 식민화에 대해 학자들은 서로 다른 시각을 펼치고 있다. (가) 낙관론자들은 우주 식민화가 필연적이며 인류에게 새로운 발전 기회를 줄 것이라 믿는다. ㉠이들은 지구 자원 고갈과 인구 과잉 문제를 해결하기 위해, 화성이나 달 등 외행성 거주지를 개척해야 한다고 주장한다. 이를 통해 인류 문명이 한 단계 도약할 수 있다고 본다. (나) 환경 보전론자들은 이러한 ㉡우주 진출 시도가 오히려 지구 환경 문제 해결을 지연시킬 위험이 있다고 본다. 이들은 우주 식민화에 막대한 자원을 쏟기보다는, 현재 지구 생태계를 보호하고 기후 위기에 대응하는 데 집중해야 한다고 강조한다. 또한 우주개발이 새로운 형태의 오염이나 외행성의 생태계 교란을 발생시킬 수 있다고 우려한다. (다) 경제 활성론자들은 우주 식민화가 신시장을 열어줄 것이라고 기대한다. 이들은 우주 광물 채굴, 우주 관광, 거주지 건설 등을 통해 엄청난 경제 성장이 가능하다고 주장한다. 이는 ㉢낙관론자들이 말하는 인류 발전과 일맥상통하지만, ㉣이들은 지구 문제 해결보다도 우주산업 창출이 경제적 측면에서 매우 중요하다고 본다는 점에서는 다소 관점이 갈린다. (라) 신중론자들은 우주 식민화가 침략·착취의 또 다른 형태가 될 수 있다고 지적한다. 이들은 다른 행성이나 소행성대가 단순 자원 창고로 전락할 수 있으며, 우주 환경 자체가 인간의 무분별한 개발로 훼손될 위험이 있다고 본다. 또한 우주 식민화에서 파생될 사회·정치적 불평등과 윤리 문제를 신중히 검토해야 한다고 강조한다.

09 윗글을 읽고 평가한 내용으로 가장 적절한 것은?

① 우주 식민화를 위한 자원을 확보하는 경쟁이 심해져 오히려 지구 자원이 고갈된다면 이는 (가)를 약화한다.
② 우주 탐사가 외행성의 생태계를 개선한 사례가 발견된다면, 이는 (나)를 강화한다.
③ 우주 관광 산업이 의료 기술 발전에 기여했다는 연구가 발표된다면, 이는 (다)를 강화한다.
④ 화성의 거주 환경이 지구와 유사하며, 인간이 적응할 가능성이 매우 높다는 실험 결과가 발표된다면, 이는 (라)를 약화한다.

10 ㉠~㉣ 중 문맥상 (가)에 해당하는 의미로 사용되지 않은 것은?

① ㉠
② ㉡
③ ㉢
④ ㉣

Chapter 17 현대 문학, 고전 문학

천기누설 헤선팍 독해 시즌2

Part 07

문학 독해
결합형

Chapter 17 현대 문학, 고전 문학

관련교재
📖 출좋포 독해·논리 p.240~254

◐ 천+기+누+설 출제빈도 체크

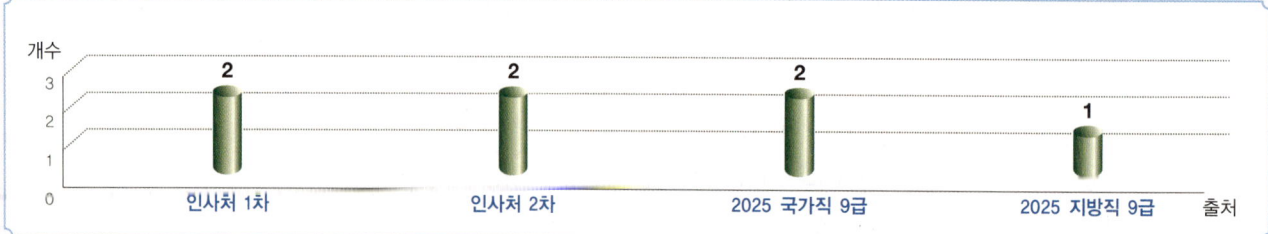

◐ 대표 천+기+누+설 개관

2026년에는 2024년처럼 현대 문학, 고전 문학의 작품 일부가 발췌되어
작품의 표현법을 묻거나, 작품에 대한 이해를 물어보는 문제가 출제되지 않을 확률이 큽니다.
대신 2026년에는 문학 작품 그 자체가 아니라
유명 작가의 문학 작품, 비평, 문학 갈래, 문학 작품이 유통되는 과정, 국문학의 개념 등을
제재로 하는 독해 유형이 출제되고 있습니다.

이 문제 유형은 특히 '현대 문학, 고전 문학'에 관련된 제재로 비문학 제시문을 준 유형이지만
보통 내용 추론 긍정 발문, 내용 추론 부정 발문과 같은 방식으로 풀어주시면 됩니다.

◐ 대표 천+기+누+설 발문 체크

01 다음 글을 이해한 내용으로 가장 적절한 것은?

02 윗글에서 추론한 내용으로 가장 적절한 것은?

03 윗글을 이해한 내용으로 적절하지 않은 것은?

04 윗글의 (가)와 (나)의 주장에 대해 평가한 내용으로 가장 적절한 것은?

천기누설 혜선팍 독해 pin point

신유형 2025 버전 1

고전소설 유통 방식

01 다음 글에서 추론한 내용으로 가장 적절한 것은?

조선시대 고전소설의 유통은 크게 필사본 유통과 세책 유통으로 나누어 볼 수 있다. 먼저 필사본 유통은 고전소설의 가장 오래된 전파 방식이었다. 초기 소설은 인쇄 기술의 제약으로 인해 개인이 직접 베껴 읽는 형태로 퍼졌다. 독자가 늘어나면서 필사본은 여러 번 복사되었고, 그 과정에서 필사자의 해석이나 문체가 가감되어 내용이 달라지는 이본(異本)이 다수 생겨났다. 이처럼 필사본은 독자의 적극적 개입을 통해 소설의 다양한 변이와 개작을 낳았다는 점에서, 창작과 수용이 맞물린 독특한 매체였다. 또한 낭독과 결합되어 가족이나 마을 단위의 공동 향유가 가능했기 때문에, 문자 해독 능력이 제한된 사회에서도 소설 보급이 이루어질 수 있었다.

이에 비해 세책(貰冊) 유통은 도시 상업 발달과 함께 등장한 새로운 유통 체계였다. 세책가는 여러 필사본과 대장편 소설을 모아 일정한 금액을 받고 빌려주는 대여점이었다. 18세기 후반 이후 한양을 중심으로 성행한 세책점은 독서 인구 확대에 따라 빠르게 성장했으며, 특히 여성과 중인층을 주요 독자로 확보하였다. 인기 있는 작품은 필사본이 거듭 복제되어 새로운 이본으로 이어졌고, 이를 통해 작가와 독자, 그리고 시장이 유기적으로 연결되는 문화적 순환 구조가 만들어졌다. 이러한 세책 유통의 발전은 조선 후기 고전소설이 대중적 오락물로 자리 잡는 계기를 마련하였다.

① 세책 유통은 필사본 유통보다 먼저 등장한 가장 오래된 소설 유통 방식으로 인쇄 기술 발달의 토대가 되었다.
② 필사본 유통 과정에서 필사자의 해석과 문체가 가감되면서 원작과 다른 여러 이본이 만들어지기도 했다.
③ 세책 유통은 모든 계층이 아닌 양반층만을 주요 독자로 하여 운영되는 제한적인 유통 체계였다.
④ 필사본은 세책과 달리 작가와 독자, 시장을 연결하는 문화적 순환 구조를 형성하지 못했다.

신유형 2025 버전 2

고전 문학과 현대 문학의 대조 구조

02 다음 글에서 추론한 내용으로 가장 적절한 것은?

> '여로형 구조'는 주인공의 여정을 통해 사건이 전개되고 그 과정에서 주인공의 인식 변화가 드러나는 서사적 특성을 말한다. 고대 서사 문학부터 근대소설에 이르기까지 여로형 구조는 주인공의 삶과 세계를 드러내는 중요한 장치로 활용되어 왔다.
>
> 고전 영웅소설은 여로형 구조를 전형적으로 보여 준다. 주인공은 집을 떠나 모험과 시련을 겪으며, 때로는 죽음의 위기를 넘기도 하고, 적대 세력과의 갈등 속에서 영웅적 자질을 입증한다. 결국 그는 고난을 극복하고 상실했던 원점, 즉 가정이나 나라의 질서를 회복하며 귀환한다. 이때 여정은 단순한 이동이 아니라, 고난을 견디고 극복함으로써 영웅으로 성장하는 통과 의례 과정이다. 따라서 고전소설의 여로형 구조는 시련을 통해 원래의 질서를 복원하고, 공동체적 가치를 재확인하는 방향으로 귀결된다.
>
> 염상섭의 근대소설 『만세전』 또한 여로형 구조를 가진다. 주인공은 일본에서 조선으로 돌아오는 여정을 통해 일제 강점기의 참혹한 현실과 민족적 비극을 목격한다. 그러나 이 작품에서 여정은 단순히 상실한 원점을 회복하는 과정이 아니라 여정은 일상과 사회를 낯설게 바라보게 하고, 주인공에게 현실의 부조리와 무력감을 인식하게 만든다. 이처럼 『만세전』은 고전 영웅소설의 여로형 구조와 달리, 회복이 아닌 각성과 절망으로 이어지는 여로를 보여 준다.

① 고전 영웅소설과 『만세전』은 모두 여로를 통해 주인공이 상실한 원점을 회복하는 결말에 도달한다.
② 『만세전』의 주인공은 고전 영웅소설의 주인공과 달리 여정을 통해 현실의 부조리를 인식하고 좌절하게 된다.
③ 고전 영웅소설의 주인공과 『만세전』의 주인공은 모두 여정을 통해 영웅적 자질을 인정받고 사회적 질서를 복원한다.
④ 『만세전』은 고전 영웅소설과는 달리 여정이 아닌 정착을 통해 현실을 직시하는 과정을 보여준다.

빨리 푸는 亦功 전략

1단계
유명 작가의 작품을 소재로 한 문제라면, 최대한 배경지식을 활용하여 글을 읽기

2단계
내용 추론 긍정 발문의 문제처럼 문제를 풀기

3단계
헷갈리는 선지가 나오면 혜선 쌤이 알려준 오답 패턴을 꺼내서 판단하기

문제훈련 현대 문학, 고전 문학

01 다음 글에서 추론한 내용으로 가장 적절한 것은?

　'사실주의'는 현실을 있는 그대로 재현하여 인간의 삶과 사회적 모순을 탐구하려는 문학적 경향을 뜻한다. 사실주의는 허구적 이상이나 교훈을 강조하던 이전 문학과 달리, 구체적인 생활 모습과 현실의 갈등을 사실적으로 드러낸다. 따라서 사실주의의 관점에서 고전소설과 근대소설의 차이를 분명히 이해할 수 있다.
　고전소설은 현실의 문제를 사실적으로 그리기보다는 교훈적 메시지와 권선징악적 구조에 치중한다. 인물은 선악의 전형으로 제시되어 성격이 입체적으로 드러나지 않고 사건의 해결은 우연이나 기적을 통해 이루어진다. 이러한 구조 속에서 고전소설의 세계는 현실의 모순과는 일정한 거리를 유지하며, 독자에게는 이상화된 세계로 비쳐진다. 따라서 고전소설은 사회적 문제의 사실적 재현보다는, 전통적 가치의 보존과 교훈을 전달하는 데에 더 큰 목적을 둔다고 할 수 있다.
　현진건의 근대소설 『운수 좋은 날』은 사실주의적 경향을 대표적으로 보여준다. 주인공 김첨지는 하루 동안 예상치 못한 '운수 좋은' 사건들을 경험하지만, 결국 아내의 죽음이라는 비극을 맞는다. 이 작품은 영웅 서사와 같은 방식의 해결이나 권선징악적 결말이 아닌, 가난과 병으로 고통받는 하층민의 삶을 있는 그대로 묘사한다. 특히 김첨지의 무력한 현실과 그 안에 내재된 사회적 모순은 사실주의의 전형적인 문제의식이라 할 수 있다. 이처럼 『운수 좋은 날』은 고전소설이 보여 주는 이상적 세계와는 달리, 현실의 비극을 사실적으로 재현함으로써 새로운 소설의 경향을 드러낸다.

① 고전소설과 『운수 좋은 날』은 모두 현실을 재현하여 사회적 모순을 드러내고 교훈을 전달한다.
② 『운수 좋은 날』은 주인공 김첨지가 우연의 사건을 통해 비극을 해결하는 서사를 포함한다.
③ 고전소설과 달리 『운수 좋은 날』은 권선징악적 결말을 통해 독자에게 교훈을 전달한다.
④ 『운수 좋은 날』은 고전소설과 달리 영웅 서사적인 해결 대신 현실의 모순과 비극을 사실적으로 드러낸다.

02 다음 글을 읽고 이해한 내용으로 가장 적절한 것은?

　염상섭과 김승옥은 모두 인간과 사회의 갈등, 그리고 개인의 내적 고뇌를 중점적으로 다룬 대표적인 소설가이다. 염상섭의 「만세전」은 일제 강점기, 식민지 현실에서 주인공이 조국의 참담한 상황을 목격하며 느끼는 절망과 무력감을 그려냈다. 특히 이 소설은 식민지 지식인이 겪는 역사적 체험을 사실적으로 제시하여 현실을 증언하는 데 주안점을 두었다. 반면 김승옥의 「무진기행」은 1960년대 산업화 사회 속에서 한 개인이 느끼는 소외감과 공허함을 섬세한 내면 묘사를 통해 드러냈다. 두 작품 모두 개인의 위기의식을 보여 주지만, 현실 재현을 중시한 「만세전」이 「무진기행」보다 더 사회적 가치를 강조했다고 볼 수 있다.
　그러나 「무진기행」을 단순히 내면의 허무만을 묘사한 작품으로 축소하는 것은 곤란하다. 1960년대 산업화의 그늘 속에서 무진의 안개는 단순한 자연 현상이 아니라, 도시 문명과 근대화의 허구성을 드러내는 장치였다. 이는 당시 젊은 지식인들이 현실 속에서 겪은 불안과 무력감을 반영한다는 점에서 「무진기행」 또한 역사적 맥락과 긴밀히 연결된다. 따라서 「무진기행」에서 나타나는 내면의 허무는 개인적 차원을 넘어 사회 현실을 은유적으로 드러내는 기능을 한다.
　이처럼 개인의 소외와 불안은 작품 속에서 사회적 맥락과 맞물려 드러난다. 조세희의 「난장이가 쏘아올린 작은 공」에서도 도시 빈민의 삶을 통해 산업화 과정의 구조적 모순이 제시된다. 이 작품에서 주인공 가족이 겪는 비극은 단순한 개인사의 불행이 아니라, 사회 전체의 불평등을 고발하는 것이다. 개인적 내면 의식과 사회적 구조의 문제를 교차시켜 드러낸다는 점에서, 「만세전」과 「무진기행」의 문제의식은 현대 문학의 여러 작품 속에서 확장되어 나타난다.

① 「만세전」은 주인공 내면의 허무를 중심으로 개인의 소외를 섬세히 드러낸 작품이다.
② 「무진기행」은 도시 문명의 허구성을 드러내며 역사적 맥락과 긴밀히 연결된다.
③ 「난장이가 쏘아올린 작은 공」은 산업화의 밝은 면에 대비되는 개인의 실패를 한탄한다.
④ 「무진기행」은 사회적 맥락과는 무관하게 개인의 심리 묘사에 철저하게 집중한 작품이다.

03 다음 글에서 추론한 내용으로 가장 적절한 것은?

> '다성성(polyphony)'은 소설 속에서 여러 인물의 목소리와 가치가 동등하게 공존하며 서사가 전개되는 양상을 뜻한다. 다성적 서사에서는 작가의 일방적 가치 판단이 강하게 드러나지 않고 다양한 목소리들이 충돌하며 세계의 복잡성을 드러낸다. 따라서 다성성의 관점에서 고전소설과 근대소설을 비교하면, 인물과 가치가 배치되는 방식의 차이를 확인할 수 있다.
>
> 고전소설은 대체로 서술자의 권위 아래 단일한 도덕과 가치가 강조된다. 영웅소설에서는 주인공이 선과 정의를 대표하고, 적대자는 악으로 형상화되며, 사건의 전개는 권선징악의 틀 안에서 일관되게 진행된다. 또한 가정소설에서도 인물들은 가부장적 질서와 유교적 도덕을 수호하는 방식으로 배열된다. 이처럼 고전소설에서는 다양한 인물의 목소리가 동등하게 충돌하기보다는 하나의 도덕적 가치가 중심이 되어 다른 목소리를 압도한다.
>
> 염상섭의 근대소설 『삼대』는 다성적 구조를 보여 준다. 작품 속의 인물들은 세대와 계층, 가치관에 따라 서로 다른 목소리를 내고, 이들이 충돌하며 서사가 전개된다. 조부, 부친, 손자로 이어지는 인물들의 갈등은 단일한 도덕의 승리를 보여 주지 않고, 오히려 전통과 근대, 개인과 사회의 가치가 얽히는 복합적인 양상을 드러낸다. 이처럼 『삼대』는 고전소설의 단일 가치 구조와 달리, 다양한 목소리가 공존하고 충돌하는 다성적 서사를 통해 근대 사회의 현실을 사실적으로 드러낸다.

① 고전소설과 『삼대』는 모두 여러 인물의 목소리와 가치가 나타나지만 결국 권선징악을 교훈으로 내세우고 도덕적 가치를 강조한다.
② 『삼대』는 다양한 세대와 계층의 목소리가 충돌하며 전개되지만, 고전소설은 단일한 도덕 가치가 중심이 된다.
③ 고전소설과 『삼대』는 모두 인물들의 목소리를 동등하게 제시하여 다성적 구조를 형성한다.
④ 고전소설은 전통과 근대, 개인과 사회의 가치가 복합적으로 충돌하지만, 『삼대』는 현대 도덕 질서의 승리를 보여 준다.

04 다음 글에서 추론한 내용으로 가장 적절한 것은?

> '비극적 결말 구조'는 서사에서 인물의 운명이 불행하게 마무리되는 양상을 뜻한다. 문학에서 결말은 작품의 주제를 집약하는 부분으로, 인물의 삶을 바라보는 세계관과 사회적 인식을 반영한다. 따라서 비극적 결말의 관점에서 고전소설과 근대소설을 비교하면 결말이 지니는 의미의 차이를 분명하게 이해할 수 있다.
>
> 고전소설의 결말은 대체로 권선징악의 구조 속에서 이상적 질서가 회복되는 방식으로 제시된다. 설령 주인공이 고난을 겪더라도 결국 정의가 실현되고 가정이나 사회가 안정된 상태로 회귀한다. 비극적 결말은 일시적으로 나타날 수 있으나, 이는 대체로 권선징악을 강화하고 극적으로 나타내기 위한 장치에 불과하다. 따라서 고전소설의 결말은 독자에게 교훈을 전달하면서 삶의 질서를 긍정하는 방향으로 나아간다.
>
> 김동인의 근대소설 『감자』는 비극적 결말을 통해 현실의 모순과 인간의 욕망을 사실적으로 드러낸다. 주인공 복녀는 가난과 굶주림 속에서 생존을 위해 부정한 선택을 거듭하다가 결국 비참한 죽음을 맞이한다. 이 작품에서 비극은 권선징악적 교훈으로 수렴하지 않고, 오히려 사회 구조적 모순과 빈곤의 악순환을 폭로하는 기능을 한다. 따라서 『감자』의 비극적 결말은 고전소설의 질서 회복 결말과 달리 삶의 부조리를 적나라하게 드러내며 근대소설의 사실주의적 문제의식을 보여 준다.

① 고전소설과 『감자』는 모두 비극적 결말을 통해 사회적 모순을 폭로하고 현실의 부조리를 드러낸다.
② 고전소설은 권선징악적 구조 속에서 이상적 질서를 회복하지만, 『감자』는 주인공의 몰락을 통해 사회적 모순을 폭로한다.
③ 고전소설은 인물의 불행을 통해 사회 구조적 모순을 사실적으로 드러내지만, 『감자』는 권선징악의 교훈으로 수렴된다.
④ 비극적 결말은 근대소설에서 처음으로 등장한 양상이며 고전소설은 결말에서 언제나 이상적 질서의 회복만을 보여 준다.

05 다음 글에서 추론한 내용으로 가장 적절한 것은?

> 황순원과 윤흥길은 모두 인간 존재의 비극과 삶의 의미를 형상화했지만, 작품에 반영된 시대적 맥락과 서사 방식은 차이를 보인다. 황순원의 「소나기」는 소년과 소녀의 짧은 만남과 이별을 통해 삶의 덧없음과 순수한 사랑의 비극을 서정적으로 보여 준다. 작품 속 자연 풍경과 계절적 배경은 인간의 운명을 비유적으로 드러내며, 서정성과 순수성은 문학적 감수성을 강화한다. 반면 윤흥길의 「아홉 켤레의 구두로 남은 사내」는 산업화 이후의 사회적 모순 속에서 노동자의 삶과 고통을 사실적으로 형상화한다. 표면적으로는 한 개인의 비극을 다루지만, 그 이면에는 산업화 과정에서 소외된 하층민의 현실이 선명히 드러난다. 이러한 점에서 순수 문학적 성취라는 측면에서 「소나기」가 더 높은 평가를 받기도 한다.
>
> 그러나 「아홉 켤레의 구두로 남은 사내」를 단순히 현실 재현의 작품으로 한정하는 것은 옳지 않다. 작품 속 구두는 단순한 생계 수단의 소재가 아니라, 사회적 모순 속에서 짓밟힌 인간 존엄을 드러내는 상징으로 기능한다. 노동자의 삶이 비극으로 귀결되는 과정은 단순한 사실 묘사가 아니라 사회 구조의 불합리와 인간 존재의 존엄성을 동시에 부각한다. 따라서 이 작품은 서정성 못지않게 상징적 깊이를 지니며 문학적 성취 면에서 결코 뒤지지 않는다.
>
> 이처럼 서정성과 현실성, 그리고 상징성의 결합은 이후 박완서의 「그 많던 싱아는 누가 다 먹었을까」에서도 계승된다. 이 작품은 전후 세대의 성장 과정 속에서 개인적 기억과 사회적 역사 의식을 교차시킨다. 개인의 체험을 통해 전후 사회의 모순을 드러낸다는 점에서, 현대 문학은 서정과 현실, 상징과 사회적 비판을 아우르는 다양한 성취를 보여 주었다.

① 「소나기」는 소년과 소녀의 순수한 사랑을 비극적으로 그려내어 이를 방해하는 사회의 구조적 모순을 사실적으로 드러낸다.
② 「아홉 켤레의 구두로 남은 사내」는 생계 수단인 구두를 짓밟힌 인간 존엄으로 표상하여 사회 구조의 불합리를 강조한다.
③ 「그 많던 싱아는 누가 다 먹었을까」는 전후 세대의 개인적 기억을 통해 전후 사회의 모습을 긍정적으로 묘사한다.
④ 「소나기」는 작품 속 풍경을 통해 인간 운명을 비유적으로 드러내며 사랑의 비극으로 인해 삶의 덧없음을 느끼는 주인공을 비판한다.

06 다음 글에서 추론한 내용으로 가장 적절한 것은?

'인과율적 서사'는 사건의 전개가 원인과 결과의 필연적 연결로 이어지는 서사 방식을 뜻한다. 사건이 필연적 인과 관계 속에서 전개되는가, 아니면 우연과 기적에 의해 진행되는가는 작품의 세계관과 주제 의식을 반영한다. 따라서 인과율적 서사의 관점에서 고전소설과 근대소설을 비교하면 두 서사 구조의 차이를 분명히 이해할 수 있다.

고전소설의 서사는 사건의 전개가 우연이나 초월자의 개입에 크게 의존한다. 영웅소설에서는 인물이 위기를 맞더라도 초월적 존재의 도움이나 기적이 발생하여 위기를 극복한다. 또한 가정소설에서도 우연히 인연이 닿거나 갑작스러운 전환으로 갈등이 해결되는 경우가 많다. 따라서 고전소설의 서사는 현실의 인과적 필연성보다는 우연적 사건과 초월자의 개입을 통해 전개된다.

김동인의 근대소설 『배따라기』는 사건을 인물의 성격과 심리, 사회적 조건에 따른 인과적 구조 속에서 전개한다. 주인공 복녀가 비극적 선택을 하게 되는 과정은 가난과 굶주림, 그리고 주변 환경의 압박이라는 구체적 원인들에 의해 설명된다. 이 작품의 결말은 우연한 기적에 의해 해결되지 않고, 필연적 결과로서 주인공의 운명을 드러낸다. 이처럼 『배따라기』는 사건 전개를 원인과 결과의 필연적 관계 속에서 사실적으로 재현함으로써 고전소설의 우연적 서사와 뚜렷이 구별된다.

① 고전소설과 『배따라기』는 모두 사건을 우연과 초월자의 개입을 중심으로 전개하여, 비극적 결말을 필연적으로 이끈다.
② 『배따라기』는 주변 환경의 압박이라는 사회적 조건 하에서 서사가 전개되지만 결국 기적을 통해 비극이 해소되는 결말이 나타난다.
③ 『배따라기』는 고전소설과 달리 사건이 전개되는 방식은 다르지만 결국에는 사회적 모순을 폭로한다.
④ 『배따라기』는 사건의 전개가 인물의 심리와 사회적 조건에 따른 인과 구조로 전개되지만, 고전소설은 주로 우연과 초월자의 개입을 통해 사건이 해결된다.

07 다음 글에서 추론한 내용으로 가장 적절한 것은?

'자기지시성'은 작품이 자기 자신을 가리키며, 문학이 허구임을 드러내는 성격을 말한다. 문학은 현실을 모방하는 동시에 허구라는 특성을 지니는데, 자기지시성을 통해 작품은 이러한 허구성을 드러내고 독자에게 새로운 성찰을 요구한다. 따라서 자기지시성의 관점에서 고전소설과 근대소설을 비교하면, 서사가 현실을 드러내는 방식이 차이를 이해할 수 있다.

고전소설은 대체로 허구적 장치를 은폐하여 독자가 마치 현실을 그대로 읽는 듯한 경험을 하게 만든다. 예를 들어 영웅소설은 실제 역사와 유사한 배경을 제시하지만 그 속에서 초월적 사건과 기적이 일어나도 이를 허구로 의식하게 만들지 않는다. 가정소설 또한 허구적 구조를 드러내지 않고, 자연스러운 현실 묘사처럼 제시한다. 따라서 고전소설은 자기지시성을 드러내기보다는 허구성을 은폐하여 사실성을 강조한다. 반면 이상의 근대소설 『날개』는 강한 자기지시성을 드러낸다. 화자는 독자에게 직접 말을 걸거나, 자신이 글을 쓰고 있음을 드러내면서 작품의 허구적 성격을 의도적으로 노출한다. 이 작품에서 현실은 단순히 객관적으로 재현되지 않고, 화자의 의식과 언어의 흐름 속에서 허구와 뒤섞인다. 이처럼 『날개』는 자기지시성을 활용하여 소설의 허구적 성격을 드러내고, 독자에게 자각을 요구하는 근대소설의 실험 정신을 보여 준다.

① 『날개』는 화자가 독자에게 직접 말을 걸며 허구적 성격을 드러내지만, 고전소설은 대체로 허구성을 은폐한다.
② 『날개』는 고전소설보다 독자가 현실을 그대로 보는 듯한 경험을 하도록 한다.
③ 고전소설은 자기지시성을 드러내어 허구성을 의도적으로 노출하지만, 『날개』는 오히려 사실성을 강조한다.
④ 고전소설과 『날개』는 모두 허구적 장치를 노출하여 독자가 현실 그대로를 자각하도록 한다.

08 다음 글에서 추론한 내용으로 가장 적절한 것은?

> '여성 인물의 재현'은 작품 속에서 여성이 어떤 역할과 의미를 부여받는지를 통해 사회와 시대의 의식을 드러내는 관점을 말한다. 여성 인물을 바라보는 방식은 문학에서 사회적 성 역할의 변화를 반영하며 시대적 전환점을 보여 주는 중요한 지표가 된다. 따라서 여성 인물 재현의 관점에서 고전소설과 근대소설을 비교하면, 여성에 대한 인식의 변화를 분명하게 알 수 있다.
>
> 고전소설에서 여성 인물은 흔히 가부장적 질서 속에서 순종과 희생의 전형으로 나타난다. 영웅소설의 여주인공은 남성 영웅을 돕는 조력자로서 기능하거나 가정소설의 여주인공은 열녀상으로 표상되어 남편과 가문을 위해 희생한다. 이처럼 고전소설 속 여성은 자율적인 욕망이나 주체적 선택보다는 전통적 질서와 도덕을 지키는 역할에 치중한다. 따라서 여성 인물은 독립적인 존재라기보다는 사회적 질서와 남성 중심 가치관을 강화하는 장치로 재현된다.
>
> 이광수의 근대소설 『무정』은 여성 인물을 전통적 틀에 가두지 않고 새로운 사회적 존재로 형상화한다. 주인공 영채는 어린 시절 이상적 고향의 기억을 지니지만, 결혼 문제에서 더 이상 가부장적 질서에 따라 움직이지 않는다. 또한 선형과 같은 여성 인물은 교육을 통해 스스로의 자아와 미래를 개척하려는 의지를 보여 준다. 이러한 점에서 『무정』의 여성 인물들은 전통적 희생의 도덕적 표상에 머무르지 않고 새로운 근대적 주체로 재현된다. 이 작품은 여성을 단순히 도덕의 수호자가 아니라 근대 사회의 변화를 이끌어가는 존재로 제시하면서 여성 인식의 새로운 국면을 열었다.

① 여성의 독립성보다 여성 인물을 바라보는 방식이 사회적 성 역할의 변화를 더 효과적으로 반영한다.
② 『무정』의 여성 인물들은 여전히 열녀상과 같은 도덕적 표상에 머물며 전통 질서 속에서 순종과 희생을 강화한다.
③ 고전소설은 여성 인물을 전통적 가치와 가부장적 질서를 지키는 장치로 재현하지만, 『무정』은 교육과 선택을 통해 근대적 주체로 형상화한다.
④ 고전 소설은 여성 인물의 자율성을 일정 부분 허용한 반면 『무정』은 모든 여성이 근대적 주체로 재현되게 하였다.

09 다음 글에서 추론한 내용으로 가장 적절한 것은?

조선 후기 고전소설은 같은 상층 계층 안에서도 양반 남성층과 아녀자층이 서로 다른 방식으로 향유하였다.

먼저 양반 남성층의 향유는 도덕적 규범 속에서의 제한된 독서로 이루어졌다. 사대부 남성은 소설을 교양 있는 문학이라기보다 하층의 오락물로 인식했지만, 그 안에 담긴 현실 비판과 윤리적 메시지에는 주목하였다. 그들은 공공연히 읽기보다는 은밀하게 필사본을 구해 읽었고, 작품 속 인물의 행위를 도덕적 기준에 따라 평가하였다. 또한 현실의 불의를 풍자하거나 인륜의 왜곡을 비판하는 내용을 통해 시대의 모순을 간접적으로 인식하였다. 이들의 독서는 이성적이고 비판적인 성격을 띠었으며, 문학을 현실 성찰의 도구로 수용했다는 점에서 특징적이다.

반면 아녀자층의 향유는 감정적 공감과 일상적 위안을 중심으로 이루어졌다. 사대부 부녀자들은 가정 내에서 세책본이나 필사본을 빌려 읽으며 긴 여가 시간을 보냈다. 그들은 작품 속 여주인공의 시련과 인내, 정절과 사랑의 서사를 통해 자신의 삶을 투사하고 위로를 얻었다. 「완월회맹연」, 「명주보월빙」 등 장편소설이 부녀자들 사이에서 큰 인기를 끈 것은 이러한 정서적 동일화의 결과였다. 결국 조선 후기의 고전소설은 양반 남성층의 비판적 향유와 아녀자층의 감상적 향유가 공존하며 발전하였고, 이러한 차이는 작품의 내용과 문체에도 서로 다른 색채를 부여하였다.

① 양반 남성층은 소설을 교양 있는 문학으로 높이 평가하여 공개적인 독서 모임을 통해 적극 권장하였다.
② 아녀자층은 장편소설 속 여주인공의 시련과 사랑의 서사를 통해 자신의 삶을 투사하며 정서적 위안을 얻었다.
③ 사대부 남성은 소설 속 인물의 행위를 정서적 관점에서 평가하며 감상적이고 주관적으로 수용하였다.
④ 아녀자층의 독서는 양반 남성층과 마찬가지로 현실 비판과 도덕적 교훈을 중시하는 이성적 향유였다.

10 다음 글에서 추론한 내용으로 가장 적절한 것은?

조선 후기의 한문소설은 현실에 대한 인식이 한층 구체화되며, 인간의 행적과 사회의 단면을 다양한 방식으로 서술하였다. 그중 전계소설과 야담계소설은 각각 인물의 행적을 기록하는 형식과 생활 주변의 이야기를 담는 형식으로 발전하였다.

먼저 전계소설(傳系小說)은 인물이나 사물을 중심으로 그 행적을 전기체로 서술한 작품을 말한다. 주로 사대부가의 인물이나 가문의 역사를 소재로 하며, 사건의 전개는 인물의 언행과 심리 변화에 따라 구체적으로 묘사된다. 전계소설은 전통적인 전기 형식을 계승하면서도 서술 방식이 장면 중심으로 확장되었고, 인물 간의 대화를 통해 사건이 전개되는 등 생동감 있는 묘사가 강화되었다. 작가들은 유교적 가치인 충·효·열의 실천을 강조하면서도, 인물의 심리를 세밀하게 드러내어 현실 속 도덕적 이상과 인간적 욕망의 갈등을 함께 탐색하였다.

이에 비해 야담계소설(野談系小說)은 이름 그대로 '들에서 전해진 이야기'를 뜻하며, 일상 속에서 회자되던 잡다한 이야기를 짧은 한문 산문 형식으로 기록한 작품이다. 기록자는 사실과 허구를 구별하지 않고 흥미로운 사건이나 풍속, 기이한 인물을 자유롭게 서술하였다. 야담은 기층 사회의 생활과 정서를 담았다는 점에서 민중적 성격을 띠지만, 실제 기록자는 대부분 사대부로서, 그들의 견문과 취향이 반영되었다. 이 때문에 야담은 민중적 시선과 사대부적 시선이 교차하는 이중 구조를 지닌다.

① 전계소설은 주로 기층 민중의 일상생활과 풍속을 중심 소재로 삼아 서민들의 애환과 정서를 생생하게 담아냈다.
② 야담계소설은 오직 사실적 기록만을 추구하여 허구적 요소를 철저히 배제하고 역사적 진실만을 기록하였다.
③ 전계소설의 작가들은 유교적 가치만을 일방적으로 강조하고 인간의 욕망은 부정적인 것으로만 묘사하였다.
④ 야담계소설은 민중의 생활을 담았지만 사대부 기록자의 시선이 함께 반영되어 이중적 성격을 지니게 되었다.

MEMO

- **Chapter 18** 형태론, 통사론, 음운론

- **Chapter 19** 이외의 문법 영역

천기누설 혜선팍 독해 시즌2

Part 08

문법 독해 결합형

형태론, 통사론, 음운론

관련교재
출좋포 독해·논리 p.258~280

◐ 천+기+누+설 출제빈도 체크

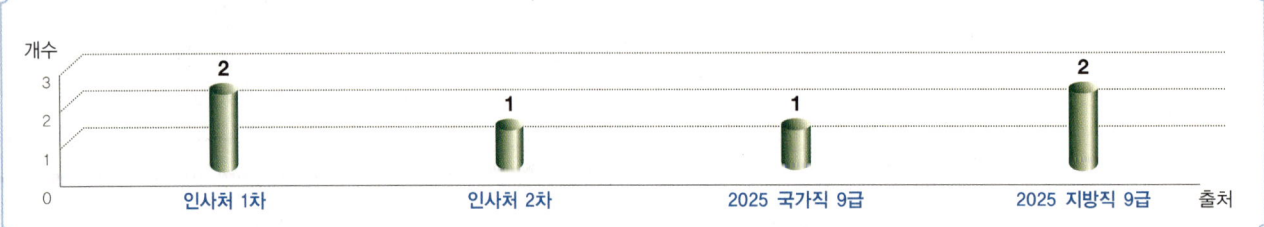

◐ 대표 천+기+누+설 개관

이 유형은 2025년 인사혁신처 1차 샘플에 출제되었던 '문법+독해 결합형'으로
2025 인사혁신처 2차 샘플에는 1문제 출제되었으나
2025년 국가직 9급에서 1문제, 지방직에서 2문제나 출제되었습니다.
따라서 2026년에 문법 파트는 더 중요해질 예정입니다. 그 이유는 다음과 같습니다.
첫째, 문법+독해 결합형은 오답률 top5 안에 들어 있는 유형입니다. 오답률 top5를 잡아야 고득점이 가능합니다.
둘째, 독해 비중이 커졌기 때문에 문법 영역에서 시간을 절약해야 합니다.
셋째, 생각보다 제시문이 친절하게 주어지지 않습니다.
'추론'이기 때문에 제시문에 없는 문법 예시가 선지에 나오므로
기본적인 문법 지식이 없다면 틀릴 확률이 높아집니다.
물론 문법과 독해가 결합된 형태로 시험이 출제될 예정입니다.
하지만 문법 문제를 독해 문제처럼만 풀게 되면 독해 문제가 16문제로 늘어나게 되어
20문제를 25~29분 안에 풀 수 없게 되고, 이는 다른 과목에도 부정적인 영향을 끼칠 것입니다.
따라서 평소 공부하기에 까다롭더라도 문법 개념을 확실하게 공부하여
시험장에서는 경쟁자들보다 빠르고 정확하게 답을 골라야 합니다.

◐ 대표 천+기+누+설 발문 체크

01 다음 글에서 추론한 내용으로 적절하지 않은 것은?
02 다음 글의 ㉠의 사례가 포함되어 있지 않은 것은?

신유형 2025 버전 1

형태론 – 일반 사례 추론

01 다음 글에서 추론한 내용으로 가장 적절한 것은?

> 파생어란 실질적인 의미를 가진 어근에 접두사나 접미사와 같은 파생접사가 결합하여 의미나 품사에 변화가 생긴 단어를 말한다. 여기서 직접 구성 요소란 둘 이상의 형태소로 이루어진 구성체를 일차적으로 나누었을 때 나뉘어 나온 각각의 요소를 지칭한다. 예컨대 '손가락질'은 일차적으로 '손가락'과 '-질'로 나뉘는데, '손가락'과 '-질'이 '손가락질'이라는 구성체의 직접 구성 요소가 된다. 그리고 '손가락질'의 직접 구성 요소 중의 하나인 '-질'이 파생접사이므로 '손가락질'은 파생어가 된다. 파생어 형성에는 여러 유형이 있다. 가장 일반적인 유형은 접사에 의한 파생으로, 국어에서는 접두사에 의한 파생과 접미사에 의한 파생이 있다. 접두사는 어근의 품사를 바꾸지 못하고 어근에 의미만 첨가하는 경우가 대부분이다. '군-', '풋-', '맨-'과 같은 접두사들은 어근의 품사를 바꾸지 않고 의미만 더해준다. 반면 접미사는 어근에 의미만 첨가시켜 주는 경우도 있고, 의미를 첨가시켜 줄 뿐만 아니라 어근의 품사를 바꾸어 주는 경우도 있다. '가위질'의 '-질'은 어근에 의미만 첨가시켜 주는 예이고, '지우개'의 '-개'는 어근의 품사도 바꾸어 주는 예이다.

① '싸움꾼'에서 직접 구성 요소는 '싸', '움', '-꾼'이다.
② '한겨울'의 '한-'은 어근의 품사를 바꾸지 않고 의미만 더해준다.
③ '크기'의 '-기'는 어근의 의미를 바꾸지만 품사는 유지시킨다.
④ 파생어는 둘 이상의 어근이 결합하여 만들어진 단어이다.

빨리 푸는 亦功 전략

1단계
일반 사례 추론은 제시문에서 다루는 문법 중심 화제가 무엇인지 정도만 가볍게 확인하기

2단계
문법+독해 결합형은 배경지식이 있는 경우, 선지를 먼저 보기

3단계
만약 배경지식으로 해결되지 않는다면 제시문에서 발췌하여 헷갈리는 선택지를 다시 판단하기

신유형 2025 버전 2

통사론 – 복수 빈칸 추론

빨리 푸는 亦功 전략

1단계
복수 빈칸 추론 문제이므로 빈칸이 포함된 문장 전체를 읽기

2단계
빈칸에 들어갈 내용의 객관적 단서에 밑줄 긋기

3단계
객관적 단서에 부합하는 선지를 찾기

02 다음 글의 (가)와 (나)에 들어갈 말로 가장 적절한 것은?

국어에서 사동 표현은 주어가 남에게 어떤 동작이나 행위를 하도록 시키거나 어떤 상태가 되도록 만드는 것을 의미한다. 사동 표현은 크게 두 가지 방식으로 실현된다. 첫째, 파생적 사동은 동사나 형용사의 어간에 사동 접미사 '-이-, -히-, -리-, -기-, -우-, -구-, -추-' 등을 붙여 만든다. 이 경우 원래 문장의 주어는 사동문에서 목적어나 부사어가 된다. 예를 들어 '꽃이 피었다'라는 문장은 '아이가 꽃을 피웠다'라는 파생적 사동문으로 바꿀 수 있다. 둘째, 통사적 사동은 동사나 형용사의 어간에 '-게 하다'를 붙여 만든다. 이 경우에도 원래 문장의 주어는 사동문에서 목적어나 부사어가 된다. 예를 들어 '동생이 울었다'라는 문장은 '누나가 동생을 울게 했다'라는 통사적 사동문으로 바꿀 수 있다. 파생적 사동과 통사적 사동은 의미 차이가 있는 경우가 많다. 파생적 사동은 주체가 직접적으로 대상에게 영향을 미치는 직접 사동의 의미와 주체가 간접적으로 대상에게 영향을 미치는 간접 사동의 의미를 모두 가진다. 반면 통사적 사동은 간접 사동의 의미를 가진다. 또한 모든 용언이 파생적 사동으로 표현될 수 있는 것은 아니며, 일부 용언은 통사적 사동으로만 표현 가능하다. 따라서 '엄마가 아이에게 약을 먹게 했다'는 ___(가)___ 이므로 ___(나)___ 의 의미를 나타낸다.

① (가) 파생적 사동
   (나) 사동주인 '엄마'가 사동 대상인 '아이'에게 먹는 행위를 직접 미치게 하는 것
② (가) 통사적 사동
   (나) 사동주인 '엄마'가 사동 대상인 '아이'에게 먹는 행위를 직접 미치게 하는 것
③ (가) 파생적 사동
   (나) 사동주인 '엄마'가 사동 대상인 '아이'에게 간접적으로 영향을 미쳐 먹게 하는 것
④ (가) 통사적 사동
   (나) 사동주인 '엄마'가 사동 대상인 '아이'에게 간접적으로 영향을 미쳐 먹게 하는 것

신유형 2025 버전 3

음운론 - 밑줄 사례 추론

03 다음 글의 ㉠에 해당하는 사례로 적절하지 않은 것은?

> 국어의 음운 변동에는 여러 유형이 있으며, 그중 음운 교체와 음운 축약은 서로 다른 방식으로 음운이 바뀌는 현상이다. ㉠<u>음운 교체</u>는 기존의 음운이 다른 음운으로 바뀌는 것을 말한다. 이때 바뀌는 음운은 대체되어 원래의 음운이 완전히 사라지며, 새로운 음운이 그 자리를 대신한다. 예를 들어 '국물'이 [궁물]로 발음되는 것은 음절 말 자음 'ㄱ'이 뒤의 비음 'ㅁ'에 영향을 받아 비음 [ㅇ]으로 바뀐 것이며, 이는 대표적인 음운 교체인 비음화에 해당한다. 반면, 음운 축약은 두 개의 음운이 만나면서 한 음운으로 줄어드는 현상을 말한다. 이때 원래 있던 두 음운이 합쳐져 하나로 축소되며, 둘 다 완전히 유지되지는 않는다. 예를 들어 '좋다'가 [조타]로 발음되는 것은, 받침 'ㅎ'과 뒤의 평음 'ㅌ'이 결합하여 'ㅌ'의 된소리 [ㄸ]로 줄어든 것이 아니라, 'ㅎ'이 탈락하고 된소리되기(음운 교체)로 인한 변화와는 달리 발음상의 축약이 일어난 것이다. 즉, 음운 교체는 음운이 다른 음운으로 바뀌는 것, 음운 축약은 두 음운이 합쳐져 하나로 줄어드는 것이라는 점에서 구별된다. 둘 다 발음상의 변동이지만, 교체는 대체, 축약은 결합과 축소라는 특징이 있다.

① '받는다'를 [반는다]로 발음할 때, 자음 'ㄷ'이 비음 'ㄴ'의 영향으로 'ㄴ'으로 바뀐다.
② '밭'을 [받]으로 발음할 때, 자음 'ㅌ'이 대표음 'ㄷ'으로 바뀐다.
③ '놓고'를 [노코]로 발음할 때, 자음 'ㅎ'과 'ㄱ'이 합쳐져 'ㅋ'이 된다.
④ '먹는다'를 [멍는다]로 발음할 때, 자음 'ㄱ'이 비음 'ㄴ'의 영향으로 'ㅇ'으로 바뀐다.

문제훈련 형태론, 통사론, 음운론

정답 및 해설 p.263

01 다음 글의 ㉠에 대한 사례로만 묶인 것으로 가장 적절한 것은?

> 어근과 어근의 결합으로 이루어진 합성어는 어근끼리의 관계가 일반적인 문법 규칙에 일치하는지 혹은 어긋나는지에 따라 통사적 합성어와 ㉠<u>비통사적 합성어</u>로 나눌 수 있다. 이중 비통사적 합성어는 어근끼리의 관계가 일반적인 문법 규칙에 어긋나는 경우에 해당한다. 어간 뒤에 어미가 결합되지 않은 채로 붙는 경우가 있는데 어간 뒤에 바로 어간이 붙거나 명사가 붙는 경우가 이에 해당된다. 또한 체언을 수식해야 할 관형사가 수식하지 않고 부사가 체언을 수식하는 경우, 한자의 배열이 우리 문법에 어긋나는 경우가 이에 해당된다. 가령, '니기디'는 어간 '나-'에 용언 '가다'가 결합되며 '덮밥'은 어간 '덮-' 뒤에 명사 '밥'이 결합된다. 또한 부사 '살짝'이 명사 '곰보'를 수식하고 '독서(讀書), 등산(登山)'의 경우에는 우리말의 배열에 어긋난다.

① 안팎, 척척박사, 봄비
② 돌보다, 눈물, 곧잘
③ 꺾쇠, 검푸르다, 보슬비
④ 소나무, 여닫다, 늦잠

02 다음 글의 ㉠의 사례에 대한 내용으로 적절하지 않은 것은?

> 용언은 활용을 한다. 활용이란 용언의 핵심적인 의미를 가지고 있으며 변하지 않는 부분인 어간에 다양한 형태의 어미가 결합하여 용언의 형태가 바뀌는 것을 말한다. 용언이 활용할 때는 어간과 어미가 형태가 바뀌지 않은 채 그대로 결합하는 경우도 있지만 결합하는 과정에서 어간의 형태가 변하거나 어미의 형태가 변하는 경우도 있다. 이때, 어간과 어미의 모습이 바뀌지 않거나 바뀌어도 일반적인 음운 규칙으로 설명이 가능한 경우를 '규칙 활용'이라고 하고 그렇지 않은 경우를 ㉠<u>불규칙 활용</u>이라고 한다. 불규칙 활용은 크게 세 가지 경우로 구분할 수 있다. 첫째, 어간이 바뀌는 불규칙 활용이다. '짓+어'가 '지어'가 되는 것과 같은 'ㅅ 불규칙 활용', '듣+어'가 '들어'가 되는 'ㄷ 불규칙 활용', '돕+아'가 '도와'가 되는 것과 같은 'ㅂ 불규칙 활용', '이르+어'가 '일러'가 되는 것과 같은 '르 불규칙 활용', '푸+어'가 '퍼'가 되는 것과 같은 '우 불규칙 활용'이 여기에 속한다. 둘째, 어미가 바뀌는 불규칙 활용이다. '하+어'가 '하여'가 되는 것과 같은 '-여 불규칙 활용', '푸르+어'가 '푸르러'가 되는 것과 같은 '-러 불규칙 활용', '달+아라'가 '다오'가 되는 것과 같은 '-오 불규칙 활용'이 여기에 속한다. 마지막으로 어간과 어미가 모두 바뀌는 불규칙 활용이 있다. '파랗+아'가 '파래'가 되는 것과 같은 'ㅎ 불규칙 활용'이 여기에 속한다. 이와 같이 용언이 일정한 규칙 없이 활용되는 경우를 불규칙 활용이라고 한다.

① 동사 어간 '긷-'에 어미 '-어'가 결합하여 '길어'로 활용하는 것은 어간이 바뀌는 불규칙 활용이다.
② 동사 어간 '치르-'에 어미 '-어'가 결합하여 '치러'로 활용하는 것은 어간이 바뀌는 불규칙 활용이다.
③ 동사 어간 '이르-'에 어미 '-어'가 결합하여 '이르러'로 활용하는 것은 어미가 바뀌는 불규칙 활용이다.
④ 형용사 어간 '까맣-'에 어미 '-아'가 결합하여 '까매'로 활용하는 것은 어간과 어미가 모두 바뀌는 불규칙 활용이다.

03 다음 글의 ㉠의 사례에 대한 내용으로 적절하지 않은 것은?

> 문장에서 용언을 수식하는 역할을 하는 단어를 부사라 한다. 부사는 용언뿐만 아니라 관형사, 부사, 그리고 문장 전체를 수식할 수 있다. 문장에서 또 다른 문장 성분을 수식하는 부사를 성분 부사라 하고, 문장 전체를 수식하는 부사를 문장 부사라 한다. 예를 들어, '나는 정말 큰 개를 보았다'라는 문장에서 '정말'은 관형사 '큰'을 수식하고 있기 때문에 이는 성분 부사이다.
>
> 문장 부사에는 화자의 태도를 나타내는 ㉠<u>양태 부사</u>가 있다. 양태 부사의 경우, 뒤따라오는 문장에서 화자의 확신이나 추측, 혹은 희망의 태도를 나타내어 문장 전체를 수식한다. 예를 들어, "과연 그 사람은 훌륭하다"의 경우, '과연'이 '그 사람은 훌륭하다'는 사실에 대한 화자의 확신을 나타낸다. "설마 그가 나를 속인 건 아니겠지?"라는 문장에서 '설마'는 뒤따라오는 문장에 대한 화자의 추측을 보여준다. 또한 "부디 이번 시험에는 합격했으면 좋겠다"에서 '부디'는 '시험에서 합격하기'를 원하는 화자의 희망을 나타낸다. 따라서 '과연', '설마', '부디' 따위는 양태 부사라고 할 수 있다.

① <u>결코</u> 그는 그 사건의 범인이 아니다.
② <u>만약</u> 우리 팀이 경기에서 진다면 어떡하지?
③ <u>제발</u> 이번에는 제 말을 믿어주세요.
④ <u>바로</u> 바람이 불어서 우산이 날아갔다.

04 다음 글에서 추론한 내용으로 적절하지 않은 것은?

> 문장의 주성분 중 하나인 주어는 문장에서 서술어의 행위나 작용, 상태의 주체를 나타내는 성분이다. 주어는 일반적으로 체언에 주격 조사 '이/가'가 결합하여 실현되는데, 이 외에도 다양한 형태로 나타날 수 있다. 주격 조사로는 '이/가' 외에도 높임의 대상을 주어로 표시할 때는 '께서'가 사용되며, 단체나 기관을 나타내는 명사 뒤에서는 '에서'가 주격 조사로 기능한다. 예를 들어 '할머니께서 방에 계신다.'에서는 높임의 대상인 '할머니'에 '께서'가 결합하였고, '시청에서 새 정책을 발표했다.'에서는 단체인 '시청'에 '에서'가 결합하여 주어 역할을 하고 있다. 또한 구어체에서는 주격 조사가 생략되는 경우가 많은데, 이때는 문맥을 통해 주어를 파악할 수 있다. '나 학교 간다.'에서 '나'는 주격 조사 '가'가 생략된 형태이지만, 문장의 주어임을 쉽게 알 수 있다. 주어는 문장의 종류에 따라 다양하게 나타나기도 한다. 명령문이나 청유문에서는 주어가 흔히 생략되는데, 이 경우 명령문의 주어는 청자, 청유문의 주어는 화자와 청자를 포함하는 '우리'가 된다. '조용히 하세요.'라는 명령문의 생략된 주어는 '당신'이며, '같이 식사하자.'라는 청유문의 생략된 주어는 '우리'이다.

① '선생님께서 교실에 들어오셨다.'는 높임의 대상인 '선생님'을 주어로 표시하기 위해 주격 조사 '께서'가 사용된 문장이다.
② '우리 동아리에서 축제를 준비했다.'에서 '동아리'는 단체를 나타내는 명사이므로 '에서'가 주격 조사로 사용되었다.
③ '물 좀 가져다 줘.'에서는 명령문의 특성상 주어인 '너'가 생략되었지만 문맥을 통해 파악할 수 있다.
④ '오늘 저녁에 함께 공부하자.'에서는 '우리'가 생략되었는데, 이는 청자가 아닌 화자만을 지칭하는 주어이다.

05 다음 글에서 추론한 내용으로 가장 적절한 것은?

문장은 여러 성분으로 구성되는데, 이 중 주성분은 문장을 구성할 때 반드시 있어야 하는 필수적인 성분이다. 주성분에는 주어, 서술어, 목적어, 보어가 있다. 주어는 문장에서 동작이나 상태, 성질의 주체를 나타내는 성분으로, 일반적으로 '이/가'가 붙는다. 서술어는 주어의 동작, 상태, 성질 등을 풀이하는 기능을 하는 성분으로, 문장의 맨 끝에 위치하는 것이 일반적이다. 목적어는 서술어의 동작 대상이 되는 문장 성분으로, 주로 '을/를'이 붙는다. 예를 들어 '학생이 문제를 푼다.'에서 '문제를'은 '푼다'라는 동사의 대상이 되므로 목적어이다. 보어는 '되다', '아니다'와 같은 서술어가 필요로 하는 문장 성분 중 주어를 제외하고 '이/가'가 붙은 것을 말한다. 예를 들어 '동생이 배우가 되었다.'에서 '배우가'는 보어이다. 이러한 주성분 외에도 문장에는 관형어, 부사어와 같은 부속 성분이 있다. 부속 성분은 주성분과 달리 생략이 가능한 성분으로, 문장의 의미를 더욱 풍부하게 해 준다. 예를 들어 '작은 아이가 웃는다.'에서 '작은'은 관형어이고, '매우 빠르게 달렸다.'에서 '매우 빠르게'는 부사어이다.

① '민수는 그녀를 사랑으로 보살폈다.'에서 '사랑으로'는 문장에서 반드시 필요한 주성분이다.
② '할머니께서는 그 이야기가 진실이 아니라고 생각하셨다.'에서 '그 이야기가'는 서술어 '생각하셨다'의 주어이다.
③ '소녀는 밤새 소설책을 읽었다.'에서 '밤새'는 부사어로 생략이 가능한 부속 성분이다.
④ '나의 친구는 모든 사람들에게 인기가 많다.'에서 '인기가'는 문장에서 생략할 수 없는 보어이다.

06 밑줄 친 ㉠의 사례로 옳지 않은 것은?

피동문은 문장의 서술어가 피동사로 된 문장으로 주어가 당하는 의미를 나타낸다. 짧은 피동의 경우에는 '-이-, -히-, -리-, -기-, -되-' 등의 피동 접미사가 결합되며 긴 피동의 경우에는 '-어지다, -게 되다'가 활용되어 사용된다. 피동문의 남용은 일상생활에서 흔히 보이는 현상인데, 특히 ㉠'이중 피동'을 쓰지 않도록 유의해야 한다.

이중 피동은 피동 표현이 중복되어 잘못된 문법 표현으로 쓰이는데, 주로 피동 접미사와 함께 '-어지다'가 중복 사용되면서 발생한다. 가령, '창문이 닫혀졌다.'의 경우 창문이 닫음을 당하는 의미가 있는 피동문인데, '닫+히+어지+었+다'에서 '-히-'는 피동 접미사, '-어지-'는 긴 피동 표현이므로 잘못된 이중 피동이 쓰였다고 볼 수 있다.

① 콤단문은 공시생들에게 많이 읽혀진 책이라 신뢰가 간다.
② 영희는 가식적이게도 보여지는 모습에만 집중했다.
③ 오늘 날씨는 오랜만에 맑을 것으로 예상되어집니다.
④ 사람들에게 받아들여지는 대로 혜선 쌤은 실물이 예쁘구나.

07 다음 글에서 추론한 내용으로 가장 적절한 것은?

안은문장은 한 문장 속에 다른 문장이 포함된 형태로, 안겨 있는 문장을 안긴문장이라고 한다. 안긴문장은 다른 문장 속에서 하나의 성분처럼 기능하며, 종류에는 명사절, 관형절, 부사절, 서술절, 인용절이 있다. 명사절은 절 전체가 명사처럼 쓰이는 것으로, 명사형 어미 '-(으)ㅁ'이나 '-기'가 붙어 만들어진다. '-(으)ㅁ'은 주로 완료의 의미를, '-기'는 미완료의 의미를 나타내는 경향이 있다. 관형절은 절 전체가 관형어처럼 기능하며, 관형사형 어미 '-(으)ㄴ, -는, -(으)ㄹ, -던'이 붙어 실현된다. 관형절은 관계 관형절과 동격 관형절로 나눌 수 있다. 관계 관형절은 수식을 받는 체언이 관형절의 한 성분이 되어 성분 생략이 가능한 반면, 동격 관형절은 피수식어가 관형절 전체의 내용을 받아주어 성분 생략이 불가능하다. 부사절은 절 전체가 부사어 기능을 하며 주로 서술어를 수식한다. 서술절은 절이 문장 전체의 서술어 기능을 하는 것으로, 다른 안긴문장과 달리 절 표지가 없다. 인용절은 직접인용절과 간접인용절로 나뉘는데, 직접인용절은 '라고', '하고'가 붙고 따옴표를 사용하는 반면, 간접인용절은 '고'가 붙고 따옴표를 사용하지 않는다.

① '우리는 그가 떠났음을 알았다'와 '아이들이 공부하기를 원한다'에서 안긴문장은 모두 명사절이지만, 전자는 완료의 의미를, 후자는 미완료의 의미를 나타낸다.
② '그녀가 쓴 소설이 인기를 끌었다'에서 '그녀가 쓴'은 수식을 받는 체언 '소설'이 관형절의 한 성분이 되지 않는 동격 관형절이다.
③ '아이가 키가 크다'에서 '키가 크다'는 부사절로, 절 전체가 부사어의 기능을 하고 있다.
④ '그는 "나는 학생이다"라고 말했다'에서 '나는 학생이다'는 간접인용절로, 따옴표를 사용하지 않는 것이 원칙이다.

08 다음 글에서 추론한 내용으로 가장 적절한 것은?

부정 표현은 긍정의 의미를 부정하는 표현으로, 크게 짧은 부정문과 긴 부정문으로 나눈다. 짧은 부정문은 부정 부사 '안'이나 '못'을 사용하여 만든다. '안'은 주어의 의지에 따른 부정이나 단순 부정을, '못'은 능력 부족이나 외부적 요인으로 인한 부정을 나타낸다. 예를 들어 '숙제를 안 했다'는 의지로 하지 않았음을, '숙제를 못 했다'는 능력이 부족하거나 다른 사정으로 할 수 없었음을 의미한다. 긴 부정문은 '-지 않다'나 '-지 못하다'를 사용하여 만든다. 이는 각각 '안'과 '못'에 대응하는 의미를 가진다. 명령문이나 청유문을 부정할 때는 '말다'를 사용하여 '하지 마라', '하지 말자'와 같이 표현한다. 부정 표현 '-지 않다'가 줄어든 형태인 '-잖다'는 문맥에 따라 부정이 아닌 '사실 확인'이나 '동의 요청'의 의미로 사용되기도 한다. 예를 들어 '어제 거기서 만났잖아'는 '만났다는 사실을 확인하고 있지 않니?'라는 의미로 사용된다. 또한 일부 형용사에서는 '-잖다'가 하나의 단어로 굳어져 '달갑잖다', '시답잖다'처럼 부정의 의미를 유지하는 경우도 있다.

① '방청소를 내일 하겠다고 약속했는데 안 했어.'에서 '안'은 주어의 능력 부족으로 인한 부정을 나타낸다.
② '비가 와서 운동장에 나가지 못했어요.'에서 '못'은 주어의 의지에 따른 부정을 나타낸다.
③ '너도 그 책 재미있다고 했잖아.'에서 '-잖아'는 부정의 의미가 아닌 사실 확인의 의미로 사용되었다.
④ '남부럽잖은 재능을 가졌다.'에서 '-잖은'은 '부럽지 않은'이라는 의미가 아니라 동의 요청의 의미로 사용되었다.

09 다음 글의 ㉠에 해당하는 사례로 적절하지 않은 것은?

국어의 음운 변동에서 된소리되기는 예사소리가 된소리로 바뀌는 현상으로, 발생 환경에 따라 두 가지 유형으로 나뉜다. ㉠<u>된소리되기</u>는 주로 안울림소리(ㄱ, ㄷ, ㅂ) 뒤에서 일어나는 필수적 음운 변동이다. 이는 앞 음절의 받침이 안울림소리일 때 뒤 음절의 초성이 된소리로 바뀌는 것으로, 예를 들어 '국밥'이 [국빱]으로, '학교'가 [학꾜]로 발음되는 것이 이에 해당한다. 반면, 사잇소리 현상의 된소리되기는 합성어에서 관형격의 기능을 나타낼 때 울림소리 뒤에서 일어나는 수의적 음운 변동이다. 이는 두 단어가 합쳐져 하나의 합성어가 될 때 의미상의 소유 관계나 용도를 나타내기 위해 된소리가 첨가되는 것으로, 예를 들어 '밤길'이 [밤낄]로, '손재주'가 [손째주]로 발음되는 것이 이에 해당한다. 두 현상 모두 된소리가 나타나지만, 일반적인 된소리되기는 안울림소리 뒤의 필수적 변화이고, 사잇소리 현상은 울림소리 뒤의 의미적 기능을 담당하는 변화라는 점에서 구별된다. 즉, 된소리되기는 음성학적 환경에 의한 필수적 변동이고, 사잇소리 현상은 의미 구분을 위한 수의적 변동이라는 차이가 있다.

① '입고'를 [입꼬]로 발음할 때, 받침 'ㅂ' 뒤에서 'ㄱ'이 'ㄲ'으로 바뀐다.
② '등불'을 [등뿔]로 발음할 때, 받침 'ㅇ' 뒤에서 'ㅂ'이 'ㅃ'으로 바뀐다.
③ '막대'를 [막때]로 발음할 때, 받침 'ㄱ' 뒤에서 'ㄷ'이 'ㄸ'으로 바뀐다.
④ '닫다'를 [닫따]로 발음할 때, 받침 'ㄷ' 뒤에서 'ㄷ'이 'ㄸ'으로 바뀐다.

10 다음 글의 ㉠에 해당하는 사례로 가장 적절한 것은?

국어의 음운 변동에서 비음과 관련된 현상은 크게 두 가지로 나뉜다. 비음화는 비음이 아닌 자음이 인접한 비음의 영향을 받아 비음으로 바뀌는 현상이다. 이는 기존에 있던 자음이 조음 방법을 바꾸어 비음으로 교체되는 것으로, 주로 'ㅂ, ㄷ, ㄱ'이 각각 'ㅁ, ㄴ, ㅇ'으로 변한다. 예를 들어 '국물'이 [궁물]로 발음되는 것은 'ㄱ'이 뒤의 비음 'ㅁ'의 영향으로 'ㅇ'으로 바뀐 것이고, '받는다'가 [반는다]로 발음되는 것은 'ㄷ'이 뒤의 비음 'ㄴ'의 영향으로 'ㄴ'으로 바뀐 것이다. 반면, ㉠<u>ㄴ 첨가</u>는 합성어에서 앞말이 자음으로 끝나고 뒷말이 'ㅣ, ㅑ, ㅕ, ㅛ, ㅠ' 등으로 시작할 때 그 사이에 'ㄴ' 소리가 새롭게 삽입되는 현상이다. 이는 기존 자음이 바뀌는 것이 아니라 전혀 없던 'ㄴ' 소리가 발음의 편의를 위해 추가되는 것으로, 예를 들어 '깻잎'이 [깬닙]으로, '나뭇잎'이 [나문닙]으로 발음되는 것이 이에 해당한다. 즉, 비음화는 기존 자음의 교체이고, ㄴ 첨가는 새로운 소리의 삽입이라는 점에서 구별된다.

① '예삿일이 아니다'에서 '예삿일'을 [예산닐]로 발음하는 것
② '법망을 피하다'에서 '법망'을 [범망]으로 발음하는 것
③ '십만 원'에서 '십만'을 [심만]으로 발음하는 것
④ '받는 소리'에서 '받는'을 [반는]으로 발음하는 것

Chapter 19 이외의 문법 영역

관련교재
㉠ 출좋포 독해·논리 p.282~288

◐ 천+기+누+설 출제빈도 체크

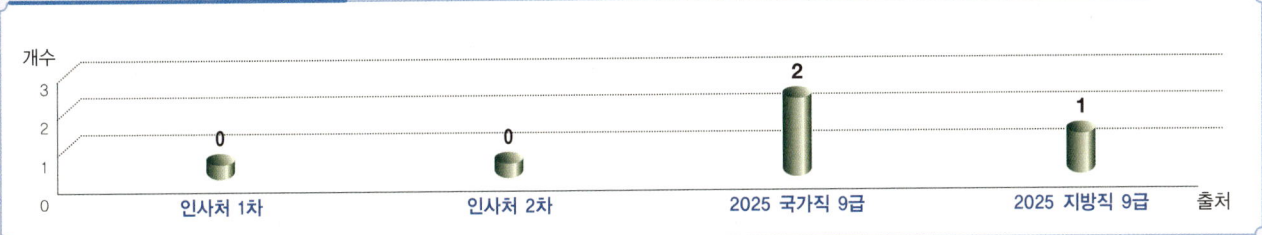

◐ 대표 천+기+누+설 개관

시간을 절약해서 풀어야 하는 것이 관건인 2026년 시험에 '문법+독해 결합형'이 나온다면
'족집게 문법 40 포인트, 출좋포 문법 어휘, 적중용 콤단문 문법' 강의를 학습하여
선지를 보고 빠르게 문제를 풀 수 있게 되는 것이 중요해질 것입니다.

'적중용 콤단문 문법'이라는 강의는 특히 역대 최빈출 기출을 뽑아
나올 확률이 가장 큰 문법 예시들로 만들어진 문제집으로 문법 암기 양을 최소화하기에 좋은 교재입니다.

나머지에서 나올 수 있는 출제 포인트를 정리하면
1) 의미론
2) 담화론
3) 어문 규정 등이 있습니다.

◐ 대표 천+기+누+설 발문 체크

01 다음 글에서 추론한 내용으로 적절하지 않은 것은?
02 다음 글의 ㉠의 사례가 포함되어 있지 않은 것은?

천기누설 혜선팍 독해 pin point

정답 및 해설 p.265

신유형 2025 버전 1

빠르게 푸는 亦功 전략

1단계
일반 사례 추론은 제시문에서 다루는 문법 중심 화제가 무엇인지 정도만 가볍게 확인하기

2단계
문법+독해 결합형은 배경지식이 있는 경우, 선지를 먼저 보기

3단계
만약 배경지식으로 해결되지 않는다면 제시문에서 발췌하여 헷갈리는 선택지를 다시 판단하기

언어의 본질 – 일반 사례 추론

01 〈보기〉의 글에 대한 학생들의 반응으로 적절하지 않은 것은?

〔보기〕

닉이 두 살쯤 되었을 때, 엄마는 플라스틱으로 만든 아기용 녹음기와 동요 테이프를 사다 주었다. 닉은 그 노래를 무척 좋아해서 테이프를 듣고 또 들었다. 닉은 동요 테이프와 녹음기를 들고 엄마 아빠나 형한테 가서, 노래를 틀어 줄 때까지 테이프와 녹음기를 탁탁 부딪치며 "과갈라, 과갈라, 과갈라."하고 말하곤 했다. 3년 동안 닉이 "과갈라, 과갈라."라고 할 때마다 식구들은 닉이 목소리와 악기 소리가 어우러진 아름다운 소리를 듣고 싶어 한다는 것을 알았다. 닉은 유치원에 들어가면서 선생님이나 다른 아이들은 '음악'이라고 말해야 알아듣는다는 것을 알게 되었다.

– 앤드루 클레먼츠, 〈프린들 주세요〉

① '과갈라'라는 말소리가 나타내는 의미를 닉과 닉의 가족만 알아들을 뿐 다른 사람들은 그 의미를 몰라 소통할 수 없으므로 '과갈라'는 언어라고 할 수 없어.
② 닉이 '음악'을 '과갈라'라고 부른 것은 언어의 자의성과 관련이 있지.
③ 닉이 '과갈라'라는 새로운 말을 만든 것은 언어의 창조성과 관련이 있어.
④ 닉이 '과갈라.'라고 말했을 때, 선생님과 다른 친구들이 알아듣지 못한 것은 언어의 역사성과 관련이 있어.

신유형 2025 버전 2

표준 발음법 – 일반 사례 추론

02 다음 글을 읽고 추론한 내용으로 적절하지 않은 것은?

> 한글 맞춤법 제2장은 자모에 관한 규칙이다. 그중 제4절은 모음의 표기를 다루는 조항 두 가지로 이루어져 있다. 첫째는 '계, 례, 몌, 폐, 혜'의 'ㅖ'는 'ㅖ'로 소리 나는 경우가 있더라도 'ㅖ'로 적는다는 원칙이다. '계, 몌, 폐, 혜'는 종종 [게, 메, 페, 헤]로 발음되며, 이 중 '례'를 제외한 '계, 몌, 폐, 혜'의 이중 모음 [ㅖ]가 단모음 [ㅔ]으로 발음되는 것은 표준 발음으로 인정된다. 그렇지만 표기는 여전히 'ㅖ'로 굳어져 있으므로 'ㅖ'로 적는다.
>
> 둘째는 '의'나, 자음을 첫소리로 가지고 있는 음절의 'ㅢ'는 'ㅣ'로 소리 나는 경우가 있더라도 'ㅢ'로 적는다는 원칙이다. 표준 발음법 제5항에 의하면 자음을 첫소리로 가지고 있는 음절의 'ㅢ'는 [ㅣ]로 발음하며, 단어의 첫음절 이외의 '의'는 [이]로, 조사 '의'는 [에]로 발음할 수 있다. 이러한 발음을 표기에 반영한다면, 자음 뒤에 이중 모음 'ㅢ'를 쓰는 '희망, 무늬'와 같은 단어의 'ㅢ'를 모두 단모음 'ㅣ'로 적도록 해야 할 것이다. 그러나 이미 익숙해진 표기를 버리고 '히망, 무니'로 적는 것은 공감하기 어려우므로 'ㅢ'가 'ㅣ'로 소리 나더라도 'ㅢ'로 적는 것이다.

① '협의'는 둘째 음절에 오는 '의'를 [이]로 발음할 수 있다는 원칙에 따라 [혀비]로 발음될 수 있지만 '협의'로 적어야 하는군.
② '핑계'와 '사례'를 각각 [핑게]와 [사레]로 발음하는 것은 표준 발음으로 인정되겠군.
③ '폐품'과 '닁큼'에 쓰인 모음을 모두 단모음으로 발음해도 표준 발음으로 인정되겠군.
④ '띄어쓰기'를 표준 발음법에 따라 발음하면 모든 모음이 단모음으로만 발음될 수 있지만, '의의'는 이중 모음으로만 발음해야 하는 음절이 있겠군.

빨리 푸는 亦功 전략

1단계
일반 사례 추론은 제시문에서 다루는 문법 중심 화제가 무엇인지 정도만 가볍게 확인하기

2단계
문법+독해 결합형은 배경지식이 있는 경우, 선지를 먼저 보기

3단계
만약 배경지식으로 해결되지 않는다면 제시문에서 발췌하여 헷갈리는 선택지를 다시 판단하기

문제훈련 이외의 문법 영역

01 다음 글에서 추론한 내용으로 적절하지 않은 것은?

> 글의 기본 단위가 문장이라면 구어를 통한 의사소통의 기본 단위는 발화이다. 담화에서 화자는 발화를 통해 '명령', '요청', '질문', '제안', '약속', '경고', '축하', '위로', '협박', '칭찬', '비난' 등의 의도를 전달한다. 이때 화자의 의도가 직접적으로 표현된 발화를 직접 발화, 암시적으로 혹은 간접적으로 표현된 발화를 간접 발화라고 한다.
> 일상 대화에서도 간접 발화는 많이 사용되는데, 그 의미는 맥락에 의존하여 파악된다. '아, 덥다.'라는 발화가 '창문을 열어라.'라는 의미로 파악되는 것이 대표적인 예이다. 방 안이 시원하지 않다는 상황을 고려하여 청자는 창문을 열게 되는 것이다. 이처럼 화자는 상대방이 충분히 그 의미를 파악할 수 있다고 판단될 때 간접 발화를 전략적으로 사용함으로써 의사소통을 원활하게 하기도 한다.
> 공손하게 표현하고자 할 때도 간접 발화는 유용하다. 남에게 무언가를 요구하려는 경우 직접 발화보다 청유 형식이나 의문 형식의 간접 발화를 사용하면 공손함이 잘 드러나기도 한다.

① 발화는 구어를 통한 의사소통의 기본 단위이다.
② 간접 발화의 의미는 언어 사용 맥락에 기대어 파악된다.
③ 간접 발화가 직접 발화보다 화자의 의도를 더 잘 전달한다.
④ 요청할 때 청유문이나 의문문을 사용하면 더 공손해 보이기도 한다.

02 다음 글을 이해한 내용으로 가장 적절한 것은?

> 언어는 시간의 흐름에 따라 단어의 의미가 변하는 경우가 많다. 이러한 의미 변화를 크게 세 가지 유형으로 나눌 수 있는데, 의미 이동, 의미 확대, 의미 축소가 그것이다. 각각의 의미 변화를 자세히 살펴보자. 의미 이동은 단어의 의미가 완전히 다른 의미로 바뀌는 현상을 말한다. 이는 단어가 원래 가지고 있던 의미와 전혀 다른 새로운 의미를 갖게 되는 경우를 의미한다. 예를 들어, '어리다'라는 단어는 원래 '어리석다'라는 의미였으나, 현재는 '나이가 적다'라는 의미로 바뀌었다. 의미 확대는 단어의 의미 범위가 넓어지는 현상을 말한다. 이는 특정한 의미를 가진 단어가 그 의미를 확장하여 더 넓은 범위의 대상을 가리키게 되는 경우를 의미한다. 방석(方席)은 원래 네모난 모양의 깔개만을 가리키는 말이었으나 둥근 것까지도 포함하게 되어 의미 확대의 예이다. 의미 축소는 단어의 의미 범위가 좁아지는 현상을 말한다. 이는 원래 더 넓은 의미를 가지고 있던 단어가 특정한 의미로 한정되는 경우를 의미한다. 예를 들어 얼굴이 '형체'를 가리키는 말에서 '안면'만 가리키는 말로 축소된 것이 그 예이다.

① '두꺼비집'이 '두꺼비의 집'을 가리키는 말에서 '전기 개폐기'로 변화한 것은 의미 확대의 예이다.
② '놈'이 평범한 남자를 가리키는 말에서 사람을 비하하는 말로 바뀐 것은 의미 이동의 예이다.
③ '생수'가 마시는 물이라는 의미에서 제품화되어 나온 마실 물을 가리키게 된 것은 의미 확대의 예이다.
④ '겨레'가 혈연을 의미하는 말에서 유대를 지닌 민족 공동체를 가리키게 된 것은 의미 확대의 예이다.

03 다음 글을 이해한 내용으로 적절하지 않은 것은?

둘 이상의 단어가 서로 짝을 이루어 대립하는 관계에 있을 때 이를 '반의 관계', 즉 '반의어'라고 말한다. 반의 관계가 성립하기 위해서는 두 단어 사이에 공통적인 의미 특성이 있고 단 한 가지 특성만이 대립되어야 한다. 예를 들어 '남학생'과 '여학생'은 둘 다 학생이라는 공통적인 의미 특성이 있으면서 성별만이 다르기 때문에 반의 관계에 있는 단어이다. 반의어는 유형에 따라 정도 반의어, 상보 반의어, 방향 반의어로 나눌 수 있다. 먼저 정도 반의어는 정도나 등급에 있어 대립이 되는 쌍이며, 중간 단계가 존재한다. 상보 반의어는 서로 겹치지 않는 두 영역으로 철저히 대립되는 쌍으로, 정도 반의어와는 달리 중간 단계가 존재하지 않는다. 방향 반의어는 관계나 이동, 공간 측면에 있어서 대립이 되는 쌍을 일컫는다. 다의어의 경우에는 의미에 따라서 여러 개의 단어들이 대립하여 반의 관계를 이루기도 한다. 예를 들어 '(얼음이) 녹다'의 반의어는 '(얼음이) 얼다'이고, '(초콜릿이) 녹다'의 반의어는 '(초콜릿이) 굳다'이다.

① '아래쪽'과 '위쪽'은 반의 관계이며 방향 반의어에 해당한다.
② '높다'와 '낮다'는 반의 관계이며 상보 반의어에 해당한다.
③ '살다'와 '죽다'는 반의 관계이며 상보 반의어에 해당한다.
④ '스승'과 '제자'는 반의 관계이며 방향 반의어에 해당한다.

04 다음 글을 이해한 내용으로 가장 적절한 것은?

지시 표현은 담화 장면을 구성하는 화자, 청자, 사물, 시간, 장소 등의 요소를 직접 가리키는 표현이다. 대용 표현은 담화에서 언급된 말이나 뒤에서 언급될 말을 대신하는 표현이다. 대표적인 지시 표현으로는 '이', '그', '저' 등이 있다. 이들이 담화에서 언급되는 말을 대신할 때는 대용 표현이 된다. 예를 들어, 친구가 들고 있는 꽃을 보며 화자가 "이 꽃 예쁘네."라고 말했다면, '꽃'을 직접 가리키는 '이'는 지시 표현이다. 그러나 화자가 "그런데 지난번 꽃도 예쁘던데, 그때 그거는 어디서 샀어?"라고 말을 이어갔다면, 이때의 '그거'는 앞선 발화의 '지난번 꽃'을 대신하는 대용 표현이다. 또한, 접속 표현은 문장과 문장, 발화와 발화를 연결해 주는 표현으로, '그리고' 같은 접속 부사가 대표적인 예이다. 앞서 언급된 두 번째 발화의 '그런데'도 앞의 발화를 뒤의 발화와 이어 주는 접속 표현에 속한다.

① 대용 표현은 담화 장면의 화자와 청자를 직접 가리키는 표현이다.
② 접속 표현은 다른 단어와 문법적으로 연결되지 않으며 독립적으로 사용된다.
③ '그런데'는 지시 표현으로, 특정 사물을 가리킬 때 사용된다.
④ 대화 중 앞서 언급된 사물을 다시 언급할 때 사용하는 '그거'는 대용 표현으로 볼 수 있다.

05 다음 글을 이해한 내용으로 적절하지 않은 것은?

> 한국어에서 단어들은 서로 다양한 관계를 맺고 있으며, 그 중 상의어와 하의어 관계는 단어의 의미를 이해하는 데 중요한 역할을 한다. 상의어와 하의어는 단어의 의미 계층 구조를 나타내며, 상위 개념과 하위 개념 사이의 포함 관계를 보여준다. 상의어는 보다 일반적이고 포괄적인 의미를 가진 단어로, 여러 하의어를 포함하는 개념이다. 상의어는 하위 개념들을 포괄하는 큰 범주의 단어로 이해할 수 있다. 예를 들어, '과일'이라는 단어는 여러 종류의 과일을 포함하는 상의어이다. '사과', '바나나', '포도' 등은 모두 '과일'이라는 상의어에 포함된다. 이처럼 상의어는 특정 범주 내의 다양한 하의어들을 총칭하는 역할을 한다. 하의어는 보다 구체적이고 특수한 의미를 가진 단어로, 상의어에 포함되는 개념이다. 하의어는 상위 개념의 특정 예시나 종류를 나타낸다. 예를 들어, '사과'는 '과일'의 하의어로, 과일이라는 범주 내에서 특정한 종류를 가리킨다. 마찬가지로, '바나나'와 '포도'도 '과일'의 하의어로, 각기 다른 과일의 종류를 나타낸다. 하의어는 상의어에 비해 더 구체적인 정보를 제공하며, 상의어의 범주 내에서 다양성을 나타낸다.

① '사람'은 '남성'과 '여성'을 포함하는 상의어가 될 수 있다.
② '축구'와 '야구'는 '운동'의 하의어가 될 수 있다.
③ 하의어는 일반적이고 포괄적인 의미를 가지며, 여러 상의어를 포함하는 개념이다.
④ 상의어는 특정 범주 내의 다양한 하의어들을 총칭하는 역할을 한다.

06 다음 글을 이해한 내용으로 가장 적절한 것은?

> 한 언어의 어휘 체계 내에서 특정 개념이 존재하지만 그에 대응하는 단어가 없는 경우를 '어휘적 빈자리'라고 한다. 어휘적 빈자리는 지속적으로 존재할 수도 있지만, 여러 방식으로 채워지기도 한다. 어휘적 빈자리를 채우는 첫 번째 방식은 단어 대신 구를 사용하여 빈자리를 채우는 방법이다. 예를 들어, 어떤 언어에는 '사촌', '고종사촌', '이종사촌'에 해당하는 단어는 있지만, '외사촌'을 지시하는 단어가 없다. 그래서 그 언어에서는 '외삼촌의 자식'이라는 표현을 사용한다고 한다. 현대 국어에서도 어린 돼지를 '아기 돼지', '새끼 돼지'로 지칭하는 것이 이러한 방식에 해당된다. 두 번째 방식은 한자어나 외래어를 활용하여 빈자리를 채우는 방법이다. 현대 국어에서 무지개의 색을 나타내는 어휘 체계는 '빨강-주황-노랑-초록-파랑…'으로 이루어져 있는데, 이 중 '빨강', '노랑', '파랑'은 고유어이지만 '빨강과 노랑의 중간색', '풀의 빛깔과 같이 푸른빛을 약간 띤 녹색'을 나타내는 고유어는 없다. 따라서 '주황(朱黃)'과 '초록(草綠)' 등의 한자어가 사용된다. 세 번째 방식은 상의어로 하의어의 빈자리를 채우는 방법이다. 예를 들어 '누이'는 원래 손위와 손아래를 모두 가리키는 단어였지만, 손위를 의미하는 '누나'라는 단어는 따로 있는 반면 손아래를 의미하는 단어는 없어서 상의어인 '누이'가 그대로 빈자리를 차지하게 되었다.

① 현대 국어에서 '아기 당나귀', '새끼 당나귀'와 같은 표현은 어휘적 빈자리를 구로 채우는 예이다.
② '주황'과 '초록'은 상의어로 하의어의 빈자리를 채운 예이다.
③ 어휘적 빈자리는 주로 단어를 만들어내는 방식으로만 채울 수 있다.
④ 어휘적 빈자리를 채우기 위해 상의어 대신 하의어를 사용하는 경우가 많다.

07 다음 글의 ㉠~㉢의 예를 순서대로 배열한 것은?

> 받침 'ㅎ'은 원래 음가대로 발음되지 못하고 음운 변동을 겪는다. 가령, 'ㅎ'으로 끝나는 유일한 체언 '히읗'은 [히읃]으로 발음되며, 뒤에 모음으로 시작하는 조사가 올 경우, '히읗이[히으시]'와 같이 [ㅅ]으로 발음된다. '좋고[조코]', '좋다[조타]', '좋지[조치]'처럼 ㉠'ㅎ' 뒤에 'ㄱ, ㄷ, ㅈ'가 오는 경우, 'ㅎ'과 이들 음운이 합쳐져서 [ㅋ, ㅌ, ㅊ]으로 발음된다. ㉡'ㅎ' 뒤에 'ㄴ'이 오는 경우, '좋니[존니]'처럼 'ㅎ'이 [ㄴ]으로 발음된다. ㉢'좋아[조아]'처럼 'ㅎ' 뒤에 모음으로 시작하는 형식 형태소가 오는 경우, 'ㅎ'은 발음되지 않는다.

	㉠	㉡	㉢
①	낳고[나코]	쌓는[싼는]	닳은[다른]
②	닳다[달타]	않니[안니]	쌓인[싸인]
③	닿지[다치]	옳네[올레]	않아[아나]
④	국화[구콰]	닿네[단네]	놓여[노여]

Chapter 20 논리 독해 결합형

천기누설 혜선팍 독해 시즌2

Part 09

논리 독해
결합형

Chapter 20 논리 독해 결합형

관련교재
㉠ 출좋포 독해·논리에 없음

◐ 천+기+누+설 출제빈도 체크

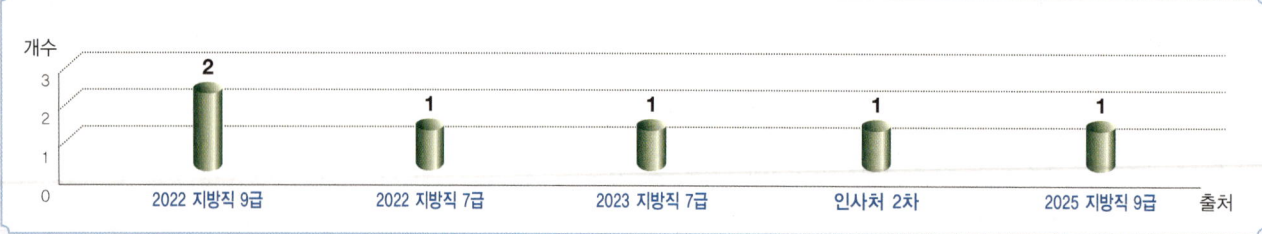

◐ 대표 천+기+누+설 개관

논리 독해 결합형 문제는 2022년 지방직 9급 시험부터 나오기 시작하여
논리 이론 중 대우 관계, 충분조건, 필요조건에 대한 개념이 독해에 흡수되어
이를 물어보는 문제가 출제되기 시작했습니다.
그 이후로 내용 추론 긍정 발문, 빈칸 추론 등의 유형으로 출제되었습니다.
특히 인사처 2차 샘플에서는 신유형인 일반 강화 약화 유형과 논리가 결합되어
오답률 top3 안에 들어가는 문제가 출제되었습니다.

따라서 이 부분을 보완할 수 있는 최적의 문제를 이 챕터 안에 충분히 실었으니
혜선 쌤의 문제 풀이 방식을 익혀봅시다~^^

◐ 대표 천+기+누+설 발문 체크

01 다음 글에서 추론한 내용으로 가장 적절한 것은?
02 ㉠과 ㉡에 대한 평가로 올바른 것은?
03 다음 글의 맥락을 고려할 때 빈칸에 들어갈 내용으로 가장 적절한 것은?
04 다음 글에서 추론할 수 있는 것만을 〈보기〉에서 모두 고르면?

천기누설 혜선팍 독해 pin point

정답 및 해설 p.268

신유형 2025 버전 1

내용 추론 부정 발문

01 다음 글에서 추론한 내용으로 적절하지 않은 것은?

> 범죄의 구성 요건에는 해당성, 위법성, 유책성이 있다. 어떠한 행위가 범죄인지를 판단하기 위해서는 위의 세 가지의 요건을 모두 충족시켜야 한다. 그런데 어떠한 행위는 구성 요건에 해당하더라도 위법하지 않은 경우가 있다. 이는 위법성의 조각에 의해 이루어지는데, 이는 구성 요건에 해당하는 행위일지라도 특별한 사유에 의해 위법성을 부정하는 것을 의미한다.
>
> 위법성 조각 사유에는 '정당 행위, 정당방위, 피해자의 승낙' 등이 있는데, 대표적인 위법성 조각 사유로는 '긴급 피난'이 있다. 산책을 하던 사람이 우연히 맹견에게 쫓겨 달아나다가 제3자의 집에 들어가 숨는 상황을 가정해보자. 이때 산책을 하던 사람은 맹견이라고 하는 위난 요소가 없다면 주거 침입죄가 인정되어 처벌을 받게 된다. 그러나 맹견에게 쫓기는 상황은 산책하던 사람의 법익을 심각하게 침해하는 위난이며, 이를 피하기 위해 어쩔 수 없이 남에 집을 침입한 것이기에 긴급 피난으로 인정되어 위법성이 조각된다.

① 어떤 행위가 해당성, 위법성, 유책성이 모두 인정이 된다면, 그 행위는 범죄로 판단할 수 있을 것이다.
② 위난 요소가 없는 경우에는 항상 위법성 조각이 되지 않아 범죄로 판단할 수 있을 것이다.
③ 어떤 행위가 범죄의 구성 요건을 충족할지라도 위난 요소라는 특별한 사유가 있다면 범죄로 판단할 수 없을 것이다.
④ 남의 집에 침입한 것은 범죄 구성 요건에 해당하나, '맹견에게 쫓기는 상황'은 특별한 사유이므로 범죄가 될 수 없다.

빨리 푸는 亦功 전략

1단계
글을 읽다가 논리 독해 결합형임을 알 수 있는 표지가 나오면 논리로 풀어야겠다고 인지하기

2단계
논리 기호로 바꿀 수 있는 문장들이 나오면 논리 기호로 바꿔 보기

3단계
다만, 논리기호는 문제를 쉽게 풀기 위한 것이니 논리기호로 푸는 게 어렵다면 내용 추론 문제처럼 풀기

신유형 2025 버전 2

빠리 푸는 亦功 전략

1단계
<보기>나 글을 읽다가 논리 독해 결합형임을 알 수 있는 표지가 나오면 논리로 풀어야겠다고 인지하기

2단계
논리 기호로 바꿀 수 있는 문장들이 나오면 논리 기호로 바꿔 보기

3단계
다만, 논리기호는 문제를 쉽게 풀기 위한 것이니 논리기호로 푸는 게 어렵다면 내용 추론 문제처럼 풀기

<보기> 추론

02 다음 글에서 추론할 수 있는 것만을 <보기>에서 모두 고르면?

나이가 들수록 시간이 빠르게 지나간다고 느껴지는 이유는 무엇일까? 다양한 이유가 있지만, 나이가 들수록 뇌에서 도파민 분비가 줄어든다는 것이 하나의 이유로 제시되고 있다. 도파민은 새로운 자극을 받거나 행복감을 느끼면 분비되는 호르몬이다. 도파민 분비가 증가하면 뇌의 신경회로가 자극되어 기억의 강도가 세진다. 반면 도파민 분비가 줄어들면 뇌의 신경회로 자극이 줄어들어 기억의 강도는 약해진다. 기억의 강도가 약해지면 머리에 각인되는 이미지가 적어져서 한 것도 없이 시간이 빠르게 지나간다고 느끼게 된다. 그럼 어떻게 하면 시간을 좀 더 길게 느낄 수 있을까?

답은 도파민 분비에 있다. 새로운 자극을 늘려 도파민 분비를 증가시키는 것은 하나의 방법이 될 수 있다. 새로운 사람들과 만나거나 새로운 일을 시작하거나 새로운 곳으로 여행을 떠나는 등의 새로운 경험을 해서 새로운 자극을 늘리는 것이다. 새로운 경험을 해야만 새로운 자극을 늘릴 수 있는 것은 아니다. 예를 들어, 일기를 쓰는 것도 새로운 자극을 늘리는 방법이 될 수 있다. 오늘이 어제와 객관적으로 비슷했다고 하더라도, 주관적으로 어떻게 의미를 부여하고 기록하느냐에 따라 새로운 자극을 발생시킬 수 있는 것이다. 행복감을 늘리는 것도 하나의 방법이다. 친숙한 사람들과 함께 시간을 보내면, 행복감이 증가하고 도파민 분비가 증가한다.

[보기]
ㄱ. 도파민 분비가 줄어들지 않으면, 나이가 들어도 시간이 빠르게 지나간다고 느끼지 않는다.
ㄴ. 도파민 분비가 줄어들면, 머리에 각인되는 이미지가 적어진다.
ㄷ. 새로운 경험은 도파민 분비를 증가시키기 위한 필요조건이다.

① ㄱ
② ㄴ
③ ㄱ, ㄴ
④ ㄴ, ㄷ

문제훈련 논리 독해 결합형

01 다음 글에서 추론한 내용으로 적절하지 않은 것은?

보드리야르는 현대 사회를 소비 사회로 명명하며 현대인의 소비가 상품이 상징하는 특정 사회적 지위에 대한 욕구로 인해 일어난다고 말했다. 이는 전통적인 경제학 이론과는 괴리를 보이는 설명이다. 전통적 관점에서 합리적인 소비자는 상품의 기능적 가치를 바탕으로 자신이 얻을 효용을 판단하여 소비할 것이다.

그러나 보드리야르는 자본주의 사회의 상품 소비는 기능적 가치를 초월한 기호 가치에 의한다고 보았다. 이때 기호 가치란 상품 자체의 유용성과는 대비되는 것으로 상품이 소비자에게 주는 오롯한 심리적 만족감에 해당한다. 가령 어떤 상품은 '남들이 가지지 못한 비싸고 좋은 것'이라는 이미지를 가지고 있다고 하자. 소비자는 이를 구매함으로써 그러한 이미지를 함께 얻는 것과 같은 느낌을 받게 된다. 상품은 소비 사회에서 소비 주체가 어떠한 사람인지, 어떠한 지위에 있는지를 보여줄 수 있다.

대중 매체는 기호 가치에 대한 소비자의 욕망을 강제적으로 만든다. 매체 속에 등장하는 상품들은 대중의 욕망을 자극하여 상품에 새로운 기호 가치를 내재시킨다. 그러나 강제성은 그저 개성이라는 방패 뒤에 숨을 뿐이다. 현대인들은 자신의 개성을 드러낸다는 명목하에 기호 가치에 대한 소비를 강요받고 있으며, 결국 상품은 기호로서 조작되어 인간의 기저 의식 깊숙한 곳에서 욕망을 끌어 올려 자본의 확대에 기여한다.

① 보드리야르에 의하면 개성은 대중들의 욕망으로 상품에 내재된 새로운 기호 가치에 부여된 성질이라고 할 수 있다.
② 보드리야르에 의하면 소비자의 특정 사회적 지위에 대한 욕구는 상품에 기호화되어 상품의 소비를 자극한다.
③ 전통적 경제학에 의한 합리적 소비란 상품의 기능적 가치에 의거한 소비자의 판단으로 이루어진다.
④ 보드리야르에 의하면 대중 매체는 상품의 기호 가치를 자극하여 소비자의 욕망을 강제할 수도 있다.

02 다음 글에서 추론한 내용으로 적절하지 않은 것은?

챗GPT는 자아를 지닌 강인공지능의 범주에 속할 수 있는가? 지난 11월 챗GPT가 공개되고 난 뒤 대중들은 이것이 자아를 지닌 인공지능의 탄생인지를 의심할 수밖에 없었다. 기존의 인공지능과 달리 챗GPT는 인간의 언어를 명확하게 이해하는 듯했으며, 이것은 우리가 인공지능에서 기대하는 바를 현상적으로 보여 주기 때문이다.

그러나 챗GPT는 자연어 처리 및 생성 기술을 기반으로 한 대화형 인공지능에 불과하다. 자연어 처리 기술이란 컴퓨터가 인간의 언어를 알아들을 수 있게 만드는 기술로, 단지 알고리즘에 따라 정해진 답안을 제시할 뿐, 정말로 인간의 언어를 이해하고, 그에 대한 공감과 답변을 처리하는 것은 아니다. 다만 챗GPT는 자연어 처리 기술이 극에 달한 경우라고 할 수 있다.

어떤 인공지능이 강인공지능으로 분류되기 위해서는 이러한 알고리즘 수행의 한계를 벗어나야 한다. 이를 위해서는 인간이 가진 것과 비슷하거나 동일한 '의식'이 필수적이다. 강인공지능으로 분류되는 인공지능은 프로그래밍된 알고리즘은 물론이고, 이를 바탕으로 새로운 알고리즘을 창조하여 문제 해결이 가능해야 한다. 그러나 이에 대한 과학계의 반응은 회의적이다. 의식을 프로그램에 구현할 수 있는가는 미지수이며, 인간의 의식이 근본적으로 어디에서 기인하는가도 밝혀지지 않았을뿐더러 인간의 자유의지 여부마저 규명되지 않았기 때문이다.

① 자연어 처리 및 생성 기술의 발달이 극에 달하면 우리가 인공지능에서 기대하는 바가 충족된 것처럼 느낄 수 있다.
② 인공지능이 알고리즘 수행의 한계에 머물러 있더라도 의식을 가졌다면 이는 강인공지능의 탄생을 의미할 수 있다.
③ 인간이 지닌 의식에 대해 아직 충분히 밝혀진 바는 없으며, 이로 인해 강인공지능의 탄생에는 근본적인 문제가 있다고 할 수 있다.
④ 자연어 처리 및 생성 기술은 컴퓨터가 인간의 언어를 알아들을 수 있게 하지만 인공지능이 의식을 통해 이를 이해하는 것은 아니다.

03 다음 글에서 추론한 내용으로 가장 적절한 것은?

중심극한정리란 모든 사건은 정규분포곡선을 따른다는 이론이다. 모든 사건이 정규분포곡선을 따른다면, 비일상적인 사건들이 실제로 일어날 가능성은 거의 없다. 만약 이 이론이 옳다면 비일상적인 사건들은 과감히 무시해야 한다. 기우에 빠지지 않고, 일상적인 사건 중 중요한 사건들에 자원과 에너지를 집중시켜 충실하게 살아가는 것이 지혜로운 삶의 태도이기 때문이다. 그런데 최근 몇 년간 발생한 다음 사건들을 살펴보자.

- 코로나 바이러스가 전 세계를 휩쓸었다.
- 러시아가 우크라이나를 침공했다.
- 팔레스타인이 이스라엘에 로켓을 발사했다.

중심극한정리에 의할 때, 위 사건들은 비일상적인 사건들이다. 중심극한정리에 근거해 예측하면 몇억 년에 한 번 발생할 법한 사건들이다. 그런데 위와 같은 사건들이 정말 몇억 년에 한 번 발생하는가? 과연 비일상적인 사건들이 일어날 가능성이 거의 없다고 말할 수 있을까? 정말 위와 같은 사건들을 과감히 무시하는 것이 맞을까? 성공한 투자자인 탈레브는 비일상적인 사건을 결코 무시해서는 안 된다고 주장한다. 그는 오히려 위와 같은 사건들이 부를 쌓을 수 있는 절호의 기회가 될 수 있으므로, 반드시 비일상적인 사건을 고려해 투자 전략을 세워야 한다고 조언한다.

① 중심극한정리에 따르면 오직 일상적인 사건들만 정규분포곡선을 따른다.
② 중심극한정리에 따라 지혜로운 삶의 태도로 살 때, 에너지를 집중시키지 않는 사건은 비일상적인 사건이다.
③ 탈레브에 따르면 러시아의 우크라이나 침공은 일상적인 사건이다.
④ 탈레브에 따르면 모든 사건은 정규분포곡선을 따른다는 이론은 옳지 않다.

04 다음 글에서 추론한 내용으로 가장 적절한 것은?

사회심리학자 하인리히에 따르면, 더 올바른 해결책을 찾기 위해서는, 직접 원인뿐 아니라 간접 원인을 올바르게 이해해야 한다. 직접 원인은 일어난 결과에 대한 직접적인 원인을 의미하며, 간접 원인은 직접 원인에 대한 원인을 의미한다. 예를 들어, 친구가 별것 아닌 일로 나에게 화를 내서 싸웠다면, 직접 원인은 친구가 화를 낸 것이 될 것이다. 그런데 친구가 힘든 상황으로 스트레스를 받아 별것 아닌 일로 화를 내었다면, 간접 원인은 친구의 스트레스가 될 것이다. 이를 도식화하면 다음과 같다.

㉠ 친구의 스트레스 → ㉡ 친구가 화냄 → 싸움

만약 ㉡에만 초점을 맞춘다면, 친구는 이상한 사람이며, 해결책은 친구와 거리두기가 된다. 그러나 ㉠까지 고려한다면, 친구의 상황을 이해하고 위로함으로써 친구와 오히려 가까워지는 해결책을 찾을 수도 있을 것이다. ㉡만 고려할 때보다 ㉠까지 고려하게 되었을 때, 올바른 정보의 양이 더 많아지므로, 더 올바른 결정을 할 수 있음은 당연하다. 만약 ㉠의 원인까지 알 수 있다면 더 올바른 해결책을 찾을 수 있을 것이다. 하지만 문제는 ㉡은 관찰 가능하지만, ㉠이나 ㉠의 원인은 관찰 불가능하다는 것이다. 오로지 나의 생각으로 추론해내야 한다. 추론 과정이 잘못되면, ㉠을 잘못 이해하게 되고, 더 잘못된 해결책으로 문제를 악화시킬 수도 있다.

① 하인리히에 따르면 직접 원인에 대한 원인을 올바르게 이해하는 것은 더 올바른 해결책의 충분조건이다.
② 하인리히에 따르면 관찰 불가능한 원인을 올바르게 이해하지 못하는 경우 더 올바른 해결책을 찾을 수 없다.
③ 정보의 양이 많아질수록 더 올바른 결정을 내릴 수 있다.
④ 원인에 대한 원인을 계속 파헤치는 일은 문제를 악화시킨다.

05 다음 글에서 추론한 내용으로 적절하지 않은 것은?

인간이 어떠한 선택을 할 때 그 선택은 자유의지에 의한 선택이거나, 자유의지에 의하지 않은 선택일 수 있다. 이와 관련하여 인간에게 자유의지가 존재하지 않는다고 생각하는 반자유의지주의자들은 인간의 선택이 선결정되어 일어났을 수 있다고 생각한다. 선결정된 선택이란 어떠한 선택이 그 선택 이전에 일어났던 일련의 사건에 의해 발생했다는 것이다. 이는 주체의 개입이 불가능한 상황에서 발생한 선택이므로 자유의지 자체를 부정한다.

한편 인간의 정신 작용이 인간의 뇌에서 일어나는 신경 사건의 일부라면 인간의 선택이 선결정되어 일어난 선택이 아니더라도 이는 주체의 자유의지가 아닐 수 있다. 이는 단지 우연히 발생한 일종의 사건일 뿐이며, 이 선택에 인간의 자유의지가 개입될 여지에 대해 회의하는 관점이다. 이는 비록 선결정되지 않은 사건이라고 할지라도 주체가 개입했는지 여부를 확인할 수 없다면, 자유 의지 역시 확인할 수 없다는 논지를 취하고 있다.

① 선결정되지 않은 주체의 선택은 자유의지라고 할 수 있다.
② 선결정이 일어났더라도 선택이 일어난다면 자유의지라고 할 수 있다.
③ 우연히 일어난 선택일지라도 주체의 개입이 확인된다면 자유의지 역시 확인될 수 있다.
④ 주체의 개입이 부정된다면 예외 없이 자유의지가 부정된다.

06 다음 글을 읽고 켐퍼의 견해에 부합하는 내용만을 〈보기〉에서 모두 고르면?

결혼식에서는 참석자 대다수가 웃으며 축하하지만, 장례식에서 큰 소리로 웃는다면 비난을 받을 수 있다. 이처럼 우리 사회에는 특정한 상황에서 마땅한 것으로 여겨지는 감정을 느껴야 하는 암묵적인 규칙이 존재한다. 그런데 어떤 사람이 규범적 감정을 느낄 때, 실제로 느끼는 감정은 표면상으로 드러나는 감정보다 훨씬 복잡한 심리적 작용의 결과일 수 있다. 테오도르 켐퍼는 사람들이 규범에 부합하는 감정을 느끼고 또 그것을 느끼기 위해 노력한다는 것을 인정하지만, 특정 상황에서 감정을 유발하는 가장 큰 요인은 사회 구조로 결정화된 권력과 지위의 관계라고 보았다.

켐퍼에 의하면 사회 규범보다는 오히려 사회 구조가 감정을 산출한다. 우리가 결혼식에서 긍정적 감정을 느끼고 웃는 것은 그 결혼식이 즐거운 행사여서가 아니라 참석자에 대한 극진한 대접이 우리의 지위를 높여 주었기 때문이다. 이 대접에서 발생하는 권력과 지위 관계가 생리학적 반응을 유발하고, 이 생리학적 반응이 감정을 낳는 것이다.

〈보기〉

ㄱ. 죽은 사람이 자신에게 낮은 지위를 부여했다면, 그와의 관계 상실로 인해 진정으로 슬퍼하거나 애도를 표하지 않을 수도 있다.
ㄴ. 신분제 사회에서는 범죄자가 동일인일 때 신분이 낮은 집안의 자식이 살해 당했을 때보다 신분이 높은 집안의 자식이 살해 당했을 때 더 큰 분노를 느꼈을 것이다.
ㄷ. 평소 자신을 홀대하던 직장 상사의 결혼식에 참석한 사람이 그 상사의 결혼을 축하하는 감정을 느끼는 것은 불가능할 것이다.
ㄹ. 결혼식이나 장례식을 성대하게 치를수록 참석자들이 느끼는 규범적 감정 또한 클 것이다.

① ㄱ, ㄴ　　　　② ㄱ, ㄷ
③ ㄱ, ㄴ, ㄷ　　　④ ㄱ, ㄴ, ㄹ

07 다음 글을 읽고 추론할 수 있는 것만을 〈보기〉에서 모두 고르면?

칸트는 의무론적 윤리를 통해 개별적 상황에 의한 도덕적 행위를 주장하는 대신 보편성을 갖는 도덕법칙이 필요하다고 주장한 인물이다. 그는 인간이 지켜야 할 도덕법칙은 선험적으로 주어지는 것이며, 도덕법칙은 어떠한 상황에서도 반드시 지켜야 하는 규범이라고 정의하였다. 칸트는 인간학, 즉 인간 존중의 윤리학의 중요성을 제창한 인물이다. 그는 모든 인간은 존엄성을 가지는 존재이며 이러한 존엄성은 선험적으로 획득되는 것이라고 보았다. 또한 인간은 존엄성을 가진 존재로서의 지위를 유지하기 위해 도덕법칙에 의존해야 한다고 주장하였다. 즉 도덕법칙을 지키는 인간은 자신의 존엄성을 지키는 인간인 것이다.
『윤리형이상학정초』에 따르면 칸트는 자살을 시도하는 사람의 예를 들어 인간의 생명을 수단화할 수 없음을 주장한다. 만약 어떤 사람이 자살한다면 그것은 편안한 상태를 유지하기 위해 자신의 인격을 수단으로 사용한 것이다. 인간은 그 어떤 경우에도 목적으로 간주되어야 하며 물건을 처분하듯 훼손하거나 더럽혀서는 안된다. 따라서 칸트는 자살은 정당화될 수 없는 행위라고 보았다. 이러한 칸트 윤리학은 현대에도 '인간 존중'의 중요성을 시사한다. 과거 에스키모인들은 한정된 자원을 가지고 살아남기 위해 유아 살해를 정당화했으나 현대 사회에서 유아 살해는 용납되지 않는다. 문화적 상대주의도 중요하긴 하나 상대성보다 중요한 가치는 인간의 생명이자 존엄성이기 때문이다. 이렇듯 칸트 윤리학은 현대에 재창조되면서 새로운 가치를 만들어가고 있다.

〔보기〕
ㄱ. 칸트는 특수한 상황이 벌어지더라도 도덕법칙은 지켜야 한다고 보았다.
ㄴ. 종교적 이유로 여성을 차별하는 것은 개별적 상황을 판단하여 정당화할 수 있다.
ㄷ. 자신의 존엄성을 지키지 않는 사람은 도덕법칙을 어길 수도 있다.

① ㄱ, ㄴ
② ㄱ, ㄷ
③ ㄴ, ㄷ
④ ㄱ, ㄴ, ㄷ

08 다음 글에서 추론할 수 있는 것만을 〈보기〉에서 모두 고르면?

쇼펜하우어는 말한다. "명랑한 사람은 행복하다." 다시 말해 행복하지 않다면 명랑하지 않은 것이다. 명랑한 사람은 열 가지 일 가운데 한 가지 일만 이루더라도 기뻐하지만, 우울한 사람은 열 가지 일 가운데 아홉 가지 일을 이루더라도 기뻐하지 않는다. 우울한 사람은 이루지 못한 한 가지 일을 바라보며 크게 상심하고 화를 내기 때문이다. 우리의 마음을 좌우하는 것은 사물의 객관적인 모습이 아니다. 우리를 명랑하게 하거나 우울하게 하는 것은, 사물에 대해 우리가 느끼는 생각이다. 따라서 외모, 부, 명예 등을 가진 사람이 반드시 명랑한 사람은 아니다. 물론 그런 것들이 명랑한 사람이 되는 데 어느 정도 도움을 줄 수는 있을 것이다.
하지만 아름답거나 돈이 많거나 높은 지위에 있으면서도 우울한 사람이 있고, 볼품없게 생겼거나 가난하거나 낮은 지위에 있으면서도 명랑한 사람이 있다. 다만 명랑한 사람이 아니라면 건강한 사람은 아니다. 같은 상황에 대해서도 건강한 사람과 건강하지 않은 사람의 생각은 다르다. 건강한 사람이 아니라면 외모, 부, 명예 등을 갖고 있어도 즐기지 못하게 된다. 즐기지 못하면 마음이 위축되어 명랑한 사람이 되지 못한다. 그러므로 다른 일을 위해 건강을 희생하는 것은 어리석은 짓이다. 시간을 내서 꾸준히 운동하라. 건강이 없다면 다른 모든 것도 있을 수 없다.

〔보기〕
ㄱ. 건강한 사람은 행복하다.
ㄴ. 아름답거나 돈이 많은 사람은 명랑하지 않다.
ㄷ. 건강한 사람과 명랑한 사람은 필요충분 관계이다.

① ㄱ
② ㄴ
③ ㄱ, ㄷ
④ ㄴ, ㄷ

09 다음 글을 읽고 추론할 수 있는 것만을 〈보기〉에서 모두 고르면?

2010년대 중반부터 데이터 경제가 세계적으로 급부상하였다. 데이터 경제의 핵심이 되는 AI를 고도화하기 위해서는 개인정보를 토대로 한 빅데이터의 축적과 활용이 필수적이 되었다. 유럽연합은 2018년 5월 개인정보 보호규정(GDPR)을 시행하였다. 이에 따라 관련 기업들이 GDPR 체계에 맞춰 데이터를 활용할 수 있도록 제도 정비를 유도한 것이다. 그중 가장 중요하게 논의된 것은 적정성 평가(Adequacy Decision)인데 이는 EU가 관련 국가의 개인정보보호제도 수준의 '적정성'을 인정하면 EU로부터 개인정보를 국내 또는 타국으로 반출할 수 있는 권리를 인정한 것이다. 우리나라는 EU의 적정성 평가에 두 번이나 탈락했는데 우리나라에 독립적 개인정보보호기구가 없었던 것이 주요한 원인으로 지목되었다. 이에 따라 정부에서는 개인정보보호법 개정을 적극적으로 추진하였다.

2020년 1월 9일 개정 데이터 3법이 국회 본회의를 통과하였고 같은 해 2월 4일에 공포되어 8월 5일부터 시행되었다. 이 법은 안전한 데이터 이용을 목적으로 개인정보의 개념을 확립하고 가명 정보 활용 제도를 명시하였다. 또한 개인정보보호위원회를 독립적인 개인정보 감독기구로 정의하여 위상을 높이고, '개인정보보호법'이라는 이름 하에 타 법에서 유사, 중복 규정되었던 조항들을 일원화하였다. 이 법이 갖는 가장 큰 의의는 이전 법안에서 모호하다고 비판받던 '개인정보'라는 개념을 체계화했다는 데에 있다. 또한 개인정보를 가명 처리하여 개인을 특정할 수 없게 한다면 기업들이 데이터를 활용할 수 있도록 하여 데이터 경제를 고도화하는 초석을 마련하였다.

〈보기〉
ㄱ. 데이터 경제의 성장을 위해서는 개인정보 활용이 필수적이다.
ㄴ. 우리나라가 EU의 적정성 평가에서 두 번이나 탈락한 이유는 관련 법안이 없었기 때문이다.
ㄷ. 데이터 3법 개정은 데이터 경제 고도화의 토대가 될 것이다.

① ㄱ, ㄴ
② ㄱ, ㄷ
③ ㄴ, ㄷ
④ ㄱ, ㄴ, ㄷ

10 다음 글에서 추론할 수 있는 것만을 〈보기〉에서 모두 고르면?

> 인간의 삶은 B와 D 사이의 C라고 말한다. 인간의 삶은 출생(Birth)과 죽음(Death) 사이의 선택(Choice)이라는 의미로, 결국 삶이란 선택의 연속임을 강조하는 말이다. 실제로 우리의 하루하루는 식사 메뉴는 무엇으로 할지와 같은 사소한 것에서부터 어느 직업을 택할지와 같은 중요한 것까지 각종 선택으로 채워져 있다. 그리고 우리는 이러한 선택이 우리의 자유의지에 따른 것이라고 믿는다. 만약 어떤 사람의 선택이 자유의지에 따른 것이라면, 그 선택은 자신의 판단에 따른 것이어야 한다. 예를 들어, 어떤 사람이 자신은 내키지 않는데 부모님이 원하기 때문에 어떤 직업을 선택한다면, 그 사람의 선택은 자유의지에 따른 것이라고 할 수 없을 것이다. 그렇다면, 다른 사람이 간섭 없는 선택은 자유의지에 따른 것일까?
>
> 사실 우리의 선택은 뇌의 전기신호에 따른 것이다. 뇌는 각 사람의 유전자와 경험 등을 기초로 이미 어떤 선택을 내린 후 전기신호를 보낸다. 그리고 사람들은 모든 순간, 심지어 다른 사람의 간섭이 없는 상황에서도, 그러한 전기신호대로 선택하면서, 자신의 판단에 따른 선택을 하고 있다고 착각한다. 그러나 전기신호로 이미 결정된 선택은 자신의 판단에 따른 것이 아님은 분명하다. 이제 우리가 어떤 선택을 하는 순간 스스로에게 되물어보자. "이건 내가 아니야. 뇌의 전기신호일 뿐이야. 그런데 왜 이런 전기신호가 생성되었지?" 역설적으로 자신의 선택이 뇌의 전기신호에 따른 것임을 인정하는 사람만이 비로소 진정한 자유를 누릴 수 있다. 이렇게 진정한 자유를 누리는 경우에만 진정한 삶의 주인이 될 수 있다.

〈보기〉

ㄱ. 뇌의 전기신호에 따른 선택은 자유의지에 따른 것이 아니다.
ㄴ. 다른 사람의 간섭이 없는 선택은 자신의 판단에 따른 선택이다.
ㄷ. 자신의 선택이 뇌의 전기신호에 따른 것임을 인정하는 사람이라면 진정한 삶의 주인이 될 수 있다.

① ㄱ
② ㄴ
③ ㄱ, ㄴ
④ ㄴ, ㄷ

MEMO

- Part 1 화법과 작문

- Part 2 일반 추론

- Part 3 빈칸 추론

- Part 4 순서 배열

- Part 5 강화, 약화

- Part 6 세트형 독해

- Part 7 문학 독해 결합형

- Part 8 문법 독해 결합형

- Part 9 논리 독해 결합형

천기누설 혜선팍 독해 시즌2

정답 및 해설

화법과 작문

Chapter 01 [화법] 말하기 방식

亦功 천기누설 혜선팍 독해 pin point

한눈에 보기
01 ④   02 ④

신유형 2025 버전 1   p.19

01 ▶ ④

[정답풀이] 의견의 대립 양상을 물어보는 유형이다. 현우의 "도덕 법칙에 예외를 둔다면 그것은 더 이상 보편적인 법칙이 아니야"라는 발화에서 현우는 도덕 법칙의 보편성을 중시함을 알 수 있다. 반면 수진의 "상황의 맥락을 고려한 유연한 접근이 필요해"라는 발화에서 수진은 상황에 따른 유연한 접근을 주장하므로 도덕 법칙의 절대적 보편성을 중시하지 않음을 알 수 있다. 따라서 현우와 수진이 모두 도덕 법칙의 보편성을 중시한다는 것은 적절하지 않다.

[오답풀이] ① 지영의 "도덕적 행위는 그 결과로 판단해야 한다고 생각해"라는 발화에서 지영은 결과를 중시함을 알 수 있다. 현우의 "도덕적 행위의 판단 기준은 결과가 아니라 그 행위 자체의 성격이어야 해"라는 발화에서 현우는 행위 자체의 성격을 중시함을 알 수 있다.
② 지영의 "상황에서 어떤 선택이 더 큰 행복을 가져다줄지 판단해야 해"와 수진의 "상황에 따라 도덕적 판단도 달라질 수 있어"라는 발화에서 지영과 수진은 상황에 따른 도덕적 판단의 차이를 인정한다. 현우는 "어떤 상황에서도 절대적으로 잘못된 행위야"라고 하여 상황적 차이를 인정하지 않는다.
③ 지영의 "당연히 정당해"라는 발화에서 지영은 생명을 구하는 상황에서 거짓말이 도덕적으로 정당하다고 본다. 현우의 "거짓말은 어떤 상황에서도 절대적으로 잘못된 행위야"라는 발화에서 현우는 이에 동의하지 않음을 알 수 있다.

신유형 2025 버전 2   p.20

02 ▶ ④

[정답풀이] ㄴ. 을은 '따라서 인공지능은 잠재적으로 인간과 같은 의식을 가질 수 있으며, 이를 통해 기술 발전의 방향이 결정된다.'며 의식이 기술 발전의 방향을 결정하는 중요한 것이라고 언급하지만 병은 의식 여부가 중요하지 않다고 하니 을과 병은 대립한다고 볼 수 있다.
ㄷ. 병은 '따라서 의식의 유무보다 인공지능의 활용과 규제가 더 중요하다.'고 하며 인공지능 활용의 중요성을 언급하고 있다. 갑은 '이러한 이유로 인공지능은 단순한 도구로서만 활용될 수 있으며, 인간과 같은 수준의 의식을 기대할 수 없다.'고 하며 인공지능은 도구로서 기능한다며 인공지능 활용이 중요성을 언급하고 있다. 따라서 병의 주장과 갑의 주장은 대립하지 않는다.

[오답풀이] ㄱ. 갑은 인공지능이 결코 의식이나 주관적 경험을 가질 수 없다고 주장하는 반면, 을은 인공지능이 충분히 복잡한 시스템에서 의식을 가질 수 있다고 주장하고 있다. 따라서 두 입장은 서로 대립함을 알 수 있다.

문제훈련 [화법] 말하기 방식   p.21

한눈에 보기
01 ①   02 ④   03 ④   04 ③   05 ③
06 ②   07 ②   08 ②   09 ④   10 ①

01 ▶ ①

[정답풀이] 예술 작품을 걸자는 것은 병만 언급했을 뿐, 이에 을의 반응은 나오지 않았으므로 을과 병이 예술 작품을 거는 것에 대한 입장을 같이하는지는 알 수 없다.

[오답풀이] ② 첫 번째 발화에서 갑은 화이트톤으로 인테리어를 하고 싶어하지만 을이 너무 화이트면 차가운 느낌이 들 수 있으니 따뜻한 색상을 섞어 보는 게 어떻겠냐며 다른 방식을 제안하고 있다.
③ 갑은 화이트톤으로 꾸미고 싶어 하지만 병은 개성 있는 색깔을 원하므로 갑과 병은 화이트톤을 쓸지에 대해 의견을 같이 하지 않음을 알 수 있다.
④ 을은 갑의 화이트톤 인테리어를 기본으로 하되, 병이 언급한 색감은 소품이나 가구에서 주는 대안을 제시하며 타협점을 찾아 절충하고 있다. 따라서 을은 갑과 병의 의견을 절충하여 해결 방안을 제시하고 있음을 알 수 있다.

02 ▶ ④

[정답풀이] ㄱ. 갑은 '언어는 인간의 사고를 결정한다'고 주장하여, 언어가 사고를 형성한다는 입장이다. 이는 언어가 사고보다 우위에 있

음을 드러낸다. 반면 을은 '따라서 인간의 사고는 언어에 독립적이며, 언어는 그저 사고를 전달하는 매개체일 뿐이다.'고 하여, 사고가 언어를 앞선다는 입장을 보인다. 따라서 언어와 사고의 우열 관계에 대해 갑과 을의 주장은 상호 대립하는 관점이라고 보는 것이 옳다.

ㄴ. 을은 '따라서 인간의 사고는 언어에 독립적이며,'라고 주장한다. 병은 '언어와 사고는 상호 작용하며, 서로를 형성하고 발전시킨다. 따라서 언어와 사고는 서로 독립적이지 않으며'라고 주장한다. 을은 언어와 사고가 독립적이라고 보는 반면, 병은 언어와 사고가 상호 작용한다고 본다. 따라서 을과 병의 주장은 대립한다고 볼 수 있다.

ㄷ. 병은 '언어는 인간의 사고에 큰 영향을 미치며'고 주장하여, 갑은 '언어가 인간의 사고를 결정한다'고 주장하므로 언어가 인간의 사고에 큰 영향을 미치는 것에 의견을 함께하므로 병의 주장과 갑의 주장은 대립하지 않는다.

03 ▶ ④

정답풀이 의견의 대립 양상을 물어보는 유형이다. "우리는 각각의 상황에서 어떤 행동이 더 큰 이익을 가져다줄지 따져봐야 해"라는 발화에서 혜진은 상황별 결과를 따져봐야 한다고 봄을 알 수 있다. 반면 "보편적으로 적용될 수 없는 행위는 도덕적이지 않다고 봐"라는 발화에서 서연은 보편성을 중시하며 상황별 결과보다는 원칙을 중시함을 알 수 있다. 따라서 혜진과 서연이 모두 각각의 상황에서 행동의 결과를 따져봐야 한다고 생각한다는 것은 적절하지 않다.

오답풀이 ① 혜진의 "도덕적 행위는 그 결과가 얼마나 좋은지로 판단해야 한다고 생각해"라는 발화에서 혜진은 결과를 중시함을 알 수 있다. 준호의 "거짓 약속은 어떤 이유가 있어도 절대 정당화될 수 없는 행위라고 봐"라는 발화에서 준호는 행위 자체의 성격을 중시함을 알 수 있다.

② 서연의 "약속이라는 개념 자체가 무의미해질 거야"와 태민의 "사회의 신뢰 체계가 무너지게 될 거야"라는 발화에서 서연과 태민 모두가 거짓 약속의 보편화를 우려함을 알 수 있다. 혜진은 "그런 극단적인 가정은 비현실적이야"라고 말한 것으로 보아 이러한 우려가 불필요하다고 보는 입장이다.

③ "비록 거짓 약속이라고 해도 결과적으로 사람을 살릴 수 있다면 충분히 정당해"라는 발화에서 혜진은 급한 상황에서 거짓 약속이 정당화될 수 있다고 봄을 알 수 있다. 준호의 "거짓 약속은 어떤 이유가 있어도 절대 정당화될 수 없는 행위라고 봐"라는 발화에서 준호는 이에 동의하지 않음을 알 수 있다.

04 ▶ ③

정답풀이 ㄴ. 을은 '환경 보호는 미래 세대를 위한 책임이므로 경제 발전보다 우선되어야 한다'고 주장하고, 병은 '경제 발전과 환경 보호는 상호 배타적인 것이 아니며, 균형을 이루어야 한다.'고 주장한다. 을은 환경 보호를 우선시하고, 병은 환경 보호를 우선시하기보다는 균형을 강조하므로 을과 병의 주장은 대립한다고 볼 수 있다.

ㄷ. 갑은 경제 발전을 최우선으로 추구해야 한다고 보는 입장이다. 병은 경제 발전과 환경 보호의 균형을 중시하는 입장으로 두 가지를 동시에 추구해야 한다고 주장한다. 갑은 경제 발전을 우선시하고, 병은 경제발전을 우선시하기보다는 균형을 강조하므로 갑과 병의 주장은 대립한다고 볼 수 있다.

오답풀이 ㄱ. 갑은 경제 발전을 환경 보호보다 우선시하는 반면, 을은 환경 보호가 경제 발전보다 우선이라는 입장을 취하고 있다. 따라서 갑과 을의 주장은 상호 대립하는 관점이라고 보는 것이 옳다.

05 ▶ ③

정답풀이 의견의 대립 양상을 물어보는 유형이다. "전체 사회의 총효용이 최대가 되는 방향으로 부를 분배하는 게 합리적이야"라는 발화에서 동현은 효율성을 우선함을 알 수 있다. 반면 마지막 발화에서 민지는 최소수혜자 보호를 중시하는 진우와 같은 입장이므로 공정성을 우선함을 알 수 있다. 따라서 동현과 민지가 모두 효율성을 우선해야 한다고 동의한다는 것은 적절하지 않다.

오답풀이 ① "전체 사회의 총효용이 최대가 되는 방향으로 부를 분배하는 게 합리적이야"라는 발화에서 동현은 사회 전체의 총효용 극대화를 중시함을 알 수 있다. "사회에서 가장 불리한 사람들의 처지가 최대한 나아지도록 하는 제도를 선택할 거야"라는 발화에서 수민은 최소수혜자의 이익 보장을 중시함을 알 수 있다.

② "자신의 위치를 모른다면 최악의 상황에 처할 가능성을 대비해야 해"와 "무지의 베일 뒤에서는 위험을 최소화하려고 할 거야"라는 발화에서 수민과 진우 모두 위험 회피적 선택을 한다고 봄을 알 수 있다.

④ "불평등이 있더라도 가장 약자에게 도움이 되는 경우에만 허용해야 해"라는 발화에서 진우는 최소수혜자에게 도움이 되는 경우에만 불평등을 허용한다고 봄을 알 수 있다. 동현은 총효용 극대화를 중시하므로 이와 다른 조건을 제시함을 알 수 있다.

06 ▶ ②

정답풀이 갑은 경제적 불평등이 사회적 불평등의 결과라고 보았으며 사회적 불평등은 문화와 사회적 배경에 의해 생긴다고 보았다. 반면 을은 사회적 불평등의 근본적 원인이 자본주의 체제에 있으며 경제적 불평등이 결국 사회적 불평등을 낳는 것이라 주장한다. 병은 사회적 불평등이 경제적 자본 뿐만 아니라 문화적, 사회적 자본의 불균등한 분배에서 기인한다고 보며 경제, 문화, 사회적 자본이 모두 사회적 불평등의 원인이라 본다.

ㄴ. 병도 경제적 자본이 사회적 불평등의 원인이라고 주장하기 때문에 을의 주장과 대립하지 않는다.

오답풀이 ㄱ. 갑의 주장과 을의 주장은 대립한다.

ㄷ. 갑은 경제적 불평등이 사회적 불평등의 결과라고 보았으며 병은 경제적 불평등이 아니라, 문화적, 사회적 자본이 원인이라고 보았으므로 갑과 병은 대립한다고 봐야 한다.

07 ▶ ②

"복잡한 현상도 결국 단순한 요소들로 분해해서 이해할 수 있어"와 "물리학이 모든 과학의 기초가 되는 이유도 복잡한 것을 단순한 법칙으로 설명할 수 있기 때문"이라는 갑의 발화에서 갑은 환원주의적 접근법을 지지하며 이것이 유용하다고 봄을 알 수 있다. 병 역시 "환원주의적 방법은 현상의 메커니즘을 밝히는 데 유용해"라고 명시적으로 그 유용성을 인정하고 있다. 따라서 갑이 환원주의적 접근법이 유용하다는 점에 동의하지 않는다는 것은 적절하지 않다.

오답풀이 ① "복잡한 현상도 결국 단순한 요소들로 분해해서 이해할 수 있어"라는 갑의 발화에서 갑은 환원주의를 지지함을 알 수 있다. "맥락과 관계 속에서만 파악할 수 있는 현상들이 있어"라는 을의 발화에서 을은 모든 현상을 단순한 요소로 환원할 수 없음을 알 수 있다.
③ "전체는 부분의 합보다 크다"는 을의 발화와 "창발적 속성처럼 전체 수준에서만 나타나는 특성도 있어"라는 병의 발화에서 두 사람 모두 전체가 부분의 합 이상의 속성을 가진다는 것을 알 수 있다.
④ "물리학이 모든 과학의 기초"이며 "충분한 연산 능력만 있다면 개별 요소들로부터 전체를 예측할 수 있을 거야"라는 갑의 발화에서 갑은 모든 현상을 물리 법칙으로 설명 가능하다는 것을 알 수 있다. "인간 사회나 문화는 물리 법칙으로 환원할 수 없어"라는 을의 발화와 "을의 지적도 타당해"라는 병의 발화에서 을과 병은 이에 동의하지 않음을 알 수 있다.

08 ▶ ②

정답풀이 ㄱ. 갑은 예술이 객관적 기준에 따라 평가될 수 있다고 보는 입장이고 을은 예술이 개인적 주관적 경험과 감정에 의존하므로 객관적 평가 기준이 존재하지 않는다고 보는 입장이다. 따라서 갑과 을의 주장은 대립한다.
ㄷ. 갑은 예술은 객관적 기준에 따라 평가될 수 있다고 보는 입장으로 전문가들의 평가에 의해 예술의 가치가 결정되어야 한다고 본다. 병은 예술은 객관성이나 주관성을 모두 포함하지만, 작품의 기술적 완성도나 역사적 맥락은 객관적으로 평가될 수 있다고 본다. 따라서 병의 주장과 갑의 주장이 대립한다고 보기는 어렵다.

오답풀이 ㄴ. 을은 예술은 개인의 주관적 경험과 감정에 의존하므로 객관적인 평가 기준이 존재하지 않는다고 본다. 병은 예술은 객관성과 주관성을 모두 포함하지만, 작품의 기술적 완성도나 역사적 맥락은 객관적으로 평가될 수 있다고 보고 있다. 이를 종합하면 을은 예술이 완전히 주관적이라고 주장하는 반면, 병은 예술이 객관성과 주관성을 모두 포함한다고 주장하므로 을과 병의 주장은 대립하는 관점으로 보기는 어렵다.

09 ▶ ④

정답풀이 "정의로운 사회는 절차의 공정성만 보장하면 돼"라는 갑의 발화에서 갑은 절차적 공정성을 강조함을 알 수 있다. "절차적 공정성도 중요하지만"이라는 병의 발화에서 병은 절차적 공정성의 중요성을 인정하면서도 그것만으로는 부족하다는 것을 알 수 있다. 따라서 병이 절차적 공정성을 부정한다는 것은 적절하지 않다.

오답풀이 ① "정의로운 사회는 절차의 공정성만 보장하면 돼"라는 갑의 발화에서 갑은 절차만으로 충분하다고 봄을 알 수 있다. "절차만 공정하다고 정의가 실현되는 게 아니야"라는 병의 발화와 "이런 불평등을 방치하는 건 정의롭지 않아"라는 을의 발화에서 을과 병은 절차만으로는 불충분하다는 것을 알 수 있다.
② "열심히 번 돈을 세금으로 가져가는 건 소유권 침해야"라는 갑의 발화에서 갑은 재분배가 소유권을 침해한다고 우려함을 알 수 있다. "최소한의 인간다운 삶을 보장하고 극단적 격차를 줄이자는 거지"라는 을의 발화에서 을은 재분배의 정당성을 주장하므로 소유권 침해를 우려하지 않음을 알 수 있다.
③ "분배적 정의를 통해 결과의 격차를 줄여야 진정한 공정이야"라는 을의 발화와 "누진세나 복지로 격차를 완화해야"라는 병의 발화에서 두 사람 모두 결과 격차 축소가 정의롭다는 것을 알 수 있다.

10 ▶ ①

정답풀이 ㄴ. 을은 교육이 사회 유지에 필수적인 표준화된 지식을 전달한다고 보며 창의력과 비판적 사고는 기본 지식이 충분히 쌓인 후에야 발전시킬 수 있으므로, 현 교육 체제의 개혁이 필요하지 않다고 보는 입장이다. 병은 표준화된 시험이 기본 역량을 평가하는 데 필요하지만, 그것이 교육의 전부가 되어서는 안 된다고 보고 있다. 그리고 교육 시스템의 일부 개선이 필요하기는 하지만 완전히 개혁할 필요는 없다고 보고 있다. 따라서 을의 주장과 병의 주장이 대립한다고 보기는 어렵다.

오답풀이 ㄱ. 갑은 현대 교육 시스템은 창의력과 비판적 사고를 충분히 길러주지 못하므로 근본적인 개혁이 필요하다고 보는 입장이다. 을은 이와는 다르게 교육이 사회의 기본적인 틀을 유지하기 위해 표준화된 지식을 전달하는 역할을 하므로 현재의 교육 시스템은 큰 변화가 필요하지 않다고 보는 입장이다. 따라서 갑의 주장과 을의 주장은 대립한다.
ㄷ. 갑은 현대의 교육 시스템은 창의력과 비판적 사고를 충분히 길러주지 못하므로 근본적인 개혁이 필요하다고 보는 입장이다. 병은 현대 교육은 지식 전달과 창의력 함양 사이에서 균형을 잡아야 한다고 주장하며, 교육 시스템의 일부 개선이 필요하지만 완전히 개혁할 필요는 없다고 보고 있다. 근본적인 개혁의 필요성에 대한 입장이 반대이므로 병의 주장과 갑의 주장은 대립한다.

Chapter 02 [작문] 공문서 개요 작성

亦功 천기누설 혜선팍 독해 pin point

한눈에 보기
01 ③   02 ④

신유형 2025 버전 1 p.28

01 ▶ ③

정답풀이 "농촌 주민의 도시 이주를 위한 정착금 지원"은 본론 Ⅲ의 '농촌 지역 의료 공백 개선 방안'으로 부적절하다. 이는 농촌의 의료 문제를 해결하는 것이 아니라 농촌 주민들을 도시로 이주시키는 방안으로, 의료 공백을 개선하는 것이 아니라 농촌 자체를 포기하는 접근이다. 또한 본론 Ⅱ에서 제시한 세 가지 원인 중 어느 것과도 대응되지 않는다.

오답풀이 ① 본론 Ⅱ-1의 "낮은 급여로 인한 의료진의 농촌 근무 기피"에 대응하는 해결 방안으로, "농촌 근무 의료진의 근로여건 개선과 인건비 지원 확대"는 원인과 해결 방안이 직접적으로 대응되므로 적절하다.
② 본론 Ⅱ-2의 "공공의료기관에 대한 정부 투자 부족"에 대응하는 해결 방안으로, "공공병원 확충 및 보건소·보건지소 인력 강화"는 투자 부족 문제를 투자 확대로 해결하는 방안이므로 적절하다.
④ 본론 Ⅱ-3의 "농촌 인구감소로 인한 병원 운영 지속가능성 약화"에 대응하는 해결 방안으로, "대형병원과 농촌병원 간 연계 체계 구축"은 연계를 통해 운영 효율성을 높여 지속가능성을 강화하는 방안이므로 적절하다.

신유형 2025 버전 2 p.29

02 ▶ ④

정답풀이 결론의 ㉣에는 지침에 나온 것처럼 향후 과제가 나와야 하나, '저탄소 사회 전환이 안정적으로 추진됨.'은 향후 과제가 아니라 기대효과이므로 적절하지 않다. 기대효과는 'Ⅳ. 1. 기후 위기 대응'에 이미 나왔기 때문이다.

오답풀이 ① 서론에서는 논의의 필요성을 제시해야 하므로, 탄소배출로 인한 기후 위기가 가속화되고 있다는 문제의 심각성을 제시하면 된다. 그렇게 되면 논의를 해야 하는 정당성이 부여되기 때문이다.
② 개선 방향인 'Ⅲ. 2. 배출권 가격의 상한제를 적용'에 대응이 되는 문제점이 ㉡에 나와야 한다. 배출권 가격의 상한제는 배출권 가격의 최대 상한치를 정하자는 것으로 배출권 가격이 과도하게 오르는 것을 방지하는 것이므로 ㉡에 배출권 가격이 과도하게 올라 기업의 성장이 저해됨이 오는 것은 적절하다.
③ 본론 'Ⅱ. 1. 기술·자금 부족으로 감축 대응이 어려워지는 중소 기업'에 대응되는 해결 방안이 ㉢에 나와야 한다. 중소 기업이 기술·자금이 부족하니 그들을 배려해 탄소를 배출할 수 있는 권리를 좀 더 할당하여 주면 중소기업이 탄소 배출을 해결하는 비용을 덜 쓸 수 있게 된다. 따라서 이는 올바른 대응 방식이다.

문제훈련 [작문] 공문서 개요 작성 p.30

한눈에 보기
01 ②   02 ①   03 ④   04 ③   05 ④
06 ②   07 ①   08 ①   09 ③   10 ②

01 ▶ ②

정답풀이 "온라인 쇼핑몰과의 가격 경쟁을 위한 상품 단가 인하 정책"은 본론 Ⅲ의 '전통시장 활성화를 위한 개선 방안'으로 부적절하다. 본론 Ⅱ에서 분석한 원인들은 차별화된 콘텐츠 부족, 관광 상품화 미비, 디지털 인프라 부재인데, 가격 인하 정책은 이 세 가지 원인 중 어느 것과도 대응되지 않는다. 또한 이는 전통시장의 특색과 정체성을 살리는 방향이 아니라 온라인과 직접적인 가격 경쟁을 하려는 접근으로, 개요가 제시하는 활성화 방향과 맞지 않는다.

오답풀이 ① 본론 Ⅱ-1의 "전통시장만의 차별화된 정체성과 향수를 살린 콘텐츠 부족"에 대응하는 해결 방안으로, "전통시장 고유의 특색을 살린 테마 거리 조성과 향수 마케팅 강화"는 부족한 콘텐츠를 보완하는 직접적인 해결책이므로 적절하다.
③ 본론 Ⅱ-2의 "관광 상품화를 위한 스토리텔링 및 체험 프로그램 미비"에 대응하는 해결 방안으로, "국내외 성공 사례를 벤치마킹한 관광명소화 체험 프로그램 개발"은 미비한 프로그램을 개발하는 방안이므로 적절하다.
④ 본론 Ⅱ-3의 "젊은 세대와 외국인 관광객을 위한 디지털 인프라 부재"에 대응하는 해결 방안으로, "디지털 간편결제 시스템 도입 및 다국어 안내 서비스 구축"은 부재한 디지털 인프라를 구축하는 방안이므로 적절하다.

02 ▶ ①

정답풀이 "빈집 소유주에 대한 징벌적 과세를 통한 매각 압박 강화"는 본론 Ⅲ의 '빈집 문제 해결을 위한 관리 방안'으로 부적절하다. 본론 Ⅱ에서 제시한 세 가지 원인과 대응되지 않는 방안이다. 특히 본론 Ⅱ-1에서 소유주가 이미 '철거 비용 부담'으로 어려움을 겪고 있다고 분석했는데, 징벌적 과세는 오히려 소유주의 경제적 부담을 가중시키는 모순된 접근이다.

오답풀이 ② 본론 Ⅱ-1의 "소유주의 철거 비용 부담과 복잡한 행정 절차로 인한 방치"에 대응하는 해결 방안으로, "공공기관 출자 법인을 통한 빈집 직접 매입・개발 추진"은 적절하다. 소유주가 부담하던 철거와 개발을 공공기관이 대신 수행하여 비용 부담 문제를 해결하는 방안이다.
③ 본론 Ⅱ-2의 "빈집 관리・활용을 위한 전문 사업 모델과 제도적 기반 부재"에 대응하는 해결 방안으로, "빈집 관리업 신설 및 농어촌 재생 민박업 등 활용 사업 지원"은 적절하다. 부재했던 전문 사업 모델과 제도를 새롭게 만드는 직접적인 해결책이다.
④ 본론 Ⅱ-3의 "부처별로 상이한 빈집 기준과 체계적 통계 관리 시스템 부족"에 대응하는 해결 방안으로, "빈집 정의 일원화 및 체계적 통계 관리 시스템 구축"은 적절하다. 상이했던 기준을 일원화하고 부족했던 통계 시스템을 구축하는 방안이다.

03 ▶ ④

정답풀이 "괴롭힘 피해자의 즉시 퇴사를 위한 위로금 지급"은 본론 Ⅲ의 '식상 내 괴롭힘 예방을 위한 개선 방안'으로 부적절하다. 이는 본론 Ⅱ에서 제시한 세 가지 원인과 대응되지 않는 방안이다. 피해자에게 퇴사를 유도하는 것은 괴롭힘을 예방하거나 해결하는 것이 아니라 피해자를 조직에서 배제하는 접근으로, 오히려 가해자는 남고 피해자가 떠나는 부당한 결과를 초래한다.

오답풀이 ① 본론 Ⅱ-1의 "위계적 조직문화와 권위주의적 리더십 관행 지속"에 대응하는 해결 방안으로, "수평적 조직문화 구축과 소통 중심 리더십 교육 강화"는 적절하다. 조직문화를 개선하여 괴롭힘이 발생하기 어려운 환경을 조성하는 방안이다.
② 본론 Ⅱ-2의 "괴롭힘 신고 시 불이익에 대한 두려움과 보호 장치 부족"에 대응하는 해결 방안으로, "익명 신고 시스템 도입과 신고자 보호 제도 강화"는 적절하다. 신고를 활성화하고 피해자를 보호하는 직접적인 방안이다.
③ 본론 Ⅱ-3의 "관리자의 갈등 조정 역량과 예방 교육 부재"에 대응하는 해결 방안으로, "관리자 대상 갈등 관리 교육과 정기적 예방 프로그램 운영"은 적절하다. 관리자의 역량을 강화하여 괴롭힘을 사전에 예방하는 방안이다.

04 ▶ ③

정답풀이 본론의 'Ⅲ.3. ⓒ'에서는 'Ⅱ. 3. 주 생산지로서의 기능을 상실하게 될 전통 농가의 위기 심화'에 대응하는 해결책을 제시해야 한다. 그런데 '전통 농업 방식의 확대를 통한 수직농업 한계 극복'은 오히려 수직농업을 아예 대체하는 내용으로, 수직농업의 문제점을 해결하는 방안이 아니다. 이는 주제인 '도심 수직농업의 확산'과 상충되며, 문제점에 대응하는 해결 방안이라는 지침에도 부합하지 않는다. 차라리 이곳에는 전통 농업 방식의 확대가 아니라 전통 농민과 청년층을 대상으로 스마트농업 교육을 실시한다 등의 내용이 나왔어야 했다.

오답풀이 ① 서론에서는 '도심 수직농업의 확산과 식량 안보 강화 방안'에 들어갈 수 있는 문제의 심각성을 강조해야 하므로, '경작지 부족과 인구 증가로 인한 식량 안보 위기'를 언급하는 것은 적절하다. 식량 안보 강화 방안을 논의한다는 것 자체가 식량 안보에 위기가 있음을 전제하기 때문이다. '서론 1'에서 도심 수직 농업을 설명하고 있는데 '도심 건물 안에서 작물을 층층이 쌓아 올리는 재배 방식의 증가'를 통해 보면 경작지 부족을 문제점으로 드는 것이 적절함도 알 수 있다.
② '주 생산지로서의 기능을 상실하게 될 전통 농가의 위기 심화'는 도심 수직 농업의 문제점으로 적절하다. 도심 수직 농업이 잘되게 되면 농업의 기능을 담당하는 전통 농가가 소외될 위험이 있기 때문이다. 본론의 '문제점' 부분에 들어갈 내용으로, 수직농업 확산의 사회적 측면을 다루므로 적절하다.
④ 결론에서는 위의 해결 방안이 적용된 이후의 미래 기대 효과를 제시해야 한다. 도심 수직 농업의 문제점이 해결되면 해당 도심의 식량 자급률 향상이 더 잘 이루어질 것이므로 적절하다.

05 ▶ ④

정답풀이 "공공 도서관 학습 공간 효율성 제고"는 4장 결론의 '향후 과제'로 부적절하다. 이는 기대 효과에 대한 내용이므로 〈지침〉에서 어긋난다. 네 번째 〈지침〉에서는 '4장 1.'에 기대효과가 나왔으므로 (라)에는 향후 과제가 나왔어야 하기 때문이다.

오답풀이 ① "제3의 공간으로서 공공도서관 역할 재정립의 필요성"은 서론의 두 번째 항목으로 적절하다. 지침에서 서론은 '보고서 작성의 배경과 필요성을 포함'하도록 되어 있으므로, 직장과 가정 외의 제3의 공간으로서 도서관 역할 재정립의 필요성을 제시하는 것은 적절하다.
② "경직된 공간 구성으로 인한 젊은 세대의 도서관 기피"는 2장의 첫 번째 항목으로 적절하다. 3장의 첫 번째 항목인 "활기찬 오픈형 공간 설계와 상업시설과의 협업 모델 도입"과 정확히 대응되므로 지침의 요구사항을 충족한다. 경직된 공간은 오픈형 공간으로, 젊은 세대가 좋아하는 상업시설 모델로 바꾸는 것이므로 잘 대응된다.
③ "장애인・다문화가정 등을 위한 프로그램 확대와 예산 증액"은 3장의 두 번째 항목으로 적절하다. 2장의 두 번째 항목인 "사회적 약자를 위한 맞춤형 프로그램과 예산 부족"에 대응하는 해결 방안이다. 프로그램을 확대하고 예산을 증액하겠다는 것은 그것들이 부족했다는 내용이 2장의 두 번째 항목에 나오면 되기 때문이다.

06 ▶ ②

정답풀이 3장의 첫 번째 항목에 '연령별 이용 시간 제한과 부모 동의제 등 제도적 규제 도입'에 직접적으로 대응되지 않으므로 '알고리즘 기반 중독성 콘텐츠로 인한 과도한 이용 유도'는 (나)에 들어갈 수 있는 내용으로 적합하지 않다. '나이가 어린 청소년이 과도하게 SNS에 의존함' 등의 연령에 대한 문제점이 나왔어야 적절했다.

오답풀이 ① "청소년 보호를 위한 SNS 이용 규제 정책의 필요성"은 서론의 두 번째 항목으로 적절하다. 지침에서 서론은 '보고서 작성의 배경과 필요성을 포함'하도록 되어 있으므로 적절하다.
③ "청소년에 대한 딥페이크 제작・유포 처벌 강화"는 3장의 두 번째

항목으로 적절하다. 2장의 두 번째 항목인 "딥페이크 등 유해 콘텐츠 노출과 플랫폼 기업의 관리 소홀"과 대응되므로 지침의 요구사항을 충족한다. 청소년에 대한 딥페이크 제작·유포 처벌을 강화하면 딥페이크 등 유해 콘텐츠 노출이 줄어들고 플랫폼 기업도 관리를 강화할 것이기 때문이다.

④ "건전한 SNS 이용 문화 정착과 청소년 정신건강 개선 기대"는 4장 결론의 '기대 효과'로 적절하다. 본론에서 제시한 방안들이 실현되었을 때 기대할 수 있는 효과를 제시한 것으로 지침의 요구사항에 부합한다.

07 ▶ ①

정답풀이 (가)에는 〈지침〉에 나온 것처럼 전기차 배터리 생산의 환경·인권 문제 현황과 지속가능한 전환 방안을 논의할 필요성이 나왔어야 했다. 그런데 '전기차 전환 과정에서 발생하는 유가 변동의 불안정성'은 환경 인권 문제가 아니라 다른 초점의 내용이므로 주제와 관련이 없으므로 적절하지 않다. 차라리 (가)에는 "배터리 원재료 채굴에서 드러나는 아동 노동과 생태계 파괴 문제"가 들어가는 것이 옳았을 것이다.

오답풀이 ② "기업의 배터리 재활용 기피로 인한 환경 오염 문제"는 2장의 첫 번째 항목으로 적절하다. 3장의 첫 번째 항목에 '배터리 재활용 설계 의무화'라는 해결 방안이 있다는 것은 배터리 재활용이 안 되고 있다는 것을 전제하기 때문이다. 배터리 재활용이 안 되면 환경이 오염되므로 주제와도 잘 연관된다.

③ "기업 인권실사 정책 강화와 공급망 투명성 확보"는 3장의 두 번째 항목으로 적절하다. 2장의 두 번째 문제점인 "기업의 공급망 투명성 부족과 인권실사 정책 미비"를 해결하기 위해 공급망의 투명성을 확보하고 인권 실사 정책을 강화하는 것이 적절하기 때문이다.

④ "투명한 공급망 구축과 공정한 에너지 전환 실현"은 4장 결론의 '기대 효과'로 적절하다. 본론에서 제시한 개선 방안들이 실현되었을 때 기대할 수 있는 효과를 제시한 것으로 지침의 요구사항에 부합한다.

08 ▶ ①

정답풀이 "플랫폼 기업의 수익성 개선을 위한 규제 완화 필요성"은 서론의 두 번째 항목으로 부적절하다. 개요의 제목은 '플랫폼 노동자 보호'를 목적으로 하는데, 기업의 수익성 개선을 위한 규제 완화는 노동자 보호와 상충되는 방향이다. 지침에서 서론은 '보고서 작성의 배경과 필요성'을 포함해야 하는데, 이는 노동자 보호 강화의 필요성이 아닌 정반대 방향을 제시하고 있어 개요 전체의 논지와 맞지 않는다.

오답풀이 ② "노동 강도 및 안전 문제"는 2장 플랫폼 노동자 보호의 현황에 들어갈 수 있는 항목으로 적절하다. 플랫폼 노동자의 경우 일정한 노동 기준이 없어서 노동 강도가 지나치게 심하거나 안전 문제에도 직면할 수 있기 때문이다.

③ "산재보험 적용 확대 및 자동 가입"은 3장의 두 번째 항목으로 적절하다. 2장의 두 번째 항목인 "노동 강도 및 안전 문제"를 해결할 수 있기 때문이다. 산재보험은 '산업 재해 보상 보험'으로 근로자가 업무나 그에 따른 사고·질병·사망 등 산업재해를 당했을 때, 치료비와 생활 보장을 국가가 책임지는 사회보험 제도이므로 노동 강도 및 안전 문제를 해결할 수 있는 방안으로 적절하다. 노동 강도가 강한 업종이기 때문에 이러한 보험을 들면 좋다.

④ "플랫폼 노동자의 사회안전망 편입과 노동권 보장 실현"은 4장 결론의 '기대 효과'로 적절하다. 본론에서 제시한 개선 방안들이 실현되었을 때 기대할 수 있는 효과를 제시한 것으로 지침의 요구사항에 부합한다.

09 ▶ ③

정답풀이 "청소년 이용자의 플랫폼 접근 제한 시간 확대"는 3장의 '청소년 디지털 성범죄 예방을 위한 대책 강화 방안'으로 부적절하다. 이는 2장의 첫 번째 항목인 "플랫폼 신고·삭제 체계의 실효성 부족과 대응 지연"에 대응하는 해결 방안이 아니다. 플랫폼 신고·삭제 체계 문제를 해결하려면 신고 처리 신속화나 모니터링 강화 등이 필요한데, 단순히 접근 시간을 제한하는 것은 문제의 근본적 해결과 거리가 멀다. 또한 접근 제한은 디지털 성범죄 예방보다는 일반적인 사용 시간 관리에 가까워 문제 해결의 직접적 방안이 되지 못한다. 여기에는 플랫폼 신고·삭제를 24시간 대응할 수 있는 전담 인력을 배치하는 내용 등이 나왔어야 했다.

오답풀이 ① "청소년 보호를 위한 종합적 대응 체계 마련의 시급성"은 서론의 두 번째 항목으로 적절하다. 지침에서 서론은 '보고서 작성의 배경과 필요성을 포함'하도록 되어 있으므로 종합적 대응의 시급성을 제시하는 것은 적절하다.

② "디지털 성범죄에 대한 학생·교사의 인식 부족과 교육 미비"는 2장의 두 번째 항목으로 적절하다. 청소년 디지털 성범죄 급증의 구체적인 문제 현황을 지적하며, 3장의 두 번째 항목인 "학교 현장의 예방 교육 강화와 상담 지원 체계 구축"과 대응된다.

④ "안전한 디지털 환경 조성과 청소년 권익 보호 강화"는 4장 결론의 '기대 효과'로 적절하다. 본론에서 제시한 예방 대책들이 실현되었을 때 기대할 수 있는 효과를 제시한 것으로 지침의 요구사항에 부합한다.

10 ▶ ②

정답풀이 "외국인 인력 유입으로 인한 내국인 임금 하락 압력"은 Ⅱ장의 '노인 돌봄 인력 부족 문제'로 부적절하다. 이는 현재 발생하고 있는 인력 부족의 원인이 아니라 외국인 인력 도입 후 우려되는 부작용에 해당한다. 또한 Ⅲ-2의 "외국인 돌봄 인력의 자격 취득 지원과 장기 체류 경로 마련"과 대응되지 않으며, 인력 부족 문제를 설명하는 것이 아니라 해결책의 부작용을 제시하는 것이므로 위치가 잘못되었다.

오답풀이 ① "노인 돌봄 서비스의 개념과 요양보호사 업무 범위"는 서론의 개념 정의로 적절하다. 지침에서 서론은 '중심 소재의 개념 정의와 문제 제기'를 포함하도록 되어 있으므로 적절하다.

③ "처우 개선과 동일임금 원칙을 통한 인력 이탈 방지"는 Ⅲ장의 첫 번째 활용 방안으로 적절하며, Ⅱ-1의 "저임금과 열악한 근로환경

으로 인한 청년층 기피"에 대응하는 해결책이다. 처우 개선과 동일 임금 원칙을 통한 인력 이탈 방지"는 Ⅱ-1에서 제시된 저임금·열악한 환경 → 인력 기피 문제에 직접 대응하는 해결책이다. 외국인 인력을 도입하더라도, 임금과 근로환경이 개선되지 않으면 인력 부족 문제는 지속된다.

반대로, 동일 업무에 대해 합리적이고 공정한 보상이 이루어질 때 국내 인력 + 외국인 인력 모두의 유입·정착 가능성이 높아진다.

따라서 ③은 Ⅲ장의 첫 번째 활용 방안으로 자연스럽게 위치할 수 있다.

④ "안정적 돌봄 인력 확보와 서비스 접근성 향상"은 결론의 기대 효과로 적절하다. 본론에서 제시한 외국인 인력 활용 방안들이 실현되었을 때 기대할 수 있는 효과이다.

Chapter 03 [작문] 내용 고쳐 쓰기

亦功 천기누설 혜선팍 독해 pin point

한눈에 보기
01 ③   02 ④

신유형 2025 버전

01 ▶ ③

정답풀이 주어진 문장 뒤의 '이는 지역 간 연계 부족과 갈등을 심화시키는 주요 원인'이라는 표현이 나와 있으므로, ⓒ에는 수도권 메가시티가 잘 기능하지 못하고 있다는 표현이 나와야 한다. 따라서 '지자체 간 협력이 부족하고 행정적 비효율이 지속되고 있다'로 수정하는 것이 적절하다.

오답풀이 ① ㉠ 앞에 '있으나'라는 역접 표현이 쓰였으므로, 앞 문장과 다른 논조의 표현이 이어지는 것이 옳다. 따라서 글로벌 메가시티로 완벽히 기능하지 못한다는 기존 표현을 유지하는 것이 적절하다.
③ ⓒ 뒤에는 '그러나'라는 표현이 나오고 지방 메가시티 개발의 현실이 언급되어 있다. 따라서 문맥을 고려할 때 앞에는 지방 메가시티 개발에 대한 긍정적 의견이 서술되는 것이 적절하므로 기존 표현을 유지하는 것이 옳다.
④ ㉢ 앞에는 지자체 간 협력 부족이 메가시티의 문제라고 언급되어 있다. 그러므로 분산적 접근 방식이 아니라, 효율적인 의사 결정 구조가 필요하다는 기존 표현을 유지하는 것이 옳다.

02 ▶ ④

정답풀이 ㉣의 '사회적 요인을 과도하게 강조하여 개인의 책임을 간과한다'는 서술은 심리사회적 접근의 한계를 적절히 지적하지 못한다. 본문에서 심리사회적 접근은 '개인의 감정, 사고 패턴, 대인 관계'와 같은 심리적 요인과 '경제적 불평등, 사회적 낙인'과 같은 환경적 요인을 모두 고려한다고 설명한다. 따라서 '생물학적 요인을 충분히 고려하지 않는다는 한계를 지니고 있다'로 수정하는 것이 적절하다.

오답풀이 ① ㉠ 뒤의 '정상적인 뇌기능을 회복하는 데 중점을 둔다'는 서술을 참고할 때 생리학적 기능 이상을 이야기하는 기존 서술이 적절하다.
② ⓒ 앞에서 생물학적 접근은 '약물 치료나 뇌 자극 치료와 같은 의학적 개입'을 강조한다고 설명하므로, 복잡하고 다차원적 이해라는 선지의 표현보다는 기계적 이해라는 기존 서술이 적절하다.
③ ⓒ 뒤에서 '인지행동치료나 가족 치료'와 같은 구체적 치료법을 제시하고 있으므로, 치료 없이 자연적으로 해결된다는 선지보다는 기존 서술이 적절하다.

문제훈련 [작문] 내용 고쳐 쓰기   p.38

한눈에 보기

| 01 ② | 02 ④ | 03 ④ | 04 ③ | 05 ② |
| 06 ③ | 07 ③ | 08 ③ | 09 ④ | 10 ① |

01 ▶ ②

정답풀이 ㉡ 뒤에서 '실제로 많은 농가에서는 초기 도입 비용과 기술적 복잡성 때문에 스마트 농업 기술 활용에 어려움을 겪고 있다'고 설명하고 있다. 따라서 '스마트 농업 기술의 도입은 초기 투자 비용이 높고, 모든 농가에서 쉽게 적용하기 어렵다는 평가를 받고 있다'로 수정하는 것이 적절하다.

오답풀이 ① ㉠ 앞에는 스마트 농업이 '농업 생산성과 자원 효율성을 극대화하는 것을 목표로 한다.'라는 표현이 나온다. 따라서 이와 유사한 논조인 기존 표현을 유지하는 것이 옳다.
③ ㉢ 앞에서 '역할 변화와 노동 구조의 재편이 요구되고 있다'라는 표현이 나왔으므로, 단순 노동보다는 농업인의 전문성이 더욱 필요해졌다고 보는 것이 적절하므로 기존 표현을 유지하는 것이 옳다.
④ ㉣ 뒤의 '스마트 농업은 단순히 기술 중심의 혁신을 넘어'라는 표현을 참고할 때 기술 개발 뿐만 아니라 다른 과제도 중요함을 추론할 수 있다. 따라서 기존 표현을 유지하는 것이 옳다.

02 ▶ ④

정답풀이 ㉣ 뒤에는 '이를 통해 기후 변화에 대응'한다는 표현이 나오므로, 재생에너지 사용을 전면 중단한다는 관점은 적절하지 않음을 알 수 있다. 따라서 '재생 에너지만을 고집하기보다는, 단기적으로는 화석 연료를 병행하면서 장기적 계획을 수립해야 한다'로 수정하는 것이 옳다.

오답풀이 ① ㉠ 뒤에는 재생에너지가 온실가스 배출을 최소화할 수 있는 대안으로 주목받고 있다는 서술이 나온다. 따라서 재생 에너지 전환 노력이 이루어지고 있다는 기존 서술을 유지하는 것이 옳다.
② ㉡ 뒤에는 '안정적인 에너지 공급을 위한 저장 기술과 인프라가 필요하다'라는 한계가 제시되어 있다. 이를 참고할 때 재생 에너지의 한계를 지적한 기존 서술을 유지하는 것이 옳다.
③ ㉢의 내용은 '반박을 받고 있'는 것이다. 또한 뒤에는 '개발도상국에서는 재생 에너지 인프라를 구축하기 위한 자금 조달과 기술적 지원이 부족한 경우가 많다'라는 한계가 제시되어 있다. 이로 미루어 보아 기존 서술을 유지하는 것이 옳다.

03 ▶ ④

정답풀이 ㉣ 앞에서 문화 유산이 경제적 자원으로 간주되어야 한다고 나오고 '하지만'이 나왔으므로 뒤에는 경제적 자원에 대한 이야기가 나와서는 안 된다. 따라서 경제적 측면을 언급하는 기존 서술을 '문화 유산의 본래 의미와 역사적 맥락을 보존하는 것이 우선되어야 한다는 점'으로 수정하는 것이 옳다.

오답풀이 ① ㉠ 뒤에 '실제로 도시 개발 과정에서 많은 문화유산이 파괴되거나 훼손되었다'라는 내용이 이어지므로, 도시화와 산업화가 문화유산 보존에 부정적 영향을 미쳤다는 기존 서술을 유지하는 것이 옳다.
② ㉡ 뒤에서 '역사적 유적지와 전통 마을은 관광 자원으로 활용되며 지역 경제에 긍정적인 영향을 미치고 있다'는 예시가 제시되어 있다. 따라서 현대 사회에서의 활용 가능성에 대한 논의가 활발히 이루어지고 있다는 기존 서술을 유지하는 것이 옳다.
③ ㉢ 앞에서 '무분별한 상업화는 문화유산의 본래 가치를 훼손할 위험이 있다'고 언급했으므로, 문화유산의 가치를 존중하고 보존하려는 노력이 병행되어야 한다는 기존 서술을 유지하는 것이 옳다.

04 ▶ ③

정답풀이 ㉢ 뒤에는 '주민들의 의견이 반영된 재생 프로젝트는 단기적 성과를 넘어 장기적인 지속 가능성을 담보할 수 있다'라는 내용이 나온다. 이는 앞 문장의 '전문가들이 주도할 때 효율적으로 진행될 수 있다'는 내용과 논리적으로 상충된다. 따라서 '도시 재생이 지역 주민의 참여와 협력을 기반으로 진행될 때 더욱 성공적이라는 연구 결과가 있다'로 수정하는 것이 적절하다.

오답풀이 ① ㉠ 뒤에는 '단순한 물리적 공간의 개선을 넘어, 지역 주민의 삶의 질을 향상시키고 경제적 기회를 창출하는 데 기여한다'라고 했으므로, 낙후된 지역을 활력 있는 공간으로 탈바꿈시킨다는 기존 서술이 적절하다.
② ㉡ 뒤에서 '전통적 건축물과 주민 공동체가 사라지고 대규모 상업 단지가 조성되면서 지역의 정체성이 약화되었다'는 내용이 나오므로, 상업화가 지나치게 강조되는 것의 문제점을 지적한 기존 서술이 적절하다.
④ ㉣ 뒤에서 '다양한 이해관계자 간의 협력이 필수적이다'라고 했으므로, 경제적 효율성과 문화적 가치 보존의 균형을 강조한 기존 서술이 적절하다.

05 ▶ ②

정답풀이 ㉡ 뒤에서 '지역 사회와의 괴리를 초래할 수 있다'고 설명하고 있으므로, 앞에는 사회와의 괴리를 초래할 수 있는 내용이 나와야 한다. ㉡ 앞에서 공공예술은 시민들과 소통을 촉진해야 한다고 나왔으므로 ㉡에는 외부 예술가들이 주도하는 공공 예술 프로젝트는 지역 주민들의 의견을 배제하는 문제점이 있다고 언급되는 것이 더 적절하다. 환경을 오염시키는 내용은 이 글의 흐름상 맞지 않으므로 고치는 것이 적절하다.

오답풀이 ① ㉠ 글의 도입부에서 '지역 사회의 정체성을 강화하고 주민들의 문화적 경험을 풍요롭게 만드는 중요한 요소'라고 설명하고 있으므로, '시민들과의 소통을 촉진하고 지역의 문화적 정체성을 반영한다'는 기존 서술이 적절하다.
③ ㉢ 앞에서 '사회적 갈등을 해소하고 공동체 의식을 강화하는 데 기여할 가능성이 크다'고 했으며, 뒤에서도 '화해와 치유의 메시지를

전달하려는 시도'라고 설명하고 있으므로, 기존 서술이 적절하다.
④ ㉣의 경우, 글의 전체적 맥락에서 공공 예술이 '지역 사회의 정체성을 강화'하고 '사회적 갈등을 해소하고 공동체 의식을 강화'하며 '사회적 변화를 촉진하는 도구'로 활용될 수 있다고 설명하고 있다. 따라서 기존 서술이 적절하다.

06 ▶ ③

정답풀이 ㉢ 뒤에는 '이러한 협업은 인간의 창의력과 AI의 기술적 정교함을 결합하여'라는 내용이 나온다. 따라서 앞 문장의 'AI가 독립적으로 예술 작품을 창작하는 방식'이라는 표현은 문맥상 어색하다. 이를 'AI와 인간이 협력하여 예술 작품을 창조하는 방식'으로 수정하는 것이 옳다.

오답풀이 ① ㉠ 뒤에서 AI 기술이 예술적 표현을 확장한다는 맥락이 이어지고 있으므로, 인간의 한계를 넘어선 영역으로 확장한다는 긍정적 평가를 언급한 기존 서술을 유지하는 것이 옳다.
② ㉡ 뒤에서 'AI가 생성한 그림은 기술적으로 정교할 수 있지만, 인간의 경험에서 우러나온 독창적 감정은 결여되어 있다'는 내용이 나오므로, AI의 창작이 단순히 데이터를 학습하여 패턴을 모방하는 데 불과하다는 기존 서술을 유지하는 것이 옳다.
④ ㉣ 글의 전체적인 맥락상 AI와 인간의 협업을 강조하고 있으며, '인간의 창의성을 대체하기보다는 보완하는 역할에 머물러야 한다는 시각이 여전히 우세하다'는 기존 서술을 유지하는 것이 옳다.

07 ▶ ③

정답풀이 ㉢의 경우, '범죄로 인한 지역사회의 연대 약화와, 이를 회복하기 위한 처벌에 중점을 둔다'는 서술은 회복적 정의의 특성과 어긋난다. ㉢ 뒤에서 '대화를 통해 갈등을 해결'하고 '가해자가 피해자에게 직접 사과하고 손해를 배상'하는 방식을 설명하고 있어, '처벌'보다는 관계 회복에 초점을 맞추고 있음을 알 수 있다. 따라서 '범죄로 인해 깨진 관계와 사회적 균형을 회복하는 데'로 수정하는 것이 적절하다.

오답풀이 ① ㉠ '범죄를 저지른 사람에게 상응하는 처벌을 가함으로써, 사회적 질서를 회복'한다고 설명하고 있으므로, '화해를 강조'한다는 선지는 응보적 정의의 본질적 성격과 맞지 않는다.
② ㉡ '엄격한 법적 제재는 범죄자의 행위를 억제'한다는 맥락에서 법의 권위 강화가 언급되고 있으므로, 법의 경직성을 부각하고 창의성을 억압한다는 선지의 표현은 문맥과 맞지 않는다.
④ ㉣ '대화를 통해 갈등을 해결하고' '심리적 회복을 제공'한다는 설명에서 알 수 있듯이, 공정성의 과도한 강조가 아닌 실현 가능성의 한계를 지적하는 기존 표현이 적절하다.

08 ▶ ③

정답풀이 ㉢의 경우, '자연스러운 화음과 조화를 추구하는 방식'이라는 서술은 무조 음악의 특징과 어긋난다. 본문에서 무조 음악은 '12개의 반음(서양 음악의 12음 체계)을 모두 같은 비중으로 사용한다.'라고 하였다. 따라서 기존 서술을 '모든 음을 동등하게 취급하는 방식'으로 고치는 것이 적절하다.

오답풀이 ① ㉠ 뒤에서 '특정한 중심음을 기준으로 곡의 구조를 구성'하며 '음악적 긴장과 해소를 효과적으로 표현'한다고 설명하고 있으므로, 개성을 배제한다는 서술보다는 기존 표현이 적절하다.
② ㉡ 앞에 '그러나'라는 역접의 접속사가 나오므로 고전 조성 음악의 한계를 지적하는 내용이 이어지는 것이 자연스러우므로 기존 서술을 유지하는 것이 적절하다.
④ ㉣ 앞에서 무조 음악에 대하여 '조성 음악에서 경험할 수 없는 긴장과 해체의 미학을 탐구'한다고 설명하고 있으므로, 난해하게 느껴질 수 있다는 기존 서술이 적절하다.

09 ▶ ④

정답풀이 ㉣의 경우, '모든 복잡한 문제를 인간보다 빠르고 정확하게 해결할 수 있다'는 서술은 약인공지능의 특성과 다르다. 본문에서 약인공지능은 '특정 작업이나 기능을 수행하는 데 탁월'하며 '정해진 알고리즘과 데이터에 의존한다'고 설명한다. 따라서 '복잡한 문제 해결이나 창의적 사고를 필요로 하는 상황에서 한계를 보인다'로 수정하는 것이 적절하다.

오답풀이 ① ㉠ 뒤에서 강인공지능이 '인간처럼 학습, 추론, 창의적 사고를 할 수 있는' 것을 목표로 한다고 설명하므로, '정해진 프로그램 외에 학습 능력이 없는'이라는 설명은 본문 내용과 다르다.
② ㉡은 역접의 접속사 뒤에 이어지는 부분이므로 강인공지능의 한계에 해당하는 서술이 나오는 것이 적절하므로 기존 표현을 유지하는 것이 적절하다.
③ ㉢ 뒤에서 '자율적 사고보다는 정해진 알고리즘과 데이터에 의존'한다고 하였다. 따라서 특정 문제를 해결하기 위해 설계되었다는 기존 서술을 유지하는 것이 적절하다.

10 ▶ ①

정답풀이 ㉠ 뒤에서 소유경제는 '소유권이 자산의 활용과 통제의 중심'이며 '자동차나 주택을 구매해 소유하는 것'을 예시로 들고 있다. 따라서 '개인이 재화와 서비스를 소유함으로써 경제적 가치를 창출하는'으로 수정하는 것이 적절하다.

오답풀이 ② ㉡ 앞에서 '소유권이 자산의 활용과 통제의 중심'이라고 설명하고 있으므로, '임시적으로 대여하거나 빌려 사용'한다는 설명은 소유경제의 본질과 배치된다.
③ ㉢ 뒤에서 '우버나 에어비앤비와 같은 플랫폼'을 예시로 들며 개인 간 공유를 설명하고 있으므로, '정부의 소유'라는 설명은 맥락상 적절하지 않다.
④ ㉣은 역접의 접속사로 연결되는 부분이므로 공유경제의 한계를 지적하는 내용이 이어지는 것이 자연스럽다. 따라서 기존 서술을 유지하는 것이 적절하다.

Chapter 04 [작문] 공문서 문장 고쳐 쓰기

亦功 천기누설 혜선팍 독해 pin point

한눈에 보기
01 ③   02 ③

신유형 2025 버전 1   p.44

01 ▶ ③

[정답풀이] 범칙금 부과 또는 형사 처벌을 받게 되고'는 어색하게 접속된 구문이다. 그러나 이를 '범칙금을 부과하거나 형사 처벌을 받게 되고'로 고치면, 대등하게 이어진 두 구문의 공통된 주어가 범칙금 또는 형사 처벌이라는 불이익을 당한다는 의미를 제대로 전달하지 못한다. ⓒ을 고려할 때, '범칙금 부과 또는'을 '범칙금을 부과받거나'로 고쳐 뒤에 나오는 '형사 처벌을 받게 되고'와 대등하게 이어지도록 하는 것이 적절하다.

[오답풀이] ① '조사 내용은 공통 조사 항목과 체류 자격에 따라 추가로 조사하는 항목들이 있습니다.'는 ㉠을 고려하여 주어 '조사 내용은'과 호응이 되도록 서술어를 '~조사 항목으로 구성되어 있습니다.'로 수정한다.

② '정상회담 계기 공동성명을 통해'는 조사를 지나치게 생략하고 명사를 나열하여 자연스럽지 않으므로, ㉡을 고려하여 '정상회담을 계기로 공동성명을 발표하여'로 고쳐 쓰는 것이 적절하다.

④ '~에 대하여'는 영어 번역 투이므로 '에게'로 바꾸는 것이 좋다. 따라서 '직원들에 대하여'를 ㉣을 고려하여 '직원들에게로' 고쳐 쓴다는 것은 적절하다.

신유형 2025 버전 2   p.45

02 ▶ ③

[정답풀이] 〈공문서 작성 지침〉 중 세 번째 지침인 '불필요한 표현을 사용하지 않도록 주의할 것'에 따라 보면, '지정 기부는'이라는 표현에서 이미 지정 기부를 선택한 기부자라는 정보를 알 수 있다. 따라서 굳이 불필요한 표현인 '지정 기부를 선택한'을 추가할 이유는 없다. 오히려 추가를 하게 되면 '지정 기부'와 중복이 되어 지침을 어기게 되므로 옳지 않은 표현이 된다.

[오답풀이] ① 〈공문서 작성 지침〉 중 첫 번째 지침인 '문장 성분 간의 호응을 고려할 것'에 따라 보면, '지역사회 문제'에 호응하는 적절한 서술어가 없으므로 '지역사회 문제를 해결하고' 형태로 고치는 것이 옳다.

② 〈공문서 작성 지침〉 중 두 번째 지침인 '문장이 이어질 때는 적절한 연결사를 사용할 것'에 따라 보면, 앞 문장과 뒷 문장의 차이를 강조하는 연결사가 들어가야 한다. 따라서 대등 나열의 의미를 지닌 '뿐만 아니라' 대신 '반면에'로 문장을 잇는 것이 바람직하다. 기존의 일반 기부는 원하는 지자체에 기부하지만 지정 기부는 원하는 지자체가 아닌 미리 준비된 지자체에 기부한다는 상반된 내용이 언급되어 있기 때문이다.

④ 〈공문서 작성 지침〉 중 네 번째 지침인 '필요한 문장 성분이 생략되지 않도록 할 것.'에 따라 보면, 기존 표현은 어떤 것이 지역사회에 실질적인 도움이 되기를 원하는 것인지 서술되어 있지 않다. 따라서 '이 제도가'라는 주어가 들어가는 것이 옳다.

문제훈련 [작문] 공문서 문장 고쳐 쓰기   p.46

한눈에 보기
| 01 ④ | 02 ③ | 03 ② | 04 ① | 05 ③ |
| 06 ④ | 07 ① | 08 ③ | 09 ③ | 10 ④ |

01 ▶ ④

[정답풀이] 〈공공언어 바로 쓰기 원칙〉의 네 번째 원칙인 '불필요한 사동·피동 표현을 삼갈 것.'을 보면, '㉣ 활성화하고'는 이미 적절한 표현이다. 본원이 직접 민간 참여를 활성화하는 것이기 때문이다. 이를 '활성화시키고'로 수정하는 것은 불필요한 사동 표현을 사용한 것이다. '활성화하다'는 이미 타동사이므로 '-시키다'를 붙일 필요가 없다. 따라서 이 수정은 부적절하다.

[오답풀이] ① 〈공공언어 바로 쓰기 원칙〉의 첫 번째 원칙인 '생소한 외래어나 외국어는 우리말로 다듬을 것.'을 보면, '㉠ 연구개발 이노베이션'에서 '이노베이션(innovation)'은 영어 외래어이므로 우리말 '혁신'으로 다듬는 것이 적절하다.

② 〈공공언어 바로 쓰기 원칙〉의 두 번째 원칙인 '외국어 번역투를 삼갈 것.'을 보면, '㉡ 간담회를 개최하려고 합니다.'는 영어 'have a meeting'을 잘못 번역한 것이다. 따라서 이를 '간담회를 개최하려고 합니다.'로 고치는 것이 적절하다.

③ 〈공공언어 바로 쓰기 원칙〉의 세 번째 원칙인 '지나친 명사 나열을 피하고 적절한 조사와 어미를 활용하여 문장을 구성할 것.'을 보면, '㉢ 연구개발 비용 세액공제율 한시 상향, 출연연 운영 제도 개선, 예산·인력 운영 자율성 확대'는 명사구의 나열이다. 이를 '연구개발 비용 세액공제율을 한시적으로 상향하고, 출연연 운영 제도를 개선하며, 예산·인력 운영의 자율성을 확대하는 것'으로 조사와 어미를 활용하여 자연스럽게 풀어쓰는 것이 적절하다.

02 ▶ ③

정답풀이 앞뒤 맥락을 고려할 때 '관계자들과 시민들의 생활환경 개선'은 관계자들과 시민들 모두의 생활환경 개선에 대해 논의하는 것으로도 해석될 수 있으며 관계자들과 시민들의 생활환경 개선에 대해 논의하는 것으로도 해석될 수 있으므로 중의적으로 해석될 수 있는 표현이다.

오답풀이 ① 〈공공언어 바로 쓰기 원칙〉의 첫 번째 원칙인 '외래어나 한자어는 쉬운 우리말로 바꿀 것.'을 보면, 외래어인 '리빙 인프라'와 '프로젝트'를 '생활환경'과 '사업'으로 바꾼 것이 적절하다.
② 〈공공언어 바로 쓰기 원칙〉의 두 번째 원칙인 '주어와 서술어의 호응을 맞출 것'을 보면, '포함되어 실시할'을 '포함하여 실시될'로 고치는 것은 주어 '조사는'과의 호응을 맞춘 것이므로 적절하다.
④ 〈공공언어 바로 쓰기 원칙〉의 네 번째 원칙인 '불필요한 사동·피동 표현을 삼갈 것.'을 보면, '구체화되어질'은 불필요한 이중 피동 표현이므로 '구체화될'로 고치는 것이 적절하다.

03 ▶ ②

정답풀이 〈공공언어 바로 쓰기 원칙〉의 두 번째 원칙인 '주어와 서술어의 호응을 맞출 것.'을 보면, 생략된 주어인 '우리 원은'과 '대여받다'는 이미 호응이 잘 되고 있다. '대여하다'는 '빌려 주다'라는 뜻이다. '귀 기관'이 미술품을 대여하는 입장이고 생략된 주어인 '우리 원은'이 미술품을 빌려 오는 입장, 즉 대여 받는 입장이므로 '대여받고자'를 그대로 유지했어야 했다. '대여하다'로 고치는 것은 오히려 잘못 고친 표현이 된다.

오답풀이 ① 〈공공언어 바로 쓰기 원칙〉의 첫 번째 원칙인 '중복되는 표현을 삼갈 것.'을 보면, '담당자를 위한 문화 예술 전문 역량 강화를 위해'에서는 서술어 '위한'과 '위해'가 반복되고 있으므로 적절하지 않음을 알 수 있다. 따라서 '담당자를 위한'을 '담당자의'로, '강화를 위해'를 '강화하고자'로 수정하여 '담당자의 문화 예술 전문 역량을 강화하고자'로 바꾸는 것이 적절하다.
③ 〈공공언어 바로 쓰기 원칙〉의 세 번째 원칙인 '대등한 것끼리 접속할 때는 구조가 같은 표현을 사용할 것.'을 보면, 해당 표현은 잘못되었다. '과거사와 미래 지향적인 양국 간 관계 발전을 위한'에서 '과거사'는 서술어 '위한'에 호응되지 않으므로 '미래 지향적인 양국 간 관계 발전'과 대등하게 접속될 수 없다. 따라서 '과거사'에 대한 서술어 '극복하고'를 추가하고 '양국 간 관계 발전을'도 '양국 간 관계를 발전시키기'로 수정하여 '과거사를 극복하고 미래 지향적인 양국 간 관계를 발전시키기 위한'으로 바꾸는 것이 적절하다.
④ 〈공공언어 바로 쓰기 원칙〉의 네 번째 원칙인 '문맥에 따라 올바른 어휘를 선택할 것.'을 보면, '접수'는 받는 쪽, 즉 이 문서를 쓰는 사람 쪽 입장에서의 용어이므로 적절하지 않다. 따라서 이를 읽는 사람의 관점에서의 용어인 '신청'으로 바꾼 것이 적절하다.

04 ▶ ①

정답풀이 〈공공언어 바로 쓰기 원칙〉의 첫 번째 원칙인 '문장 성분의 호응을 맞출 것.'을 보면, 서술어 '격상함'의 목적어는 '위기 단계를'의 호응이 적절하지 않음을 알 수 있다. '위기 단계를 격상한다'라는 표현이 목적어와 서술어의 호응이 맞는 표현이므로 '격상함'을 '격상됨'으로 바꾸는 것은 '문장 성분의 호응을 맞출 것'이라는 원칙에 부합하지 않는다.

오답풀이 ② 〈공공언어 바로 쓰기 원칙〉의 두 번째 원칙인 '외래어 표기법을 올바르게 따를 것.'을 보면, 외래어 표기법에 따르면, 'portal'의 표기법이 잘못 되었음을 알 수 있다. 올바른 표기법은 '포털'이므로 '포탈'을 '포털'로 바꾸는 것이 적절하다.
③ 〈공공언어 바로 쓰기 원칙〉의 세 번째 원칙인 '대등한 것끼리 접속할 때는 구조가 같은 표현을 사용할 것.'을 보면, 'OOO연구소가 발전하고 위상 강화에'는 잘못되었음을 알 수 있다. 대등 접속의 표지를 기준으로 'OOO연구소가 발전하고'를 풀어썼지만 '위상 강화'는 명사구의 나열이므로 대등한 구조가 아니기 때문이다. 따라서 뒤의 '위상 강화'도 풀어써서 'OOO연구소가 발전하고 위상이 강화되는 것에'로 고치는 것은 적절하다.
④ 〈공공언어 바로 쓰기 원칙〉의 네 번째 원칙인 '영어 번역 투를 삼갈 것.'을 보면, '직원들에 대하여'에서 '~에 대하여(about)'는 영어 번역 투이므로 '직원들에 대하여'를 '직원들에게'로 바꾼 것은 '영어 번역 투를 삼갈 것'이라는 원칙에 부합한다.

05 ▶ ③

정답풀이 〈공공언어 바로 쓰기 원칙〉의 세 번째 원칙인 "'하'의 준말의 맞춤법에 유의할 것.'을 보면, '확보도록'으로 고친 것은 잘못되었다. 본말인 '확보하도록'에서 '하' 앞의 '보'의 'ㅗ'는 울림소리이므로 '하'의 'ㅏ'만 떨어지고 남은 'ㅎ'과 뒤의 '도록'에 자음 축약이 일어나 '확보토록'이 되는 기존 표현이 오히려 적절하다.

오답풀이 ① 〈공공언어 바로 쓰기 원칙〉의 첫 번째 원칙인 '지나친 명사구의 나열을 삼갈 것.'을 보면, '157개 수도권 소재 공공기관의 지방 이전을 추진하고'는 명사가 나열된 표현이므로 적절하지 않다. 따라서 조사, 접사, 어미를 적절히 추가하여 '수도권에 있는 157개 공공기관을 지방으로 이전하는 일을 추진하고'로 바꾼 것이 적절하다.
② 〈공공언어 바로 쓰기 원칙〉의 두 번째 원칙인 '두음 법칙을 지킬 것.'을 보면, '년도'는 적절하지 않다. 두음 법칙에 따라 '년도'는 자립 명사인 '연도'로 적어야 하므로 '목표 년도까지를'을 '목표 연도까지'로 바꾼 것은 '두음 법칙을 지킬 것'이라는 원칙에 부합한다.
④ 〈공공언어 바로 쓰기 원칙〉의 네 번째 원칙인 '필요한 문장 성분이 생략되지 않도록 할 것.'을 보면, 서술어 '달성할'의 목적어가 생략되었음을 알 수 있다. 따라서 이에 호응하는 목적어 '조기 집행 계획을'을 추가하는 것은 적절하다.

06 ▶ ④

정답풀이 〈공공언어 바로 쓰기 원칙〉의 네 번째 원칙인 '대등한 것끼리 접속할 때는 구조가 같은 표현을 사용할 것.'을 보면, '의심 증상이나 감염 확산의 우려가 있으면'도 잘못 고친 표현임을 알 수 있다. 기존 표현인 '의심 증상을 보이거나 감염 확산의 우려가 있으면'도 앞의 풀어 쓰고(의심 증상을 보이거나), 뒤는 명사구(감염 확산의 우려)이므로 구조가 달라 틀렸음을 알 수 있다. '시민에게 의심 증상이(주어) 보이거나(서술어) 감염 확산의 우려가(주어) 있으면(서술어)'으로 고치는 것이 적절했다.

오답풀이 ① 〈공공언어 바로 쓰기 원칙〉의 첫 번째 원칙인 '필요한 문장 성분을 생략하지 말 것.'을 보면, 무엇을 조정하였는지가 생략된 것을 알 수 있다. 따라서 '위기 경보를'이라는 목적어를 추가하는 것은 적절하다.
② 〈공공언어 바로 쓰기 원칙〉의 두 번째 원칙인 '올바른 사동, 피동 표현을 사용할 것.'을 보면, '보여질'은 피동의 뜻을 가지는 '-이-'와 '-어지다'를 이중으로 사용한 이중 피동 표현이므로 적절하지 않다. 따라서 이중 피동 표현인 '보여질'을 '보일'로 바꾼 것이 적절하다.
③ 〈공공언어 바로 쓰기 원칙〉의 세 번째 원칙인 '어렵고 상투적인 한문 투를 피할 것.'을 보면, '감염 확산 방지에 철저를 기하여 주시기'는 상투적인 한문 투이므로 사용을 지양해야 한다. 따라서 이를 '감염이 확산되지 않도록 철저히 노력해 주시기'로 바꾼 것이 적절하다.

07 ▶ ①

정답풀이 모음이나 'ㄴ'받침 뒤에서는 '율'로, 그 외의 받침 뒤에서는 '률'로 적는다. 따라서 '승인율'이 한글 맞춤법에 맞는 표기이므로, 이를 '승인률'로 수정한다는 것은 적절하지 않다.

오답풀이 ② '새로운 아이디어와 구체적인 실천 계획을 세운다.'는 대등 접속의 오류가 보이므로 적절하지 않다. '새로운 아이디어를 세운다'는 호응이 잘 되지 않기 때문이다. 따라서 ⓒ에 따라 대등한 구조를 잘 살려 '새로운 아이디어를(목적어) 발굴하고(서술어) 구체적인 실천 계획을(목적어) 세운다(서술어)'로 수정하는 것은 적절하다.
③ '일자리 기업의 홍보 기회'에서 '일자리'가 '기업'을 수식하는 것이 어색함을 알 수 있다. 따라서 ⓒ에 따라 '기업의 일자리 홍보 기회'로 수정하는 것은 적절하다.
④ 주어 '이 설문조사 결과는'이 서술어 '말해 주고 있다.'와 호응될 수 없다. 스스로 움직이지 않는 사물이나 추상적 대상이 능동적 행위의 주어로 나오는 문장은 번역투이므로 지양해야 한다. 따라서 ㉣에 따라 '청소년 언어 개선책을 시급히 마련해야 한다는 점을 이 설문조사 결과에서 알 수 있다.'로 수정하는 것은 적절하다.

08 ▶ ③

정답풀이 "정부는 노인 복지 종합 계획을 수립하여, 올 하반기부터 시행하기로 하였다."는 이미 '수립' 뒤에 '-하다'가 생략되지 않고 어법에 맞게 잘 쓰인 문장이다. 이를 "정부는 노인 복지 종합 계획을 수립, 올 하반기부터 시행하기로 하였다."로 수정하면 '수립' 뒤에 '-하다'가 생략된 문장이라 ⓒ에 부합하지 않는 문장이 된다.

오답풀이 ① '㉠ 주어와 서술어를 적절하게 호응시킬 것.'에 따라 보면 '국민이 공개 과제를 요청되는'은 적절하지 않다. '국민'은 '직접 정책 실명의 공개 과제'를 요청하는 주체이므로 서술어 '요청하는'으로 수정하는 것이 ㉠에 부합한다.
② "시장은 구청들과 공원의 위치에 관하여 논의하였다."는 시장은 구청들의 위치, 그리고 공원의 위치에 대해 논의하였다는 의미로도 해석될 수 있고, 시장이 구청들과 함께 공원의 위치에 대해 논의하였다는 의미로도 해석될 수 있으므로 중의적인 표현이다. 따라서 중의성을 해소하기 위해 이를 "시장은 구청들과 만나 공원의 위치에 관하여 논의하였다."로 수정하는 것은 ⓒ에 부합한다.
④ "평화 수호와 인권을 보장하는 것"에서 '평화 수호'와 '인권을 보장하는 것'이 '-와'로 접속되고 있으므로 앞뒤로는 구조가 같은 표현이 사용되어야 한다. 따라서 이를 "평화를 수호하고 인권을 보장하는 것"으로 수정하는 것은 ㉣에 부합한다.

09 ▶ ③

정답풀이 '○○국에 대한 국제 사회의 지원 필요성이 증대'한 것과 '정부는 지원을 하지 않기로 결정'한 것은 서로 상반되는 내용이므로 '그러나'를 통해 접속하는 것이 올바르다. 따라서 이미 올바르게 쓰인 문장 "○○국에 대한 국제 사회의 지원 필요성이 증대하였다. 그러나 정부는 지원을 하지 않기로 결정하였다."를 "○○국에 대한 국제 사회의 지원 필요성이 증대하였다. 그리고 정부는 지원을 하지 않기로 결정하였다."로 수정하는 것은 ⓒ에 부합하지 않는다. '그리고'는 앞뒤 내용이 병렬적으로 연결될 때 사용하는 접속어이다.

오답풀이 ① "조선은 태조 이성계에 의해 건국되었다."에서 '~에 의해 ~되다' 형태의 어색한 피동 표현이 나타나므로 이를 자연스럽게 수정하여 "조선은 태조 이성계가 건국했다."로 수정하는 것은 ㉠에 부합한다.
② "우리의 목표는 조국 통일에 있다."는 '~에 있어서' 형태의 일본어 번역 투가 나타나므로 이를 "우리의 목표는 조국통일이다."로 수정하는 것은 ⓒ에 부합한다.
④ 이 문장은 '해석 ① 주민센터가 신청한 것인지 / 해석 ② 주민이 주민센터를 통해 신청한 것인지 애매함.'으로 해석되므로 ㉣에 어긋난다. 정보가 너무 간결해서 중의적인 문장이 나오는 것이므로 "주민이 주민센터를 통해 신청한 아동 복지 지원금 지급을 완료하였다."로 고치는 것이 적절하다.

10 ▶ ④

정답풀이 환급(還給 : 還 돌아올 환 給 줄 급)이란 '도로 돌려줌'을 의미한다. 납세자의 결정세액이 기납부세액보다 적은 경우 그 차이만큼 납세자에게 돌려준다는 문맥이므로 기존의 표현을 유지했어야 했다. 환수(還收 : 還 돌아올 환 收 거둘 수)는 '도로 거두어들임'을 의미하는 것으로 도로 가져간다는 뜻이므로 이 문맥에는 오히려 맞지 않는다. 참고로 환수는 '친일파의 부동산을 나라에서 환수하였다' 등의 문맥에 쓰여야 한다.

오답풀이 ① 〈공공언어 바로 쓰기 원칙〉의 '㉠ 대등 접속 시 구조가 같은 표현을 사용함.'에 따라 보면 해당 표현은 이를 어겼음을 알 수 있다. 대등 접속의 경우에는 서술어 '방지해야 한다'가 공유될 수 있어야 하는데 '신선도 유지'는 행위 자체를 의미하므로 그것을 방지한다는 것은 의미상 적절하지 않다. 따라서 구조를 같게 만들어 "음식물의 신선도를(목적어) 유지하고(서술어), 부패를(목적어) 방지해야 한다(서술어)."로 수정하는 것은 적절하다.

② 〈공공언어 바로 쓰기 원칙〉의 'ⓒ 불필요한 사동·피동 표현을 지양할 것.'에 따라 보면 해당 표현의 '배제시켜야 한다'는 옳지 않음을 알 수 있다. 경제 성장에 방해가 되는 요소를 누군가를 시켜서 배제하는 것이 아니라 직접 배제하는 것이므로 사동의 의미를 가지는 '배제시키다'는 옳지 않다. 따라서 이를 ⓒ에 따라 '배제해야 한다'로 고치는 것은 적절하다.

③ 〈공공언어 바로 쓰기 원칙〉의 'ⓒ 수식어와 피수식어의 관계를 분명하게 표현함.'에 따라 보면 "5킬로그램 정도의 금 보관함"은 수식어 "5킬로그램 정도의"가 '금'을 꾸미는지 '보관함'을 꾸미는지 모호하다. 이는 중의적인 문장이 된다. [1) 금 5킬로그램 상당을 담은 금 보관함 2) 금을 담은 5킬로그램 상당의 금 보관함] 따라서 ⓒ에 따라 "5킬로그램 정도를 담은 금 보관함"으로 수정하는 것은 적절하다.

Part 02 일반 추론

Chapter 05 중심 내용 추론

亦功 천기누설 혜선팍 독해 pin point

한눈에 보기
01 ①   02 ②

신유형 2025 버전 1   p.55

01 ▶ ①

[정답풀이] 글의 핵심 논지는 제시문의 "과거에는 두 형태를 구분하지 않고 혼합물로 약물을 제조했으나, 이제는 각 형태의 효능과 안전성을 개별적으로 평가하는 것이 필수가 되었다"와 "분자의 입체 구조는 이제 단순한 화학적 특징이 아니라 약물 개발 전반에 걸쳐 반드시 고려해야 할 핵심 요소가 되었다"이다. 즉, 키랄성으로 인한 형태별 작용 차이 때문에 개별 평가가 필수화되었다는 것이다. 이 선지는 키랄성의 특징(형태별 다른 작용)과 그로 인한 변화(개별 평가의 필수화)를 모두 담아 글의 중심 내용을 반영한다.

[오답풀이] ② 혼합물보다 순수 형태가 선호된다는 내용은 맞지만, 이는 본문의 일부 내용일 뿐이다. 글의 핵심인 '규제 변화와 개별 평가의 필수화'라는 중심 논지를 충분히 담지 못했다.
③ 탈리도마이드 사건은 키랄성의 중요성을 보여주는 예시로 제시되었을 뿐, 이 사건이 규제 의무화의 직접적 원인이라는 인과관계는 본문에 명시되지 않았다. 또한 기술 개발은 결론 부분의 부가적 내용이다.
④ 생체 내 단백질 구조와 약물 구조의 관계는 키랄성이 중요한 이유를 설명하는 배경 정보일 뿐이다. 글의 핵심인 '과거와 현재의 평가 방식 변화'와 '개별 평가의 필수화'를 반영하지 못했다.

신유형 2025 버전 2   p.56

02 ▶ ②

[정답풀이] 글의 핵심 논지는 제시문의 "감염병 대응이 사후 대처에서 사전 예방으로, 의학적 해결에서 기후-보건 융합으로 진화하는 것이다"와 "기존에는 발생 후 치료와 격리에 중점을 두었다면, 이제는 기후 데이터를 활용한 예측과 예방이 강조된다"이다. 즉, 과거와 현재의 대응 방식을 대비시켜 패러다임 전환을 강조하는 것이다. 이 선지는 사후 치료에서 사전 예방으로, 단일 접근에서 통합적 접근으로의 전환을 명확히 담아 글의 중심 내용을 반영한다.

[오답풀이] ① 기후변화의 중요성과 예방 체계 필요성은 맞지만, 글의 핵심인 '과거와 현재의 대비'와 '패러다임 전환의 구체적 양상'을 충분히 담지 못했다.
③ 기후변화가 감염병에 미치는 다층적 영향은 본문의 일부 내용일 뿐이다. 글 전체의 핵심인 대응 전략의 패러다임 전환을 반영하지 못했다.
④ 기후변화의 중요성과 융합 필요성은 언급하지만, 글이 강조하는 '과거 대응 방식과 현재 대응 방식의 구체적 차이'를 명시하지 못했다.

문제훈련 중심 내용 추론   p.57

한눈에 보기
01 ②   02 ④   03 ③   04 ③   05 ④
06 ③   07 ①   08 ③   09 ①   10 ③

01 ▶ ②

[정답풀이] 글의 핵심 논지는 제시문의 "인간의 행동은 단일 요인으로 변화시킬 수 없는 복잡한 현상"과 "수많은 행동 변화 캠페인이 실패하는 이유는 인간 행동의 복잡성을 과소평가했기 때문"이다. 즉, 행동 변화의 복잡성을 인정하고 단순한 해법의 한계를 지적하는 것이다. 이 선지는 인간 행동의 복잡성과 단순 해법의 근본적 한계를 명확히 담아 글의 중심 내용을 반영한다.

[오답풀이] ① 각 방법의 제한적 영향은 맞지만, '더 효과적인 방법을 찾아야 한다'는 주장은 본문에 없다. 오히려 단순한 해법 자체를 문제시한다.
③ 본문은 각 요인의 영향력을 '과대평가'했다고 하지 않는다. 오히려 행동의 복잡성을 '과소평가'했다고 지적한다.
④ 각 접근법의 한계를 나열한 것은 맞지만, 이는 근거 제시 부분일 뿐이다. 글의 핵심인 '행동의 복잡성'과 '단순 해법의 한계'라는 결론을 담지 못했다.

02 ▶ ④

[정답풀이] 글의 핵심 논지는 제시문의 "이 모델이 모든 상황에 완벽히 적용되는 것은 아니다"와 "기존의 이념적 논쟁을 넘어 수학적이고 중립적인 시각에서 공정성을 해석하려는 시도라는 점에서 의미가 있다"이다.

즉, 과학적 모델의 한계를 인정하면서도 그것이 제공하는 새로운 관점의 가치를 강조하는 것이다. 이 선지는 모델의 불완전성과 동시에 이념 중립적 접근의 의의를 균형 있게 담아 글의 중심 내용을 반영한다.

오답풀이 ① 볼츠만 모델의 특징을 설명하지만, 글의 후반부에서 강조하는 '한계의 인정'과 '그럼에도 불구한 의의'라는 균형 잡힌 관점을 놓쳤다.
② 공정 분배의 어려움과 학제적 접근을 언급하지만, 이는 도입부의 배경 설명일 뿐이다. 글의 핵심인 과학적 모델의 새로운 시도와 그 의의를 담지 못했다.
③ 본문은 수학 모형이 기존 접근보다 '우월하다'고 주장하지 않는다. 오히려 "모든 상황에 완벽히 적용되지는 않는다"고 명시하여 한계를 인정한다. 이는 본문의 균형 잡힌 시각을 왜곡한 것이다.

03 ▶ ③

정답풀이 글의 핵심 논지는 제시문의 "인권은 단순히 선언하거나 명시하는 것에 그쳐서는 안 된다"와 "인권은 철학적 이론이 아니라 삶의 현장에서 구체적으로 실현되어야 하는 실천적 과제"이다. 즉, 인권의 이론과 현실 사이의 간극을 인식하고, 다양한 방법을 통해 실제 삶에서 실현해야 한다는 것이다. 이 선지는 선언을 넘어선 실천과 구체적 실현 방안을 모두 담아 글의 중심 내용을 반영한다.

오답풀이 ① 본문은 인권의 '보편성'을 전제로 하며, 문화 상대주의적 해석을 주장하지 않는다. 오히려 보편적 가치의 실현 방법을 논의하는 것이 핵심이다.
② 사회적 인식 개선이 '우선'되어야 한다는 주장은 본문에 없다. 본문은 교육, 제도, 사회 운동 등 다양한 방법의 동시적 노력을 강조한다.
④ 국제 협력은 본문에서 언급된 여러 방법 중 하나일 뿐이다. 국제기구의 역할을 특별히 강조하지 않으며, 오히려 다양한 차원의 통합적 노력을 강조한다.

04 ▶ ③

정답풀이 글의 핵심 논지는 제시문의 "자립을 목표로 했던 공정무역이 새로운 형태의 의존 구조를 만들어낼 위험이 있다"와 "진정한 공정을 위해서는 현재의 공정무역 시스템 자체에 대한 근본적 재검토가 필요하다"이다. 즉, 공정무역이 표방하는 목표와 달리 오히려 새로운 의존을 만들어내는 역설을 지적하며, 시스템 자체의 근본적 재고를 요구하는 것이다. 이 선지는 의존 구조의 문제와 비판적 재검토의 필요성을 모두 담아 글의 중심 내용을 반영한다.

오답풀이 ① 시장 논리 종속과 생산자 불안정성은 본문에서 언급된 문제 중 하나일 뿐이다. 글의 핵심인 '새로운 의존 구조 형성'과 '시스템 재검토 필요성'을 담지 못했다.
② 인증 기준의 문제는 여러 문제점 중 하나로 제시되었을 뿐이다. '포용적 기준 마련'이라는 해결책은 본문에서 제시되지 않았으며, 글의 핵심인 근본적 재검토를 반영하지 못했다.
④ 긍정적 측면과 한계의 병존을 언급하지만, 이는 일반적이고 중립적인 서술이다. 글이 강조하는 '새로운 의존 구조'라는 역설과 '시스템 자체의 재검토'라는 비판적 관점을 충분히 담지 못했다.

05 ▶ ④

정답풀이 글의 핵심 논지는 제시문의 "아리스토텔레스의 윤리학은 인간 중심적이고 현실적인 반면, 아퀴나스의 윤리학은 신 중심적이고 초월적이다"와 "두 사상은 도덕의 궁극적 근거를 인간 자신에서 찾느냐, 신에서 찾느냐라는 근본적 차이를 보여준다"이다. 즉, 두 사상의 대립점을 명확히 제시하는 것이다. 이 선지는 인간 중심과 신 중심이라는 대립 구조와 도덕의 근거라는 핵심 쟁점을 담아 글의 중심 내용을 반영한다.

오답풀이 ① 이성의 역할과 한계는 본문에서 중심적으로 다루지 않는다. 본문의 핵심은 도덕의 궁극적 근거가 어디에 있는가의 문제다.
② 주체 혼동의 오류이다. 아퀴나스는 신과의 결합을, 아리스토텔레스는 현실적 행복을 최고선으로 보아 도덕의 근거가 상반되는 것이 옳기 때문이다.
③ 본문은 두 사상가가 '모두 이성적 판단을 통한 선의 추구를 강조'한다고 하지 않는다. 아퀴나스는 선의 기준을 신의 질서에서 찾는다고 명시한다.

06 ▶ ③

정답풀이 본문에서 자살과 고의적 사망이 "일반적으로 면책사유에 해당한다"는 내용이 나오면 뒤의 예시를 통해 예외의 경우를 보여주고 있다. 정신질환자의 경우 보험사고로 보며, 보험 수익자가 고의가 없이 단순 방조나 과실이 있었다면 면책으로 보지 않아 면책에 해당하지 않는다고 언급이 되어 있기 때문이다.

오답풀이 ① 본문에서는 법원이 면책사유 해석에 신중한 태도를 보인다고 설명하고 있지만, 그 목적이 "보험금 청구권자를 보호"하기 위함이라는 내용은 언급되지 않았다. 이는 본문의 내용을 확대 해석한 것이다.
② 본문에서 면책사유 적용 여부를 판단할 때 "피보험자의 의사결정 능력"과 "보험수익자 행위의 고의성"이 고려된다는 내용은 맞지만, 이것이 "중심으로" 판단해야 한다고 단정하는 것은 본문의 내용을 지나치게 단순화한 것이다. 본문은 이외에도 다양한 법적 요건과 해석이 필요함을 시사하고 있다.
④ "보험수익자의 고의에 의한 사망의 경우에도, 형사적 책임과는 별개로 민사상 면책 여부가 문제된다."라는 언급이 나오긴 하나 이는 일부 언급일 뿐이며 '보험수익자의 형사적 책임과는 별개로 민사상 책임을 중심으로 해석되며 법원의 판단도 이에 한정된다.'는 극단적인 내용도 언급되어 있지 않다.

07 ▶ ①

정답풀이 본문은 태풍이 바다 온도에 미치는 영향과 그로 인한 연쇄적 결과를 설명하는 인과관계 중심 구조로 되어 있다. 첫 문단에서 태풍의 바람과 비가 어떻게 바닷물 온도를 낮추는지 메커니즘을 설명하고, 두 번째 문단에서는 "이렇게 바다의 온도가 급격히 떨어지면, 해양 생태계나 기후 시스템에도 영향을 줄 수 있다"며 연쇄적 영향을 제시한다. 플랑크톤 분포 변화와 해양 먹이사슬 영향, 태풍의 경로와 강도 변화 등 구체적 사례를 들어 "해양과 대기 사이의 복잡한 연쇄작용"임을 강조하고 있다. 이 선지는 태풍의 작용(바람과 강수) → 결과(온도 하강) → 연쇄 영향(생태계와 기후)이라는 전체적인 인과관계를 포괄하고 있다.

오답풀이 ② 본문에서 "표층 수온이 급락하면 플랑크톤의 분포가 달라지고, 이는 해양 먹이사슬 전체에 영향을 줄 수 있다"고 언급하고 있지만, 이는 태풍으로 인한 연쇄 영향의 한 사례일 뿐이다. 글의 중심은 특정 생태적 변화가 아닌 태풍이 일으키는 전반적인 연쇄작용에 있다.
③ 본문의 어떤 내용에서도 기존의 바람과 강수량 중심 접근을 넘어 해양과 대기의 상호작용을 종합적으로 분석해야 한다는 내용은 언급되지 않고 있다.
④ 본문에서 "빗물은 대개 바닷물보다 차갑고, 염분이 낮아… 해수면을 더 차갑게 한다"고 설명하고 있지만, 이는 태풍이 바닷물 온도를 낮추는 메커니즘 중 일부를 설명하는 것으로, 글 전체에서 다루는 연쇄적 영향까지 포괄하지 못한다.

08 ▶ ③

정답풀이 본문은 인공지능의 '검은 상자' 문제를 제기하고, 이를 해결하기 위한 설명 가능 인공지능 기술의 필요성과 중요성을 강조하고 있다. 첫 문단에서 인공지능의 판단 과정이 불투명하여 "특히 의료나 법률처럼 생명과 권리가 달린 분야에서 큰 불안 요소가 된다"는 문제를 제시하고, 두 번째 문단에서는 "이에 따라 최근에는 인공지능이 '왜 그런 판단을 내렸는지' 설명할 수 있도록 만드는 기술 개발이 활발히 이루어지고 있다"고 해결 방안을 언급한다. 시각화 기법 사례를 통해 "사용자가 인공지능의 결정을 신뢰할 수 있도록 돕는다"는 효과를 강조하고 있다. 전체적으로 본문은 설명 가능성이 단순한 기술적 문제가 아니라 인간과 인공지능 간의 신뢰와 협력을 위한 핵심 요소임을 시사하고 있다. 따라서 이 선지가 글의 중심 내용을 가장 정확하게 반영하고 있다.

오답풀이 ① 본문에서 "'검은 상자' 문제는 특히 의료나 법률처럼 생명과 권리가 달린 분야에서 큰 불안 요소가 된다"고 언급하고 있지만, 이는 설명 가능 인공지능의 필요성을 강조하기 위한 문제 제기 부분으로, 글의 중심은 이 문제에 대한 해결 방안과 그 중요성에 있다.
② 본문에서 시각화 기법이 "단순히 기술적 호기심을 만족시키는 데 그치지 않고, 사용자가 인공지능의 결정을 신뢰할 수 있도록 돕는다"고 설명하고 있지만, 이는 설명 가능 인공지능 기술의 구체적 사례와 효과를 설명하는 부분으로, 글 전체의 중심 내용이라기보다는 부분적인 내용에 해당한다.
④ 인공지능 기술의 발전 속도에 맞춰 사람과의 소통 능력도 함께 개발되어야 사회적 수용성을 높일 수 있다는 내용은 언급되지 않고 있다. 사람과의 소통 능력이라기보다는 사람에게 왜 그렇게 판단했는지 알려주는 것일 뿐이다.

09 ▶ ①

정답풀이 본문은 러시아혁명이 식민지 조선의 지식인들에게 미친 영향에 대해 서술하고 있다. 첫 문단에서 "식민지 조선의 지식인들은 이를 '한 사회의 전복'으로 바라보는 동시에 '새로운 사회의 탄생'이라는 희망으로 주목했다"고 언급하며, 두 번째 문단에서는 "당대 조선 사회의 억압 구조에 대한 반성과 미래 사회에 대한 구체적 상상을 자극하는 계기였다"고 명시하고 있다. 또한 마지막 문단에서는 "러시아혁명은 조선 사회가 당면한 현실을 돌아보게 만들며, 식민지 상황에서도 '변화는 가능하다'는 인식을 공유하게 만드는 매개가 되었다"고 결론짓고 있다. 따라서 이 선지가 글의 중심 내용을 가장 정확하게 반영하고 있다.

오답풀이 ② 본문에서 "모든 시선이 긍정적이었던 것은 아니며, 일부 지식인들은 혁명의 폭력성과 이념 독점에 대한 비판적 평가도 함께 덧붙였다"고 명시하고 있어, "러시아혁명을 비판 없이 수용"했다는 내용은 본문과 일치하지 않는다. 또한 "사회주의 이념을 확산시키는 데 주력했다"는 내용도 본문에서 직접적으로 언급되지 않았다.
③ 본문에서 "노동 문제, 토지 제도, 계급 갈등 등 러시아 내의 사회 문제는 식민지 조선에서도 깊은 공감을 불러일으켰고, 혁명의 실천 방식보다 그 이념적 가능성에 주목하는 흐름이 강했다"는 내용은 언급되었지만, 이것이 글의 중심 내용이라기보다는 러시아혁명이 조선 사회에 미친 영향을 설명하는 일부 내용에 불과하다.
④ 본문에서 "사상적 전파의 경로로서 잡지의 위상을 보여주는 사례"라고 언급하고 있지만, 이것이 "합법적 언론 활동의 새로운 가능성을 제시했다"는 내용으로 확대 해석하는 것은 적절하지 않다. 본문의 초점은 러시아혁명이 조선 사회에 미친 이념적, 사상적 영향에 있지, 언론 활동의 새로운 가능성을 제시했다는 데 있지 않다.

10 ▶ ③

정답풀이 본문은 유전자의 차이에 기반한 개인 맞춤형 약물 치료인 약물유전체학에 대해 설명하고, 이것이 가져오는 이점을 제시하고 있다. 특히 "유전체 정보를 활용한 약물 치료는 환자에게 더 안전하고 효과적인 치료법을 제시하고, 사회적으로도 약물 부작용으로 인한 의료비용을 줄이는 데 기여할 수 있다"라고 명시하며, "이제 치료는 단순히 병을 없애는 것을 넘어서, 환자 한 사람 한 사람의 특성을 반영하는 방향으로 나아가고 있다"라고 결론짓고 있다. 이 선지는 본문에서 설명하는 약물유전체학의 개념과 그것이 가져오는 이점을 종합적으로 제시하고 있어, 글의 중심 내용을 가장 정확하게 반영하고 있다.

오답풀이 ① 본문의 첫 부분에서 "같은 약을 먹어도 어떤 사람은 잘 듣고, 어떤 사람은 부작용을 경험하는 이유 중 하나는 바로 유전자의 차이에 있다"라고 언급하고 있지만, 이는 본문의 도입부에서 약물유전체학의 필요성을 설명하기 위한 배경 정보일 뿐, 글의 중심 내용은 아니다.
② 본문에서 약물유전체학을 "이런 방식은 '약물유전체학'이라 불리며, 같은 병을 앓는 사람에게도 서로 다른 약 처방을 가능하게 한다"라고 설명하고 있지만, 이는 약물유전체학의 정의를 설명하는 부분일 뿐, 글 전체의 중심 내용을 담고 있지는 않다. 본문은 약물유전체학의 정의뿐만 아니라 그것이 가져오는 이점과 미래 방향성까지 포괄적으로 다루고 있다.
④ 본문에서 "현재는 암, 심혈관 질환, 정신질환 등의 분야에서 이 기술이 실제 치료에 적용되고 있으며, 점차 활용 영역이 넓어지고 있다"라고 언급하고 있지만, 이는 약물유전체학의 현재 적용 사례를 설명하는 부분으로, 글의 중심 내용인 약물유전체학의 개념과 이점을 종합적으로 반영하지 못한다. 일부 언급의 오류이다.

Chapter 06 내용 추론 긍정 발문

亦功 천기누설 혜선팍 독해 pin point

한눈에 보기
01 ①   02 ③

신유형 2025 버전 p.63

01 ▶ ①

정답풀이 본문에서 '행정국가론은 이러한 현실을 반영하여 행정부의 권한 확대를 옹호한다'고 설명하면서도, '행정부의 권한 확대와 함께 견제와 균형의 메커니즘도 함께 발전해야 한다'고 명시하고 있다. 이는 행정부의 역할이 커지는 현실을 인정하면서도, 견제 장치의 필요성을 함께 강조하고 있음을 보여주며, 선지의 내용과 일치한다.

오답풀이 ② 주체 혼동의 오류이다. 본문에서 삼권분립은 '입법, 사법, 행정부가 각각 고유의 역할을 수행하며 서로의 권한을 침해하지 않아야 한다'고 설명하고 있다. 따라서 입법부가 법의 제정뿐만 아니라 해석과 집행까지 담당해야 한다는 주장은 삼권분립의 원칙과 모순된다. 이는 사법과 행정의 역할을 입법부에 잘못 귀속하는 오류이다.
③ 본문에서 행정국가론은 '금융, 환경, 보건과 같은 복잡한 영역에서 전문성을 갖춘 행정기관이 신속하고 효율적인 정책 결정을 내릴 수 있어야 한다'고 주장하며, 행정부의 역할 확대가 필요함을 강조하고 있다. 그러나 선지는 '민주적 통제가 이루어지는 한 행정부의 권한 확대는 불필요하다'고 하여, 반대로 말하고 있으므로 적절하지 않다.
④ 극단의 오류이다. 본문에서는 현대 사회에서 행정부의 역할이 커졌다고 설명하지만, 삼권분립이 무효화되었다거나 행정부 중심의 통치가 필수적이라는 주장은 포함되지 않았다. 오히려 '행정부의 권한 확대와 함께 견제와 균형의 메커니즘도 함께 발전해야 한다'고 하여 삼권분립이 여전히 중요한 원칙임을 시사한다. 그러나 선지는 삼권분립이 완전히 무효화되었다고 단정하여 지나치게 극단적인 주장을 하고 있다.

02 ▶ ③

정답풀이 2문단에서 '한 재화의 가격이 상승하면 소비자는 그 대신 다른 재화를 선택하게 되고, 반대로 한 재화의 가격이 하락할 때 다른 재화의 수요가 줄어든다면 두 재화는 대체 관계라고 할 수 있다.'라고 제시되어 있는 것으로 볼 때 돼지고기의 가격 상승으로 소고기 수요가 늘어난다면 두 재화는 대체재로 볼 수 있다.

오답풀이 ① 극단의 오류이다. 대체재는 가격이 하락하면 상대 수요가 감소하고, 보완재는 가격 하락 시 상대 제품의 수요가 감소하므로 적절하지 않은 진술이다.
② 주체 혼동의 오류이다. 함께 소비했을 때 효용이 늘어나는 것은 대체재가 아니라 보완재이며, 성격이 유사해 대체할 수 있는 것은 보완재가 아니라 대체재이기 때문이다.
④ A사 컴퓨터와 A컴퓨터의 소프트웨어는 보완 관계에 있는 재화이므로, 3문단의 내용으로 미루어 볼 때, A사 컴퓨터의 수요가 늘어나면 보완재인 소프트웨어의 수요도 늘어나야 하므로 적절하지 않은 진술이다.

문제훈련 내용 추론 긍정 발문 p.65

한눈에 보기
01 ②   02 ②   03 ④   04 ④   05 ③
06 ①   07 ①   08 ②   09 ②   10 ④

01 ▶ ②

정답풀이 본문에서 사회사관은 '개인보다는 경제적, 사회적 조건이 역사의 흐름을 결정한다고 본다'라고 설명하고 있으며, '산업혁명이나 프랑스 혁명은 특정 인물의 업적이 아니라, 심층적인 사회 변화의 결과물로 이해된다.'라고 명시적으로 서술되어 있다. 따라서 이 선지는 본문의 내용과 일치한다.

오답풀이 ① 극단의 오류이다. 본문에서 위인사관은 '역사의 주체를 뛰어난 개인에게서 찾는다'고 하였으며, 사회사관은 '개인보다는 경제적, 사회적 조건이 역사의 흐름을 결정한다고 본다'고 설명하였다. 즉, 두 관점이 모두 '역사적 변화를 개인의 의지에서 비롯된다고 본다'는 것은 본문의 내용과 일치하지 않는다.
③ 주체 혼동의 오류이다. 본문에서는 '위인사관은 개인의 비범한 능력이 사회적 변화를 이끄는 근본적인 동력이라고 주장한다'고 설명하고 있다. 그러나 선지는 '위인사관이 집단의 역학관계를 중심으로 역사적 사건을 분석하는 관점'이라고 서술하여, 사회사관의 특징을 위인사관에 적용하였다. 이는 개념을 혼동한 것이다.
④ 주체 혼동의 오류이다. 본문에서 사회사관은 '개인보다는 경제적, 사회적 조건이 역사의 흐름을 결정한다고 본다'고 서술되어 있다. 하지만 선지는 '사회사관이 특정 지도자의 비전과 결단이 역사의 변화를 주도한다고 주장한다'고 하여, 위인사관의 논리를 사회사관에 적용하고 있다. 이는 개념을 혼동한 것이다.

02 ▶ ②

정답풀이 본문에서 "과학은 완벽한 답을 제시하는 것이 아니라 점진적으로 진실에 접근하는 과정"이라고 명시하고, "현재의 과학 지식도 미래에는 수정될 수 있다는 열린 태도가 과학적 탐구의 본질"이라고 설명한다. 또한 "이러한 실패들도 무의미하지 않았다"며 오류와 수정의 가치를 인정한다. 이 선지는 과학의 점진적 발전 과정과 지식의 잠정성이라는 글 전체를 관통하는 논지를 담고 있다.

오답풀이 ① 본문은 학제 간 융합의 중요성을 언급하지만, 이것이 독립적 발전보다 '더 큰 기여'를 했다는 비교 평가는 제시하지 않았다. 융합의 사례를 들었을 뿐 우열을 논하지 않았다.
③ 과학은 완벽한 답을 제시하는 것이 아니라 점진적으로 진실에 접근하는 과정일 뿐이므로 빅뱅이론이 지금은 인정되었지만 훗날에 대체될 수도 있으므로 보편적인 원칙으로 자리잡았다는 것은 적절하지 않다.
④ 본문은 인간 존재의 시간적 한계를 언급하지만, 이를 '우주 탐구의 제약 요인'으로 연결하지 않았다. 또한 학문 융합이 이러한 한계를 '극복하려는 시도'라는 인과관계도 본문에서 제시되지 않았다.

03 ▶ ④

정답풀이 본문에서 "프레임은 객관적 정보를 주관적 해석으로 전환시키는 매개체로 작용한다"고 설명하고, "현대 사회에서는 정보의 내용뿐 아니라 그것이 어떻게 구성되고 전달되는지를 분석하는 비판적 읽기가 필수적"이라고 명시한다. 이 선지는 프레이밍 효과의 본질과 그에 따른 비판적 정보 읽기의 필요성이라는 글 전체의 논지를 담고 있다.

오답풀이 ① 본문은 프레이밍의 영향력을 설명하지만, '효과적인 커뮤니케이션을 위한 프레임 선택'이라는 실용적 활용법은 제시하지 않았다. 글의 초점은 프레이밍을 인식하고 비판적으로 읽는 것이지, 전략적으로 활용하는 것이 아니다.
② 본문은 프레이밍이 활용되는 현상을 설명했을 뿐, 그 원인을 '대중의 비판적 사고 능력 부족'으로 연결하지 않았다. 이는 본문에서 제시하지 않은 인과관계를 임의로 추가한 것이다.
③ 본문은 개인차에 따른 프레임 수용도 차이를 언급했지만, 이것이 '객관적 정보 전달의 불가능성'을 의미한다고 주장하지 않았다. 오히려 비판적 읽기를 통해 균형 있는 이해가 가능하다고 제시한다.

04 ▶ ④

정답풀이 본문에서 "구조 최적화를 바라보는 관점이 '어떻게 강도를 확보할 것인가'에서 '어떻게 에너지를 효율적으로 분산시킬 것인가'로 확장되고 있다"고 설명하고, "이는 단순한 기술적 개선을 넘어서는 의미를 갖는다"고 명시한다. 또한 "구조물을 독립된 부재들의 집합이 아닌 에너지가 흐르는 하나의 통합된 시스템으로 인식하는 새로운 설계 철학이 자리잡고 있다"고 서술한다. 이 선지는 본문에서 설명하는 설계 관점의 전환과 인식 변화를 반영하고 있다.

오답풀이 ① 본문은 에너지 기반 설계의 장점을 설명하지만, 전통적 설계보다 '우수한 안전성을 보장'한다거나 '모든 구조물에 적용되어야 한다'는 내용은 언급하지 않았다. 오히려 전통적 방식도 "검증된 안전성"이라는 장점이 있다고 서술한다.
② 본문은 전통적 설계가 "부재의 강도와 안정성 확보를 최우선으로 했다"고 설명했지, '전체 구조의 안정성을 간과했다'는 내용은 제시하지 않았다. 다만 에너지 흐름이나 응력 분포를 종합적으로 고려하지 못했다고 지적했을 뿐이다.
③ 본문은 에너지 흐름 개선이 진동과 파손 위험을 줄이고 재료도 절감한다고 설명했지만, 어느 것이 '더 큰 기여'를 하는지에 대한 비교는 제시하지 않았다. 이러한 우선순위 판단은 본문에 나타나지 않는 내용이다.

05 ▶ ③

정답풀이 본문에서 "사회심리학적 이론과 실험 결과를 바탕으로 정책을 설계하는 '행동 과학 기반 정책'"을 설명하고, "인간의 심리적 특성을 고려한 정책 설계는 강제나 규제 없이도 시민들의 자발적 참여를 유도할 수 있다"고 명시한다. 또한 "현대 공공정책의 새로운 방향을 제시하고 있다"고 서술한다. 이 선지는 본문의 내용과 일치한다.

오답풀이 ① 본문은 넛지 전략이 "이는 타인의 행동을 기준으로 자신을 조정하려는 사회적 준거 심리를 활용한 것이다"라고 설명하고 있으므로 이 선지는 적절하지 않다.
② 본문은 행동 과학 기반 정책이 "강제나 규제 없이도 시민들의 자발적 참여를 유도"한다고 명시했는데, 이 선지는 '올바른 선택을 하도록 강제하는 새로운 규제 방식'이라고 하여 본문 내용과 반대되므로 이 선지는 적절하지 않다.
④ 본문은 "지금 행동하면 오늘부터 혜택이 시작된다"는 구체적 메시지가 '장기적으로 사회가 더 좋아질 것이다'는 추상적 표현보다 행동 변화를 이끌어내기 쉽다"고 설명했으므로 선지의 '단기적 이익'을 '장기적 이익'으로 고쳐야 한다.

06 ▶ ①

정답풀이 본문에서 "이 정책을 둘러싼 논쟁은 경제 위기 시 정부 역할의 범위와 시장 원칙의 경계를 어디에 둘 것인가의 문제로 귀결된다"고 서술하며, 취약계층 지원의 시급성과 금융 질서 유지의 원칙이 충돌하는 상황을 설명한다. 이 선지는 본문의 내용과 일치한다.

오답풀이 ② 본문은 장기적 비용 절감을 찬성 논거로 소개했지만, 이것이 모럴해저드 우려보다 '우선되어야 한다'는 판단은 제시하지 않았다. 양쪽 입장을 균형 있게 서술했을 뿐이다.
③ 본문은 반복적 만기 연장과 원금 탕감에 대한 비판을 소개했지만, 이를 '관치금융의 전형적 사례'라고 단정하지 않았다. 한 쪽의 비판적 시각으로 제시했을 뿐이다.
④ 본문은 투자 실패자 구제에 대한 비판을 언급했지만, 이것이 '정책의 본래 취지에서 벗어났기 때문'이라는 이유는 제시하지 않았다. 단지 부적절하다는 비판이 있다고 서술했을 뿐이다.

07 ▶ ①

정답풀이 본문에서 "두 접근법은 현대 사회의 부정의를 이해하는 데 상호보완적 역할을 한다"고 설명하며, "프레이저가 제도적 차원의 구조적 문제를 다룬다면, 호네트는 일상적 차원의 미시적 고통을 포착한다"고 서술한다. 또한 "자본주의 체제를 이해하는 방식에서는 두 이론이 서로 다른 한계를 드러낸다"고 명시한다. 이 선지는 본문의 내용과 일치한다.

오답풀이 ② 본문은 호네트가 미시적 고통을 포착한다고 설명하고 있으므로 주체 혼동의 오류이다. '호네트의 이론은 프레이저의 이론보다 현대 사회의 미시적 고통을 더 잘 포착하므로 우월한 이론이다.'가 적절하다.
③ 본문은 프레이저가 "자본주의의 문화적 측면을 간과"한다고 설명했지만, 호네트는 "이와 달리 호네트는 자본과 문화의 상호연관성은 파악하지만"한다고 서술했다. 두 이론이 모두 문화적 차원을 간과한다는 것은 본문 내용과 다르다.
④ 본문은 부정의 문제에서는 두 이론이 상호보완적이지만, 자본주의 분석에서는 "서로 다른 함정에 빠져 있다"고 설명한다. 자본주의 분석에서도 보완적이라는 내용은 본문과 다르다.

08 ▶ ②

정답풀이 '평소에 노비들이 농사와 집안일을 도맡아서 해주었으므로 양반은 경전을 읽고 쓰는 일에 몰두할 수 있었다.'라고 하였으므로 양반이 학업에 몰두하기 위해서는 노비들의 노동이 뒷받침되어야 했음을 확인할 수 있다.

오답풀이 ① 본문에서 확인할 수 없는 선지이므로 적절하지 않다. 본문에는 '평소에 노비들이 농사와 집안일을 도맡아서 해주었으므로'라는 구절이 나오기는 하나 이것이 노비들이 자신이 소유한 땅에서 농사를 지었다는 근거는 아니다.
③ 조선 전기 소작료는 수확량의 절반에 달했고, '조선 후기에 이르러서도 소작료는 수확량의 3분의 1가량'이었다고 했으므로 조선 전기에서 후기로 가면서 소작료가 감소하였음을 알 수 있다.
④ 본문에서 양반이 직접 농사를 지었다는 이야기는 확인할 수 없으므로 적절하지 않다.

09 ▶ ②

정답풀이 빛 공해로 인한 동물성 플랑크톤의 감소로 수질 오염이 발생한다는 서술이 있으므로 밝은 지역의 수질 악화 예방을 위한 방안으로 어두운 환경을 조성해야 한다는 서술은 옳다.

오답풀이 ① 1문단 마지막 문단에 이미 빛 공해를 막기 위한 법이 제정되어 있음을 알 수 있다.
③ 국제 밤하늘 보호 협회는 비영리 시민 단체로, 정부가 조성했다고 할 수 없으며, 이에 대한 정보도 글에서 확인할 수 없다.
④ 빛 공해로 인해 철새가 빌딩에 부딪혀 죽는 것이 문제이지, 불이 꺼졌을 때 이로 인한 문제가 철새에게 발생하는 것이 아니다.

10 ▶ ④

정답풀이 '다시 말하면 단어는 그 자체로 애매한 것이 아니라, 애매하게 사용되는 것이다.'라는 표현에서 적절한 선지임을 알 수 있다. 이 글은 단어가 사용되는 맥락에 따라 의미가 모호해질 수 있음을 설명하고 있다.

오답풀이 ① '단어는 하나의 의미로만 사용되는 것이 아니라 상황과 맥락에 따라 다양한 의미로 쓰일 수 있다.'라는 문장을 참고할 때 적절하지 않은 선지임을 알 수 있다.
② '단어가 애매하다고 말하기 위해서는, 어떤 의미가 사용되는가에 대하여 어느 정도의 불확실성이 있어야 한다.'라는 표현을 참고할 때 단어 자체의 복잡성보다는 상황이 단어의 애매함을 결정함을 알 수 있다.
③ '이를 다시 말하자면 문맥을 통해 단어가 사용된 의미를 구분할 수 없을 때 단어가 애매한 것이 된다.'라는 표현으로 보아 문맥을 통해 단어의 의미를 구분할 수 있음을 추론할 수 있다.

Chapter 07 내용 추론 부정 발문

亦功 천기누설 혜선팍 독해 pin point

한눈에 보기
01 ②   02 ②

신유형 2025 버전   p.71

01 ▶ ②

정답풀이 제시문에서는 원자력발전소에서 드론을 활용하는 이유로 "넓은 지역을 실시간으로 감시", "사람이 접근하기 어려운 구역의 방사능 수치를 측정", "민감 구역의 감시 업무 수행" 등을 언급하고 있으나, 인력 절감이나 보안 비용 감소와 같은 경제적 효과에 대해서는 어디에도 언급되어 있지 않다. 이는 제시문에서 전혀 다루지 않은 내용을 추론한 미언급의 오류에 해당한다.

오답풀이 ① 제시문에서 "기존의 물리보안 시스템은 CCTV나 경비 인력, 출입통제 시스템에 의존해왔지만, 넓은 구역을 빈틈없이 감시하기에는 한계가 있다"라고 언급하고, "드론은 고정된 장비로는 감지하기 어려운 지역까지 실시간으로 감시하거나"라고 설명하고 있다. 이를 통해 드론이 기존 물리보안 체계의 공간적 제약을 보완할 수 있다고 추론할 수 있다.
③ 제시문 첫 문단에서 "특히 넓은 지역을 실시간으로 감시하고 빠르게 이동할 수 있는 장점 덕분에 보안 분야에서의 활용 가능성도 주목받고 있다"라고 직접적으로 언급하고 있다. 따라서 드론의 기동성이 보안 분야에서 주목받는 이유라는 추론은 적절하다.
④ 제시문 세 번째 문단에서 "비행시간 제한, 날씨 영향, 해킹 위험 등 기술적 제약과 함께 법·제도의 정비도 필요한 상황이다"라고 명시하고 있다. 이를 통해 드론의 한계점을 극복하기 위해 기술 개발과 법규 개선이 필요하다는 추론은 적절하다.

02 ▶ ②

정답풀이 반대의 오류이다. 2문단을 보면 '다인 선거구제는 선거구당 득표순으로 2~5명을 선출하는 제도이다. 이 방식은 소수 정당의 후보가 당선될 수 있어 정당의 의석 독점을 줄이고, 유권자의 사표를 줄여 민의가 더 잘 반영된다는 장점이 있다.'라고 제시되어 있다. 이를 보면 다인 선거구제는 소수 정당이 원내를 진입하게 하여, 거대 정당의 독점 체제를 약화할 수 있으므로 적절하지 않은 진술이다.

오답풀이 ① 1문단에서 '선거는 국민의 의사를 제도적으로 반영하는 민주주의의 핵심 장치이다. 그러나 선거 제도가 제대로 작동하기 위해서는 공정하고 합리적인 선거구 획정이 필수적이다.'라고 제시되어 있는 것을 볼 때 국민의 의사를 제도적으로 반영하는 선거가 제대로 작동하기 위해서는 공정하고 합리적인 선거구 획정이 중요하다고 볼 수 있다.
③ 2문단에서 '소수 정당의 후보가 당선될 수 있어 정당의 의석 독점을 줄이고, 유권자의 사표를 줄여 민의가 더 잘 반영된다는 장점이 있다. 그러나 선거 비용이 많이 들고 다수의 군소 정당이 원내에 진입하면 정국의 불안을 초래할 수 있다.'라고 제시되어 있으므로 적절한 진술이다.
④ 2문단에서 '지지율에 비해 특정 정당이 과도한 의석을 얻게 되는 단점이 있다.'라고 언급하고 있으므로 지지율과 특정 정당의 의석 수가 괴리될 수 있음을 알 수 있다. 또한 2문단에서 '하지만 떨어진 후보의 표가 사표가 되어 민의가 왜곡될 수 있고,'라고 언급하고 있으므로 사표가 발생해 민의가 왜곡될 수 있음을 알 수 있다.

문제훈련 내용 추론 부정 발문   p.73

한눈에 보기
01 ④   02 ①   03 ③   04 ②   05 ③
06 ③   07 ③   08 ④   09 ②   10 ②

01 ▶ ④

정답풀이 제시문에서는 STEM 교육이 "복합적인 문제를 해결하고 새로운 가치를 창출하는 능력을 키우는 데 중점을 둔다"라고 언급하고 있을 뿐, 과학기술 분야의 우수 인재를 조기에 발굴하여 전문가로 양성하는 것이 핵심 목적이라는 내용은 어디에도 언급되어 있지 않다. 제시문은 STEM 교육의 목적을 모든 학생들의 문제 해결 능력과 가치 창출 능력 함양에 두고 있으며, 특정 인재의 조기 발굴이나 전문가 양성에 대해서는 다루지 않고 있다. 이는 제시문에서 전혀 언급되지 않은 내용을 추론한 미언급의 오류에 해당한다.

오답풀이 ① 제시문에서 로봇 조작이나 코딩 활동만 하는 방식은 "기술 습득에는 효과적일 수 있으나, 학생들이 그 기술의 사회적 맥락과 영향력을 고민할 기회는 제한적이다"라고 언급하고 있다. 이를 통해 STEM 교육이 효과적으로 실행되기 위해서는 학생들이 기술의 사회적 영향력을 이해하는 과정이 필요하다는 점을 추론할 수 있다.
② 제시문에서 "STEM 교육이 실제 학교 현장에서 어떻게 실현되는지는 지역과 학교의 교육 철학에 따라 크게 다르다"라고 직접적으로 언급하고 있다. 이를 바탕으로 학교마다 STEM 교육의 실행 방식에 차이가 있으며, 이것이 교육 기관의 철학과 관련이 있다고 추론할 수 있다.
③ 제시문에서 "이처럼 STEM 교육이 기술 연습을 넘어 사회 문제와 연결될 때, 학생들은 학문을 삶의 문제 해결과 연관 지어 바라보는 관점을 기를 수 있다"라고 언급하고 있다. 이를 통해 사회 문제와 연계된 STEM 수업이 학생들에게 학문과 실생활의 연결성을 인식시키는 데 기여할 수 있다고 추론할 수 있다.

02 ▶ ①

정답풀이 제시문에서는 "결국 제일 중요한 것은, 기술이 제시하는 정보를 어떻게 받아들이고 행동으로 옮기느냐 하는 공동체의 선택일지도 모른다."라고 설명하고 있으므로 산불을 예측하는 것이 기술이 제공하는 정보를 통해 행동하는 것보다 "덜" 중요함을 알 수 있다.

오답풀이 ② 제시문 후반부에서 "이러한 기술이 단순히 예측에 머무르지 않고, 실질적인 예방과 대응으로 이어지기 위해서는 사회 전체의 관심과 협력이 필요하다"와 "결국 중요한 것은, 기술이 제시하는 정보를 어떻게 받아들이고 행동으로 옮기느냐 하는 공동체의 선택일지도 모른다"라고 언급하고 있다. 이를 통해 자연재해 대응 기술은 예측 정확도뿐만 아니라 그 정보의 사회적 활용 방식도 중요하다고 추론할 수 있다.

③ 제시문에서 "이러한 예측 모형은 단순히 과거 데이터를 바탕으로 하는 것이 아니라, 실시간 기상 정보를 반영해 '지금 이 순간의 위험'을 경고할 수 있다는 점에서 더욱 주목받고 있다"라고 설명하고 있다. 이를 통해 실시간 기상 정보를 반영한 예측 모형이 과거 데이터에만 기반한 모델보다 현재의 위험 상황에 더 효과적으로 대응할 수 있다고 추론할 수 있다.

④ 제시문에서 "산불을 예측했다고 해도 그 정보를 활용해 사전에 경고하고, 지역 주민이 적극적으로 대비하지 않으면 효과는 제한적일 수밖에 없다"라고 명시하고 있다. 이를 통해 산불 예방 및 대응 시스템의 효과를 위해서는 지역 사회 구성원들의 협력과 적극적인 참여가 필요하다고 추론할 수 있다.

03 ▶ ③

정답풀이 제시문에서는 자연에서 생성되는 단백질과 인공단백질의 구조적 복잡성이나 의학적 활용도를 직접적으로 비교하는 내용이 언급되어 있지 않다. 제시문은 "인공단백질은 기존에 없던 기능을 갖거나, 기존 단백질보다 더 정교하게 작동할 수 있도록 설계된다"라고 언급하고 있을 뿐, 자연 단백질의 복잡성이나 의학적 활용도가 더 높다는 내용은 어디에도 나와 있지 않다. 이는 제시문에서 전혀 다루지 않은 내용을 임의로 추론한 미언급의 오류에 해당한다.

오답풀이 ① 제시문에서 "인공단백질은 기존에 없던 기능을 갖거나, 기존 단백질보다 더 정교하게 작동할 수 있도록 설계된다. 이를 통해 질병을 더 정확히 진단하거나, 약을 더 효과적으로 전달할 수 있는 길이 열리고 있다"와 "이러한 기술은 … 앞으로 우리가 어떤 방식으로 질병을 예방하고 치료할 것인지에 대한 새로운 상상력을 가능하게 만든다"라고 언급하고 있다. 이를 통해 인공단백질 기술의 발전이 질병의 진단과 치료 방식에 혁신적 변화를 가져올 가능성이 있다고 추론할 수 있다.

② 제시문에서 "마치 건축가가 설계도를 그려 집을 짓듯, 과학자들은 아미노산이라는 재료를 배열하고 결합해 특정한 목적에 맞는 단백질을 만들어낸다"라고 언급하고 있다. 이를 통해 과학자들이 아미노산을 특정한 순서로 배열함으로써 원하는 기능을 수행하는 단백질을 설계할 수 있다고 추론할 수 있다.

④ 제시문에서 "어떤 인공단백질은 특정 바이러스를 찾아내어 그 활동을 막기도 하고, 또 어떤 단백질은 우리 몸 안에서 약의 작용 시기와 양을 조절하기도 한다"라고 구체적인 예를 들어 설명하고 있다. 이를 통해 인공단백질이 특정 바이러스를 표적화하거나 약물의 작용을 제어하는 등 정밀한 기능을 수행할 수 있다고 추론할 수 있다.

04 ▶ ②

정답풀이 제시문에서는 태양광 패널의 각도 조절 기술의 효과에 대해 언급하면서 "실제 실험에서는 계절별, 시간대별로 최적 각도를 달리 적용했을 때 발전량이 유의미하게 증가하는 결과도 나타났다"와 "일부 연구에서는 연간 누적 발전량이 20% 이상 향상되기도 하였다"고 설명하고 있다. 그러나 이 기술이 일조량이 부족한 지역에서 효과적이라는 내용은 어디에도 언급되어 있지 않다.

오답풀이 ① 제시문에서 "태양의 고도는 시간과 계절에 따라 바뀌므로, 고정된 각도의 패널은 하루 중 일정 시간에만 최적의 효율을 낸다"라고 언급하고 있다. 이를 통해 태양광 패널의 발전 효율이 태양의 고도 변화에 따라 달라지며, 고정된 각도로는 하루 종일 최적의 발전량을 얻기 어렵다는 것을 추론할 수 있다.

③ 제시문에서 "각도 조절 시스템은 초기 설치 비용이 더 들 수 있지만, 장기적으로는 에너지 효율과 경제성 모두에서 이점을 제공한다"라고 직접적으로 언급하고 있다. 이를 통해 자동 각도 조절 시스템이 초기 투자 비용은 더 들지만 장기적으로는 경제적 이점을 가질 수 있다고 추론할 수 있다.

④ 제시문 마지막 문장에서 "태양광 발전의 효율은 단순히 패널을 설치하는 것만으로 결정되지 않으며, 환경 조건에 맞춘 정밀한 설계와 조절이 함께 이루어져야 한다"라고 언급하고 있다. 이를 통해 태양광 발전의 효율성 향상을 위해서는 패널 자체의 성능뿐만 아니라 환경 조건에 따른 설치 방식과 운영 전략도 중요하다고 추론할 수 있다.

05 ▶ ③

정답풀이 제시문 마지막 문단에서 "일부 국가는 폭염 대응 계획이나 조기경보 시스템을 도입하고 있지만, 기후 변화가 가져오는 영향에 비해 준비는 충분하지 않다"라고 언급하고 있다. 이는 기후 변화에 대한 대응이 불충분하다는 의미이다. 그러나 선지에서는 "기후 변화 대응을 위한 국제적 협력이 강화됨에 따라 대부분의 국가에서는 폭염 피해를 효과적으로 통제하고 있다"라고 하여 제시문의 내용과 정반대로 주장하고 있다. 이는 제시문에서 설명한 내용과 반대되는 내용을 진술한 반대의 오류에 해당한다.

오답풀이 ① 제시문 첫 문단에서 "사람이 살아가는 데 적절한 기후 범위는 생각보다 좁다. 그러나 최근 기후 변화로 인해, 세계 곳곳이 이 범위에서 벗어나고 있다"와 "특히 열과 습도가 동시에 높아지는 지역이 늘어나면서, 전 세계 인구의 일부는 더 이상 '살기 좋은' 기후 조건 아래 살고 있지 않다"라고 언급하고 있다. 이를 통해 인간이 쾌적하게 생활할 수 있는 기후 조건의 범위가 제한적이며, 기후 변화로 이 범위를 벗어나는 지역이 증가하고 있다고 추론할 수 있다.

② 제시문 두 번째 문단에서 "특히 어린이·노약자·야외 노동자와 같은 취약계층에게 더 큰 부담이 된다"라고 직접적으로 언급하고 있다. 이를 통해 기후 변화로 인한 고온다습 환경이 취약계층의 건강과 생활에 더 심각한 영향을 미칠 가능성이 높다고 추론할 수 있다.

④ 제시문 두 번째 문단에서 "이러한 변화는 단순히 더위의 불편함을 넘어, 생존과 직결되는 문제로 이어진다. 농업 생산성이 떨어지고, 고온다습한 날씨는 신체 활동에 제약을 주며"와 "일부 지역에서는 극심한 더위로 인해 일상생활이 마비되거나, 의료 시스템에 부담이 가중되는 사례가 보고되고 있다"라고 언급하고 있다. 이를 통해 기온 상승에 따른 사회적 영향이 개인의 불편함을 넘어 농업, 의료, 노동 환경 등 사회 시스템 전반에 부담을 가중시킨다고 추론할 수 있다.

06 ▶ ③

정답풀이 제시문 두 번째 문단에서 "특히 한국형 모델은 단순한 기술 이전을 넘어, 에너지 수급 불균형을 겪는 국가들이 장기적 전략을 수립하고 제도적 기반을 갖추는 데 실질적인 도움을 주는 방향으로 활용되고 있다"라고 언급하고 있다. 이는 한국형 에너지 정책 모델이 기술 이전에만 초점을 맞추는 것이 아니라 그 이상의 장기적 전략과 제도적 기반 구축을 포함한다는 의미이다. 그러나 선지에서는 "주로 관련 기술 이전에 초점을 맞추어 전수되었다"고 하여 제시문의 내용과 반대되는 진술을 하고 있다. 이는 제시문의 내용과 반대되는 내용을 진술한 반대의 오류에 해당한다.

오답풀이 ① 제시문 첫 문단에서 "특히 1970년대 두 차례의 석유 파동은 석유에 대한 지나친 의존이 국가 경제의 근간을 흔들 수 있다는 점을 각인시켰고, 이는 에너지 정책 전반의 대대적인 전환을 유도하는 계기가 되었다"와 "정부는 에너지 수급의 안정을 최우선 과제로 삼아, 공급 측면에서는 석탄, 원자력 등 대체 에너지원의 비중을 확대하고"라고 언급하고 있다. 이를 통해 1970년대 석유 파동이 한국의 에너지원 다변화를 추진하는 중요한 원인으로 작용했다고 추론할 수 있다.

② 제시문 첫 문단에서 "공급 측면에서는 석탄, 원자력 등 대체 에너지원의 비중을 확대하고, 수요 측면에서는 에너지 절약 캠페인과 가격 조정 정책을 통해 국민의 소비 행태를 유도하고자 하였다"라고 언급하고 있다. 이를 통해 한국의 에너지 정책이 공급 확대와 수요 관리를 동시에 고려하는 방향으로 전개되었다고 추론할 수 있다.

④ 제시문 첫 문단에서 "중앙집중형 계획경제 체제 아래에서 공기업 주도의 에너지 개발과 인프라 확충이 병행되었으며, 이에 따라 발전소 건설, 송배전망 구축 등 기반시설 확충이 빠르게 이루어졌다"라고 언급하고 있다. 이를 통해 중앙집중형 계획경제 체제가 한국이 단기간에 에너지 인프라를 구축하는 데 기여했다고 추론할 수 있다.

07 ▶ ③

정답풀이 본문은 개인적 준비의 부재보다는 '산업화 시대 한국은 성장이 제일이라고 여겼고 미래의 고령화에 대비하기 위한 사회적 안전망을 제대로 갖추지 못했다.'라며 사회가 노인 빈곤 문제에서 자유로울 수 없음을 이야기하고 있다. 이는 한국의 노인 빈곤율이 높은 이유는 개인의 대비 부족보다는, 시대적 상황과 안전망의 미흡함에 더욱 중점을 둔 설명이다. 따라서 한국의 노인들이 노후를 제대로 대비하지 않았기 때문에 빈곤한 상황에 처한 것이라는 서술은 본문과 부합하지 않는다.

오답풀이 ① 본문에서 '산업화 시대 한국은 성장이 제일이라고 여겼고 미래의 고령화에 대비하기 위한 사회적 안전망을 제대로 갖추지 못했다.'라고 하였다. 따라서 한국의 높은 노인 빈곤율은 사회적 안전망의 부재에서 기인한 것임을 추론할 수 있으므로 적절하다.

② '자연스럽게 노인 자살률도 OECD 회원국 중 1위다.'라는 문장은 한국의 노인 자살률이 높은 상황을 보여준다. 또한 '산업화 시대에 잉태된 문제의 씨앗들은 현재 사회 곳곳에 심각한 병폐를 양산하고 있다.'라고 하였으므로 한국의 노인 지원 정책이 미비한 상황일 것임을 짐작할 수 있다.

④ '고령화가 진행되고 국민연금이 고갈될 것이라는 전망이 쏟아지면서 국내에서도 노후를 잘 대비해야 한다는 목소리가 높아지고 있다.'라는 문장으로 보아 정부와 개인 모두 노후 대비에 관심을 가져야 함을 알 수 있다.

08 ▶ ④

정답풀이 본문에서는 '정부가 적극적으로 개입해서 시장의 문제점을 해결할 것을 제안하였다.'라는 서술 이후 '시장 실패로 발생했던 경제 대공황은 빠르게 안정되어 갔다.'라는 서술이 이어지고 있다. 이로 보아 대공황은 자연스러운 시장의 메커니즘에 의해 회복되는 데에는 한계가 있으며, 오히려 정부의 적극적인 개입이 대공황 회복에 중요한 역할을 함을 추론할 수 있다.

오답풀이 ① '정부는 세금을 높이고 적극적인 규제 정책을 시행함으로써 시장 실패를 막으려 하였다.'라는 서술로 보아 정부가 적극적으로 시장에 개입하였음을 알 수 있다.

② '20세기 영국의 경제학자 케인스는 초기 자본주의가 시장이 스스로 조절할 수 있다고 믿는 것은 잘못된 생각임을 지적하였다.'라는 서술로 보아 케인스의 이론은 시장의 자율적 조절에 대한 회의를 반영한 것임을 추론할 수 있다.

③ '각고의 노력으로 미국은 소련과의 체제경쟁에서 자본주의를 효과적으로 보호할 수 있었다.'라는 서술로 보아 적절한 선지임을 알 수 있다. 이는 체제 경쟁 상황에서 미국이 취한 경제 정책의 방향성을 보여주는 것이다.

09 ▶ ②

정답풀이 '대단한 성공이나 자아실현은 차치하더라도 사회적으로 인정받고자 하는 욕구와 '중산층'이 되고자 하는 욕망 속에서 사람들은 지금 이 순간에도 고통받고 있다.'라는 서술을 통해 사람들은 내적 성취보다 외적 성취를 중시할 것임을 알 수 있다.

오답풀이 ① '자신이 원하는 것이 무엇인지는 알지 못한 채로 세상을 숫자로 환산 가능한 외적 조건으로 수치화하는 데 익숙해지게 된다.'라는 서술로 보아 적절한 선지이다.
③ '사람들은 항상 가진 것들을 비교하면서 불행해지게 된다.'라는 서술로 보아 적절한 선지임을 알 수 있다.
④ '오직 눈에 보이는 가치를 바탕으로 자신의 사회적 위치와 지위를 확인하는 사회에서는 선택의 첫 번째 기준이 '그 행동이 돈이 되는지' 여부다.'라는 서술을 통해 적절한 선지임을 알 수 있다.

10 ▶ ②

정답풀이 비산먼지의 정의를 확인하면 적절하지 않은 선지임을 알 수 있다. 비산먼지는 특정 오염원에서 배출되는 것이 아니라 다양한 오염원에서 발생한다고 했으므로 몇 가지 오염원에서 집중적으로 배출되는 것이라고 보기 어렵다.

오답풀이 ① 첫 문장에서 '최근 대기오염물질이 촉발하는 사회문제가 대두되고 있다.'고 했으므로 적절한 선지이다.
③ '과거의 연구는 분석 대상 포함 여부를 연구자의 주관적 판단에 따라 결정'했다고 했으므로 연구자의 자의적 판단에 의존하는 경향이 있었음을 추론할 수 있다.
④ 두 번째 문장에서 '미세먼지 발생량 중 절반을 차지하는 비산먼지'라는 말이 나온다. 따라서 비산먼지가 미세먼지 발생량 중 큰 비중을 차지한다고 볼 수 있다.

Part 03 빈칸 추론

Chapter 08 단수 빈칸 추론

亦功 천기누설 혜선팍 독해 pin point

한눈에 보기
01 ②　　02 ④

신유형 2025 버전　p.81

01 ▶ ②

정답풀이 빈칸 앞의 내용을 통해 정상적이고 건강한 대학생들이 간수와 수감자라는 사회적 역할을 부여받자 단 며칠 만에 극단적인 행동 변화를 보였음을 알 수 있다. 간수들은 잔혹하고 폭압적으로 변했고, 수감자들은 심각한 정신적 트라우마를 겪었다. 이는 사회적 상황과 역할이 개인의 본래 성격을 넘어서 행동에 결정적 영향을 미칠 수 있음을 보여준다.

오답풀이
① 실험은 정상적이고 건강한 대학생들이 단순히 역할을 부여받는 것만으로도 극단적 행동변화를 보였으므로, 개인 성격보다는 사회적 환경과 상황적 요인의 압도적 영향력을 입증한 것이므로 적절하지 않다.
③ 간수들에게 '신체적 학대 금지'라는 명확한 규칙이 주어졌음에도 불구하고 실제로는 잔혹하고 폭압적인 행동이 나타났으며, 수감자들이 심각한 트라우마를 겪을 정도로 갈등이 심화되었으므로 적절하지 않다.
④ 이는 단순한 '모의 상황'이 아니라 참가자들이 진짜 감정과 스트레스를 경험한 현실이었고, 실제로 세 명의 수감자가 극심한 트라우마로 중도 탈락했으며 실험 자체가 위험해서 조기 종료되었으므로 적절하지 않다.

02 ▶ ④

정답풀이 지문에서는 "식민지배 이후 국어를 지정하는 과정은 단지 언어 선택의 문제가 아니라, 특정 집단의 정치적 헤게모니를 둘러싼 투쟁"이라고 명시하고 있다. 또한 미국 식민지 시기 영어가 "엘리트 지배 구조를 유지하는 도구"로 기능했으며, 타갈로그어와 영어가 "권력언어로 기능"하고 있다고 설명하고 있다. 스페인어의 재조명 역시 "단순한 언어 복원이 아닌, 국가정체성 형성의 한 방식"이라고 설명함으로써, 언어가 소통 수단을 넘어 권력 관계와 정체성 정치의 매개체로 기능하는 복합적 사회 현상임을 시사하고 있다. 따라서 ④가 가장 적절하다.

오답풀이
① 지문에서는 오히려 다중언어교육정책을 통해 언어 정책의 균형을 모색하고 있다고 설명하고 있어, 언어적 통일성이 필수 전제조건이라는 주장은 지문의 내용과 배치된다.
② 지문에서는 토착어의 복원보다는 다양한 언어적 유산(타갈로그어, 지역 방언, 심지어 스페인어)을 포괄하는 복합적 정체성 형성에 초점을 맞추고 있다.
③ 지문에서 다중언어교육정책을 언급하고 있지만, 이것이 실질적 언어 평등을 가능케 했다기보다는 "현실에서는 여전히 수도권 중심의 타갈로그어와 엘리트 중심의 영어가 권력언어로 기능하고 있다"고 한계를 지적하고 있다.

문제훈련 단수 빈칸 추론　p.83

한눈에 보기
01 ①　02 ④　03 ②　04 ③　05 ②
06 ④　07 ③　08 ③　09 ③　10 ③

01 ▶ ①

정답풀이 지문에서는 잉카 유적이 "관광자원으로 소비되면서 원래의 의례적·공동체적 기능이 희미해졌고", "현지 원주민의 역사적 정체성과 연결되기보다 전지구적 문화유산으로만 강조되는 경향"이 있다고 지적하고 있다. 또한 "파차쿠티 이후 중앙집권적 왕권 확립 이후의 흔적에 집중되어 있어, 초기 잉카 문화나 지역 공동체의 다양성은 충분히 반영되지 못하고 있다"는 문제점을 언급하고 있다. 이는 관광자원으로서의 소비보다는 역사적 정체성 강화와 초기 잉카 문화나 지역 공동체의 다양성을 드러내자는 의미이다. 따라서 문화유산의 물리적 보존과 복원을 넘어 문화유산이 담고 있는 사회적 맥락과 생활문화적 의미의 복원이 필요함을 시사하므로 ①이 가장 적절하다.

오답풀이
② 지문에서 고고학적 발굴과 해석의 주도권을 현지 원주민 공동체에게 이양해야 한다는 주장은 직접적으로 나타나지 않으며, 탈식민적 연구 방법론에 대한 언급도 없다.
③ 지문에서 잉카의 종교적 세계관과 우주론에 대한 본질적 이해가 필요하다는 언급은 직접적으로 나타나지 않으며, 오히려 사회적 맥락과 공동체의 역사적 정체성 같은 측면을 강조하고 있다.
④ 지문에서 잉카 문명과 유럽 문명 간의 기술적·문화적 격차나 문명 간 위계와 영향 관계를 설정해야 한다는 내용은 전혀 언급되지 않는다.

02 ▶ ④

정답풀이 빈칸 앞의 내용을 통해 제너가 혁신적인 종두법을 개발했지만 왕립협회로부터 즉시 인정받지 못하고 자비로 책을 출판해야 했으며, 영국 국회가 그의 공적을 인정하기까지 6년이라는 시간이 걸렸음을 알 수 있다. 이는 혁신적인 의학 기술이 처음에는 기존 학계의 회의적 시각과 저항에 부딪히지만, 시간이 지나면서 그 가치가 입증되어 결국 사회적으로 받아들여진다는 것을 보여준다. 따라서 혁신적인 의학 기술의 사회적 수용 과정에 대한 내용이 이 사례의 핵심 교훈이다.

오답풀이 ① 제너는 한 명의 피험자로만 실험했음에도 결국 성공적인 예방법을 개발했으므로, 반드시 대규모 임상시험이 필요하다는 내용은 적절하지 않다.
② 제너의 실험은 오히려 민간의 경험적 지식이 과학적으로 검증될 수 있음을 보여주므로 적절하지 않다.
③ 제시문에서 더 강조되는 것은 제너의 발견이 즉시 인정받지 못했다가 시간이 지나서 받아들여진 과정이므로 적절하지 않다. 또 질병의 원인에 대한 내용도 언급된 적이 없다.

03 ▶ ②

정답풀이 지문에서는 공공데이터의 표준화가 필요한 이유와 현재 기관별로 다른 형식과 구조가 문제점임을 설명하고 있다. 마지막 문단에서는 표준화되지 않은 데이터가 통합 및 분석 과정에서 오류를 발생시킬 수 있다고 언급하며, 이에 대한 해결책으로 표준화된 데이터 체계를 도입해야 한다는 흐름으로 이어지는 것이 자연스럽다. 따라서 표준화된 데이터 체계 도입이 기관 간 데이터 공유와 활용성을 향상시킨다는 ②가 가장 적절하다.

오답풀이 ① 지문에서는 개인정보 보호에 관한 내용을 다루고 있지 않으며, 공공데이터 개방과 개인정보 보호의 우선순위를 비교하고 있지 않다.
③ 지문에서는 기관별로 다른 형식과 구조의 데이터가 문제점이라고 지적하고 있으므로, 각 기관의 특수성을 반영한 데이터 구조를 유지하는 것이 효율적이라는 내용은 지문의 논지와 반대되는 내용이다.
④ 지문에서는 단순히 데이터를 개방하는 것만으로는 충분하지 않으며 품질과 일관성이 중요하다고 강조하고 있으므로, 데이터의 양적 확대에 초점을 맞추어야 한다는 내용은 지문의 주장과 일치하지 않는다.

04 ▶ ③

정답풀이 지문은 다문화청소년의 학교중단위험을 해결하기 위해 사회적 자본의 역할이 중요함을 강조하고 있다. 사회적 자본은 가족, 학교, 지역사회에서 형성되는 신뢰와 지원 체계로, 이것이 부족할 경우 학교 적응에 어려움을 겪게 된다고 설명하고 있다. 또한 마지막 단락에서는 가족 및 학교의 지원 강화와 지역사회와 연계한 교육 프로그램의 필요성을 언급하고 있다. 이러한 맥락에서, 다문화청소년의 사회적 자본 강화가 단순한 교육 지원을 넘어 사회 통합을 위한 필수적 과제라는 ③이 글의 흐름과 가장 일치한다.

오답풀이 ① 지문에서는 언어교육과 문화적응 프로그램의 우선순위에 대해 논하고 있지 않으며, 사회적 자본 형성의 중요성을 강조하고 있다.
② 지문에서는 오히려 학교와 가정, 지역사회의 연계를 통한 지원 체계 구축의 중요성을 강조하고 있으므로, 개별 맞춤형 교육에 중점을 두어야 한다는 내용은 글의 주장과 일치하지 않는다.
④ 지문에서는 다문화청소년의 학교중단 문제를 개인적 차원의 노력으로 극복할 수 있다고 주장하지 않으며, 오히려 사회적 자본이라는 외부 지원 체계의 중요성을 강조하고 있다.

05 ▶ ②

정답풀이 빈칸 앞의 내용을 통해 처음에는 개에게 아무런 특별한 반응을 일으키지 않던 중립 자극인 종소리가 먹이와 반복적으로 짝지어진 후 조건 자극으로 변화하여 침 분비라는 조건 반응을 유발하게 되었음을 알 수 있다. 이는 중립적인 자극이라도 반복적인 연합 과정을 통해 특정한 반응을 이끌어내는 조건으로 변화할 수 있음을 보여준다. 따라서 중립적인 자극도 반복적 연합을 통해 특정한 반응을 유발하는 조건이 될 수 있다는 것이 이 실험의 핵심 결론이다.

오답풀이 ① 파블로프의 실험은 매우 단순한 자극-반응 연합에서도 학습이 일어남을 보여주므로, 복잡한 사고 과정에서만 학습이 가능하다는 내용은 적절하지 않다.
③ 실험은 동물과 인간의 학습 메커니즘 차이를 비교한 것이 아니라 조건형성 원리를 발견한 것이므로 적절하지 않다.
④ 실험 결과는 오히려 본능적 반응인 침 분비가 후천적 학습을 통해 새로운 자극에도 나타날 수 있음을 보여주므로 적절하지 않다.

06 ▶ ④

정답풀이 지문에서는 조선 후기의 법의학적 수사 방식에 대해 설명하고 있다. 검안이라는 공식 문서를 작성하여 시신의 상태, 부검 결과, 증언 기록 등을 체계적으로 기록했으며, 중국의 『무원록』을 참고하여 절차를 체계화했다고 설명하고 있다. 또한 은비녀를 이용한 독극물 감식, 시신을 물로 씻어 상처를 확인하는 등 다양한 과학적 접근을 시도했음을 언급하고 있으며, 마지막에는 '오늘날 현대 법의학과 비교하면 기술적 한계가 있었음에도 불구하고'라는 양보절을 통해 한계를 인정하면서도 그 가치를 평가하려는 흐름을 보이고 있다. 이러한 내용을 종합할 때, 조선의 검안 제도가 체계적인 기록과 과학적 분석을 시도했다는 점에서 초기 법의학의 중요한 사례로 평가될 수 있다는 ④가 글의 흐름과 가장 일치한다.

오답풀이 ① 지문에서는 미신이나 관습에 의존했다는 내용이 아니라, 오히려 신체의 부패 상태, 외상 여부, 독극물 중독 가능성을 확인하는 과학적 접근을 시도했다고 설명하고 있다.
② 지문에서는 중국의 영향을 받았다는 내용은 있으나 독자적 발전을 이루지 못했다는 내용은 언급되지 않았다. 오히려 체계적인 검안 절차와 다양한 수사 방법을 발전시켰음을 설명하고 있다.
③ 지문에서는 조선 후기의 법의학적 수사가 제한적인 역할만 수행했

다는 내용보다는, 다양한 과학적 기법을 활용하여 사망 원인 규명에 적극적으로 기여했음을 강조하고 있다.

07 ▶ ③

정답풀이 지문에서는 "조직의 윤리풍토는 예상과 달리 간호사의 이직의도에 유의한 영향을 미치지 못한 것"으로 나타났으며, "도덕적 신념이나 병원의 윤리 강령보다도 실질적인 상호작용의 경험이 더 큰 영향을 준다"고 명시하고 있다. 또한 "직장 내 괴롭힘"이 이직의도에 가장 큰 영향을 미치는 요인이었다고 강조하며, 이는 실제 직장 내 인간관계와 상호작용의 중요성을 시사한다. 따라서 형식적인 윤리규범보다 실제 대인관계의 질이 전문 인력의 조직 몰입에 더 결정적 영향을 미친다는 ③이 가장 적절하다.

오답풀이 ① 지문에서 "조직의 윤리풍토는 예상과 달리 간호사의 이직의도에 유의한 영향을 미치지 못한 것"이라고 언급하고 있으므로, 윤리교육의 강화가 필요하다는 주장은 지문의 내용과 배치된다.
② 지문에서는 개인적 회복 탄력성에 대한 언급이 없으며, 오히려 조직적 차원의 괴롭힘과 상호작용이 이직의도에 영향을 미친다는 점을 강조하고 있다. 따라서 개인적 회복 탄력성 강화 프로그램을 우선시하는 것은 적절하지 않다.
④ 지문에서 "이직의도에 가장 큰 영향을 미치는 요인은 '직장 내 괴롭힘'"이라고 명시하고 있으며, 이는 업무 강도보다는 조직 문화와 관련된 문제임을 알 수 있다. 따라서 업무 강도 완화를 더 시급한 과제로 보는 것은 적절하지 않다.

08 ▶ ③

정답풀이 지문에서는 수정주의 역사학이 "근대 이행을 '진보의 직선적 경로'로 보는 인식에 비판을 가하면서, 영국과 프랑스 각각의 이행 경로를 다원적이고 비교사적인 관점에서 재해석하려는 시도를 촉진하였다"고 명시하고 있다. 또한 "영국의 '개방적 시장경제'가 반드시 선진적이거나 모범적인 경로가 아니었으며, 프랑스의 '국가주도형 근대화' 역시 일관된 논리를 갖춘 대안적 모델일 수 있음"을 보여주는 연구들이 축적되었다고 설명하고 있다. 이는 단일한 모델이 아닌 다양한 역사적 경로의 가능성을 재조명한 것이므로 ③이 가장 적절하다.

오답풀이 ① 지문에서 수정주의 역사학은 오히려 영국과 프랑스의 이분법적 구분에 도전하고, 각 국가 내에서도 지역성과 점진성을 발견하며, 단순한 유형화를 넘어선 복잡한 역사적 과정을 강조하고 있다.
② 지문에서는 프랑스 모델이 영국 모델보다 더 효율적이었다는 주장이 아닌, 프랑스 모델 역시 "일관된 논리를 갖춘 대안적 모델일 수 있음"을 보여주는 데 의의가 있다고 설명하고 있다.
④ 영국은 정체론이 아니라 '시장경제'에 주목하였고 프랑스는 시장경제가 아니라 '정체론'에 주목한 것이므로 주체 혼동의 오류를 범한 선지로 적절하지 않다.

09 ▶ ③

정답풀이 지문에서는 뮤지컬이 "초기에는 대중적 오락으로 인식되었지만, 점차 예술성과 철학적 메시지를 담은 작품들이 등장하면서 고급예술의 위상도 확보하게 되었다"고 설명하고 있다. 또한 다양한 작품 사례를 통해 오페라적 서사와 팝음악의 만남(『아이다』), 사회적 메시지의 확장(『빌리 엘리어트』), 철학적 탐구(『지킬 앤 하이드』), 고대 희곡의 현대적 재구성(『오이디푸스』) 등 장르 간 경계와 위계를 해체하는 다양한 시도를 보여주고 있다. 이는 예술의 대중화(고급예술이 대중에게 접근)와 대중의 예술화(대중문화가 예술성을 획득)라는 양방향적 문화 변동을 반영하는 현상이므로 ③이 가장 적절하다.

오답풀이 ① 지문에서 첨단 무대 기술이나 미디어 융합에 대한 직접적인 언급은 없으며, 기술적 요소보다는 서사적, 주제적, 예술적 융합과 확장에 초점을 맞추고 있다.
② 이 선지가 답이 되려면 제시문에 있는 모든 예시가 고전적인 주제와 현대의 기술이 만나는 내용이 왔어야 했다. 하지만 『빌리 엘리어트』는 광산촌 소년의 성장기를 통해 노동계층의 현실을 알리는 내용으로 고전적인 주제라고 볼 수 없으므로 이 선지는 답이 될 수 없다.
④ 지문에서는 뮤지컬이 "하나의 장르로서 정체성을 유지하면서도" 변화하고 있다고 언급하고 있으나, 형식적 관습의 고수보다는 다양한 시도와 융합, 그리고 장르 간 경계 해체를 더 강조하고 있다.

10 ▶ ③

정답풀이 지문에서는 독일의 사례를 통해 "청년의 자기 결정권을 존중하는 상담 및 참여 구조"의 중요성을 강조하고 있다. 또한 "단순한 금전 지원"이나 "단순한 복지의 확대만으로 해결되지 않는다"고 지적하면서, 통합적인 접근과 개별화된 지원의 필요성을 암시하고 있다. 한국의 현 상황이 "행정적 파편화와 형식적 지원에 머무르는 경우가 많다"는 문제 인식과 함께 볼 때, 당사자의 자기결정권과 주체성이 존중되는 개별화된 자립 경로 설계가 가능한 구조를 마련해야 한다는 ③이 가장 적절하다.

오답풀이 ① 지문에서 보호기간 연장이 필요하다는 언급은 있으나, 이것이 "만 20세까지" 확대되어야 한다는 구체적인 내용은 없으며, 단순한 기간 연장보다는 질적인 지원 체계의 변화를 더 강조하고 있다.
② 지문에서 민간 복지기관과의 협력을 언급하고 있으나, "물질적 지원의 효율성 극대화"에 초점을 맞추는 것은 "단순한 복지의 확대만으로 해결되지 않는다"는 지문의 취지와 맞지 않는다.
④ 지문에서 보호종료아동을 위한 별도의 교육 트랙이나 취업 할당제에 대한 언급은 없으며, 오히려 개별화된 접근과 자기결정권을 존중하는 방향성을 강조하고 있다.

Chapter 09 복수 빈칸 추론

亦功 천기누설 혜선팍 독해 pin point

한눈에 보기
01 ②　02 ④

신유형 2025 버전 1   p.89

01 ▶ ②

정답풀이 (가)의 객관적 단서는 "질문에 사용된 단어 선택이 기억 내용에 식섭석인 영향을 미친다'와 '중놀했다'라는 표현을 늘은 십단"이라는 표현이다. '단어 선택', '표현'이라는 구체적 표현을 통해 (가)에는 '언어적 표현과 제시 방식'이 옴을 알 수 있다.
(나)의 객관적 단서는 "현장을 목격했다고 해서 모든 목격자가 정확한 증언을 하는 것은 아니다"라는 표현이다. 목격이 있어도 정확한 증언이 보장되지 않는다는 것은 목격이 충분조건이 아님을 의미하므로 (나)에는 '필요조건일 수는 있어도 충분조건일 수는'이 적절함을 알 수 있다.

신유형 2025 버전 2   p.90

02 ▶ ④

정답풀이 ㉠의 객관적 단서는 "통신업계의 기존 관습을 깨고 이동통신사와의 혁신적 제휴 모델을 시도하며 출시 후에도 지속적인 업데이트를 통해 제품을 발전시켜 나감으로써"라는 표현이다. '기존 관습을 깨고', '혁신적 제휴 모델을 시도', '지속적인 업데이트'라는 구체적 표현을 통해 ㉠에는 '실행의 민첩성'이 적절함을 알 수 있다.
㉡의 객관적 단서는 "멀티터치 기술과 iOS 운영체제를 독자 개발하고 하드웨어와 소프트웨어를 완전히 통합한 새로운 스마트폰 플랫폼을 구축함으로써"라는 표현이다. '독자 개발', '완전히 통합한 새로운 플랫폼'이라는 구체적 표현을 통해 ㉡에는 '기술의 혁신성'이 적절함을 알 수 있다.
㉢의 객관적 단서는 "기존 휴대폰 사용자들이 복잡한 버튼과 불편한 인터페이스에 불만을 느낀다는 점을 정확히 포착하고 직관적인 터치 스크린의 필요성을 예견함으로써"라는 표현이다. '사용자 불만을 정확히 포착', '필요성을 예견'이라는 구체적 표현을 통해 ㉢에는 '시장의 통찰력'이 적절함을 알 수 있다.

문제훈련 복수 빈칸 추론   p.91

한눈에 보기
01 ③　02 ④　03 ②　04 ①　05 ②
06 ④　07 ①　08 ④　09 ②　10 ③

01 ▶ ③

정답풀이 (가)의 경우, 본문에서는 '현실에서는 (가)에 의해 실질적인 정치적 평등이 훼손되는 경우가 많다.'라고 설명하면서, 경제적 불평등이 정치적 불평등으로 이어지는 과정을 서술하고 있다. 특히, '경제적 자원이 정치적 영향력으로 전환'되는 구조적 문제가 강조되고 있으며, 이는 정치 과정에서 부유층이 강한 영향력을 행사하는 원인으로 작용한다. 따라서 '경제적 자원이 정치적 영향력으로 전환되는 구조적 불균형'이 가장 적절한 선택지이다.
(나)의 경우, 본문에시는 '이는 (나) 문제를 완화하고 다양한 계층이 정치 과정에 참여할 수 있도록 유도하는 방안으로 평가된다.'라고 설명하고 있으며, 이어서 경제적 불평등으로 인해 정치 자금이 소수 부유층에게 집중되는 문제를 해결하려는 정책적 개입을 강조하고 있다. 이는 특정 계층이 과도한 정치적 영향력을 행사하는 현상과 연관되므로, '선거에서 특정 계층의 정치적 영향력이 과도하게 확대되는 현상'이 가장 적절한 선택지이다.

오답풀이 (가) '정치적 의사 결정 과정에서 개인의 이념이 배제되는 구조'는 본문에서 논의된 경제적 요인과 연결성이 부족하며, 이념 배제 문제는 경제적 불평등과 직접적인 연관이 없다. 따라서 (가)에 들어갈 내용으로 적절하지 않다.
(나) '정책 결정 과정에서 정당이 아닌 시민 단체의 영향력이 커지는 문제'는 본문에서 다루고 있는 경제적 불평등과 정치적 불균형의 맥락과는 거리가 있으며, 정치 자금 불균형이 아니라 시민 단체의 영향력 증대 문제를 의미하므로 적절하지 않다.

02 ▶ ④

정답풀이 (가)의 경우, '유아 스마트 학습 광고에서 반복적으로 등장하는 표현은 '빠르게 한글 떼기', '하루 만에 덧셈 완성' 등이다.'라고 설명하고 있다. 이는 유아기 학습에서 속도가 중요한 경쟁력이라는 사고 방식을 강조하는 것과 일치한다.
(나)의 경우, 본문에서는 '스마트 학습 광고에서 강조하는 조기 학습과 반복 훈련은 유아기의 창의성과 자기 주도적 탐구 능력을 저해할 위험이 있다. 더욱이, (나)라는 점에서 선행학습이 초등학교 이후의 학습 성취에 반드시 긍정적인 영향을 미친다고 단정할 수 없다'라고 설명하고 있다. 이는 선행학습이 초등학교 이후 학습 성취에 미치는 영향이 명확하지 않음을 의미한다.

오답풀이 (가) '조기 학습이 아이의 인지 발달을 촉진하는 필수 요소임'은 속도 중심의 경쟁 논리를 비판하는 본문의 논조와 일치하지 않으므로 빈칸에 들어갈 수 없다.
(나) 선행학습이 창의성과 자기 주도적 탐구 능력을 저해할 수 있다'는

본문에서 언급되지만, 조기 학습의 효과를 단정할 수 없다는 논지와는 다소 다르다.

03 ▶ ②

정답풀이 (가)의 경우, 본문에서는 '노년층은 의료비 부담과 예상치 못한 장기요양비 지출을 고려해 (가)를 유지하려는 경향이 있다.'라고 설명하고 있다. 이 내용은 노년층이 예상치 못한 의료비 지출에 대비해 자산을 보유하는 경향이 있음을 의미하며, 이는 경제학에서 말하는 '예비적 저축 동기'와 연결된다. 실제로 노인들은 건강 악화 시 발생할 의료비와 돌봄 비용을 대비하기 위해 자산을 축적하는 경향이 있으며, 본문에서도 이러한 맥락이 강조되고 있다. 따라서 '의료비 부담을 대비해 자산을 축적하는 예비적 저축 동기'가 가장 적절한 선택지이다.
(나)의 경우, 본문에서는 '자산 처분이 가속화되면 (나) 문제가 발생할 가능성도 존재한다.'라고 언급하며, 이어서 '기대수명이 늘어나면서 생애 후반부에 경제적 어려움을 겪을 위험이 커질 수 있다.'라고 설명하고 있다. 이 문장은 자산을 빠르게 소비하면 노후 소득이 불안정해지고, 결과적으로 생애 후반부 경제적 어려움이 증가할 가능성이 크다는 의미와 연결된다. 따라서 '소득 불안정으로 생애 후반부 경제적 어려움이 증가하는'이 가장 적절한 선택지이다.

오답풀이 (가) '사회적 불확실성에 대비해 금융자산과 실물자산을 균형 있게 보유하는 전략'은 노후 재정 전략으로서 고려될 수 있지만, 본문에서는 의료비 및 장기요양비 대비를 위한 '저축 동기'를 설명하고 있으며, 금융자산과 실물자산의 배분 문제는 직접적으로 언급되지 않았기 때문에 적절하지 않다.
(나) '자산 유동성 증가로 소비가 확대되는'은 본문에서 언급된 내용이기는 하지만, 주된 논점은 소비 증가 자체가 아니라, 빠른 자산 처분이 생애 후반부의 경제적 어려움을 초래할 수 있다는 점이다. 따라서 본문이 강조하는 핵심적인 문제와는 거리가 있다.

04 ▶ ①

정답풀이 (가)의 경우, 본문에서는 고등교육 양극화의 원인으로 '대학생 1인당 공교육비, 정부 예산 대비 고등교육 투자 비율 등에서 국가 간 격차가 크며, 한국의 경우 대학에 대한 공공재정 지원이 부족하다'라고 언급하고 있다. 따라서 '공공재정 지원 부족'이 가장 적절하다. '대학평가 지표의 국제화 미흡'은 평가·측정 체계의 문제일 뿐이므로 (가)에 들어갈 내용으로는 적절하지 않다.
(나)의 경우, 본문에서는 '사립대학 비율이 높은 한국에서는 대학 간 재정 격차가 교육의 질적 불평등을 심화시키고 있다고 언급했다. 따라서 이 흐름을 이을 수 있는 '지역 간 교육 기회의 불균형'이 가장 적절하다. 뒤에서 '실질적인 교육 기회와 질을 보장하는 방향'을 언급하고 있기도 하다. '대학 졸업생의 해외 유출 증가'는 본문에서 언급되지 않았으며, 대학 졸업 후 노동시장과의 연계 문제를 다루고 있지만 해외 유출을 직접적인 결과로 언급하지는 않았다.

05 ▶ ②

정답풀이 (가)의 객관적 단서는 "군대의 신속한 이동과 상업 활동의 확대를 가능하게 하여 제국의 팽창에 중요한 기반이 되었다"와 "로마군은 잘 정비된 도로를 통해 멀리 떨어진 지역까지 빠르게 진군할 수 있었고, 상인들은 안전하고 효율적인 길을 따라 물품을 운반하며 경제권을 확장시켰다"라는 표현이다. '군대의 신속한 이동', '상업 활동의 확대', '제국의 팽창에 중요한 기반'이라는 구체적 표현을 통해 (가)에는 '기반 시설이 제국의 군사적·경제적 성장에 기여한다'가 옴을 알 수 있다.
(나)의 객관적 단서는 "막대한 예산을 투입하여 교통 인프라를 구축하는"과 "잘 발달된 교통망을 가진 국가는 지역 간 격차를 줄이고 전체적인 국가 경쟁력을 높일 수 있기 때문이다"라는 표현이다. '막대한 예산을 투입하여', '국가 경쟁력을 높일 수 있기 때문'이라는 구체적 표현을 통해 (나)에는 '사회 인프라는 한 국가의 발전을 좌우한다'가 적절함을 알 수 있다.

오답풀이 (가) "로마 제국의 군사력과 상업 활동이 제국의 팽창을 이끌었다"는 문장은 결과 단계(군사력·상업)만을 언급하고, 지문의 핵심 주제인 '도로라는 기반 시설의 기여'를 반영하지 못하기 때문에 (가)에 들어갈 내용으로 부적절하다.
(나) "정부의 대규모 예산 지출 자체가 경제 성장을 이끈다"는 문장은 본문이 말하는 핵심 매개인 '사회 인프라'를 생략하고, 지출 행위 자체를 성장의 원인으로 보는 잘못된 해석이므로 (나)에 들어갈 내용으로 부적절하다.

06 ▶ ④

정답풀이 이 글은 현대 사회의 선택 과부하 현상과, 그 해결 방안에 대해 다루고 있다. (가) 앞뒤의 맥락을 고려하면 선택지가 지나치게 많으면 부정적 결과가 초래됨을 설명하고 있으므로 '오히려 만족도가 낮아지고 결정을 내리는 것이 어려워진다'가 빈칸에 들어가는 것이 적절하다. (나) 뒤에는 '사람들은 다양한 가능성을 원하기 때문에, 선택의 범위를 지나치게 제한하면 불만을 초래할 수 있다.'라는 서술이 이어지고 있다. 이를 고려할 때 '선택지의 개수를 지나치게 줄이는 것은 최선의 해결책이 아니다'가 들어가는 것이 옳다.

오답풀이 (가) "선택지가 많을수록 비교에 집착하여 오히려 타인의 성과에 불만을 느낀다."는 내용은 제시문에 언급되지 않은 내용이므로 적절하지 않다.
(나) "결정의 효율성을 위해서는 선택지를 최소화하는 것이 바람직하다."는 문장의 앞에 "중요한 결정을 내릴 때는 정보의 양을 줄이"는 것이 중요하다고 했지만 중간에 반대의 접속 부사 '하지만'이 있으므로 (나)에 선택지를 줄이는 것은 바람직하지 않다는 내용이 나와야 하므로 이 문장은 적절하지 않다.

07 ▶ ①

정답풀이 이 글은 인공지능 기술의 발전이 가져오는 영향과 그에 따른 교육 패러다임의 변화를 다룬 것이다. (가) 뒤의 문장을 고려할 때 인공지능은 '위험한 작업을 대체함으로써 인간의 삶의 질을 향상'하는 장점과, '일자리 감소와 같은 사회적 문제'라는 단점을 모두 가지고 있음을 알 수 있다. 이는 각각 기술 발전과 인간 소외에 대응하므로 '기술 발전과 인간 소외라는'이 빈칸에 들어가는 것이 옳다. 이는 '생산성 향상과 윤리적 문제'와는 적절하게 대응하지 않는다. (나) 뒤의 '암기식 교육에서 벗어나 문제해결력과 감성지능을 키우는 방향'이라는 서술을 고려할 때, '지식 축적에서 능력 개발로의'라는 표현이 빈칸에 들어가는 것이 자연스럽다.

오답풀이 (가) 본문에서 윤리적 문제에 관한 이야기는 나오지 않았으므로 '생산성 향상과 윤리적 문제라는'은 (가)에 들어갈 말로 적절하지 않다.
(나) 본문에서 협동에 관한 이야기는 나오지 않았으므로 '개인 학습에서 협동 학습으로의'는 (나)에 들어갈 말로 적절하지 않다.

08 ▶ ④

정답풀이 ㉠의 객관적 단서는 "자신의 학습 스타일에 맞춰 듣기는 팟캐스트로, 말하기는 원어민과의 대화로, 읽기는 관심 분야 원서로 나누어 공부함으로써"라는 표현이다. '학습 스타일에 맞춰', '나누어 공부함'이라는 구체적 표현을 통해 ㉠에는 '방법의 적용'이 적절함을 알 수 있다. ㉡의 객관적 단서는 "정기적으로 모의고사를 치르고 영어 말하기 대회에 참가하여 자신의 실력을 객관적으로 평가받음으로써"라는 표현이다. '모의고사를 치르고', '객관적으로 평가받음'이라는 구체적 표현을 통해 ㉡에는 '성과의 확인'이 적절함을 알 수 있다.
㉢의 객관적 단서는 "해외 유학에 대한 꿈을 품고 영어 실력 향상에 대한 강한 의지를 다짐으로써"라는 표현이다. '꿈을 품고', '강한 의지를 다짐'이라는 구체적 표현을 통해 ㉢에는 '동기의 형성'이 적절함을 알 수 있다.

09 ▶ ②

정답풀이 (가)의 객관적 단서는 "숙련된 운전자는 별다른 의식적 주의 없이도 부드럽게 차량을 조작할 수 있다"와 "이처럼 숙련된 기술은 대부분"이라는 표현이다. '별다른 의식적 주의 없이'라는 구체적 표현을 통해 (가)에는 의도적 노력이 아닌 '자동화된 처리'가 옴을 알 수 있다. (나)의 객관적 단서는 "예산, 기간, 관심사 등을 종합적으로 고려해야 한다"와 "복잡한 의사결정은"이라는 표현이다. '종합적으로 고려해야 한다'는 구체적 표현과 '복잡한'이라는 수식어를 통해 단순한 직감이 아닌 체계적이고 신중한 사고 과정인 '의식적 숙고'가 적절함을 알 수 있다.

10 ▶ ③

정답풀이 (가)의 객관적 단서는 "몸짓·표정·억양처럼 언어를 사용하지 않고도 의미를 전하는 방식"과 "표정과 몸짓도 중요한 의미를 전달하므로"라는 표현이다. '언어를 사용하지 않고도'라는 구체적 표현을 통해 (가)에는 '비언어적 메시지'가 옴을 알 수 있다.
(나)의 객관적 단서는 "내용이 뚜렷하게 드러나도록"과 "요구를 명확하고 구체적으로 드러낸 것"이라는 표현이다. '뚜렷하게 드러나도록'과 '명확하고 구체적으로 드러낸'이라는 표현을 통해 (나)에는 '명시적 의사소통'이 적절함을 알 수 있다.

Part 04 순서 배열

Chapter 10 순서 배열

亦功 천기누설 혜선팍 독해 pin point

한눈에 보기
01 ④　　02 ②

신유형 2025 버전 1

01 ▶ ④

정답풀이 첫 문단에서는 자동화의 급속한 발전과 공산품 가격 하락에 대한 예측을 소개하며 이것이 과연 이상적인 사회인지에 대한 의문을 제기하고 있다. (다)는 좋은 물건을 싸게 살 수 있다는 긍정적 측면과 함께 일자리 감소에 대한 우려를 구체적인 사례(중국 공장의 자동화)와 함께 제시하고 있으므로 첫 문단에서 제기한 의문에 대한 첫 번째 분석으로 볼 수 있다. (나)는 "그러면 나머지 9,500명은 어디로 갔겠는가"라는 표현으로 시작하여 (다)에서 언급한 사례를 이어받아 4차 산업혁명의 가속화가 가져올 수 있는 부정적 결과를 더 구체적으로 전망하고 있다. (가)는 과학 기술 발전의 양면성을 종합적으로 평가하며 유토피아와 디스토피아의 공존 가능성을 언급하여 글을 마무리하고 있다. 따라서 정답은 (다) – (나) – (가)이다.

신유형 2025 버전 2

02 ▶ ②

정답풀이 (나)는 빈곤관광의 개념과 의미를 소개하고 있다. 그리고 (라)에서 파벨라 투어 사례를 제시하고 있어 (나)를 구체화하는 내용이므로 (나) 뒤에 (라)가 올 수 있다. (가)는 '이러한 관광 방식은'이라는 표현으로 시작하여 (라)에서 소개된 빈곤관광의 도시재생적 가치를 설명하고 있다. 지속가능한 발전 가능성을 강조하고 있어 (라) 다음에 위치하는 것이 자연스럽다. (다)는 '그러나'라는 역접 접속사로 시작하여 빈곤관광의 한계와 문제점을 비판적으로 분석하고 있다. (마)에서는 빈곤의 상품화와 젠트리피케이션 같은 구체적 문제를 지적하며 논의를 심화시키고 있으므로 (다) 다음에 오는 것이 적절하다. 따라서 정답은 (나) – (라) – (가) – (다) – (마)이다.

문제훈련 순서 배열

한눈에 보기
01 ②　02 ①　03 ②　04 ①　05 ②
06 ①　07 ①　08 ③　09 ④　10 ③

01 ▶ ②

정답풀이 첫 문단에서는 보편관세 정책의 법적 기반으로 1930년 관세법 제338조와 1977년 국제긴급경제권한법을 소개하고 있어 글의 도입부로 적합하다. 특히 관세법 제338조의 특징을 설명하며 법적 근거에 대한 기본 이해를 제공하고 있다. (나)는 트럼프 2기 행정부의 보편관세 정책 의지를 설명하고 있는데, 이는 첫 문단에서 제시된 법적 기반을 실제로 활용하려는 정책적 배경을 보여주므로 첫 문단 다음에 위치하는 것이 자연스럽다. 특히 '이러한 보편관세'가 단서가 되어 첫 문단 뒤에는 (나)가 오는 것이 적절함을 알 수 있다. (가)는 내용 전환을 보여주는 '한편'이 쓰이고 있으므로 (나) 다음에 오는 것이 적절하다. (나)에서는 보편관세를 설명하고 (가)에서는 국제긴급경제권한법의 구체적 내용을 다루므로 내용이 전환되고 있기 때문에 (나) 다음에 오는 것이 적절하다. (다)는 '그러나'라는 역접 표현으로 시작하여 앞서 논의된 법적 근거들이 국제무역 규범, 특히 WTO 질서와 충돌할 수 있다는 문제점을 제시하고 있어 글을 마무리하는 내용으로 적합하다. 따라서 정답은 (나) – (가) – (다)이다.

02 ▶ ①

정답풀이 첫 문단에서는 대리석 두 개의 사례를 통해 플로티노스의 미학 이론을 소개하고, '형상'의 개념을 제시하고 있어 글의 도입부로 적합하다. (나)는 첫 문단에서 소개된 '형상'의 성격을 구체화하여 '내적 형상'이라는 개념을 도입하고 있다. '형상은 돌이라는 질료가 원래 소유하고 있던 것이 아니며'라는 표현으로 시작하여 첫 문단의 내용을 이어받고 있으므로 첫 문단 다음에 위치하는 것이 자연스럽다. (가)는 '그렇다면'이라는 접속어로 시작하여 앞서 설명한 내적 형상의 개념을 바탕으로 우리가 석상을 아름답다고 느끼는 과정을 설명하고 있으므로 (나) 다음에 오는 것이 적절하다. (다)는 '그러나'라는 역접 표현으로 시작하여 내적 형상과 물체에 옮겨진 형상의 관계에 대한 추가 설명을 제공하고 있다. 이는 (가)에서 언급된 '내적 형상이 물체 속의 형상으로 구현'되는 과정에 대한 심화 설명이므로 글을 마무리하는 내용으로 적합하다. 따라서 정답은 (나) – (가) – (다)이다.

03 ▶ ②

정답풀이 첫 문단에서는 기술지정학의 개념을 소개하고 반도체 산업이 국제질서 재편의 열쇠로 작용하고 있음을 설명하여 글의 주제를 명확하게 제시하고 있어 도입부로 적합하다. 첨단 기술과 국가 경쟁력, 안보의 관계를 설명하며 독자의 관심을 효과적으로 유도하고 있다. (나)는 '이러한 반도체 산업을 주도하며'라는 표현으로 시작하여 '칩4 동맹'을 소개하고 있다. (가)는 이러한 '칩4 동맹'에 대해 구체적인 설명을 하고 있으므로 (나) 다음에 오는 것이 적절하다. (다)는 '이러한 세계적 흐름'을 통해 앞의 국제 흐름을 받고 있으므로 (가) 뒤에 오는 것이 적절하다. 따라서 정답은 (나) - (가) - (다)이다.

04 ▶ ①

정답풀이 (나)는 우주가 이제 일부 국가만의 독점 영역이 아니라는 개념을 소개하며 글의 도입부로 적합하다. 기술 발달과 민간 주체의 참여로 우주가 공동의 장으로 변모하고 있음을 제시하여 논의의 배경을 효과적으로 설명하고 있다. (다)는 '우주는 인류 공동의 자산'이라는 표현으로 시작하여 (나)에서 언급된 공동의 장이라는 개념을 더 구체화하고 있다. 특히 기술력을 갖춘 국가의 책임과 투명성, 그리고 국제 협력의 중요성을 강조하여 (나)의 내용을 발전시키고 있으므로 (나) 다음에 위치하는 것이 자연스럽다. (가)는 '즉'이라는 접속 표현으로 시작하여 (다)에서 언급했던 '활동 내용과 성과를 국제 사회와 공유하는 문화'를 비슷한 표현인 '상호 존중과 협력이 없는 우주 개발은 오히려 갈등과 불신을 불러올 수 있다.'로 환언하고 있으므로 (다) 다음에는 (가)가 와야 한다. (라)는 (가)에서 언급된 '법적 소유'라는 말을 '법적 선언'이라는 말로 받고 있으므로 (가) 뒤에 온다. 따라서 정답은 (나) - (다) - (가) - (라)이다.

05 ▶ ②

정답풀이 (나)는 하이퍼텍스트의 개념을 정의하고 전통적인 글에서 주석의 종속적 기능과 본문의 순차적 특성을 소개하고 있어 글의 도입부로 적합하다. (다)는 '본문은 저자의 논리에 따라 선형적으로 연결되어 있다'로 시작하여 (나)에서 언급한 본문의 순차적 흐름을 더 구체적으로 설명하고, 저자가 주석을 다는 방식과 그 기능을 상세히 설명하고 있으므로 (나) 다음에 위치하는 것이 자연스럽다. (가)는 '독자들은 이러한 약속에 암묵적으로 동의한 상태로'라는 표현으로 시작하여 (다)에서 설명한 주석의 보조적 기능이라는 '약속'에 대한 독자의 인식을 이어받고 있다. 또한 '그러나'라는 전환 표현을 통해 본문-주석의 전통적 구분을 무의미하게 만드는 하이퍼텍스트의 특성을 소개하므로 (다) 다음에 오는 것이 적절하다. (라)는 하이퍼텍스트의 구체적인 특성을 설명하며 글을 마무리하고 있다. '글 읽기의 순차가 정해진 것도 없고'라는 표현으로 시작하여 (가)에서 소개된 '하이퍼텍스트성'의 비선형적 특징을 구체적으로 확장하고 있으므로 마지막에 위치하는 것이 적합하다. 따라서 정답은 (나) - (다) - (가) - (라)이다.

06 ▶ ①

정답풀이 (다)는 민주주의, 특히 대중 민주주의의 역사를 소개하며 그 역사가 생각보다 짧다는 개념을 제시하고 있어 글의 도입부로 적합하다. (나)는 '하지만'이라는 접속어로 시작하여 (다)에서 언급한 미국의 대중 민주주의에 대한 내용을 이어받아 발전 과정을 더 구체적으로 설명하고 있으므로 (다) 다음에 위치하는 것이 자연스럽다. (가)는 '그런데'라는 새로운 내용을 보여주는 접속 표현을 통해 '자본주의의 역사는 얼마나 될까?'라는 질문으로 새로운 주제를 도입하고 있다. 이는 (다)와 (나)에서 논의된 민주주의의 역사에 이어 자본주의의 역사를 비교하려는 의도로 볼 수 있으므로 (다) 다음에 오는 것이 적절하다. (라)는 '아나톨 칼레츠키는 그의 저서'로 시작하여 앞서 논의된 민주주의와 자본주의의 관계를 종합적으로 설명하며 글을 마무리하고 있다. (가)에서 언급된 자본주의와 (나), (다)에서 설명된 민주주의의 결합을 다루고 있으므로 글의 마지막에 위치하는 것이 적합하다. 따라서 정답은 (다) - (나) - (가) - (라)이다.

07 ▶ ①

정답풀이 (나)는 인간 내부에 자리 잡은 절도에 대한 은밀한 욕망과 생존욕의 관계를 설명하며, LA 폭동 사례를 통해 사회적 제약이 사라졌을 때 이런 욕망이 표출됨을 보여주고 있어 글의 도입부로 적합하다. (가)는 '그러나'라는 접속어로 시작하여 (나)에서 설명한 인간의 절도 욕망과 대비되는 사회적·법적 규범을 제시하고 있다. '법은 절도를 엄격히 금한다'는 내용은 (나)에서 언급한 절도 욕망에 대한 사회적 제약으로 작용하므로 (나) 다음에 위치하는 것이 자연스럽다. (다)는 '이렇게'라는 표현으로 시작하여 (가)에서 설명한 법적 금지와 (나)에서 언급한 욕망 사이의 갈등 속에서 인간이 절도를 합리화하는 현상을 설명하고 있어 (가) 다음에 오는 것이 적절하다. (라)는 '그리고 한 걸음 더 나아가'라는 표현으로 시작하여 (다)에서 언급한 절도의 합리화를 넘어 절도자를 의적으로 미화하고 찬미하는 현상으로 발전되는 과정을 설명하며 글을 마무리하고 있다. 따라서 정답은 (나) - (가) - (다) - (라)이다.

08 ▶ ③

정답풀이 (라)는 고전을 지팡이에 비유하며 그 역할을 설명하고 있어 글의 도입부로 적합하다. '창애에게 답하다'라는 작품을 언급하며 이어질 내용의 주제를 제시하고 있다. 지팡이라는 구체적인 비유를 통해 고전의 기능을 명확히 드러내고 있다. (가)는 '그 사람'이라는 표현으로 (라)에서 언급된 눈이 뜨인 사람의 이야기를 이어받고 있다. '한번 뜬 눈을 다시 감을 수는 없다'는 문장은 (라)에서 제시된 상황에 대한 구체적인 설명으로, 지팡이의 필요성을 다시 강조하고 있어 (라) 다음에 자연스럽게 연결된다. (나)는 '그 사람에게 눈을 도로 감으라는 것은'으로 시작하여 (가)에서 논의된 내용을 발전시키고 있다. 특히 강물을 건너는 비유를 통해 주체적 판단의 중요성을 강조하며, (가)에서 다룬 지팡이의 역할에 대한 해석을 확장하고 있다. (다)는 '지금 당장 별 문제가 없어도'라고 시작하여 앞선 논의를 일상적 삶의 맥락으로 확장하며, 고전이 우리 삶에서 지속적으로 필요한 이유를 정리하고 있다. '고전의 힘은 눈먼 사람의 지팡이보다 더 큰 위력을 발휘한다'라는 표현은 앞서 제시된 비유를 종합하며 글을 마무리하고 있다. 글의 흐름상 '지팡이로서의 고전' → '눈 뜬 사람의 상황' → '지팡이의 진정한 의미' → '일상에서 고전의 지속적 필요성'으로 자연스럽게 전개되므로 (라) – (가) – (나) – (다)의 순서가 가장 적절하다.

09 ▶ ④

정답풀이 (다)는 중앙아시아 한인 디아스포라의 역사적 배경과 독립운동의 의미를 소개하고 있어 글의 도입부로 적합하다. 일제강점기 강제 이주라는 역사적 사건을 언급하며 독자의 관심을 끌고, 스탈린 정권하에서도 민족적 자긍심을 지키며 독립운동을 이어간 한인들의 모습을 제시하고 있다. (가)는 '그러나 이러한 역사는 시간이 흐르면서 점점 소멸되고 있으며'라고 시작하므로 (다) 뒤에 오는 것이 옳다. (가)에서는 중앙아시아 한인들에 대한 역사적 평가는 한국 사회 내에서 주변부에 머물러 있다고 설명하는데 그 이유를 (라)에서 설명하고 있으므로 (가) 다음에 (라)가 온다. (나)는 '결과적으로 디아스포라 한인들의 독립운동 기억은'이라는 표현으로 시작하여 (가)에서 제시한 문제 상황의 결과를 설명하고, 중앙아시아 한인 독립운동의 재조명 필요성을 강조하고 있으므로 (가) 다음에 와야 한다. 따라서 정답은 (다) – (가) – (라) – (나)이다.

10 ▶ ③

정답풀이 (나)는 인간 이동 양상의 기본 개념을 설명하며 지리적 구조와 사회 환경이 이동에 미치는 영향을 소개하고 있어 글의 도입부로 적합하다. (다)는 (나)에서 제시한 지리적 구조와 사회 환경의 구체적인 예시인 '방사형 구조, 격자형 구조'에 따른 이동양상을 설명하고 있으므로 (나) 다음에 위치하는 것이 자연스럽다. (가)는 "그러나 한편으로는"이라는 전환 표현으로 시작하여 (나)와 (다)에서 설명한 지역적 특수성과 대비되는 이동의 보편적 경향을 소개하고 있다. 이는 논의의 균형을 맞추는 역할을 하므로 (다) 다음에 오는 것이 적절하다. (라)는 "결국"이라는 표현으로 시작하여 앞서 논의된 지역적 특수성(나, 다)과 보편적 경향(가)을 통합하는 결론을 제시하고 있어 글을 마무리하는 내용으로 적합하다. 따라서 순서로 가장 적절한 것은 (나) – (다) – (가) – (라)이다.

Part 05 강화 약화

Chapter 11 초점 강화 약화

亦功 천기누설 혜선팍 독해 pin point

한눈에 보기
01 ④   02 ④

신유형 2025 버전 1 p.111

01 ▶ ④

정답풀이 밑줄 친 (가)의 주장을 강화하는 사례를 확인하기 위해서 꼭 봐야 할 핵심 정보는 제시문의 "이민은 단기적으로는 부족한 노동력을 보충하고, 장기적으로는 인구 구조의 균형을 회복시키는 역할을 한다"와 "캐나다는 연간 GDP의 약 0.8%에 해당하는 경제 성장을 이민을 통해 달성했으며, 독일 역시 이민자 유입으로 생산가능인구 비율을 10% 이상 증가시켰다"이다.
(가)에서 지속 가능성을 위협받고 있는 한국 사회에 있어 적극적인 이민정책은 더 이상 선택이 아닌 필수라고 했으므로, 이를 강화하는 선지는 '적극적인 이민정책을 통해 인구 구조를 개선하고 경제적 성과를 거둔 구체적 사례'가 적절하다.

오답풀이 ① 스웨덴에서 이민 2세대의 실업 문제와 교육 격차 문제가 발생하고 있다는 것은 적극적 이민 정책의 부작용을 언급한 것이므로 (가)를 약화한다.
② 일본이 외국인 취업 비자를 확대했음에도 노동력 부족이 지속된다는 것은, 이민정책의 효과성에 의문을 제기하는 사례이다. 이는 '적극적인 이민정책이 필수'라는 (가)의 주장과 상반되는 내용으로, 오히려 이민정책만으로는 인구학적 위기를 해결하기 어렵다는 반박 근거가 될 수 있어 (가)를 약화한다.
③ 프랑스의 사회 갈등과 통합 문제 심화는 이민정책의 부작용을 보여주는 사례이다. 이는 이민을 '국가 생존 전략'으로 보는 (가)의 관점에 반하는 내용으로, 이민정책이 오히려 사회적 비용을 증가시킬 수 있다는 우려를 제기하여 (가)의 주장을 약화한다.

신유형 2025 버전 2 p.112

02 ▶ ④

정답풀이 글의 논지를 약화하는 사례를 확인하기 위해서 꼭 봐야 할 핵심 정보는 "자율주행차 사고 발생 시 책임 소재가 불분명하다는 점을 지적한다."이다. 따라서 책임소재를 분명하게 하여 효과가 나타난다면 그것은 글의 논지를 약화하는 사례가 된다.
독일에서 자율주행차 사고 시 제조사 책임을 명시한 법률 제정 후 관련 기업들이 보험료 절감과 안정적 서비스 운영을 실현한 사례는 책임 소재가 분명하며, 이것이 효과를 나타낸다는 사례이므로 글의 논지를 약화한다.

오답풀이 ① 제시문은 보험 및 배상 체계가 명확해져야 안정적으로 작동한다고 했다. 이 사례는 제도 정비가 늦어질 경우 보험 체계가 제 기능을 하지 못한다는 점을 직접적으로 증명하는 사례이므로 글의 논지를 강화하는 사례이다.
② 제시문은 책임 분담 기준이 미비하면 사회적 혼란이 생긴다고 우려했다. 이 사례는 바로 그 혼란이 현실화된 것으로, 규제를 선제적으로 정비해야 한다는 주장에 힘을 실어주는 사례이므로 글의 논지를 강화하는 사례이다.
③ 제시문은 법과 제도가 기술 발전 속도를 따라가지 못할 경우 사회적 혼란이 발생한다고 경고했다. 이 사례는 실제로 기준 미비가 혼란을 초래한 경우로 논지를 직접 뒷받침하는 사례이므로 글의 논지를 강화하는 사례이다.

문제훈련 초점 강화 약화 p.113

한눈에 보기
| 01 ② | 02 ③ | 03 ② | 04 ④ | 05 ② |
| 06 ② | 07 ④ | 08 ② | 09 ① | 10 ③ |

01 ▶ ②

정답풀이 이 글의 핵심 논지는 "따라서 윤리적 소비는 소비자의 도덕적 책임을 넘어서 사회적 변화를 촉진하는 중요한 수단으로 평가된다."이다. 그리고 제시문에 따르면 윤리적 소비란 "공정무역 상품, 동물실험을 하지 않은 화장품, 지역 생산물 구매"라고 언급되어 있다. 유럽의 한 지역에서 로컬푸드 운동이 확산되면서 지역 농가의 소득이 30% 증가하고 탄소 배출량이 크게 감소했다는 것은 지역 생산물 구매가 환경 보호에 기여하여 긍정적인 사회 변화를 촉진한 것이므로 이 글의 핵심 논지를 강화했다고 볼 수 있다.

오답풀이 ① 소비자들의 관심과 실제 구매 사이의 괴리는 윤리적 소비의 실천적 한계를 보여주는 내용이다. 이는 윤리적 소비가 '사회적 변화를 촉진하는 중요한 수단'이라는 글의 논지에 의문을 제기하며, 오히려 그 효과성에 대한 회의적 시각을 제공하여 글의 논지를 약화한다.
③ 그린워싱 현상은 기업들이 윤리적 소비 트렌드를 악용하는 부작용을 보여주는 사례이다. 이는 윤리적 소비가 진정한 사회적 변화보다는 표면적인 마케팅 수단으로 전락할 수 있음을 시사하여, '사회적 변화를 촉진하는 중요한 수단'이라는 글의 논지를 약화한다.
④ 윤리적 소비의 경제적 접근성 문제와 그로 인한 사회적 불평등 심화 가능성은, 윤리적 소비가 오히려 사회적 문제를 야기할 수 있음을 보여준다. 이는 윤리적 소비를 '사회적 변화를 촉진하는 중요한 수단'으로 보는 긍정적 평가에 반하는 내용으로 글의 논지를 약화한다.

02 ▶ ③

정답풀이 밑줄 친 (가)를 강화하는 사례를 확인하기 위해서 꼭 봐야 할 핵심 정보는 제시문의 "학생이 타인과의 서열보다 기준 달성에 집중하게 하여 과도한 경쟁과 불안 심리를 완화하고"와 "교사는 성취기준에 맞춘 피드백과 보정학습을 통해 학습의 본질에 접근할 수 있다"이다. (가)에서 절대평가를 강조하는 입장이 과도한 경쟁 완화와 학습 본질 접근의 효과를 주장했으므로, 이를 강화하는 선지는 '절대평가를 통해 실제로 학습 환경이 개선되고 성취도가 향상된 구체적 사례'가 적절하다. 핀란드의 절대평가 도입 후 학습 동기 향상과 협력적 학습 문화 확산, 전체 학업 성취도 개선은 절대평가의 긍정적 효과를 입증하는 직접적인 성공 사례로 (가)를 강화한다.

오답풀이 ① 절대평가 확대에도 불구하고 학생들 간의 경쟁이 여전히 치열하고 사교육비가 증가했다는 것은, 절대평가가 과도한 경쟁을 완화한다는 (가)의 주장과 정반대되는 결과를 보여준다. 이는 절대평가의 효과에 의문을 제기하여 (가)를 약화한다.
② 상대평가를 유지하는 학교들에서 학생들의 협력적 문제 해결 능력 향상과 학습 동기 증가는, 상대평가의 긍정적 효과를 보여주는 사례로 오히려 상대평가 지지 입장을 뒷받침한다. 이는 절대평가를 강조하는 (가)를 강화하는 것이 아니라, 상대측 논리를 강화하는 내용이다.
④ 학점 인플레이션 현상과 성적 신뢰도에 대한 기업들의 우려는 평가 제도 전반의 문제를 보여주는 배경 정보일 뿐이다. 이는 절대평가의 교육적 효과나 경쟁 완화 효과와 직접적인 관련이 없으며, 오히려 상대평가 측 논거인 '변별력 유지와 성적 신뢰성'과 더 가까운 내용으로 (가)를 강화하지도 약화하지도 않는다.

03 ▶ ②

정답풀이 밑줄 친 (가)를 강화하는 사례를 확인하기 위해서 꼭 봐야 할 핵심 정보는 제시문의 "전용차로와 신호우선, 급행운영을 통한 정시성과 속도 개선으로 승용차 수요 일부를 흡수하여 대중교통 경쟁력을 빠르게 끌어올릴 수 있으며"와 "도시 구조 변화 부담이 작아 단계적 확장과 노선 재조정이 용이하다"이다.
(가)에서 간선급행버스 체계를 지지하는 교통 전문가들이 정시성과 속도 개선을 통한 대중교통 경쟁력 향상과 빠른 효과를 주장했다. 따라서 신도시 BRT 시범 운영의 통행시간 30% 단축과 대중교통 이용률 25% 증가, 교통 혼잡 완화 효과는 BRT의 효율성을 입증하는 직접적인 성공 사례로 (가)를 강화한다.

오답풀이 ① 대도시에서 경전철 도입 후 승객 수송량 증가와 교통 혼잡 감소, 시민 만족도 향상은, 경전철의 효과를 보여주는 사례로 오히려 경전철 체계 지지 입장을 뒷받침한다. 이는 간선급행버스 체계를 지지하는 (가)를 강화하는 것이 아니라, 상대측 논리를 강화하는 내용이다.
③ 경전철의 예산 초과와 공사 지연, 재정 부담 증가는 경전철 체계의 문제점을 보여주는 내용으로, BRT의 장점이나 효과와는 직접적인 관련이 없다. 이는 오히려 상대측인 LRT 지지 입장에 불리한 내용으로 (가)를 강화하지도 약화하지도 않는다.
④ BRT 도입 후에도 일반차량 진입으로 인한 지연이 빈발하고 정시성 확보에 어려움을 겪고 있다는 것은, BRT가 정시성과 속도 개선을 통해 대중교통 경쟁력을 끌어올릴 수 있다는 (가)의 주장과 정반대되는 결과를 보여준다. 이는 BRT의 효과에 의문을 제기하여 (가)를 약화한다.

04 ▶ ④

정답풀이 밑줄 친 (가)를 강화하는 사례를 확인하기 위해서 꼭 봐야 할 핵심 정보는 제시문의 "단순하고 투명한 가격신호로 전 경제주체의 감축을 폭넓게 유도할 수 있다"와 "예측 가능한 세율 경로로 중장기 투자를 촉진할 수 있다"이다. (가)에서 탄소세를 강조하는 경제학자들이 탄소세의 효과적인 감축 유도와 투자 촉진 효과를 주장했으므로, 이를 강화하는 선지는 '탄소세 도입을 통해 실제로 감축과 투자 효과가 나타난 구체적 사례'가 적절하다. 스웨덴의 탄소세 도입 후 운송부문 화석연료 소비 감소와 에너지 효율성 투자 확대, "경제성장과 감축" 동시 달성은 탄소세의 효과를 입증하는 직접적인 성공 사례로 (가)를 강화한다.

오답풀이 ① 배출권거래제의 가격 변동성과 투자 계획 수립의 어려움은 배출권거래제 체계의 문제점을 보여주는 내용으로, 탄소세의 효과나 장점과는 직접적인 관련이 없다. 이는 오히려 상대측인 배출권거래제 지지 입장에 불리한 내용으로 (가)를 강화하지도 약화하지도 않는다.
② 배출권거래제의 초기 설계 복잡성과 산업계 반발, 시행착오는 배출권거래제의 한계를 보여주는 내용이지만, 이는 탄소세가 우월하다는 점을 직접 입증하지는 않는다. 오히려 (가)가 주장하는 탄소세의 '단순성과 행정비용 절약' 효과를 간접적으로 뒷받침할 수 있으나, (가)의 핵심 주장인 감축 유도와 투자 촉진 효과를 직접 강화하지는 않는다.

③ 캘리포니아의 배출권거래제가 안정적으로 운영되며 기업들의 탄소 감축 투자가 활발해지고 청정기술 혁신이 가속화되고 있다는 것은, 배출권거래제의 성공을 보여주는 사례로 오히려 배출권거래제 지지 입장을 뒷받침한다. 이는 탄소세를 강조하는 (가)를 강화하는 것이 아니라, 상대측 논리를 강화하는 내용이다.

05 ▶ ②

정답풀이 글의 논지를 파악하기 위해 꼭 봐야 할 핵심 정보는 제시문의 "이에 따라 사할린 한인 문제는 단지 해방 이후의 복지 정책 부족이나 국제정치의 문제로 볼 것이 아니라, 전시 강제동원과 전후 외면이라는 일본 정부의 구조적 책임을 물어야 한다."이다. 사할린 한인 문제는 전시 강제동원과 전후 외면이라는 일본 정부의 구조적 책임을 물어야 할 사안이라고 했다. 따라서 일본 정부가 사할린 강제동원 관련 자료를 의도적으로 폐기하거나 은폐했다는 것은, 전시 강제동원에 이어 전후에도 체계적으로 책임을 외면했다는 글의 논지를 뒷받침하는 직접적인 증거이다.

오답풀이 ① 사할린 한인 후세들의 적응 문제는 현재의 사회적 상황을 보여주지만, 일본 정부의 구조적 책임과는 직접적인 관련이 없다. 이는 이 글이 강조하는 '일본 정부의 체계적 인권 유린'이라는 핵심 논점을 뒷받침하지 않는다.
③ 냉전 체제와 미소 대립을 원인으로 제시하는 것은 사할린 한인 문제를 국제정치적 맥락으로 설명하는 관점이다. 이는 이 글이 비판하는 '국제정치의 문제로 보는' 시각과 일치하여 오히려 이 글의 논지를 약화한다.
④ 다른 지역 강제동원자들의 성공적 귀환 사례는 사할린 한인만의 특수한 상황을 부각시키지만, 일본 정부의 구조적 책임보다는 지역적 특수성을 강조하는 내용으로 이 글의 논점과 거리가 있다.

06 ▶ ②

정답풀이 글의 논지를 약화하는 사례를 확인하기 위해서 꼭 봐야 할 핵심 정보는 제시문의 "중견국 국가들은 평화유지활동을 자국의 외교적 영향력을 확대하는 기회로 활용하고 있으며"와 "캐나다와 노르웨이는 PKO를 통해 중재자 역할을 담당하며 국제사회에서의 발언권을 강화해왔다"이다. 본문에서 한국도 PKO 참여를 외교 전략과 연계된 선진적 참여로 전환함으로써 국제적 위상을 제고할 수 있다고 했으므로, 이를 약화하는 선지는 'PKO 참여 확대에도 불구하고 외교적 위상 제고 효과가 나타나지 않는 사례'가 적절하다. 한국의 PKO 예산과 파견 규모가 증가했지만 국제사회에서의 외교적 위상 변화는 미미하다는 것은, PKO 참여가 국제적 위상 제고로 이어진다는 글의 논지에 반하는 현실을 보여주어 글의 논지를 약화한다.

오답풀이 ① 한국 PKO 부대의 현지 기여와 긍정적 평가는 한국의 PKO 활동이 성과를 거두고 있음을 보여주는 사례로, 선진적 참여를 통한 위상 제고 가능성을 뒷받침하여 글의 논지를 강화한다.
③ '실제로 중견국 국가들은 평화유지활동을 자국의 외교적 영향력을 확대하는 기회로 활용하고 있으며,'를 통해 최근 PKO에 적극 참여한 일부 중견국들이 평화 유지 활동을 통해 외교적 영향력을 확대했다는 것이 글의 논지를 강화하는 사례임을 알 수 있다.
④ "과거에는 정전 감시와 휴전선 감독 같은 군사 중심 임무가 주를 이루었으나, 최근에는 치안 유지, 인도적 지원, 선거 감독, 인권 보호 등 복합적 기능을 포함한 '다차원적 임무'로 진화하고 있다." 덴마크는 단순히 군사 중심 임무뿐만 아니라 인도주의 중심 외교의 핵심축으로 PKO에 참여하고 있으므로 글의 논지를 강화하는 사례임을 알 수 있다.

07 ▶ ④

정답풀이 이 글의 논지를 파악하기 위한 핵심 정보는 핵심 정보는 제시문의 "이처럼 각국의 근대 이행 과정은 고유한 역사적 조건과 문화적 배경에 따라 다양하게 전개되었으며, 영국식 모델을 유일한 기준으로 삼아 다른 경로를 평가하는 것은 역사적 다양성을 간과하는 편협한 시각이다."이다. 영국식 모델을 유일한 기준으로 삼는 것은 편협한 시각이라고 했으므로, 이를 약화하는 선지는 '영국식 모델이 다양한 사회에서 성공적으로 적용된 사례'가 적절하다. 미국, 캐나다, 호주 등 영국계 식민지 출신 국가들이 모두 의회제 영국식 민주주의와 시장경제 체제를 성공적으로 정착시켰다는 것은, 영국식 모델이 보편적 적용 가능성을 가진다는 점을 보여주어 영국식 모델을 편협한 기준으로 보는 이 글의 논지를 약화한다.

오답풀이 ① 독일은 자유주의보다 국가주의적·권위주의적 방식으로 산업화와 통일을 달성하였다는 것은 영국식 민주주의가 아니라 독일만의 방식으로 현대 사회로 이행한 것이므로 이 글의 논지를 강화한다.
② 프랑스는 프랑스의 혁명 이후 강력한 국가 개혁과 시민 참여로 근대 사회를 형성하였다는 것은 영국식 민주주의가 아니라 프랑스만의 방식으로 현대 사회로 이행한 것이므로 이 글의 논지를 강화한다.
③ 러시아는 자본주의 대신 사회주의 계획경제로 근대화를 달성하였다는 것은 영국식 민주주의가 아니라 러시아만의 방식으로 현대 사회로 이행한 것이므로 이 글의 논지를 강화한다.

08 ▶ ②

정답풀이 이 글의 논지를 확인하기 위해서 꼭 봐야 할 핵심 정보는 제시문의 "다수의 독립적인 참여자들이 상호작용하며 협력할 때, 개별 전문가가 제시하지 못한 새로운 해법이 도출될 수 있다는 것이다."이다. 집단지성을 강조하는 입장이 다수 참여자들의 협력을 통한 새로운 해법 도출을 주장했으므로, 이를 약화하는 선지는 '집단지성이 실제로는 정보 왜곡이나 혼란을 야기한 구체적 사례'가 적절하다. 코로나19 초기 대중들이 SNS에서 확산시킨 잘못된 의료 정보로 인한 방역 정책 혼란은, 집단지성이 오히려 정보 왜곡을 초래하고 신속한 수정이 이루어지지 않았음을 보여주어 (가)의 주장과 정반대되는 결과를 나타내며 (가)를 약화한다.

오답풀이 ① 대학 교수들이 학술 위원회를 구성했지만 새로운 해법을 도출하지 못했다는 것은 (가)의 상대측인 '전문가 권위를 중시하는 입장'을 약화하는 사례일 뿐이므로 적절하지 않다.

③ 무관의 오류이다. 인공지능 기술 발전으로 인한 정보 처리와 의사 결정 과정의 자동화 확산은 기술 발전의 일반적 동향을 보여주는 배경 정보일 뿐이다. 이는 집단지성의 협력적 문제 해결이나 정보 수정 능력과는 직접적인 관련이 없으며, (가)를 약화하지도 강화하지도 않는다.

④ 반대의 오류이다. 전문가들이 기후변화 예측에서 서로 다른 견해를 보여 정책 결정에 어려움을 겪고 있다는 것은, 전문가들조차 일치된 견해에 도달하지 못하는 한계를 보여주는 사례로 오히려 집단지성의 필요성을 간접적으로 뒷받침할 수 있다. 이는 전문가 권위의 한계를 드러내는 내용으로 (가)를 강화하는 방향으로 작용할 수 있다.

09 ▶ ①

정답풀이 밑줄 친 (가)를 약화하는 사례를 확인하기 위해서 꼭 봐야 할 핵심 정보는 제시문의 "장기적으로 모든 계층이 혜택을 누리게 한다"와 "성장의 과실이 '낙수 효과'를 통해 사회 전반으로 확산될 수 있다"이다. (가)에서 성장 우선론을 옹호하는 학자들이 경제 성장을 통해 모든 계층이 혜택을 누리고 낙수 효과가 나타난다고 주장했으므로, 이를 약화하는 선지는 '경제 성장에도 불구하고 낙수 효과가 나타나지 않고 불평등이 심화된 구체적 사례'가 적절하다. 한 연구에서 경제 성장률이 높았던 국가들에서도 소득 불평등 심화와 중산층 비중 감소가 관찰되었다는 것은, 성장의 과실이 사회 전반으로 확산된다는 (가)의 주장과 정반대되는 결과를 보여 주어 (가)를 약화한다.

오답풀이 ② 반대의 오류이다. 1문단에서 "그들은 불평등 해소에 초점을 두는 분배 중심론을 비판하며 분배에 초점을 두면 경제는 성장할 수 없다고 보았다."고 했으므로 분배정책을 부정적으로 보는 이 사례는 (가)를 강화하는 사례임을 알 수 있다. 분배 정책을 강화한 북유럽 국가들에서 높은 복지 지출로 경제 성장률과 국가 경쟁력이 지속적으로 떨어지고 있다는 것은, 분배 중심론의 실패를 보여주는 사례로 오히려 (가)를 강화하는 사례이다.

③ 무관의 오류이다. 글로벌 경제에서 디지털 기술 발전으로 인한 산업 구조 변화와 새로운 일자리 창출, 기술 혁신은 경제 발전의 일반적 동향을 보여주는 배경 정보일 뿐이다. 이는 성장 우선론의 핵심 주장인 '낙수 효과를 통한 사회 전반의 혜택 확산'과는 직접적인 관련이 없으며, (가)를 강화하지도 약화하지도 않는다.

④ 반대의 오류이다. 1문단에서 "그들은 불평등 해소에 초점을 두는 분배 중심론을 비판하며 분배에 초점을 두면 경제는 성장할 수 없다고 보았다."고 했으므로 분배정책을 부정적으로 보는 이 사례는 (가)를 강화하는 사례임을 알 수 있다. 소득 재분배 정책을 적극 도입한 국가들에서 경제 성장이 일시적이었을 뿐이라는 것은, 소득 재분배 정책으로 인한 성장은 진정한 성장이 아니라는 것이므로 오히려 (가)를 강화하는 사례이다.

10 ▶ ③

정답풀이 논지를 약화하는 사례를 확인하기 위해서 꼭 봐야 할 핵심 정보는 제시문의 "복지국가일수록 스포츠를 권리 기반 공공재로 인식하여 더 효과적인 정책을 펼치는 경향이 강하다"와 "북유럽 국가들의 국민 체력 지수와 사회 통합 지수는 세계 최고 수준을 유지하고 있다"이다. 제시문은 복지국가의 스포츠 정책이 시장 중심 국가보다 국민의 스포츠 접근성과 사회적 효과(건강지수, 사회통합지수) 측면에서 더 우수하다고 주장한다.

복지국가인 스웨덴과 시장 중심 국가인 싱가포르의 국민 스포츠 참여율, 건강지수, 사회통합지수가 모두 비슷한 수준이라는 것은, 복지국가의 스포츠 정책이 시장 중심 국가보다 더 효과적이라는 제시문의 핵심 주장과 정반대되는 결과를 보여준다. 이는 체제 차이가 실제 성과 차이로 이어지지 않는다는 반증 사례로 논지를 약화한다.

오답풀이 ① 반대의 오류이다. 북유럽 복지국가들에서 공공체육시설 예산 증액으로 소외계층의 스포츠 접근성이 개선되고 지역 공동체가 활성화되었다는 것은, 복지국가의 스포츠 정책이 실제로 사회통합과 접근성 향상에 효과적이라는 사례로 오히려 제시문의 주장을 뒷받침한다. 이는 논지를 약화하는 것이 아니라 강화하는 내용이다.

② 반대의 오류이다. 복지국가인 독일에서 공공체육시설 이용률 증가와 국민 건강 지수 개선은, 복지국가의 스포츠 정책이 실제로 효과를 거두고 있다는 사례로 오히려 제시문의 주장을 뒷받침한다. 이는 논지를 약화하는 것이 아니라 강화하는 내용이다.

④ 북유럽 복지국가들이 스포츠 정책에 막대한 예산을 투입한 이유는 이미 갖춰진 국민소득과 복지 인프라 때문이라고 한 것은 이 글의 논지와 관련이 없다. 이는 제시문의 핵심인 "복지국가 체제가 시장 중심 국가보다 스포츠 정책 성과가 더 우수한가"를 직접 반박하지 못하며, 논지를 약화하지도 강화하지도 않는다.

Chapter 12 일반 강화 약화

亦功 천기누설 혜선팍 독해 pin point

한눈에 보기
01 ②   02 ③

신유형 2025 버전 1   p.119

01 ▶ ②

정답풀이 중증 장애인을 위한 고용 할당제가 사회 참여도와 경제적 자립도를 향상시켰다는 연구 결과는 '개인의 필요와 상황을 고려하여 자원을 차등적으로 분배해야 한다'는 ㉠의 주장을 뒷받침한다. 이는 '실질적인 불평등 해소를 위해서는 추가적인 지원이 필요하다'는 형평성 중시 입장의 핵심 주장과 일치하며, '사회적 약자를 위한 차등적 지원이 오히려 공정성을 높이는 역할'을 보여주는 사례이므로 ㉠을 강화하는 근거로 적절하다.

오답풀이 ① 무관의 오류이다. 서비스 만족도가 지역별로 차이를 보인다는 결과만으로는 그 차이의 원인이나 차등적 지원과의 관계를 알 수 없다. 이러한 차이가 형평성을 고려한 정책의 결과인지, 평등한 기회 제공의 결과인지 판단할 수 없으므로, ㉠의 주장과 직접적 관련성이 없어 강화하거나 약화하는 근거가 될 수 없다.
③ 반대의 오류이다. 동일한 시험 환경(평등한 기회) 제공이 사회경제적 격차 심화로 이어졌다는 결과는 '모든 사람에게 동일한 조건과 기회를 제공하는 것이 가장 공정한 방식'이라는 ㉡의 주장을 반박한다. 이는 평등한 기회 제공만으로는 실질적 공정성을 달성할 수 없음을 보여주므로, ㉡을 강화하는 것이 아니라 오히려 약화하는 근거가 된다.
④ 무관의 오류이다. 객관적 승진 기준을 모든 직원에게 동일하게 적용한 것은 ㉡의 평등성 원칙과 관련이 있으나, 단순히 경영 성과를 분석한 보고서가 발표되었다는 사실만으로는 그 결과가 어떠했는지 알 수 없다. 따라서 이 보고서가 ㉡의 주장을 강화하는지 약화하는지 판단할 수 없어 관련성을 평가할 수 없다.

신유형 2025 버전 2   p.120

02 ▶ ③

정답풀이 AI 교육 도구가 실시간 피드백을 제공할 수는 있지만 학생들과의 정서적 교감이 부족한 사례는 AI가 학생들의 정서적 요구나 창의성을 충분히 반영하지 못할 수 있으며, 인간 교사의 지도와 격려가 여전히 중요하다고 주장하는 교사들의 의견에 부합하므로 이들의 주장을 강화할 수 있다.

오답풀이 ① AI 교육 도구가 개별 학생들에게 최적화된 학습 계획을 제공하여 좋은 성과를 낸 사례는 AI 교육 도구가 개별적인 학습 계획을 제공함으로써 효율적인 학습을 가능하게 한다고 주장하는 교육학자들의 주장에 부합하므로 이들의 주장을 강화할 수 있다.
② AI 교육 도구가 획일화되어 학생들의 창의성을 저해했다는 사례는 AI가 학생들의 정서적 요구나 창의성을 충분히 반영하지 못할 수 있다고 주장하는 교사들의 주장에 부합하므로 이들의 주장을 강화할 수 있다.
④ AI 교육 도구가 모든 학생들에게 공평하게 혜택을 제공하는지에 대한 연구의 필요성을 강조하는 사례는 AI 교육 도구가 모든 학생에게 동등한 학습 혜택을 제공할 수 있을지, 아니면 특정 학생 집단에만 유리하게 작용할지에 대한 것도 연구 데이터가 없다고 주장하는 필자의 주장을 강화할 수 있다.

문제훈련 일반 강화 약화   p.121

한눈에 보기
| 01 ③ | 02 ① | 03 ③ | 04 ④ | 05 ④ |
| 06 ① | 07 ② | 08 ① | 09 ③ | 10 ② |

01 ▶ ③

정답풀이 정부가 운영하는 의료 서비스가 민간 의료 시스템보다 더 높은 보편적 접근성을 보장한다는 연구 결과는 '필수 서비스는 모든 국민이 접근할 수 있어야 한다'는 공공 서비스의 정부 운영을 지지하는 입장의 주장을 직접적으로 뒷받침한다. 따라서 모든 계층의 보편적 접근성을 보장한다는 것은 공공 서비스의 정부 운영을 지지하는 입장을 강화하는 선지로 적절하다.

오답풀이 ① 무관의 오류이다. 민영화된 공공 서비스 기업들의 투자 수익률과 주가 상승은 기업의 재무적 성과를 보여주지만, '더 나은 서비스와 낮은 비용'이라는 민영화를 지지하는 입장의 핵심 주장과는 직접적인 관련이 없다. 기업의 수익성이 높다는 것은 오히려 서비스 비용 절감이나 소비자 혜택으로 이어지지 않았을 가능성도 있으므로, 민영화를 지지하는 입장의 정당성을 강화하는 근거로 볼 수 없다.
② 반대의 오류이다. 민영화된 철도 서비스의 효율성과 고객 만족도가 향상되었다는 연구 결과는 '공공 서비스가 시장 원리에 따라 운영될 때 더 높은 효율성과 경쟁력이 확보된다'는 민영화를 지지하는 입장의 주장을 뒷받침한다. 따라서 민영화를 지지하는 입장을 약화하는 것이 아니라 오히려 강화하는 근거가 된다.
④ 무관의 오류이다. 민간 기업 참여 증가로 고용 구조와 인력 수요가 변화하고 새로운 직업군이 등장한다는 조사 결과는 노동 시장의 변화를 보여줄 뿐, '공공재는 시장 원리에 맡겨질 경우 사회적 형평성을 해칠 위험이 있다'는 공공 서비스의 정부 운영을 지지하는 입장의 주장에 대한 직접적인 평가가 아니다. 따라서 공공 서비스의 정부 운영을 지지하는 입장을 강화하거나 약화하는 근거로 볼 수 없다.

02 ▶ ①

정답풀이 국제적 개입 이후 장기적으로 해당 국가의 정치적 자율성이 보장되고 안정이 이루어졌다는 사례는 국제적 개입이 긍정적인 결과를 가져올 수 있음을 보여준다. 이는 '국제 사회가 개입해야 한다'는 국제적 개입을 지지하는 입장의 주장을 직접적으로 뒷받침하는 사례이므로, 국제적 개입을 지지하는 입장을 강화하는 근거로 적절하다.

오답풀이 ② 무관의 오류이다. 국제 분쟁 조정 과정에서 다양한 국가와 조직이 참여하는 방식에 대한 연구가 활발히 진행되고 있다는 사실은 개입의 필요성과 효과에 대한 직접적인 평가가 아니다. 연구가 진행된다는 것이 곧 개입의 필요성을 약화시키는 근거가 될 수는 없으므로, 국제적 개입을 지지하는 입장을 약화한다고 보기 어렵다.
③ 무관의 오류이다. 국제적 개입이 이루어진 국가에서 군사적 전략과 외교적 수단에 대한 분석이 진행된다는 사실은 개입이 해당 국가의 주권을 존중했는지, 혹은 개입이 오히려 문제를 악화시켰는지에 대한 직접적인 평가가 아니다. 즉, 국가의 주권을 존중해야 한다고 주장하는 입장을 강화하는 근거로 볼 수 없음에도 불구하고 이를 강화한다고 주장하므로, 무관의 오류에 해당한다.
④ 국내 시민사회의 노력만으로 인권 상황이 개선되고 민주화가 진행되었다면, 이는 외부 개입 없이도 국가 내부적으로 문제 해결이 가능하다는 것을 보여준다. 이는 국가의 주권 존중 입장을 지지하는 국가의 주권을 존중해야 한다고 주장하는 입장을 오히려 강화하는 사례가 되어야 하지만, 선지에서는 국가의 주권을 존중해야 한다고 주장하는 입장을 약화한다고 제시했으므로 반대의 오류에 해당한다.

03 ▶ ③

정답풀이 구조적 문제를 강조하는 입장에서는 부패가 사회적·제도적 환경에서 비롯된다고 주장한다. 따라서 사회적, 제도적 환경 자체가 투명하고 그럼으로써 부패 수준이 줄어들었다면 이는 구조적 문제를 강조하는 입장을 강화하는 입장임을 알 수 있다.

오답풀이 ① 부패가 만연한 국가일수록 경제 성장이 둔화되고 사회적 불신이 증가한다는 연구 결과는 부패가 국가 경제와 사회적 신뢰에 미치는 영향에 대한 분석일 뿐이다. 이는 부패의 원인이 개인의 도덕적 책임인지, 아니면 구조적 문제인지에 대한 직접적인 판단 근거가 아니다. 따라서 개인의 도덕적 책임을 강조하는 입장을 강화하는 것과 관련이 없는 정보이므로 무관의 오류에 해당한다.
② 동일한 환경에서도 일부는 부패에 가담하고 일부는 청렴성을 유지했다는 것은 '부패가 환경의 문제가 아니라 개인의 윤리적 선택에 달려 있다'는 개인의 도덕적 책임을 강조하는 입장을 뒷받침하는 근거다. 하지만 선지에서는 이를 개인의 도덕적 책임을 강조하는 입장을 약화하는 근거로 제시했으므로, 이는 반대의 오류이다.
④ 공공기관의 승진 시스템이 불투명할수록 내부 부패가 심각하다는 연구 결과는 부패가 개인의 도덕적 문제보다는 제도적 요인과 관련이 깊다는 점을 보여준다. 이는 '부패는 사회적·구조적 환경에서 비롯된다'는 구조적 문제를 강조하는 입장의 주장을 뒷받침하는 근거가 되어야 하지만 선지에서는 구조적 문제를 강조하는 입장을 약화하는 근거로 잘못 제시했으므로 반대의 오류에 해당한다.

04 ▶ ④

정답풀이 창의성이 높은 사람들이 실패 경험을 학습의 기회로 받아들이고 더욱 혁신적인 아이디어를 제시했다는 연구 결과는 실패가 창의력을 저해하는 것이 아니라 오히려 창의성을 촉진하는 역할을 할 수 있음을 보여준다. 이는 '실패가 심리적 위축을 초래하여 새로운 시도를 주저하게 만든다'는 실패가 창의력을 저해한다고 주장하는 입장의 주장과 상반되므로 약화하는 근거로 보는 것이 옳다.
따라서 실패가 창의력을 저해한다고 주장하는 입장의 정당성을 약화하는 근거가 되므로 적절한 선지이다.

오답풀이 ① 특정 국가에서 창의 교육을 강화한 이후 특허 출원 건수가 증가했다는 연구 결과는 창의 교육과 특허 증가 사이의 관계를 보여줄 뿐이다. 실패 경험이 창의력을 높이는지 여부와는 직접적인 관련이 없기 때문에 무관의 오류이다.
② 도전적인 프로젝트에서 실패를 경험한 후 기존 방식이 아닌 새로운 전략을 시도한 사례가 증가했다는 연구 결과는 "실패가 도전 정신을 강화하고 새로운 접근 방식을 탐색하도록 만든다"는 실패가 창의력을 높인다고 주장하는 입장의 주장과 일치한다. 따라서 이는 실패가 창의력을 높인다고 주장하는 입장을 강화하는 근거가 되어야 하지만, 선지에서는 실패가 창의력을 높인다고 주장하는 입장을 약화한다고 제시했으므로 반대의 오류이다.
③ 성공적인 예술가와 과학자들의 연구를 분석한 결과, 초기 실패를 겪은 인물일수록 더 혁신적인 성과를 냈다는 연구 결과는 실패 경험이 창의력 향상에 긍정적인 영향을 미칠 수 있음을 보여주므로, 실패가 창의력을 저해한다고 주장하는 입장을 약화하는 근거가 된다. 그러나 선지에서는 이를 실패가 창의력을 저해한다고 주장하는 입장을 강화하는 근거로 제시했으므로 반대의 오류이다.

05 ▶ ④

정답풀이 듀이에서 "문제 해결 능력과 창의성 계발을 교육의 핵심 목표로 강조했으며, 학습과 행동의 통합, 즉 지식과 실제의 연계를 중시했다"와 "경험과 탐구 기반의 수업이 학생의 내적 동기와 흥미를 증진시켜 학습 효과를 높인다"를 통해 듀이는 경험과 실천을 통한 역량 개발을 강조했음을 알 수 있다. 이런 상황에서 실습과 체험 중심 교육과정을 운영한 학교에서 학생들의 문제 해결 능력과 실무 적응력이 향상되었다는 연구가 확인된다면, 경험과 실천을 통한 교육의 효과를 입증하는 증거가 되어 듀이의 주장을 강화할 것이다.

오답풀이 ① 반대의 오류이다. 고전 문학과 철학 교육을 강화한 학교에서 학생들의 비판적 사고력과 윤리적 판단력이 향상되었다는 연구 결과는, 허친스의 "지성의 훈련과 판단력 신장이 교육의 궁극적 목표"이며 "교양교육을 통해 이해력과 판단력을 함께 키우는 조화로운 교육을 강조"했다는 허친스의 주장을 뒷받침하는 사례이다. 허친스는 교양교육과 지성 훈련을 통한 판단력 개발을 중시했는데, 고전 교육이 비판적 사고력과 판단력 향상으로 이어졌다는 것은 허친스의 핵심 논거를 직접 지지하는 증거이다. 따라서 이는 허친스의 주장을 약화하는 것이 아니라 오히려 강화하는 내용이다.
② 무관의 오류이다. 이 사례는, 허친스의 주장과 직접적인 관련이 없다. 허친스는 "교육을 학생이 지식을 수동적으로 받아들이는 과정으로만 파악하는 것의 한계를 지적"했으며, 단순 암기가 아닌 "세계와 인간을 총체적으로 이해하는 과정"을 강조했다. 스마트 교실 구축을 위한 전자 칠판과 태블릿 도입은 허친스의 주장과는 관련이 없어 허친스를 강화하지도 약화하지도 않는다.
③ 반대의 오류이다. 프로젝트 기반 학습을 실시한 학급에서 학생들의 협력 능력과 자기주도 학습 태도가 크게 개선되었다는 사례는, 듀이의 "학습자는 능동적 탐구자로 간주했다"와 "사회적 상호작용을 통한 학습을 강조한다"는 듀이의 주장을 뒷받침하는 사례이다. 듀이는 능동적 탐구와 사회적 상호작용을 통한 학습을 강조했는데, 프로젝트 기반 학습이 협력 능력과 자기주도성을 개선했다는 것은 듀이의 핵심 논거를 직접 지지하는 증거이다. 따라서 이는 듀이의 주장을 약화하는 것이 아니라 오히려 강화하는 내용이다.

06 ▶ ①

정답풀이 1문단의 "인간을 본성적으로 이기적 존재로 보았다"와 "자연 상태의 인간은 자기 보존을 위해 투쟁하며, 경쟁·불안·명예욕의 정념에 지배된다"를 통해 홉스는 인간이 본성적으로 경쟁하고 투쟁하는 존재라고 주장했음을 알 수 있다. 이런 상황에서 자원이 풍족한(= 생존 압박이 없는) 자연상태에서도 영역 분쟁과 경쟁이 지속되었다는 기록이 발견된다면, 인간의 경쟁이 생존 때문이 아니라 본성에 기인한다는 것을 보여주어 홉스의 주장을 강화할 것이다.

오답풀이 ② 반대의 오류이다. 동일한 환경에서 성장한 아동들이 서로 다른 성격과 도덕성을 보인다는 연구 결과는, 2문단의 "인간의 마음을 백지로 규정하며, 모든 지식과 성격은 경험과 학습을 통해 형성된다"는 로크의 주장과 상반이 되는 사례이다. 같은 환경에서 결과가 달라졌다는 것은 환경만으로 성격·도덕성이 결정되지 않음을 보여 주므로, 환경결정성을 전제한 로크의 주장을 강화하는 것이 아니라 약화하는 내용이다.
③ 반대의 오류이다. 원시 부족 사회에서 사유재산 개념이 발달했음에도 협력적 문화가 유지되었다는 증거는, 3문단의 "사회 제도와 사유재산의 등장으로 인간의 선한 본성이 왜곡되고 불평등이 발생한다"는 루소의 주장과 정반대되는 결과를 보여준다. 루소는 사유재산이 인간의 선한 본성을 왜곡시킨다고 주장했는데, 사유재산이 발달했는데도 협력적 문화가 유지되었다는 것은 루소의 "사유재산 → 본성 왜곡" 논리를 직접 반박하는 증거이다. 이는 루소의 주장을 강화하는 것이 아니라 약화하는 내용이다.
④ 반대의 오류이다. 동일한 유전자를 가진 쌍둥이가 서로 다른 사회에서 상이한 가치관을 형성했다는 사례는, 4문단의 "인간의 사고와 성격은 사회적·경제적 조건 속에서 형성된다"는 마르크스의 주장을 뒷받침하는 사례이다. 동일한 유전자(생물학적 요인)를 가졌음에도 사회적 환경에 따라 다른 가치관을 형성했다는 것은 유전보다 사회적 환경이 더 중요하다는 것을 보여주어, 마르크스의 핵심 논거인 '사회적 존재가 의식을 결정한다'를 직접 지지한다. 이는 마르크스의 주장을 약화하는 것이 아니라 강화하는 내용이다.

07 ▶ ②

정답풀이 2문단에서 칸트는 행동은 결과가 아니라 의도와 동기가 중요하다고 했으며 모든 인간이 따를 수 있는 보편적 원리를 기준으로 도덕적 행위를 평가한다고 했다. 따라서 의도가 선하다면 어떤 경우에도 이를 도덕적인 행위로 본다는 것은 칸트의 주장을 강화한다.

오답풀이 ① 무관의 오류이다. 공익을 위한 정책이 소수 집단에게 불이익을 준 사례가 많다는 조사 결과는, 1문단의 "사회 전체의 행복을 극대화하는 것이 옳은 행위"라는 공리주의 주장과 관련이 있어 보이지만, 실제로는 공리주의의 핵심 논리를 직접 반박하지 못한다. 공익을 위한 정책이 소수 집단에게 불이익을 준 사례가 많아 어떠한 문제점이 있었다라는 가치판단까지 있어야 했지만 가치판단까지는 이르지 못하고 있으므로 이는 공리주의를 약화하지도 강화하지도 않는다.
③ 반대의 오류이다. 반복적인 도덕 교육과 실천을 통해 개인의 성품이 개선되고 윤리적 판단 능력이 향상되었다는 장기 연구 결과는, 3문단의 "덕은 이성적 선택의 습관적 상태로서 중용의 원리 속에서 형성된다"는 아리스토텔레스의 주장을 뒷받침하는 사례이다. 아리스토텔레스는 덕이 습관적 실천을 통해 형성된다고 보았는데, 교육과 실천을 통해 성품과 윤리적 능력이 향상되었다는 것은 덕의 습관적 형성 가능성을 직접 지지하는 증거이다. 따라서 이는 아리스토텔레스의 주장을 약화하는 것이 아니라 오히려 강화하는 내용이다.
④ 반대의 오류이다. 사람마다 도덕적 선택의 기준이 다르며 보편적 도덕 원리는 존재하지 않는다는 인류학 연구 결과는, 4문단의 "실존이 본질에 앞선다"와 "도덕적 옳음은 외적 규범이 아니라, 각 개인이 자신의 선택에 진정성 있게 책임지는가에 달려 있다"는 사르트르의 주장을 뒷받침하는 사례이다. 사르트르는 미리 정해진 보편적 도덕 원리를 거부하고 개인의 자유로운 선택과 책임을 강조했으므로, 보편적 도덕 원리가 존재하지 않는다는 연구 결과는 사르트르의 핵심 논거를 직접 지지한다. 따라서 이는 사르트르의 주장을 약화하는 것이 아니라 오히려 강화하는 내용이다.

08 ▶ ①

정답풀이 1문단의 "사회 개입이나 복지 정책은 이러한 자연적 질서를 왜곡하여 사회 진보를 저해한다고 보았다"를 통해 스펜서는 사회 개입이 진보를 방해한다고 주장했음을 알 수 있다. 이런 상황에서 사회적 지원 정책이 확대된 국가에서 오히려 경제 성장률과 사회 혁신이 증가했다는 연구 결과가 발표된다면, 복지 정책이 사회 진보를 저해한다는 스펜서의 주장을 직접 반박하는 증거가 되어 스펜서의 주장을 약화할 것이다.

오답풀이 ② 무관의 오류이다. 경제적으로 부유한 자본가 계층 내부에서도 심각한 이해관계 갈등과 경쟁이 지속적으로 발생한다는 사례는, 2문단의 "불평등은 자본가 계급이 생산수단을 독점하면서 노동자를 착취하는 구조적 관계에서 발생한다"는 마르크스의 주장과 직접적인 관련이 없다. 마르크스는 자본가와 노동자 간의 계급 대립을 불평등의 근본 원인으로 보았는데, 자본가 계층 내부의 갈등은 계급 간 착취 구조를 부정하는 증거가 아니다. 이는 마르크스의 핵심 논거인 '계급 간 착취와 불평등'을 직접 반박하지 못하며, 마르크스를 약화하지도 강화하지도 않는다.

③ 반대의 오류이다. 동일한 경제적 소득 수준을 가진 집단 내에서도 직업의 사회적 명예에 따라 뚜렷한 위계와 차별이 나타난다는 조사 결과는, 3문단의 "불평등이 경제적 계급뿐 아니라, 사회적 명예와 권력의 차이에서도 발생한다"는 베버의 주장을 뒷받침하는 사례이다. 베버는 경제적 요인만이 아니라 지위와 명예도 불평등의 독립적 요인이라고 보았는데, 동일한 경제 수준에서도 명예에 따른 위계가 나타난다는 것은 베버의 다차원적 불평등론을 직접 지지하는 증거이다. 따라서 이는 베버의 주장을 약화하는 것이 아니라 오히려 강화하는 내용이다.

④ 반대의 오류이다. 문화자본이 부족한 배경의 학생들이 교육 제도를 통해 상류층으로 이동한 사례가 다수 발견되는 것은, 4문단의 "교육 제도는 문화자본을 특정 계층에 유리하게 재분배함으로써 불평등을 지속시킨다"는 부르디외의 주장을 반박하는 사례이다. 부르디외는 교육 제도가 문화자본의 불평등을 재생산하여 계층 이동을 제한한다고 보았는데, 문화자본이 부족한 학생들의 상향 이동 사례는 교육을 통한 불평등 재생산 메커니즘을 부정하는 증거이다. 따라서 이는 부르디외의 주장을 강화하는 것이 아니라 오히려 약화하는 내용이다.

09 ▶ ③

정답풀이 4문단의 "예술이 현실의 모순을 드러내고 사회 변화를 촉구해야 한다"와 "작품의 미적 형식은 사회비판의 수단이며, 예술의 가치는 변화의 가능성을 여는 참여적 힘에서 비롯된다"를 통해 브레히트는 예술의 가치를 사회적 실천과 변화의 힘에서 찾는다는 것을 알 수 있다. 이런 상황에서 정치적 메시지가 강한 예술 작품이 실제로 사회 운동과 제도 개선에 기여한 역사적 사례가 확인된다면, 예술이 사회 변화를 촉구하고 실천적 힘을 발휘한다는 브레히트의 주장을 강화할 것이다.

오답풀이 ① 반대의 오류이다. 작품의 내용이나 주제와 무관하게 형식적 요소만으로 미적 감동을 받았다는 관람객들의 응답이 다수 확인되는 것은, 2문단의 "작품의 주제나 서사는 부차적이며, 진정한 예술은 순수한 형식의 조화 속에서 자율적 미를 실현한다"는 클라이브 벨의 주장을 뒷받침하는 사례이다. 벨은 예술의 가치가 내용이 아닌 형식에 있다고 보았는데, 형식적 요소만으로 미적 감동을 받았다는 것은 형식주의의 핵심 논거를 직접 지지하는 증거이다. 따라서 이는 벨의 주장을 약화하는 것이 아니라 오히려 강화하는 내용이다.

② 무관의 오류이다. 예술가의 창작 의도와 무관하게 작품이 다양하게 해석되고 감상되는 사례는, 3문단의 "예술가는 상상과 직관을 통해 감정을 인식하고 표현하며, 관객은 그 감정의 본질을 함께 체험한다"는 콜링우드의 주장과 직접적인 관련이 없다. 콜링우드는 예술가의 감정 표현 과정 자체를 예술의 가치로 보았지, 수용자의 다양한 해석을 강조하지 않았다. 오히려 이 사례는 야우스의 수용미학과 관련이 있으며, 콜링우드의 표현이론을 강화하지도 약화하지도 않는다.

④ 반대의 오류이다. 동일한 작품에 대해 시대와 문화권에 따라 해석과 평가가 크게 달라진 사례는, 5문단의 "관객의 기대와 해석에 따라 의미가 새롭게 생성되는 열린 구조"와 "예술의 경험은 시대와 맥락 속에서 변화하며, 감상자는 의미의 공동 생산자"라는 야우스의 주장을 뒷받침하는 사례이다. 야우스는 작품의 의미가 시대와 맥락에 따라 변화한다고 보았는데, 시대와 문화권에 따라 해석이 달라진다는 것은 수용미학의 핵심 논거를 직접 지지하는 증거이다. 따라서 이는 야우스의 주장을 약화하는 것이 아니라 오히려 강화하는 내용이다.

10 ▶ ②

정답풀이 2문단의 "행동은 강화와 처벌에 의해 학습되고 유지된다"와 "자율적 의지나 내적 동기 개념을 부정하고, 행동은 환경적 자극에 의해 결정된다"를 통해 스키너는 동일한 환경적 자극과 강화가 주어지면 예측 가능한 행동이 나타난다고 주장했음을 알 수 있다. 이런 상황에서 동일한 환경에서 동일한 강화를 받은 개인들이 서로 다른 행동 패턴을 보인다는 실험 결과가 확인된다면, 환경적 자극만으로 행동을 설명할 수 없다는 증거가 되어 스키너의 주장을 약화할 것이다.

오답풀이 ① 반대의 오류이다. 성인기의 특정 공포증이 어린 시절의 억압된 트라우마와 연결되어 있다는 임상 사례는, 1문단의 "초기 아동기의 경험과 내면의 갈등이 성인 행동에 깊은 영향을 끼친다"는 프로이트의 주장을 뒷받침하는 사례이다. 프로이트는 무의식적 동기와 초기 경험이 성인 행동을 결정한다고 보았는데, 어린 시절 트라우마가 성인기 공포증의 원인으로 확인되는 것은 프로이트의 핵심 논거를 직접 지지하는 증거이다. 따라서 이는 프로이트의 주장을 약화하는 것이 아니라 오히려 강화하는 내용이다.

③ 무관의 오류이다. 인지 발달 단계가 낮은 아동들이 복잡한 사회적 상황에서 성인과 유사한 도덕적 판단을 내린 사례는, 3문단의 "행동은 개인의 환경 적응과 인지적 조직의 결과라고 본다."는 피아제의 주장과 직접적인 관련이 없다. 피아제는 인지 구조의 발달과 환경 적응을 강조했으므로 이는 피아제를 강화하지도 약화하지도 않는다.

④ 반대의 오류이다. 하위 욕구가 충족되지 않았음에도 예술적 창작이나 사회 공헌 등 자아실현 행동을 보이는 사람들이 다수 관찰되는 것은, 4문단의 "하위 욕구가 충족되어야 상위 욕구가 동기화된다"는 매슬로의 주장을 반박하는 사례이다. 매슬로는 욕구의 위계적 충족을 강조했는데, 하위 욕구 미충족 상태에서 자아실현 행동이 나타난다는 것은 위계적 순서를 부정하는 증거이다. 따라서 이는 매슬로의 주장을 강화하는 것이 아니라 오히려 약화하는 내용이다.

박혜선 亦功국어

Chapter 13 <보기> 강화 약화

亦功 천기누설 혜선팍 독해 pin point

한눈에 보기
01 ③   02 ③

신유형 2025 버전 1   p.128

01 ▶ ③

[정답풀이] ㄱ. 핀란드의 숙제 축소와 놀이 중심 교육을 통한 창의성 및 학업 성취도 향상은 갑이 주장하는 "과도한 학습 부담이 창의성과 학습 동기를 떨어뜨릴 수 있으며, 적당한 휴식과 놀이를 통해서도 충분히 배우고 성장할 수 있다"는 논리를 직접적으로 뒷받침하는 사례이다. 균형 잡힌 생활의 중요성을 강조하는 갑의 입장을 강화한다.
ㄷ. 갑은 과도한 학습이 스트레스를 받게 함을 드러내고 을도 '물론 아이가 스트레스를 받는 것은 안타깝지만'이라고 인정하고 있으므로 ㄷ은 옳은 선지이다.

[오답풀이] ㄴ. 동아시아 국가들의 집중적 학습과 많은 숙제를 통한 국제 학업 성취도 상위권 달성은 을이 강조하는 "숙제를 통한 기초 실력 다지기"와 "지금의 노력이 더 큰 성취로 이어진다"는 주장을 직접적으로 입증하는 사례이다. 이는 을의 입장을 약화하는 것이 아니라 오히려 강화하는 내용이다.

신유형 2025 버전 2   p.129

02 ▶ ③

[정답풀이] ㄴ. 복합 용도 건물 지역에서 소음과 혼잡으로 인한 주거 만족도 저하와 이주 희망자 증가는 복합 용도 개발이 강조하는 "쾌적한 생활환경 조성"과 정반대되는 부작용을 보여준다. 복합 용도 개발의 한계를 드러내는 반증 사례이므로, "㉠을 약화한다"는 평가는 적절하다.
ㄷ. 단일 기능 중심으로 개발된 업무 지구에서 교통 체증이 심화되고 야간 시간대에 유동 인구가 급격히 감소한 사례는 지문에서 지적한 '기존 도시 계획의 문제점(교통 혼잡, 획일적 도시 경관)'을 실제로 보여준다. 이는 단일 기능 중심 개발의 한계를 드러내는 것으로, 그 대안으로 제시된 '㉠ 복합 용도 개발'의 필요성을 뒷받침한다. 따라서 ㉠을 강화하는 근거로 적절하다.

[오답풀이] ㄱ. 복합 용도 단지에서 도보 이용률 증가와 지역 상권 활성화는 복합 용도 개발이 주장하는 "도보 중심 생활환경 조성"과 "경제적 시너지 효과 창출"을 직접적으로 입증하는 성공 사례이다. 복합 용도 개발의 핵심 효과가 나타난 것인데 약화한다고 판단한 것이므로, "㉠을 약화한다"는 평가는 부적절하다.

문제훈련 <보기> 강화 약화   p.130

한눈에 보기
01 ②   02 ②   03 ④   04 ③   05 ①
06 ③   07 ④   08 ①   09 ③   10 ①

01 ▶ ②

[정답풀이] ㄱ. 토의 중심 수업에서 학생들의 논리적 사고력 향상과 학습 참여도 증가는 구성주의 교육론이 주장하는 "능동적 탐구를 통한 사고력 향상"과 "학습 동기 증진" 효과를 직접적으로 뒷받침하는 성공 사례이다. 토의 중심 수업은 학생들이 함께 해결 방안을 강구하는 것으로 이는 동료와 협력하는 교수법이므로, "㉠을 강화한다"는 평가는 적절하다.
ㄴ. B 중학교에서 교사가 학생들에게 능동적 학습을 유도한 것은 구성주의가 말한 '지식의 전달자가 아니라 학습 과정의 촉진자'를 가리킨다. 하지만 이를 통해 오히려 학생들이 자기주도적 학습 능력을 기르지 못하고 오히려 학업 성취도가 하락했으므로, "㉠을 약화한다"는 평가는 적절하다.

[오답풀이] ㄷ. 강의식 수업의 기초 학력 향상은 전통적 교육 방식의 장점을 보여주는 내용일 뿐, 구성주의 교육론의 효과나 한계와는 직접적 관련이 없다. 강의식 수업이 성과를 거둔다고 해서 구성주의가 강화되는 것은 아니며, 마찬가지로 구성주의를 약화시키는 것도 아니다. 구성주의와 무관한 사례를 구성주의를 강화하는 근거로 제시한 것이므로, "㉠을 강화한다"는 평가는 부적절하다.

02 ▶ ②

[정답풀이] ㄴ. AI 상담 시스템 도입 후 상담원 감소와 재교육의 어려움, 구조조정 불가피성은 기술적 실업론이 주장하는 "기술 대체 속도가 재교육과 적응 속도를 압도한다"는 핵심 논리를 직접적으로 뒷받침하는 사례이다. 기술적 실업의 현실을 보여주는 증거이므로, "㉠을 강화한다"는 평가는 적절하다.
ㄷ. 플랫폼 기업의 시장 독점과 배달원들의 수수료 부담 증가, 소득 불안정성은 기술적 실업론이 우려하는 "플랫폼 경제 확산으로 인한 고용 불안정성 증가"와 "소수 기술 기업의 부가가치 독점"을 직접적으로 입증하는 사례이다. 기술적 실업론의 핵심 주장을 뒷받침하므로, "㉠을 강화한다"는 평가는 적절하다.

[오답풀이] ㄱ. 제조업에서 로봇 도입 후 생산직 감소와 동시에 로봇 관리 분야의 새로운 고용 창출은 기술적 실업론이 우려하는 "일자리 대체 속도가 창출 속도를 압도한다"는 주장과 정반대되는 긍정적

결과를 보여준다. 기술 발전이 새로운 일자리를 창출할 수 있음을 입증하는 반증 사례이므로 약화가 적절하다. 따라서 "㉠을 강화한다"는 평가는 부적절하다.

03 ▶ ④

정답풀이 ㄱ. 독일의 조기 원전 폐쇄와 재생에너지 확대 후 전력 요금 상승과 산업 경쟁력 약화는 급진적 에너지 전환론이 주장하는 "조기 전환의 경제적 합리성"과 정반대되는 부작용을 보여주는 사례이다. 급진적 전환의 한계를 드러내는 반증 사례이므로, "㉠을 약화한다"는 평가는 적절하다.
ㄴ. 덴마크의 풍력 발전 중심 급속 전환을 통한 에너지 자립 달성과 기술 수출 이익은 급진적 에너지 전환론이 주장하는 "과감한 투자를 통한 인프라 혁신"과 "새로운 녹색 산업 육성으로 미래 경쟁력 확보"를 직접적으로 입증하는 성공 사례이다. 급진적 전환의 경제적 효과를 보여주므로, "㉠을 강화한다"는 평가는 적절하다.
ㄷ. 태양광과 풍력 발전 비용 급락으로 화석연료 발전 비용을 하회하기 시작한 것은 급진적 에너지 전환론이 주장하는 "재생에너지 기술 발전과 비용 절감으로 화석연료와의 경쟁력 격차 축소"를 직접적으로 뒷받침하는 사례이다. 급진적 전환의 기술적 근거를 입증하는 내용이므로, "㉠을 강화한다"는 평가는 적절하다.

04 ▶ ③

정답풀이 ㄱ. 같은 언어권에서도 부모의 사회경제적 지위에 따른 어휘 발달 속도 차이는 사회적 상호작용 이론이 강조하는 "사회 계층이나 환경에 따른 언어 습득 양상의 차이"를 직접적으로 입증하는 사례이다. 사회적 환경이 언어 발달에 결정적 영향을 미친다는 ㉠의 핵심 주장을 뒷받침한다.
ㄷ. 다문화 가정에서 언어 사용 빈도에 따른 숙련도 차이는 사회적 상호작용 이론이 주장하는 "사회적 환경과의 상호작용을 통한 언어 습득"을 보여주는 구체적 증거이다. 언어 노출과 사용의 사회적 맥락이 언어 발달을 좌우한다는 ㉠을 강화한다.

오답풀이 ㄴ. 서로 다른 가정에서 자란 일란성 쌍둥이들이 동일한 언어 습득 패턴을 보인 것은 사회적 환경보다는 생물학적 요인이 언어 습득에 더 큰 영향을 미친다는 것을 시사한다. 이는 사회적 상호작용의 중요성을 강조하는 ㉠과 정반대되는 결과로 ㉠을 약화한다.

05 ▶ ①

정답풀이 ㄱ. 백화점 세일 기간 중 충동구매와 사전 계획 없는 감정적 결정은 감성적 소비 이론이 강조하는 "감정과 심리적 요인에 의한 구매 결정"과 "즉흥적 구매 행동"을 직접적으로 입증하는 사례이다. 논리적 분석보다는 감정이 소비를 좌우한다는 ㉠의 핵심 주장을 뒷받침한다.
ㄴ. 스트레스가 많은 직장인들의 온라인 쇼핑을 통한 심리적 위안 추구는 감성적 소비 이론이 주장하는 "스트레스나 우울감을 해소하기 위한 보상적 소비"를 구체적으로 보여주는 증거이다. 감정 상태가 구매 행동을 결정한다는 ㉠을 강화한다.

오답풀이 ㄷ. 온라인 쇼핑몰에서 가격 비교 기능 활용과 높은 구매 만족도는 소비자가 논리적으로 분석하여 합리적 선택을 한다는 전통적 경제학 관점을 뒷받침하는 사례이다. 이는 감정보다는 이성적 판단이 소비를 좌우한다는 것을 시사하므로 감성적 소비 이론인 ㉠을 약화한다.

06 ▶ ③

정답풀이 ㄷ. 팀 중심 프로젝트 조직 전환 후 창의적 아이디어 제안 급증은 수평적 조직문화 이론이 주장하는 "팀 기반의 협업 구조가 개별 구성원의 역량을 극대화한다"는 논리를 구체적으로 보여주는 증거이다. 수평적 협력이 창의성을 촉진한다는 ㉠을 강화한다.

오답풀이 ㄱ. 강력한 위계 구조 도입을 통한 빠른 의사결정과 시장 선점 성공은 전통적인 수직적 조직 이론의 효과를 보여주는 사례이다. 이는 위계질서를 통한 효율성을 입증하는 내용으로, 구성원 간 자율적 협력을 강조하는 수평적 조직문화 이론인 ㉠을 약화한다.
ㄴ. 수직적 명령 체계 유지를 통한 표준화된 생산과 높은 품질 달성은 전통적인 조직 이론의 효과를 보여주는 사례이다. 이는 명확한 지휘 체계와 표준화를 통한 효율성을 입증하는 내용으로, 자율성과 수평적 협력을 강조하는 수평적 조직문화 이론인 ㉠을 약화한다.

07 ▶ ④

정답풀이 ㄱ. 도심 공원 조성 후 주변 지역의 기온 저하와 대기질 개선은 생태계 서비스 이론이 강조하는 "대기 정화와 온도 조절을 통한 도시 열섬 현상 완화"와 "미세먼지 흡수" 기능을 직접적으로 입증하는 사례이다. 녹지의 환경적 기능이 실제로 작동한다는 ㉠의 핵심 주장을 뒷받침한다.
ㄴ. 녹지 비율에 따른 우울증 발생률 차이는 생태계 서비스 이론이 주장하는 "도시민들에게 스트레스 해소와 정신 건강 증진의 기회를 제공한다"는 논리를 구체적으로 보여주는 증거이다. 녹지가 도시민 건강에 핵심적 역할을 한다는 ㉠을 강화한다.

오답풀이 ㄷ. 녹지 철거 후 부동산 가치 상승은 경제적 개발 효과를 보여주는 사례로, 녹지의 환경적 기능이나 건강 증진 효과와는 직접적 관련이 없다. 이는 전통적인 개발 우선주의 관점을 뒷받침하는 내용으로, 녹지를 도시 인프라의 필수 요소로 보는 생태계 서비스 이론인 ㉠을 약화한다.

08 ▶ ①

정답풀이 ㄱ. 본문의 ㉠은 '공생주의 원리'이다. 모든 시민에게 의료서비스를 제공하는 국가 의료보험 체계가 의료 접근성 격차 해소와 함께 전체 의료비 지출 효율성도 향상시켰다는 연구는 보편적 접근이 효율성까지 높일 수 있음을 보여준다. 이는 본문에서 '국민의 생존권과 존엄성을 보장하는 것을 국가의 기본 책무로 보며, 이를 위해 보편복지를 확대'해야 한다는 공생주의 관점과 일치한다. 따라서 ㉠을 강화하는 근거로 적절하다.

ㄴ. 본문의 ㉠은 '공생주의 원리'이다. 재난 상황에서 상호부조 네트워크가 형성된 지역사회가 위기 극복 속도가 빠르고 심리적 회복력이 높게 나타났다는 조사 결과는 상호부조의 실질적 효과를 입증하는 사례이다. 이는 본문에서 '공동소유와 상호부조를 중시하는 공생주의 원리'와 직접적으로 연결된다. 따라서 ㉠을 강화하는 근거로 적절하다.

오답풀이 ㄷ. 반대의 오류이다. 본문의 ㉠은 '공생주의 원리'이다. 높은 세율의 보편복지 체계를 운영하는 국가들에서 근로 의욕 저하와 경제 성장률 둔화 현상이 관찰되고 있다는 분석은 보편복지의 부정적 경제 효과를 보여주는 사례이다. 이는 본문에서 언급된 '재정 부담과 포퓰리즘 논란'과 연결되며, 공생주의가 지향하는 보편복지 확대의 지속 가능성에 의문을 제기한다. 따라서 ㉠을 강화하는 것이 아니라 약화하는 근거로 보는 것이 옳다.

09 ▶ ③

정답풀이 ㄱ. 파리의 공유킥보드 도입 후 교통 혼잡 감소와 대기질 개선은 갑이 강조하는 "도시 교통의 효율성 향상과 탄소 배출 감소"라는 긍정적 효과를 입증하는 동시에, 보행자 사고 증가는 을이 우려하는 "안전사고 위험"을 뒷받침한다. 갑과 을의 입장을 모두 강화한다.

ㄷ. 싱가포르의 사고 위험을 이유로 한 공유킥보드 전면 금지는 을이 강조하는 "안전모 착용 없이 차도로 나가는 이용자들도 많아서 안전사고 위험이 크고"는 주장을 직접적으로 뒷받침하는 사례이다. 안전 문제의 심각성을 보여주는 을의 입장을 강화한다.

오답풀이 ㄴ. 서울시의 주차 구역 지정과 관리 강화를 통한 무질서 주차 문제 해결은 갑이 주장하는 "이용자들의 의식 개선과 관리 체계 보완으로 문제 해결이 가능하다"는 논리를 직접적으로 입증하는 사례이다. 이는 갑의 입장을 약화하는 것이 아니라 오히려 강화하는 내용이다.

10 ▶ ①

정답풀이 ㄱ. 청소년들이 다양한 역할 모델을 통한 자아 탐색 과정에서 최종적으로 독창적 개성을 발달시킨다는 연구는 을이 주장하는 "연예인이나 인플루언서를 따라하면서도 자신에게 맞는 것을 구분하게 되고 결국 자신만의 스타일을 찾아간다"는 논리를 직접적으로 뒷받침한다. 이런 경험이 정체성 형성에 도움이 된다는 을의 입장을 강화한다.

오답풀이 ㄴ. SNS 이용 시간이 많은 청소년의 높은 스트레스와 낮은 자존감은 갑이 우려하는 "완벽하게 꾸며진 이미지와의 비교로 인한 열등감"과 "가짜 모습에 신경 쓰게 되는 문제"를 직접적으로 입증하는 사례이다. 이는 갑의 입장을 약화하는 것이 아니라 오히려 강화하는 내용이다.

ㄷ. 인플루언서를 롤모델로 삼는 청소년의 높은 창의적 활동 참여율은 을이 강조하는 "역할 모델을 통한 긍정적 자아 탐색"을 뒷받침한다고 보기도 어렵고, 갑이 우려하는 "개성 상실이나 가짜 모습 추구" 문제와도 직접적 관련이 없다. 갑과 을 모두를 강화한다고 보기 어렵다.

Part 06 세트형 독해+어휘

Chapter 14 문맥적 의미 추론

亦功 천기누설 혜선팍 독해 pin point

한눈에 보기
01 ③   02 ①   03 ②   04 ②

신유형 2025 버전 1   p.139

01 ▶ ③

정답풀이 본문에서 "이 둘의 양립 가능성을 둘러싼 논쟁은 각 개념을 어떻게 정의하느냐에 따라 달라진다"고 명시하고, "자유의지에 대한 서로 다른 이해는 결정론과의 양립 가능성에 대해서도 다른 결론을 이끌어낸다"고 설명한다. 또한 마지막에 "자유의지의 정의에 따라 결정론적 세계에서도 자유가 가능할 수 있다"고 결론짓는다. 이 선지는 본문의 내용과 일치한다.

오답풀이 ① 본문은 결정론과 운명론을 명확히 구분하므로 본질적으로 동일하다고 보는 것은 적절하지 않다. 제시문에서 "결정론은 운명론과 다르다"고 명시하며, 결정론에서는 "우리의 선택과 행동이 인과 과정의 중요한 부분이 될 수 있다"고 설명한 반면, 운명론에서는 "우리가 무엇을 하든 관계없이 물은 예정된 시간에 끓는다"고 대비시켜 서술했다.
② 본문은 자유의지의 세 관점이 모두 결정론과 양립 불가능하다고 주장하지 않는다. 오히려 "자유의지에 대한 서로 다른 이해는 결정론과의 양립 가능성에 대해서도 다른 결론을 이끌어낸다"며 정의에 따라 양립 가능할 수 있다고 제시한다. 또한 '비결정론이 필요하다'는 단정적 주장은 본문에 없다.
④ 본문에서 쉬운 자유는 "원하는 것을 할 수 있는 능력"으로 정의되며, 대안적 가능성 관점은 "다르게 행동할 수 있는 능력을 요구한다"고 별도로 설명한다. 쉬운 자유가 대안적 가능성을 전제로 한다는 내용은 본문에 제시되지 않았으며, 오히려 서로 다른 자유의지 개념으로 구분하여 제시한다.

02 ▶ ①

정답풀이 ㉠의 '미치다'는 「2」 영향이나 작용 따위가 대상에 가하여지다. 또는 그것을 가하다.'를 의미한다. 이와 가장 가까운 의미의 '미치다'는 ①이다.

오답풀이 ②,③,④ 「1」 공간적 거리나 수준 따위가 일정한 선에 닿다.

신유형 2025 버전 2   p.140

03 ▶ ②

정답풀이 이 글의 논지를 확인하기 위해서 꼭 봐야 할 핵심 정보는 제시문의 " 현대 사회에서 체육 시설은 단순한 운동 공간을 넘어 지역 주민의 건강 증진과 공동체 형성을 돕는 중요한 사회 인프라로 자리 잡고 있다."이다. 이 글에서 친환경 체육 시설이 지역사회 전반의 지속 가능성을 실현하고 주민 복지를 증진하는 핵심 전략으로 떠오르고 있다고 했으므로, 이를 강화하는 선지는 '친환경 체육 시설이 실제로 지역사회 발전과 주민 복지 증진에 기여한 구체적 사례'가 적절하다. 따라서 '지방 도시에서 에너지 절약형 복합체육센터를 신축한 이후, 노년층 주민의 운동 참여율이 전년 대비 35% 상승했다'는, 이 글을 뒷받침하는 직접적인 성과이다.

오답풀이 ① 친환경 자재의 높은 초기 건설 비용과 그로 인한 지방자치단체의 재정 부담은 친환경 체육 시설 확산의 장애 요인을 보여준다. 이는 친환경 체육 시설을 '핵심 전략'으로 보는 이 글의 관점에 반하는 현실적 제약을 제시하여 이 글을 약화한다.
③ 천연 자재의 유지 관리상 문제점과 예상보다 높은 관리 비용은 친환경 체육 시설의 실용성에 대한 의문을 제기한다. 이는 친환경 체육 시설이 지속 가능한 전략이라는 이 글의 주장과 상반되는 부작용을 보여주어 이 글을 약화한다.
④ 친환경 자재 공급망의 불안정성과 건설 일정 지연 문제는 친환경 체육 시설 확산의 현실적 어려움을 드러낸다. 이는 친환경 체육 시설을 지역사회 발전의 '핵심 전략'으로 보는 이 글의 낙관적 전망에 제동을 거는 내용으로 이 글을 약화한다. 친환경 자재의 긍정적 가치나 사회적 효과를 보여주는 것이 아니라, 오히려 그 사용 과정에서 발생하는 현실적 어려움을 지적한 문장이므로 이 글을 약화한다.

04 ▶ ②

정답풀이 ㉠의 '낳다'는 '낳다1 「2」 어떤 결과를 이루거나 가져오다.'를 의미한다. 이와 가장 가까운 의미의 '낳다'는 ②이다.

오답풀이 ① 낳다1 「3」 어떤 환경이나 상황의 영향으로 어떤 인물이 나타나도록 하다.
③ 낳다1 「1」 뱃속의 아이, 새끼, 알을 몸 밖으로 내놓다.
④ 낳다2 「2」 실로 피륙을 짜다.

문제훈련 문맥적 의미 추론   p.141

한눈에 보기
01 ③   02 ③   03 ②   04 ④   05 ①
06 ③   07 ④   08 ④   09 ①   10 ②

01 ▶ ③

정답풀이 윗글의 논지를 확인하기 위해서 꼭 봐야 할 핵심 정보는 제시문의 "학교 교육, 문화 콘텐츠, 지리 정보 시스템, 시민 외교 등 다양한 분야의 통합적 접근이야말로 영토 분쟁에 대한 국제사회의 인식을 바꾸고 실효적 지배력을 강화하는 핵심 수단이다."이다. 따라서 이를 강화하는 선지는 '문화와 교육을 통한 접근이 실제로 국제적 인식 개선에 효과를 거둔 구체적 사례'가 적절하다. 독도 관련 다큐멘터리와 교육 프로그램이 해외에서 호평받으며 한국의 영토 주권에 대한 국제적 이해도가 높아졌다는 것은, 문화 콘텐츠와 교육을 통한 통합적 접근이 국제사회의 인식을 바꾸는 데 효과적이라는 이 글을 뒷받침하는 직접적인 성공 사례이다.

오답풀이 ① 외교 문서 제출과 국제사법재판소 중재 절차는 전통적인 외교적 접근 방식에 해당한다. 이러한 시도가 무산되었다는 것은 오히려 기존 외교 채널의 한계를 보여주며, 통합적 접근의 필요성을 간접적으로 뒷받침하지만 이 글의 논지를 직접 증명하지는 않는다.
② 해양 자원 개발을 둘러싼 갈등과 군사적 긴장 고조는 영토 분쟁의 복잡성과 심각성을 보여주지만, 문화와 교육을 통한 통합적 접근의 효과와는 직접적인 관련이 없다. 이는 분쟁 상황 자체를 설명하는 배경 정보에 가깝다.
④ 양자 협상의 반복적 실패는 전통적인 외교적 해결 방식의 한계를 보여주는 사례이다. 이는 이 글이 제시하는 새로운 접근 방식의 필요성을 간접적으로 뒷받침하지만, 통합적 접근이 실제로 효과적이라는 점을 직접 증명하지는 않는다.

02 ▶ ③

정답풀이 ㉠의 '바꾸다'는 '3「1」원래의 내용이나 상태를 다르게 고치다.'를 의미한다. 이와 가장 가까운 의미의 '바꾸다'는 ③이다.

오답풀이 ① 1「2」한 언어를 다른 언어로 번역하여 옮기다.
② 1「1」원래 있던 것을 없애고 다른 것으로 채워 넣거나 대신하게 하다.
④ 2 자기가 가진 물건을 다른 사람에게 주고 대신 그에 필적할 만한 다른 사람의 물건을 받다.

03 ▶ ②

정답풀이 꼭 봐야 할 핵심 정보는 제시문의 "대부분의 의료진은 이러한 문제를 개인적인 판단이나 비공식적 상의로 해결하고 있었고"와 "체계적인 지원 체계가 부재하다는 점"이다. 이 글에서 임상윤리자문서비스는 의료현장의 실질적인 윤리 문제 해결과 의료진 부담 경감을 위한 필수적 제도라고 했으므로, 이를 약화하는 선지는 '기존의 비공식적 해결 방식이 충분히 효과적이거나 자문서비스의 효과가 제한적임을 보여주는 사례'가 적절하다. 윤리적 갈등을 겪는 의료진들이 동료 간 비공식적 상담을 통해 대부분의 문제를 성공적으로 해결하고 있다는 것은, 현재의 비공식적 해결 방식이 충분히 기능하고 있어 별도의 자문서비스가 필수적이지 않을 수 있음을 보여주어 이 글의 논지를 약화한다.

오답풀이 ① 임상윤리자문서비스 도입 후 의료진 스트레스 감소와 환자 만족도 향상은 자문서비스의 효과를 입증하는 성공 사례로, 이 글의 논지를 강화한다.
③ 이 사례는 임상윤리자문서비스의 효과를 보여주고 있으므로 이 글의 논지를 강화한다.
④ 복잡한 의료 윤리 문제의 개별적 특수성은 자문서비스의 한계를 지적하지만, 이는 자문서비스가 불필요하다는 것이 아니라 더 정교한 시스템이 필요함을 의미하여 이 글의 논지와는 관련이 없는 사례이므로 적절하지 않다.

04 ▶ ④

정답풀이 ㉠의 '넘다'는 '2「3」일정한 기준이나 한계 따위를 벗어나 지나다.'를 의미한다. 이와 가장 가까운 의미의 '넘다'는 ④이다.

오답풀이 ①, ③ 2「4」어려움이나 고비 따위를 겪어 지나다.
② 3「1」일정한 곳에 가득 차고 나머지가 밖으로 나오다.

05 ▶ ①

정답풀이 본문은 삼일빌딩이라는 구체적인 사례를 통해 장소가 지닌 역사적 기억이 시간이 흐르며 잊혀지는 현상을 설명하고 있다. 첫 문단에서 이 장소가 "3・1운동의 도화선이 되었던 독립운동가들의 주요 활동 지점"이었음을 밝히고, 두 번째 문단에서는 "시간이 흐르며 이 건물과 공간은 점차 경제적 기능만이 강조되고, 그 역사적 의미는 서서히 잊혀져갔다"고 직접적으로 서술하고 있다. 또한 "지금도 이 일대를 지나는 사람들 중 다수가 이곳이 과거 독립운동의 현장이었다는 사실조차 모르고 지나친다"라고 현재의 상황을 구체적으로 묘사하고 있다. 마지막 문단에서는 이러한 사례를 통해 장소의 기억과 역사에 대한 보다 일반적인 논의로 확장하고 있다. 따라서 이 선지가 글의 중심 내용을 가장 정확하게 반영하고 있다.

오답풀이 ② 본문의 마지막 문단에서 "공간은 단지 물리적 장소를 넘어, 사람들의 기억과 감정이 쌓인 '사회적 기억의 그릇'이다"와 "특정한 장소에 새겨진 역사는 … 현재 우리가 무엇을 기억하고 무엇을 잊는지를 통해 다시 쓰인다"라고 언급하고 있지만, 이는 본문의 결론 부분에서 삼일빌딩 사례를 통해 도출한 일반적인 고찰로, 글 전체의 중심 내용이라기보다는 일부 언급된 내용에 불과하다.
③ 본문의 첫 문단에서 "일제강점기 동안, 이 일대는 조선인의 민족의식이 가장 뜨거운 장소였고, 많은 시위와 정치적 연설, 그리고 단속이 반복되던 공간이었다"고 언급하고 있지만, 이는 삼일빌딩 자리의 역사적 배경을 설명하는 부분으로, 일부 언급된 내용에 불과하다.

④ 본문의 두 번째 문단에서 "건물명 '삼일'은 3·1운동을 기념한 명명이며, 이는 장소의 역사성을 이어가기 위한 상징적 행위였다"고 언급하고 있지만, 이 역시 글의 일부 내용에 불과하며, 장소의 역사적 의미가 망각되는 현상이라는 글의 핵심 주제를 온전히 담고 있지 않다.

06 ▶ ③

정답풀이 ㉠의 '쌓다'는 '2「3」 경험, 기술, 업적, 지식 따위를 거듭 익혀 많이 이루다.'를 의미한다. 이와 가장 가까운 의미의 '쌓다'는 ③이다.

오답풀이 ①, ④ 2「4」 재산, 명예 또는 불명예, 신뢰 또는 불신 따위가 많아지다.
② 1 여러 개의 물건이 겹겹이 포개어 얹어 놓이다.

07 ▶ ④

정답풀이 본문은 엠파이어스테이트 빌딩의 친환경 리모델링 사례를 통해 기존 건축물이 어떻게 에너지 효율성과 경제성을 동시에 달성하며 지속 가능한 방향으로 전환될 수 있는지를 보여주고 있다. 첫 문단에서 "이 프로젝트는 친환경성과 경제성을 동시에 추구한 사례"라고 직접적으로 언급하고 있으며, 마지막 문단에서는 "다른 국가의 초고층 건물들도 이 사례를 벤치마킹하며, 기존 건축물의 탄소 중립 전환 가능성에 대한 논의가 활발히 이어지고 있다"고 설명하여 이 사례가 하나의 모델로 작용하고 있음을 강조하고 있다. 이 선지는 친환경 리모델링의 핵심 성과(에너지 효율성과 경제성)와 그 영향력(전환 모델 제시)을 함께 담고 있어, 글의 중심 내용을 가장 정확하게 반영하고 있다.

오답풀이 ① 본문에서 "약 38%의 에너지 절감 효과를 기대할 수 있는 것으로 분석되었다"고 언급하고 있지만, 이는 프로젝트의 예상 성과를 수치로 제시한 것일 뿐, 실제로 "달성했다"는 내용은 언급되지 않았다. 또한 이는 글의 일부 내용에 불과하며, 친환경 리모델링이 가진 경제성이나 모델로서의 가치와 같은 중요한 측면을 담고 있지 않다.
② 본문에서 "개별 사무실 사용자에게 에너지 소비 정보를 제공하고 자율적으로 조절할 수 있게 함으로써, 사용자 참여 기반의 에너지 절감 모델을 실현했다"고 언급하고 있지만, 이는 리모델링 과정에서 적용된 여러 방법 중 하나일 뿐, 글의 중심 내용이라고 보기 어렵다. 또한 "건물 사용자의 적극적인 참여가 필수적"이라는 당위적 주장은 본문에서 직접적으로 제시되지 않았다.
③ 본문에서 "기존 구조물의 역사성과 공간적 제약을 고려하여 최소한의 해체로 최대의 효율을 끌어내는 방식을 채택했다"는 내용이 언급되어 있지만, 이는 리모델링 과정의 한 측면을 설명하는 것으로, 글 전체의 중심 내용이라기보다는 부분적인 내용에 불과하다. 또한 "역사적 가치가 있는 건축물은…개선하는 것이 중요하다"라는 당위적 표현은 본문에서 직접적으로 제시되지 않았다.

08 ▶ ④

정답풀이 ㉠의 '끌어내다'는 '「3」 어떤 것에서 새로운 것을 나오게 하다.'를 의미한다. 이와 가장 가까운 의미의 '끌어내다'는 ④이다.

오답풀이 ① 「1」 당겨서 밖으로 내다.
②, ③ 「2」 사람이나 짐승을 억지로 나오게 하다.

09 ▶ ①

정답풀이 본문에서 '호텔과 주요 시설의 소유권이 외국인 투자자와 정치 엘리트에게 집중되면서 주민들은 낮은 임금의 단기 일자리에 머물렀다'고 명시했으며, '교육·훈련 기회도 부족했다'고 설명하여 선지의 내용과 일치한다.

오답풀이 ② 미언급의 오류이다. 본문에서는 '관광 수익이 지역사회에 재투자되지 않자 기반시설이 개선되지 못했고, 생활비가 오히려 오르는 역설도 생겼다'고 했을 뿐, 재투자가 이루어졌을 때 생활비 상승 문제가 여전히 발생할 수 있다는 내용은 언급되지 않았다.
③ 본문에서는 '전통과 문화가 관광상품으로만 소비되면서 지역 정체성이 약화되는 부작용도 나타났다'고 설명했으므로 가장 핵심적인 방법은 아니었을 것임을 알 수 있다.
④ 반대의 오류이다. 본문에서는 '관광산업의 외형적 성장은 지역사회의 생활 향상으로 자동 연결되지 않는다'고 명시적으로 설명했다. 자동으로 이어진다는 것은 본문 내용과 정반대이다.

10 ▶ ②

정답풀이 ㉠의 '나타나다'는 '1「2」 어떤 일의 결과나 징후가 겉으로 드러나다.'를 의미한다. 이와 가장 가까운 의미의 '나타나다'는 ②이다.

오답풀이 ① 2「2」 내면적인 심리 현상이 얼굴, 몸, 행동 따위로 드러나다.
③ 1「1」 보이지 아니하던 어떤 대상의 모습이 드러나다.
④ 2「1」 생각이나 느낌 따위가 글, 그림, 음악 따위로 드러나다.

Chapter 15 바꿔 쓸 수 있는 유사한 표현

亦功 천기누설 혜선팍 독해 pin point

한눈에 보기
01 ②　　02 ③　　03 ②　　04 ④

신유형 2025 버전 1 p.147

01 ▶ ②

[정답풀이] 본문에서 "이원론은 현실이 물리적 실체와 비물리적 실체로 구성되어 있다고 본다"며 "마음과 몸은 분리된 존재"라고 설명한다. 또한 실체 이원론, 속성 이원론과 그 하위 유형들, 비이원론 등 다양한 철학적 입장들을 체계적으로 소개한다. 이 선지는 본문의 내용과 일치한다.

[오답풀이] ① 본문은 "현재 신경과학자들 중 이원론적 입장을 취하는 사람은 거의 없으며, 물리주의 같은 일원론적 신념이 훨씬 일반적이다"라고 명시하여 데카르트의 이원론이 현대 신경과학의 주류라는 내용과 일치하지 않는다.
③ 속성 이원론의 하위 유형 중 기연론은 "물질과 비물질 간의 상호작용은 불가능하다"고 주장하고, 평행론은 "정신적 원인은 정신적 효과만을, 물리적 원인은 물리적 효과만을 갖는다"고 하여 직접적 상호작용을 부정한다. 모든 유형이 상호작용을 인정한다는 내용과 일치하지 않는다.
④ 비이원론은 "동양 전통과 연결되는" 관점이며, "마음과 몸의 이원론적 성격이 착각"이라고 보아 분리를 부정한다. 서양 철학 전통이거나 분리를 강조한다는 내용과 일치하지 않는다.

02 ▶ ③

[정답풀이] '드러내다'는 '알려지지 않은 사실을 보이거나 밝히다.'를 의미한다. 따라서 '작품, 의견, 제도 따위를 골라서 다루거나 뽑아 쓰다.'를 의미하는 '채택(採 캘 채 擇 가릴 택)하다'는 ⓒ과 바꿔 쓸 수 있는 유사한 표현으로 적절하지 않다. '의사나 태도를 분명하게 드러내다.'를 의미하는 '표명(表 겉 표 明 밝을 명)하다'로 바꿔 쓸 수 있다.

[오답풀이] ① ㉠ '이루어지다'는 '어떤 대상에 의하여 일정한 상태나 결과가 생기거나 만들어지다.'를 의미한다. 따라서 '몇 가지 부분이나 요소들이 모여 일정한 전체가 짜여 이루어지다.'를 의미하는 '구성(構 얽을 구 成 이룰 성)되다'로 바꿔 쓸 수 있다.
② ㉡ '나누어지다'는 '하나가 둘 이상으로 갈라지다.'를 의미한다. 따라서 '서로 나뉘어 떨어지다.'를 의미하는 '분리(分 나눌 분 離 떠날 리(이))되다'로 바꿔 쓸 수 있다.
④ ㉣ '나누어지다'는 '여러 가지가 섞인 것이 갈래에 따라 구분되다.'를 의미한다. 따라서 '사물이 여러 갈래로 자세히 갈라지다.'를 의미하는 '세분화(細 가늘 세 分 나눌 분 化 될 화)되다'로 바꿔 쓸 수 있다.

신유형 2025 버전 2 p.148

03 ▶ ②

[정답풀이] '시를 통해 나타나는 거리는 물리적 거리가 아니라 시를 읽음으로 인해 느껴지는 감정적, 미적 거리이므로 응축과 확장이 무한하다.'라고 하였다. 따라서 물리적 거리를 보여준다는 표현은 적절하지 않다.

[오답풀이] ① '시 창작에서의 심리적 거리는 시적 화자의 시점, 다양한 이미지의 적절한 사용, 담화 양식의 표현기법을 통해 확보될 수 있다.'라는 서술로부터 적절함을 알 수 있다.
③ '기다림이란 사랑하는 사람 둘만의 개인적 사건이 아니라, 세계를 포괄하는 총체적이고 보편적인 정서를 표출해내는 기능을 한다.'라는 서술을 참고할 때 기다림의 정서가 개인적 사건을 넘어서고 있음을 알 수 있다.
④ '쌍방향적인 움직임을 통해 나와 타자, 안과 밖을 가르는 문을 넘나들면서 새로운 시·공간을 향하는 길을 만들어낸다.'라는 표현을 고려할 때 적절한 선지임을 알 수 있다.

04 ▶ ④

[정답풀이] '이분(二 두 이 分 나눌 분)하다'는 '둘로 나누다.'를 의미한다. 따라서 '어떤 곳을 머무르거나 들르지 않고 지나가거나 지나오다.'를 의미하는 '지나치다'는 ㉣과 바꿔 쓸 수 있는 유사한 표현으로 적절하지 않다. '쪼개거나 나누어 따로따로 되게 하다.'를 의미하는 '가르다'로 바꿔 쓸 수 있다.

[오답풀이] ① ㉠ '음미(吟 읊을 음 味 맛 미)하다'는 '어떤 사물 또는 개념의 속 내용을 새겨서 느끼거나 생각하다.'를 의미한다. 따라서 '인정하거나 인식하다.'를 의미하는 '느끼다'로 바꿔 쓸 수 있다.
② ㉡ '확보(確 굳을 확 保 지킬 보)되다'는 '확실히 보증하거나 가지고 있다.'를 의미한다. 따라서 '구하거나 찾아서 가지다.'를 의미하는 '얻어지다'로 바꿔 쓸 수 있다.
③ ㉢ '확장(擴 넓힐 확 張 베풀 장)하다'는 '범위, 규모, 세력 따위를 늘려서 넓히다.'를 의미한다. 따라서 '물체의 넓이, 부피 따위를 본디보다 커지게 하다.'를 의미하는 '늘리다'로 바꿔 쓸 수 있다.

문제훈련 바꿔 쓸 수 있는 유사한 표현 p.149

한눈에 보기

01 ②　02 ①　03 ①　04 ①　05 ③
06 ①　07 ①　08 ②　09 ④　10 ②

01 ▶ ②

정답풀이 "어려움은 한 개인이 마음속에서 서로 다른 생각을 동시에 갖는 문제라는 것이다."라는 제시문의 언급을 통해 철학적 문제들이 혼란스러운 이유는 한 개인이 동시에 상반된 생각을 품기 때문이다가 적절함을 알 수 있다.

오답풀이 ① 본문은 "사람들의 반응이 특정 견해를 압도적으로 지지하지 않는다"며 "의견이 나뉘는 반응을 발견했다"고 설명하여 명확하고 일관된 생각을 갖는다는 내용과 일치하지 않는다.
③ 본문은 "사람들의 반응이 특정 견해를 압도적으로 지지하지 않는다"고 명시하고, 의식 연구에서도 "비슷한 비율"로 의견이 나뉘는 반응을 보였다고 설명하여 한쪽 견해의 압도적 지지와 일치하지 않는다.
④ 본문은 철학의 전통적 문제들이 독특하게 혼란스럽다고 했으므로 철학의 전통적 문제들이 명확한 답을 제시하기 쉬운 주제들로 구성되어 있다는 것은 적절하지 않다.

02 ▶ ①

정답풀이 '모이다'는 '정신, 의견 따위가 한곳에 집중되다.'를 의미한다. 따라서 '둘 이상의 조직이나 기구 따위가 하나로 합쳐지다.'를 의미하는 '통합(統 거느릴 통 合 합할 합)되다'는 ㉠과 바꿔 쓸 수 있는 유사한 표현으로 적절하지 않다. '의견이나 사상 따위가 여럿으로 나누어 있는 것을 하나로 모아 정리되다.'를 의미하는 '수렴(收 거둘 수 斂 거둘 렴(염))되다'로 바꿔 쓸 수 있다.

오답풀이 ② ㉡ '끌리다'는 '관심 따위에 쏠리다.'를 의미한다. 따라서 '온 마음을 기울여 사모하거나 열중하게 되다.'를 의미하는 '경도(傾 기울 경 倒 넘어질 도)되다'로 바꿔 쓸 수 있다.
③ ㉢ '나뉘다'는 '여러 가지가 섞인 것이 구분되어 분류되다.'를 의미한다. 따라서 '집단이나 단체, 사상 따위가 갈라져 나뉘게 되다.'를 의미하는 '분열(分 나눌 분 裂 찢을 렬(열))되다'로 바꿔 쓸 수 있다.
④ ㉣ '움직이다'는 '어떤 사실이나 현상이 바뀌다. 또는 다른 상태가 되게 하다.'를 의미한다. 따라서 '기계 따위가 작용을 받아 움직이다. 또는 기계 따위를 움직이게 하다.'를 의미하는 '작동(作 지을 작 動 움직일 동)하다'로 바꿔 쓸 수 있다.

03 ▶ ①

정답풀이 제시된 사례는 공정한 절차로 자원이 분배된 결과 능력이 더 뛰어난 사람들이 더 많은 자원을 차지하게 된 것을 보여 준다. 이는 분배적 정의보다는 절차적 정의를 강조하는 관점으로 보는 것이 옳다. 본문에서 '분배적 정의는 절차적 원리를 비판하며'라는 언급이 있으므로 분배적 정의를 약화하는 입장은 절차적 정의임을 알 수 있다. 따라서 절차적 정의를 강화하는 ①이 적절하다.

오답풀이 ② 재분배 정책이 불평등을 줄이는 데 성공한 사례에 해당하므로 분배적 정의의 입장을 강화하는 선지로 볼 수 있다.
③ 절차적 정의가 적용된 후에도 불평등이 해소되지 않았음을 지적하고 있으므로 절차적 정의의 한계를 비판하는 근거로 볼 수 있다.
④ 주어진 사례는 사회적 약자에 대한 자원 분배가 사회에 이익이 되었음을 보여주는 것이다. 따라서 분배적 정의의 정당성을 강화하는 근거로 적절하다.

04 ▶ ①

정답풀이 '얻다'는 '권리나 결과·재산 따위를 차지하거나 획득하다.'를 의미한다. 따라서 '돈이나 물품을 받아들이다.'를 의미하는 '수령(受 받을 수 領 옷깃 령(영))하다'는 ㉠과 바꿔 쓸 수 있는 유사한 표현으로 적절하지 않다. '얻어 내거나 얻어 가지다.'를 의미하는 '획득(獲 얻을 획 得 얻을 득)하다'로 바꿔 쓸 수 있다.

오답풀이 ② ㉡ '나오다'는 '처리나 결과로 이루어지거나 생기다.'를 의미한다. 따라서 '판단이나 결론 따위가 이끌려 나오다.'를 의미하는 '도출(導 인도할 도 出 날 출)되다'로 바꿔 쓸 수 있다.
③ ㉢ '여겨지다'는 '마음속으로 그러하다고 생각되다.'를 의미한다. 따라서 '상태, 모양, 성질 따위가 그와 같다고 여겨지다.'를 의미하는 '간주(看 볼 간 做 지을 주)되다'로 바꿔 쓸 수 있다.
④ ㉣ '지키다'는 '규정, 약속, 법, 예의 따위를 어기지 아니하고 그대로 실행하다.'를 의미한다. 따라서 '어떤 일이 어려움 없이 이루어지도록 조건이 마련되어 보증되거나 보호되다.'를 의미하는 '보장(保 지킬 보 障 막을 장)되다'로 바꿔 쓸 수 있다.

05 ▶ ③

정답풀이 글의 논지의 핵심은 제시문의 "인간이 스스로 필멸의 존재임을 자각하고, 고통 속에서도 의미를 찾고 타인과의 연대를 형성해 나가는 과정 자체가 인간만의 독특한 가치이다"이다. 즉, 필멸성을 자각하며 고통 속에서도 의미를 찾는 것이 인간 고유의 가치라는 것이다. 죽음을 앞둔 상황에서 가족과의 유대감을 느끼려는 노력이 증가한다는 것은 필멸성 자각과 고통 속에서의 의미 추구라는 인간 고유의 가치를 보여주므로 글의 논지를 강화한다.

오답풀이 ①, ② 이 사례는 '죽음을 두려워하고 작별을 준비하며 현재를 살아가는 그 방식은 기술이 아무리 정교해져도 기계가 흉내 낼 수 없는 인간의 본질이며,'라는 부분과는 관련이 없는 사례이다.

④ AI 개발에 대한 규제와 윤리적 가이드라인 요구는 사회적 우려를 보여주지만, 필멸성 자각과 고통 속에서의 의미 추구라는 인간 고유의 가치와는 직접적 관련이 없다. 이는 글의 핵심 논지와 무관한 내용이다.

06 ▶ ①

정답풀이 '번지다'는 '풍습, 풍조, 불만, 의구심 따위가 어떤 사회 전반에 차차 퍼지다.'를 의미한다. 따라서 '어떤 목적이 없이 되는대로 하는 태도가 있다.'를 의미하는 '만연(蔓 덩굴 만 延 늘일 연)하다'는 ㉠과 바꿔 쓸 수 있는 유사한 표현으로 적절하지 않다. '흩어져 널리 퍼지게 되다.'를 의미하는 '확산(擴 넓힐 확 散 흩을 산)되다'로 바꿔 쓸 수 있다.

오답풀이 ② ㉡ '펼치다'는 '생각 따위를 전개하거나 발전시키다.'를 의미한다. 따라서 '주의나 사상을 앞장서서 주장하다.'를 의미하는 '주창(主 임금 주 唱 부를 창)하다'로 바꿔 쓸 수 있다.
③ ㉢ '찾다'는 '모르는 것을 알아내고 밝혀내려고 애쓰다. 또는 그것을 알아내고 밝혀내다.'를 의미한다. 따라서 '미처 찾아내지 못하였거나 아직 알려지지 아니한 사물이나 현상, 사실 따위를 찾아내다.'를 의미하는 '발견(發 필 발 見 볼 견)하다'로 바꿔 쓸 수 있다.
④ ㉣ '흉내 내다'는 '그대로 옮겨서 하다.'를 의미한다. 따라서 '다른 것을 본뜨거나 본받다.'를 의미하는 '모방(模 법 모 倣 본뜰 방)하다'로 바꿔 쓸 수 있다.

07 ▶ ①

정답풀이 본문은 개별화 교육계획의 법적 성격과 중요성을 설명하고, 미국과 한국의 제도를 비교하면서 한국의 제도적 한계와 개선 필요성을 강조하고 있다. 첫 문단에서 "개별화 교육계획은 … 학생의 권리를 보장하기 위한 법적 문서로서의 성격을 지닌"고 명시하고 있으며, 두 번째 문단에서는 한국의 경우 "구성요소에 대한 법적 기준이 미비하고, 행정 시스템과 학교 현장의 양식이 분리되어 있어 계획의 연속성과 현장 활용도에 한계가 있다"고 지적하고 있다. 또한 "장애학생의 권리 보장을 위한 실질적인 제도 개선 논의가 제기되고 있다"고 언급하며 개선 필요성을 강조하고 있다. 따라서 이 선지가 글의 중심 내용을 가장 정확하게 반영하고 있다.

오답풀이 ② 본문에서 미국의 제도가 법적 근거와 표준화된 양식을 통해 운영된다는 내용은 맞지만, 한국에서 "학부모와 학생의 참여가 제한적"이라는 내용은 직접적으로 언급되지 않았다. 본문은 한국 제도의 문제점으로 법적 기준 미비와 양식의 불일치를 지적하고 있으며, 참여자 구성의 문제를 중심으로 다루고 있지 않다.
③ 본문은 미국과 한국의 사례만을 비교하고 있으며, "국가별로 다양한 형태로 발전해왔다"거나 "각 국가의 교육 철학과 법체계에 따라 그 성격이 달라진다"는 일반화된 내용은 언급하지 않고 있다. 이는 본문의 내용을 지나치게 확대 해석한 것이다.
④ 본문에서 "교사의 전문성 향상"이나 "행정적 지원 체계 강화"에 대한 직접적인 언급은 없다. 제도적 개선의 필요성은 언급되었지만, 그 방향이 교사의 전문성과 행정 지원에 초점을 맞추어야 한다는 내용은 본문에 제시되지 않았다. 이는 본문에서 다루지 않은 새로운 내용을 추가한 것이다.

08 ▶ ②

정답풀이 '기입(記 기록할 기 入 들 입)하다'는 '수첩이나 문서 따위에 적어 넣다.'를 의미한다. 따라서 '어떤 내용이나 사상을 그림, 글, 말, 표정 따위 속에 포함하거나 반영하다.'를 의미하는 '담다'는 ㉡과 바꿔 쓸 수 있는 유사한 표현으로 적절하지 않다. '어떤 내용을 글로 쓰다.'를 의미하는 '적다'로 바꿔 쓸 수 있다.

오답풀이 ① ㉠ '보장(保 지킬 보 障 막을 장)하다'는 '어떤 일이 어려움 없이 이루어지도록 조건을 마련하여 보증하거나 보호하다.'를 의미한다. 따라서 '잃지 않도록 하다.'를 의미하는 '지키다'로 바꿔 쓸 수 있다.
③ ㉢ '미비(未 아닐 미 備 갖출 비)하다'는 '아직 다 갖추지 못한 상태에 있다.'를 의미한다. 따라서 '어떠한 표준에 미치지 못하다.'를 의미하는 '모자라다'로 바꿔 쓸 수 있다.
④ ㉣ '국한(局 판 국 限 한할 한)되다'는 '범위가 일정한 부분에 한정되다.'를 의미한다. 따라서 '더 나아가지 못하고 일정한 수준이나 범위에 그치다.'를 의미하는 '머무르다'로 바꿔 쓸 수 있다.

09 ▶ ④

정답풀이 본문의 마지막 문단에서 '이렇게 구축된 언어자료와 분석 도구는 학술연구뿐 아니라 교육·문화 콘텐츠 제작 등에도 활용될 수 있다'고 명시적으로 언급하여 선지의 내용과 일치한다.

오답풀이 ① 반대의 오류이다. 본문에서는 '과거에는 주로 국어학이나 언어학에서 사용하던 말뭉치가 이제는 문학·역사·사회 연구에도 활용된다'고 명시했다. 국어학과 언어학에 한정된다는 것은 본문 내용과 정반대이다.
② 미언급의 오류이다. 본문에서는 디지털 인문학이 새로운 연구 방법을 제공한다고 설명했을 뿐, 전통적인 인문학 연구자들의 역할이 '대체'되고 있다는 내용은 언급되지 않았다.
③ 반대의 오류이다. 본문에서는 '디지털 인문학 방법은 단순히 속도를 높이는 것에 그치지 않고, 과거와 현재를 새로운 시각으로 연결해 보여 주는 도구가 된다'고 명시했다. 속도 향상이 '가장 핵심적인 성과'라는 것은 본문이 강조하는 내용과 반대이다.

10 ▶ ②

정답풀이 '모으다'는 '특별한 물건을 구하여 갖추어 가지다.'를 의미한다. 따라서 '사람이나 작품, 물품 따위를 일정한 조건 아래 널리 알려 뽑아 모으다.'를 의미하는 '모집(募 모을 모 集 모을 집)하다'는 ㉡과 바꿔 쓸 수 있는 유사한 표현으로 적절하지 않다. '취미나 연구를 위하여 여러 가지 물건이나 재료를 찾아 모으다.'를 의미하는 '수집(蒐 모을 수 集 모을 집)하다'로 바꿔 쓸 수 있다.

오답풀이 ① ㉠ '더듬다'는 '똑똑히 알지 못하는 것을 짐작하여 찾다.'를 의미한다. 따라서 '사물의 자취를 더듬어 가다.'를 의미하는 '추적(追 쫓을 추 跡 발자취 적)하다'로 바꿔 쓸 수 있다.
② ㉡ '흩어지다'는 '한데 모였던 것이 따로따로 떨어지거나 사방으로 퍼지다.'를 의미한다. 따라서 '여기저기 흩어져 있다.'를 의미하는 '산재(散 흩을 산 在 있을 재)하다'로 바꿔 쓸 수 있다.
④ ㉣ '만들다'는 '노력이나 기술 따위를 들여 목적하는 사물을 이루다.'를 의미한다. 따라서 '체제, 체계 따위의 기초를 닦아 세우다.'를 의미하는 '구축(構 얽을 구 築 쌓을 축)하다'로 바꿔 쓸 수 있다.

Chapter 16 지시 대상 추론

亦功 천기누설 혜선팍 독해 pin point

한눈에 보기
01 ①   02 ③   03 ③   04 ④

신유형 2025 버전 1 p.155

01 ▶ ①

정답풀이 (가) 응보주의자들은 '사형 집행과 같은 극형은 범죄자가 치러야 할 대가를 최대화하여 강력한 억제 효과를 발휘한다'고 주장한다. 사형제를 재개한 국가들에서 강력범죄 발생률이 현저히 감소했다는 연구 결과는 엄벌의 억제 효과를 직접적으로 뒷받침하므로, (가)의 주장을 강화한다.

오답풀이 ② 무관의 오류이다. (가) 응보주의자들은 '범죄의 기대 비용을 극대화'하는 것이 핵심이라고 주장한다. '소득 불평등이 심한 지역일수록 범죄율이 높게 나타난다'는 통계는 경제적 불평등이 범죄의 원인이라는 (나) 예방주의자들의 주장을 뒷받침하는 것이므로, (가)와 관련이 없는 사례이므로 (가)를 강화하지도 약화하지도 않는다.
③ 무관의 오류이다. (나) 예방주의자들의 핵심 주장은 '범죄의 근본 원인을 경제적 불평등과 사회적 소외에서 찾는다'는 것과 '사회안전망 강화와 소득 재분배 정책을 통해 범죄를 저지를 경우 잃게 되는 것을 늘리는 것이 근본적 해결책'이라는 것이다. 범죄 발생률이 계절에 따라 차이를 보인다는 연구는 계절적/환경적 요인과 범죄의 관계를 보여줄 뿐, 경제적 불평등이나 사회안전망과는 직접적인 관련이 없으므로 (나)의 주장을 강화하거나 약화하는 근거가 될 수 없다.
④ 반대의 오류이다. (나) 예방주의자들은 '사회안전망 강화와 소득 재분배 정책'이 범죄 예방에 효과적이라고 주장한다. 기초생활보장 혜택을 받는 계층에서 범죄 발생률이 일반인보다 높게 나타났다는 것은 현재의 사회안전망이 충분하지 않음을 의미하므로, (나)의 주장을 강화하는 것이 아니라 오히려 약화하는 근거가 된다.

02 ▶ ③

정답풀이 ㉠의 '이들'은 '범죄에 대한 엄벌이 범죄 예방의 핵심이라고 주장'하는 (가) 응보주의자들을 지칭한다. ㉡의 '전자의 접근법'은 바로 앞 문단에서 언급된 (가) 응보주의자들의 관점을 재지칭하는 표현이다. ㉢의 '후자'는 (나) 예방주의자들의 입장을 재지칭한다. ㉣의 '한 입장'은 '처벌에 대한 두려움이 여전히 작동하고 있다'고 해석하는 것으로 보아 (가) 응보주의의 관점을 나타낸다. 따라서 '(가) 응보주의자들'에 해당하지 않는 것은 ㉢이다.

신유형 2025 버전 2   p.156

03 ▶ ③

정답풀이 (나) 원칙고수론자들은 법에 초·중·고교 지원용으로 정해진 교육교부금을 대학 지원 용도로 돌리는 것은 부적절하다고 반박한다. 부실 대학에 대해 이러한 교육교부금을 지원했을 때에 대학의 자구 노력을 저해한다는 부작용이 나타나게 된다면 이는 (나)를 뒷받침하므로 (나)의 주장을 강화하는 근거가 된다.

오답풀이 ① 반대의 오류이다. (가) 확대배분론자들은 '대학의 심각한 재정난을 해결하기 위해 교육교부금을 적극 활용해야 한다'고 주장한다. 교육교부금을 받은 지방대학들의 재정 상황이 더욱 악화되었다는 것은 교부금 지원의 효과가 없음을 의미하므로 (가)의 주장을 약화하는 근거가 된다.
② 무관의 오류이다. (가) 확대배분론자들의 핵심 주장은 '학령인구 감소로 남는 교부금을 대학에 배분해야 한다'는 것과 '대학의 재정난 해결'이다. 대학 등록금 동결 정책이 교육의 질에 미치는 영향은 (가)의 핵심 주장과 직접적인 관련이 없으므로, 이 연구 결과가 (가)의 주장을 약화한다고 보기 어렵다.
④ 무관의 오류이다. (나) 원칙고수론자들은 '법에 초·중·고교 지원용으로 정해진 교육교부금'의 본래 용도를 지켜야 한다고 주장한다. 학령인구 감소에도 불구하고 초·중등 교육 예산 수요가 증가한다는 것은 이 사례와는 직접적인 관련이 없으므로, (나)의 주장을 약화한다고 보기 어렵다.

04 ▶ ④

정답풀이 ㉠ '이들'은 (가) 확대배분론자들을 지칭한다. ㉡ '이들'은 (나) 원칙고수론자들을 지칭한다. ㉢ '이에 반대하는 이들'은 바로 앞에서 언급된 (나) 원칙고수론자들의 입장에 '반대'하므로 (가) 확대배분론자들을 지칭한다. ㉣ '다른 이들'은 지방대학 지원을 비판하므로 (나) 원칙고수론자들의 관점을 나타낸다. ㉤ '원칙을 중시하는 연구자들'은 교부세율을 낮추고 다른 곳에 투자해야 한다고 보므로 (나) 원칙고수론자들의 입장을 지지한다. 따라서 함축하는 바가 같은 것끼리 짝지으면 '㉠, ㉢' 혹은 '㉡, ㉣, ㉤'이므로 정답은 ④이다.

문제훈련 지시 대상 추론   p.157

한눈에 보기
| 01 | ③ | 02 | ② | 03 | ④ | 04 | ③ | 05 | ① |
| 06 | ② | 07 | ② | 08 | ② | 09 | ① | 10 | ④ |

01 ▶ ③

정답풀이 '규모가 작은 지방정부일수록 주민 의견 수렴 과정이 더 활발하게 이루어진다'는 연구 결과는 소규모 행정 단위가 주민의 필요와 특성에 더 민감하게 대응할 수 있다는 (나)의 주장을 직접적으로 뒷받침한다. 따라서 이는 (나)의 주장을 강화한다고 볼 수 있다.

오답풀이 ① 반대의 오류이다. '(가)' 광역화론은 '규모의 경제를 통한 효율성 증대'를 강조한다. '프랑스의 거대 지역 개편 이후 행정 비용이 예상보다 크게 증가했다'는 결과는 광역화가 오히려 비용을 증대시켜 효율성에 문제가 생겼음을 보여주므로, (가)의 주장을 약화하는 것이지 강화하는 것이 아니다.
② 반대의 오류이다. '(가)' 광역화론은 '더 큰 행정 단위가 재정적 우위와 국제 경쟁력을 확보할 수 있다'고 주장한다. '지역 통합으로 형성된 대규모 행정 단위에서 지역 간 경제적 격차가 더 빠르게 해소되었다'는 결과는 광역화가 지역 경쟁력 강화에 기여했음을 보여주므로, (가)의 주장을 강화하는 것이지 약화하는 것이 아니다.
④ 반대의 오류이다. (나)는 '규모가 작은 지방정부일수록 주민 의견 수렴 과정이 더 활발하게 이루어진다'고 보았으므로 규모가 크다면 주민의 요구 사항을 받아들이는 비율이 낮아질 수 있음을 추론할 수 있다. 따라서 이는 (나)를 강화하는 것이지 약화하는 것이 아니다.

02 ▶ ②

정답풀이 ㉠의 '이 이론'은 '근접성 이론'을 재지칭하는 것이다. ㉡의 '한 가지 이론'은 '22개 지역을 13개로 통합'했다는 뒤의 서술로 보아, (가)의 광역화론을 지칭하는 것임을 알 수 있다. ㉢의 '거대 지역화'는 다음 문장의 '역사적 뿌리가 깊은 지역들이 통합되면서'라는 서술로 볼 때 '광역화론'을 지칭하는 것임을 알 수 있다. ㉣은 앞서 서술된 광역화론에 대한 비판이므로 '근접성 이론'과 유사한 관점이다. 따라서 ㉠, ㉣은 (나)의 근접성 이론에 해당하며, ㉡, ㉢은 (가)의 '광역화론'에 해당함을 알 수 있다.

03 ▶ ④

정답풀이 'AI가 그전에 없던 서사로 독자에게 감동을 주어서 판매량과 독자 평점이 인간 작가 작품을 넘어섰다'는 사례는 AI가 기존 작품의 재조합 이상의 작품을 창의적이게 만들었으며 이것이 상업적으로도 성공할 수 있음을 보여준다. 이는 진정한 창작은 고유한 경험과 정서를 지닌 인간만이 가능하다는 (나) 인간중심주의자들의 주장을 약화하는 증거이다. 따라서 이는 (나)의 주장을 약화한다고 볼 수 있다.

오답풀이 ① 반대의 오류이다. 'AI가 특정 편향된 데이터에 기반해 고정된 주제나 인물 유형만을 반복적으로 생성한다'는 연구 결과는 AI의 창작적 한계를 보여주는 것으로, 기계 알고리즘이 새로운 문학적 가능성을 열었다는 (가)의 주장을 약화하는 증거이다. 따라서 이것이 (가)의 주장을 강화한다는 선지는 적절하지 않다.
② 반대의 오류이다. 'AI가 독창적인 서사 구조를 스스로 생성해 문학상 후보로 지명된 사례가 증가하고 있다'는 것은 AI가 만든 작품과 인간의 작품을 구별하기 어렵다는 것이므로 (가)를 강화하는 사례이다.
③ 무관의 오류이다. '출판사들이 AI 작품 출판 시 저작권 및 수익 배분에 관한 새로운 계약 모델을 도입하고 있다'는 것은 AI 창작물의 출판 산업 내 위치와 관련된 사실로, 진정한 창작이 인간만이 가능

하다는 (나)의 핵심 주장과 직접적인 관련이 없다. 저작권 및 수익 배분 모델의 변화는 AI 창작물의 존재를 인정하는 현실적 대응을 보여줄 뿐, 창작의 본질에 관한 (나)의 주장을 강화하거나 약화하지 않는다. 따라서 이것이 (나)의 주장을 강화한다는 선지는 적절하지 않다.

04 ▶ ③

정답풀이 ㉠의 '이러한 관점'은 '인간중심주의자'를 재지칭하는 표현이다. ㉡의 '일부 평론가들'은 'AI가 인간의 편향된 데이터를 학습하여'라는 부정적 측면에 주목하고 있으므로 '인간중심주의자'의 관점과 가깝다. ㉢의 '다른 이들'은 '문학의 경계를 확장한다고 옹호'한다고 하였으므로 '기술낙관주의자'의 관점과 가깝다. ㉣의 '전통적 창작 개념'은 도전받는 것에 해당하므로, '인간중심주의자'의 입장과 맥을 같이함을 추론할 수 있다. 따라서 '(가) 기술낙관주의자'에 해당하는 의미로 사용된 것은 ㉢이다.

05 ▶ ①

정답풀이 베버는 '합리화 과정이 사회 발전의 핵심이라고 보았고 근대 자본주의의 발전을 분석할 때 합리적 행동과 효율성을 강조'하였다. 따라서 합리화 과정이 근대 자본주의의 발전에 결정적인 역할을 했다는 연구는 베버의 주장을 강화하는 근거가 된다.

오답풀이 ② 무관의 오류이다. 사회적 통합과 규제는 뒤르켐의 연구 주제이며, 이는 베버의 주장과 직접적인 관련이 없다. 따라서 이 사례는 뒤르켐의 주장을 약화할 수는 있지만, 베버의 주장을 약화하지는 않는다.
③ 반대의 오류이다. 뒤르켐은 '사회적 사실이 개인의 행동을 규정한다고 보았으며 사회 통합과 규범의 중요성을 강조'하였다. 따라서 사회적 구조와 집합의식이 개인의 행동을 규정하는 것과 관련이 없다는 연구는 뒤르켐의 주장을 약화하는 근거가 된다.
④ 무관의 오류이다. 뒤르켐은 사회 구조와 집합의식에 중점을 두고 사회적 통합과 규범의 중요성을 강조하였다. 이 사례는 뒤르켐의 주장과 큰 연관이 없으므로 뒤르켐의 주장을 약화한다고 보기 어렵다.

06 ▶ ②

정답풀이 ㉠, ㉡은 막스 베버를 가리키고 ㉢, ㉣은 뒤르켐을 가리킨다.

07 ▶ ③

정답풀이 무관의 오류이다. 캠페인이 있었다는 사실만으로 접근성 격차가 줄었는지, 실제 혜택(예방 효과)이 특정 집단에 치우치지 않았는지, 건강 불평등이 완화/심화되었는지를 논증하지 못했으므로 이는 일부 사회학자와 경제학자들의 주장을 강화하지도 약화하지도 못한다.

오답풀이 ① 저소득 국가에서 백신 접근성 개선을 통해 전염병 발병률이 크게 감소한 사례는 백신의 보급이 국가 간, 계층 간 건강 불평등을 해소하는 데 중요한 역할을 한다고 주장한 공중보건 전문가들의 주장을 강화한다.
② 고소득 국가에서만 고급 백신을 독점 사용하는 사례는 백신 접근성의 불균형이 결국 건강 불평등을 심화시킬 수 있다고 주장하는 일부 사회학자들과 경제학자들의 주장을 강화할 수 있다.
④ 저개발 지역에서 백신 교육 프로그램을 통해 대규모 백신 접종이 성공적으로 이루어진 사례는 백신의 보급이 국가 간, 계층 간 건강 불평등을 해소하는 데 중요한 역할을 한다고 주장한 공중보건 전문가들의 주장을 강화한다.

08 ▶ ②

정답풀이 ㉡이 지시하는 대상은 백신의 낙관적인 전망을 비판한 일부 사회학자들과 경제학자들이다.

오답풀이 ㉠, ㉢, ㉣이 지시하는 대상은 모두 공중보건 전문가들이다.

09 ▶ ①

정답풀이 (가)는 우주 식민화를 하면 지구 자원 고갈을 해결할 수 있다고 본다. 하지만 이 사례는 오히려 우주 식민화가 지구 자원 고갈을 부추기므로 이는 (가)를 약화하는 근거로 적절하다.

오답풀이 ② 반대의 오류이다. 우주 탐사로 인해 외행성의 생태계가 개선되었다는 것은, 우주 개발이 외행성의 생태계에 긍정적 영향을 미칠 수 있음을 보여준다. 이는 우주 개발이 새로운 환경 오염과 외행성의 생태계 교란을 야기할 것이라고 우려하는 (나)의 주장을 약화하는 근거가 되므로, '강화한다'는 설명은 적절하지 않다.
③ 무관의 오류이다. (다)는 '우주 광물 채굴, 우주 관광, 거주지 건설 등을 통해 엄청난 경제 성장이 가능하다'고 주장하는 경제적 관점의 입장이다. 우주 관광이 의료 기술 발전에 기여했다는 것은 경제적 성장과는 무관한 내용이므로, (다)를 강화하거나 약화하는 근거가 될 수 없다.
④ 무관의 오류이다. (라)는 우주 식민화의 부작용을 우려하는 입장이다. 화성 거주 가능성이 높다는 것은 식민화의 실현 가능성을 보여줄 뿐, 그것의 윤리적 문제나 부작용과는 관련이 없으므로 (라)를 약화하는 근거가 될 수 없다.

10 ▶ ④

정답풀이 ㉠의 '이들'은 '지구 자원 고갈과 인구 과잉 문제를 해결하기 위해, 화성이나 달 등 외행성 거주지를 개척해야 한다고 주장'하는 (가)의 낙관론자들을 지칭한다. ㉡의 '우주 진출 시도'는 낙관론자들이 주장하는 외행성 거주지 개척을 재지칭하는 표현이며, ㉢의 '낙관론자들' 역시 직접적으로 (가)의 입장을 가리키므로 이들은 모두 유사한 관점을 나타낸다. ㉣의 '이들'은 '지구 문제 해결보다도 우주산업 창출이 경제적 측면에서 매우 중요하다고 본다'는 경제 활성론자들을 지칭하는 독립된 관점이다. 따라서 (가)에 해당하는 의미로 사용되지 않은 것은 ㉣이다.

Part 07 문학 독해 결합형

Chapter 17 현대 문학, 고전 문학

亦功 천기누설 혜선팍 독해 pin point

한눈에 보기
01 ②   02 ②

신유형 2025 버전 1 p.165

01 ▶ ②

정답풀이) 1문단에서 "필사본은 여러 번 복사되었고, 그 과정에서 필사자의 해석이나 문체가 가감되어 내용이 달라지는 이본(異本)이 다수 생겨났다"고 명시되어 있으므로 적절하다.

오답풀이) ① 비교 혼동의 오류이다. 본문에서 필사본 유통은 "고전소설의 가장 오래된 전파 방식"이라고 했고, 세책 유통은 "도시 상업 발달과 함께 등장한 새로운 유통 체계"라고 명시되어 있으므로 세책이 먼저 등장했다는 것은 오류이다.
③ 극단의 오류이다. 본문에서 세책점은 "특히 여성과 중인층을 주요 독자로 확보하였다"고 했는데, 선지에서는 양반층만을 주요 독자로 했다고 한 오류이다.
④ 미언급의 오류이다. 본문에서는 세책가 유통이 "작가와 독자, 그리고 시장이 유기적으로 연결되는 문화적 순환 구조"를 만들었다고 했지만, 필사본이 이러한 구조를 만들지 못했다는 내용은 언급되지 않았다.

신유형 2025 버전 2 p.166

02 ▶ ②

정답풀이) 2문단에서 "고전 영웅소설의 여로형 구조는 시련을 통해 원래의 질서를 복원하고, 공동체적 가치를 재확인하는 방향으로 귀결된다."라고 하였다. 반면 3문단에서 "여정은 일상과 사회를 낯설게 바라보게 하고, 주인공에게 현실의 부조리와 무력감을 인식하게 만든다."라고 하였다. 따라서 『만세전』의 주인공은 고전 영웅소설과 달리 여정을 통해 현실의 부조리를 인식하고 좌절하게 된다고 할 수 있다.

오답풀이) ① 극단의 오류이다. 고전 영웅소설은 원점 회복으로 끝나지만, 『만세전』은 각성과 절망으로 이어진다. 따라서 두 작품 모두 원점 회복으로 끝난다고 할 수 없다.
③ 극단의 오류이다. 『만세전』의 주인공은 "현실의 부조리와 무력감"을 인식할 뿐, 영웅적 자질을 인정받거나 사회적 질서를 복원하지 않는다.
④ 미언급의 오류이다. 제시문 어디에도 『만세전』이 "정착을 통해 현실을 직시한다"는 언급은 없으며, 오히려 "여정을 통해" 인식을 얻고 각성과 절망으로 이어지는 여로를 보여준다고 하였다.

문제훈련 현대 문학, 고전 문학 p.107

한눈에 보기
| 01 ④ | 02 ② | 03 ② | 04 ② | 05 ② |
| 06 ④ | 07 ① | 08 ③ | 09 ② | 10 ④ |

01 ▶ ④

정답풀이) 2문단에서 "고전소설은 현실의 문제를 사실적으로 그리기보다는 교훈적 메시지와 권선징악적 구조에 치중한다."라고 하였고, 3문단에서 "이 작품은 영웅적 해결이나 권선징악적 결말이 아닌, 가난과 병으로 고통받는 하층민의 삶을 있는 그대로 묘사한다."라고 하였다. 따라서 『운수 좋은 날』은 고전소설과 달리 영웅 서사적인 해결 대신 현실의 모순과 비극을 사실적으로 드러낸다는 설명은 옳다.

오답풀이) ① 극단의 오류이다. 2문단에서 "고전소설은 현실의 문제를 사실적으로 그리기보다는 교훈적 메시지와 권선징악적 구조에 치중한다."라고 하였으므로, 고전소설이 현실을 재현하여 사회적 모순을 드러낸다고 볼 수는 없다.
② 주체 혼동의 오류이다. 『운수 좋은 날』의 주인공이 김첨지인 것은 맞지만, 3문단에서 "『운수 좋은 날』은 고전소설이 보여 주는 이상적 세계와는 달리, 현실의 비극을 사실적으로 재현함으로써 새로운 소설의 경향을 드러낸다."고 하였으므로 김첨지가 우연의 사건을 통해 비극을 해결하는 서사라고 할 수 없다. 우연의 사건을 통해 비극을 해결하는 서사는 고전소설의 서사이다.
③ 비교 혼동의 오류이다. 제시문 2문단에서 "고전소설은 현실의 문제를 사실적으로 그리기보다는 교훈적 메시지와 권선징악적 구조에 치중한다."라고 하였고, 3문단에서 "이 작품은 영웅적 해결이나 권선징악적 결말이 아닌, 가난과 병으로 고통받는 하층민의 삶을 있는 그대로 묘사한다."라고 하였으므로, 오히려 고전소설이 영웅 서사적인 해결을 통해 서사를 이끌어가고 근대소설 『운수 좋은 날』은 현실의 모순과 비극을 사실적으로 드러낸다고 할 수 있다.

02 ▶ ②

정답풀이 2문단에서 "1960년대 산업화의 그늘 속에서 무진의 안개는 단순한 자연 현상이 아니라, 도시 문명과 근대화의 허구성을 드러내는 장치였다.", "이는 당시 젊은 지식인들이 현실 속에서 겪은 불안과 무력감을 반영한다는 점에서 「무진기행」 또한 역사적 맥락과 긴밀히 연결된다."고 하였으므로 「무진기행」은 도시 문명의 허구성을 드러내며 역사적 맥락과 긴밀히 연결된다고 할 수 있다.

오답풀이 ① 주체 혼동의 오류이다. 1문단에서 "반면 김승옥의 「무진기행」은 1960년대 산업화 사회 속에서 한 개인이 느끼는 소외감과 공허함을 섬세한 내면 묘사를 통해 드러냈다."고 하였으므로 주인공 내면의 허무를 중심으로 개인의 소외를 섬세히 드러낸 작품은 「만세전」이 아니라 「무진기행」이다.
③ 미언급의 오류이다. 3문단에서 "조세희의 「난장이가 쏘아올린 작은 공」에서도 도시 빈민의 삶을 통해 산업화 과정의 구조적 모순이 제시된다."고 하였으므로 산업화의 밝은 면을 드러내는 것이 아니고, 이에 대비되는 개인의 실패를 한탄하는 것도 지문에서 전혀 제시되지 않은 내용이다.
④ 반대의 오류이다. 2문단에서 "「무진기행」에서 나타나는 내면의 허무는 개인적 차원을 넘어 사회 현실을 은유적으로 드러내는 기능을 한다."고 하였으므로 「무진기행」을 사회적 맥락과는 무관하게 개인의 심리 묘사에 철저하게 집중한 작품으로 보기는 힘들다.

03 ▶ ②

정답풀이 2문단에서 "이처럼 고전소설에서는 다양한 인물의 목소리가 동등하게 충돌하기보다는, 하나의 도덕적 가치가 중심이 되어 다른 목소리를 압도한다."라고 하였고, 3문단에서 "『삼대』는 고전소설의 단일 가치 구조와 달리, 다양한 목소리가 공존하고 충돌하는 다성적 서사를 통해 근대 사회의 현실을 사실적으로 드러낸다."라고 하였다. 따라서 『삼대』는 다양한 세대와 계층의 목소리가 충돌하며 전개되지만, 고전소설은 단일한 도덕 가치가 중심이 된다고 할 수 있다.

오답풀이 ① 극단의 오류이다. 2문단에서 "고전소설은 대체로 서술자의 권위 아래 단일한 도덕과 가치가 강조된다."고 하였으므로 여러 인물의 목소리와 가치가 나타나지 않는다. 또한 3문단에서 『삼대』는 "단일한 도덕의 승리를 보여 주지 않고, 오히려 전통과 근대, 개인과 사회의 가치가 얽히는 복합적인 양상을 드러낸다."고 하였으므로 『삼대』가 권선징악을 교훈으로 내세우고 도덕적 가치를 강조한다고 할 수도 없다.
③ 극단의 오류이다. 2문단에서 고전소설은 "하나의 도덕적 가치가 중심이 되어 다른 목소리를 압도"한다고 하였으므로 다성적 구조를 형성하지 않는다.
④ 반대의 오류이다. 2문단에서 "고전소설은 대체로 서술자의 권위 아래 단일한 도덕과 가치가 강조된다."고 하였으므로 고전소설은 전통과 근대, 개인과 사회의 가치가 복합적으로 충돌하지 않는다. 또한 3문단에서 "인물들의 갈등은 단일한 도덕의 승리를 보여 주지 않고"라 하였으므로 『삼대』에서 현대 도덕 질서의 승리를 보여 준다고도 할 수 없다.

04 ▶ ②

정답풀이 2문단에서 "고전소설의 결말은 대체로 권선징악의 구조 속에서 이상적 질서가 회복되는 방식으로 제시된다."라고 하였고, 3문단에서 "이 작품에서 비극은 권선징악적 교훈으로 수렴되지 않고, 오히려 사회 구조적 모순과 빈곤의 악순환을 폭로하는 기능을 한다."라고 하였다. 따라서 고전소설은 권선징악적 구조 속에서 이상적 질서를 회복하지만, 『감자』는 주인공의 몰락을 통해 사회적 모순을 폭로한다고 할 수 있다.

오답풀이 ① 극단의 오류이다. 2문단에서 고전소설이 "권선징악의 구조 속에서 이상적 질서가 회복되는 방식으로 제시된다."라고 하였으므로, 사회적 모순을 폭로한다는 설명은 맞지 않다.
③ 주체 혼동의 오류이다. 2문단에서 고전소설의 비극은 "대체로 권선징악을 강화하기 위한 장치에 불과하다."라고 하였고, 3문단에서는 『감자』가 "비극은 권선징악적 교훈으로 수렴하지 않고, 오히려 사회 구조적 모순과 빈곤의 악순환을 폭로하는 기능을 한다."라고 하였으므로, 두 작품의 역할을 바꿔 설명한 오류이다.
④ 극단의 오류이다. 2문단에서 "비극적 결말은 일시적으로 나타날 수 있으나, 이는 대체로 권선징악을 강화하기 위한 장치에 불과하다."라고 하였으므로, 고전소설에서도 비극적 결말이 전혀 없었던 것은 이 제시문에서는 알 수 없다. 또한 비극적 결말이 근대소설에서 처음 등장했다는 단정적인 서술도 옳지 않다.

05 ▶ ②

정답풀이 2문단에서 "작품 속 구두는 단순한 생계 수단의 소재가 아니라, 사회적 모순 속에서 짓밟힌 인간 존엄을 드러내는 상징으로 기능한다."라고 하였다. 또한 "노동자의 삶이 비극으로 귀결되는 과정은 단순한 사실 묘사가 아니라 사회 구조의 불합리와 인간 존재의 존엄성을 동시에 부각한다."라고 하였으므로, 「아홉 켤레의 구두로 남은 사내」는 구두를 인간 존엄의 상징으로 형상화하여 사회 구조의 불합리를 강조한다고 할 수 있다.

오답풀이 ① 미언급의 오류이다. 1문단에서 "「소나기」는 소년과 소녀의 짧은 만남과 이별을 통해 삶의 덧없음과 순수한 사랑의 비극을 서정적으로 보여 준다."라고 하였으므로 「소나기」가 소년과 소녀의 순수한 사랑을 비극적으로 그려낸 것은 맞으나, 이를 방해하는 사회의 구조적 모순이 있는지와 작품에 드러났는지는 지문을 통해 알 수 없다.
③ 반대의 오류이다. 3문단에서 "개인의 체험을 통해 전후 사회의 모순을 드러낸다는 점에서"라고 하였으므로 개인적 기억은 전후 사회의 모순을 드러내기 위한 장치로 기능한다는 것을 알 수 있다. 따라서 전후 세대의 개인적 기억을 통해 전후 사회의 모습을 긍정적으로 드러내는 것이 아니라, 비판하는 것이다.
④ 미언급의 오류이다. 주인공이 사랑의 비극으로 인해 삶의 덧없음을 느낀다는 것은 지문 어디에서도 찾을 수 없는 내용이다.

06 ▶ ④

정답풀이 2문단에서 "따라서 고전소설의 서사는 현실의 인과적 필연성보다는 우연적 사건과 초월적 개입을 통해 전개된다."라고 하였고, 3문단에서 "이 작품의 결말은 우연한 기적에 의해 해결되지 않고, 필연적 결과로서 주인공의 운명을 드러낸다."라고 하였다. 따라서 『배따라기』는 사건의 전개가 인물의 심리와 사회적 조건에 따른 인과 구조로 전개되지만, 고전소설은 주로 우연과 초월자의 개입을 통해 사건이 해결된다고 할 수 있다.

오답풀이 ① 극단의 오류이다. 2문단에서 고전소설의 사건 전개가 "우연적 사건과 초월적 개입"에 의존한다고 했지만, 3문단에서는 『배따라기』의 결말이 "우연한 기적에 의해 해결되지 않고, 필연적 결과"라고 했다. 따라서 고전 소설은 비극적 결말을 필연적으로 이끌지 않으며 『배따라기』는 사건을 우연과 초월자의 개입을 중심으로 전개하지 않는다.
② 반대의 오류이다. 3문단에서 "『배따라기』는 사건을 인물의 성격과 심리, 사회적 조건에 따른 인과적 구조 속에서 전개된다."라고 하였으므로 사건의 전개가 인물의 심리와 사회적 조건에 따른 인과 구조로 전개되는 것은 옳으나, 『배따라기』의 결말이 "우연한 기적에 의해 해결되지 않고, 필연적 결과로서 주인공의 운명을 드러낸다."라고 하였으므로 결국 기적을 통해 비극이 해소되는 결말이 나타나는 것은 아니다.
③ 미언급의 오류이다. 『배따라기』에 대한 설명에서 사회적 모순을 폭로한다는 내용은 언급되지 않고 있으므로 적절하지 않다.

07 ▶ ①

정답풀이 2문단에서 "따라서 고전소설은 자기지시성을 드러내기보다는 허구성을 은폐하여 사실성을 강조한다."라고 하였고, 3문단에서 "『날개』는 자기지시성을 활용하여 소설의 허구적 성격을 드러내고, 독자에게 문학적 자각을 요구한다."라고 하였다. 따라서 『날개』는 화자가 독자에게 직접 말을 걸며 허구적 성격을 드러내지만, 고전소설은 대체로 허구성을 은폐한다고 할 수 있다.

오답풀이 ② 비교 혼동의 오류이다. 2문단에서 "고전소설은 대체로 허구적 장치를 은폐하여 독자가 마치 현실을 그대로 읽는 듯한 경험을 하게 만든다."고 하였으므로 오히려 고전소설이 『날개』보다 독자가 현실을 그대로 보는 듯한 경험을 하도록 함을 알 수 있다.
③ 주체 혼동의 오류이다. 2문단에서는 고전소설이 허구성을 은폐한다고 했으며, 3문단에서는 『날개』가 허구를 드러낸다고 했다. 두 작품의 성격을 뒤바꾼 설명이다.
④ 극단의 오류이다. 2문단에서 고전소설이 "허구적 구조를 드러내지 않고, 자연스러운 현실 묘사처럼 제시한다."라고 했으므로 고전소설은 허구적 장치를 노출한다고 할 수 없다.

08 ▶ ③

정답풀이 2문단에서 "이처럼 고전소설 속 여성은 자율적인 욕망이나 주체적 선택보다는, 전통적 질서와 도덕을 지키는 역할에 치중한다."라고 하였고, 3문단에서 "이러한 점에서 『무정』의 여성 인물들은 전통적 희생의 도덕적 표상에 머무르지 않고, 새로운 근대적 주체로 재현된다."라고 하였다. 따라서 고전소설은 여성 인물을 전통적 가치와 가부장적 질서를 지키는 장치로 재현하지만, 『무정』은 교육과 선택을 통해 근대적 주체로 형상화한다고 할 수 있다.

오답풀이 ① 비교 미언급의 오류이다. 여성의 독립성이나 여성 인물을 바라보는 방식에 대한 언급이 나오기는 하지만 이들 중 여성 인물을 바라보는 방식이 더 효과적으로 성 역할의 변화를 반영하는지는 이 본문에서는 알 수 없다.
② 반대의 오류이다. 3문단에서 "『무정』의 여성 인물들은 전통적 희생의 도덕적 표상에 머무르지 않고, 새로운 근대적 주체로 재현된다."라고 하였으므로, 여성 인물이 여전히 열녀상에 머물렀다고 하는 설명은 옳지 않다.
④ 2문단에서 고전소설이 "자율적인 욕망이나 주체적 선택보다는, 전통적 질서와 도덕을 지키는 역할에 치중한다."라고 하였으므로, 고전소설이 여성 인물의 자율성을 일정 부분 허용했다고 볼 수는 없다. 또한 『무정』에서 '모든' 여성이 근대적 주체로 재현되게 하였음은 이 본문을 통해 보기에는 어려우므로 극단의 오류이다.

09 ▶ ②

정답풀이 2문단에서 "그들은 작품 속 여주인공의 시련과 인내, 정절과 사랑의 서사를 통해 자신의 삶을 투사하고 위로를 얻었다"고 명시되어 있으므로 적절하다.

오답풀이 ① 반대의 오류이다. 1문단에서 사대부 남성은 소설을 "교양 있는 문학이라기보다 하층의 오락물로 인식했다"고 했고, "공공연히 읽기보다는 은밀하게 필사본을 구해 읽었다"고 명시되어 있으므로 공개적으로 권장했다는 것은 반대로 서술된 오류이다.
③ 주체 혼동의 오류이다. 1문단에서 사대부 남성은 "작품 속 인물의 행위를 도덕적 기준에 따라 평가"했고 "이성적이고 비판적인 성격"의 독서를 했다고 명시되어 있는데, 정서적 관점과 감상적 수용은 아녀자층의 특징이므로 주체를 혼동한 오류이다.
④ 2문단에서 아녀자층의 향유는 "감정적 공감과 일상적 위안을 중심으로" 이루어졌다고 했고, 현실 비판과 도덕적 교훈을 중시한 것은 양반 남성층의 특징이므로 잘못된 서술이다.

10 ▶ ④

정답풀이 2문단에서 "야담은 기층 사회의 생활과 정서를 담았다는 점에서 민중적 성격을 띠지만, 실제 기록자는 대부분 사대부로서, 그들의 견문과 취향이 반영되었다. 이 때문에 야담은 민중적 시선과 사대부 시선이 교차하는 이중 구조를 지닌다"고 명시되어 있으므로 적절하다.

오답풀이 ① 주체 혼동의 오류이다. 1문단에서 전계소설은 "주로 사대부가의 인물이나 가문의 역사를 소재로"한다고 명시되어 있는데, 기층 민중의 일상생활과 풍속은 야담계소설의 특징이므로 주체를 혼동한 오류이다.
② 극단의 오류이다. 2문단에서 야담계소설의 기록자는 "사실과 허구를 구별하지 않고 흥미로운 사건이나 풍속, 기이한 인물을 자유롭게 서술하였다"고 명시되어 있으므로, '오직' 사실적 기록만 추구했다는 극단적 표현은 적절하지 않다.
③ 극단의 오류이다. 1문단에서 전계소설의 작가들은 "유교적 가치인 충·효·열의 실천을 강조하면서도, 인물의 심리를 세밀하게 드러내어 현실 속 도덕적 이상과 인간적 욕망의 갈등을 함께 탐색하였다"고 했으므로, '부정적인 것으로만' 묘사했다는 극단적 표현은 적절하지 않다.

문법 독해 결합형

Chapter 18 형태론, 통사론, 음운론

亦功 천기누설 혜선팍 독해 pin point

한눈에 보기
01 ② 02 ④ 03 ③

신유형 2025 버전 1   p.177

01 ▶ ②

정답풀이 '접두사는 어근의 품사를 바꾸지 못하고 어근에 의미만 첨가하는 경우가 대부분이다.'라고 본문에 나와 있다. 접두사인 '한-'이 명사인 '겨울'과 결합이 되면 '한겨울'도 명사로 그대로 유지되므로 품사가 바뀌지 않음을 알 수 있다. '한-'이 붙음으로써 '한창'의 의미만 더해주고 있으므로 의미만 더해준다는 것도 옳다.

오답풀이 ① 본문에 따르면 직접 구성 요소란 "둘 이상의 형태소로 이루어진 구성체를 일차적으로 나누었을 때 나뉘어 나온 각각의 요소"를 의미한다. '싸움꾼'은 일차적으로 '싸움'과 '-꾼'으로 나누어지므로, '싸움'과 '-꾼'이 직접 구성 요소가 된다. '싸움'을 다시 '싸-'와 '-움'으로 나누는 것 자체가 틀렸다. '싸우-'+'-ㅁ'으로 나눠야 하며 이렇게 나눈다고 하더라도 이는 이차적인 분석이므로, '싸움질'의 직접 구성 요소라고 할 수 없다.
③ 본문에서는 '크기'의 '-기'에 대해 "어근의 품사도 바꾸어 주는 예"라고 설명하고 있다. 이를 통해 접미사 '-기'는 어근의 품사를 바꾸는 기능을 한다는 것을 알 수 있다. '크기'의 경우에도 '크-'(형용사 어근)에 '-기'(접미사)가 결합하여 명사가 된 것으로, '-기'는 어근 '크-'의 품사를 형용사에서 명사로 바꾸는 기능을 한다. 따라서 "어근의 의미를 바꾸지만 품사는 유지시킨다"는 설명은 적절하지 않다.
④ 본문 첫 문장에서 "파생어란 실질적인 의미를 가진 어근에 접두사나 접미사와 같은 파생접사가 결합하여 의미나 품사에 변화가 생긴 단어를 말한다"라고 정의하고 있다. 이는 파생어가 '어근+파생접사'의 구조로 이루어짐을 의미한다. 그러나 ④번 선지에서는 "파생어는 둘 이상의 어근이 결합하여 만들어진 단어"라고 주장하고 있어, 파생어의 기본 개념을 잘못 이해하고 있다. 둘 이상의 어근이 결합한 단어는 합성어에 해당한다.

신유형 2025 버전 2   p.178

02 ▶ ④

정답풀이 (가) '-게 하다'는 통사적 사동문이라는 본문의 언급에 따라 '엄마가 아이에게 약을 먹게 했다'는 "통사적 사동"임을 알 수 있다.
(나) '반면 통사적 사동은 간접 사동의 의미를 가진다.'라는 본문의 언급에 따라 통사적 사동인 문장은 간접 사동의 의미를 가짐을 알 수 있다. 따라서 (나)에는 "사동주인 '엄마'가 사동 대상인 '아이'에게 간접적으로 영향을 미쳐 먹게 하는 것"이 들어가는 것이 적절하다

오답풀이 (가) 파생적 사동은 사동 접미사 '-이-, -히-, -리-, -기-, -우-, -구-, -추-' 등을 붙여 만들므로 이 빈칸에는 적절하지 않다.
(나) "사동주인 '엄마'가 사동 대상인 '아이'에게 먹는 행위를 직접 미치게 한 것이다."는 직접 사동을 의미하므로 간접 사동의 의미만 나타내는 통사적 사동과는 관련이 없다.

신유형 2025 버전 3   p.179

03 ▶ ③

정답풀이 본문에서 "㉠음운 교체는 기존의 음운이 다른 음운으로 바뀌는 것을 말한다. 이때 바뀌는 음운은 대체되어 원래의 음운이 완전히 사라지며, 새로운 음운이 그 자리를 대신한다"라고 설명하고 있다. '놓고'를 [노코]로 발음하는 것은 자음 'ㅎ'과 'ㄱ'이 합쳐져 'ㅋ'이 되는 음운 축약 현상으로, 두 개의 음운이 결합하여 하나로 줄어드는 것이다. 따라서 ③번은 음운 교체가 아닌 음운 축약에 해당한다.

오답풀이 ① 본문에서 "음운 교체는 기존의 음운이 다른 음운으로 바뀌는 것"이라고 설명하고 있다. '받는다'를 [반는다]로 발음하는 것은 자음 'ㄷ'이 뒤의 비음 'ㄴ'의 영향으로 'ㄴ'으로 대체되는 비음화 현상으로, 음운 교체에 해당한다.
② 본문에서 "음운 교체는 기존의 음운이 다른 음운으로 바뀌는 것"이라고 설명하고 있다. '밭'을 [받]으로 발음하는 것은 자음 'ㅌ'이 대표음 'ㄷ'으로 바뀌는 음절의 끝소리 규칙으로, 음운 교체에 해당한다.
④ 본문에서 "음운 교체는 기존의 음운이 다른 음운으로 바뀌는 것"이라고 설명하고 있다. '먹는다'를 [멍는다]로 발음하는 것은 자음 'ㄱ'이 뒤의 비음 'ㄴ'의 영향으로 'ㅇ'으로 대체되는 비음화 현상으로, 음운 교체에 해당한다.

문제훈련 형태론, 통사론, 음운론 p.180

한눈에 보기
01 ③ 02 ② 03 ④ 04 ④ 05 ③
06 ④ 07 ① 08 ③ 09 ② 10 ①

01 ▶ ③

정답풀이 • 꺾쇠(비통사적 합성어): 꺾-(용언 '꺾다'의 어간)+쇠 - 관형사형 전성 어미 '은' 없이 체언을 수식
• 검푸르다(비통사적 합성어): 검-(용언 '검다'의 어간)+푸르다 - 연결 어미 '고' 없이 용언끼리 결합됨
• 보슬비(비통사적 합성어): 보슬(부사)+비(명사) - 부사가 체언을 수식

오답풀이 ① • 안팎(통사적 합성어): 안ㅎ(명사 'ㅎ'종성 체언)+밖(명사)
• 척척박사(비통사적 합성어): 척척(부사)+박사(명사) - 부사가 체언을 수식
• 봄비(통사적 합성어): 봄(명사)+비(명사) - 통사적 합성어
② • 돌보다(비통사적 합성어): 돌-(용언 '돌다'의 어간)+보다(용언) - 연결 어미 '아' 없이 용언끼리 결합됨
• 눈물(통사적 합성어): 눈(명사)+물(명사) - 통사적 합성어
• 곧잘(통사적 합성어): 곧(부사)+잘(부사) - 통사적 합성어
④ • 소나무(통사적 합성어): 솔(명사 'ㄹ' 탈락)+나무(명사)
• 여닫다(비통사적 합성어): 열-(용언 '열다'의 어간)+닫다 - 연결 어미 '고' 없이 용언끼리 결합됨
• 늦잠(비통사적 합성어): 늦-(용언 '늦다'의 어간)+잠 - 관형사형 어미 없이 용언끼리 결합됨

02 ▶ ②

정답풀이 어간 '치르-'에 어미 '-어'가 결합하여 '치러'가 되는 것은 어간에서 모음 'ㅡ'가 탈락하고 어미 '-어'가 결합한 것으로 어간의 형태는 바뀌지만 'ㅡ'의 탈락은 규칙 활용이다.

오답풀이 ① 어간 '긷-'에 어미 '-어'가 결합하여 '길어'가 되는 것은 ㄷ 불규칙 활용으로 어간의 형태는 '긷-'에서 '길-'로 변하지만 어미의 형태는 '-어'로 그대로 유지되기 때문에 어간이 바뀌는 불규칙 활용이다.
③ 어간 '이르-'에 어미 '-어'가 결합하여 '이르러'가 되는 것은 -러 불규칙 활용으로 어간의 형태는 '이르-'로 그대로 유지되지만 어미의 형태가 '-어'에서 '-러'로 변하기 때문에 어미가 바뀌는 불규칙 활용이다.
④ 어간 '까맣-'에 어미 '-아'가 결합하여 '까매'로 활용하는 것은 ㅎ 불규칙 활용으로 어간 '까맣-'에서 'ㅎ'이 탈락하고 어미의 형태도 모음 'ㅏ'가 'ㅐ'로 변하기 때문에 어간과 어미가 모두 바뀌는 불규칙 활용이다.

03 ▶ ④

정답풀이 '바로'는 '불어서'를 수식하는 성분 부사이다.

오답풀이 ① '결코'는 '그는 그 사건의 범인이 아니다'라는 문장에서 화자의 확신을 나타내는 양태 부사이다.
② '만약'은 '우리 팀이 경기에서 진다면 어떡하지?'라는 문장에서 화자의 추측이나 가정을 나타내는 양태 부사이다.
③ '제발'은 '제 말을 믿어주세요'라는 문장에서 화자의 희망이나 바람을 나타내는 양태 부사이다.

04 ▶ ④

정답풀이 '오늘 저녁에 함께 공부하자.'는 청유문으로, 본문에 따르면 "청유문의 주어는 화자와 청자를 포함하는 '우리'가 된다"고 설명되어 있다. 그러나 선지에서는 이 문장의 생략된 주어가 "청자가 아닌 화자만을 지칭한다"고 했으므로 적절하지 않다. 청유형 종결어미 '-자'가 사용된 문장에서 생략된 주어는 화자와 청자를 모두 포함하는 '우리'이다.

오답풀이 ① 본문에서 "높임의 대상을 주어로 표시할 때는 '께서'가 사용된다"라고 설명했다. '선생님께서 교실에 들어오셨다.'에서 '선생님'은 높임의 대상이므로 주격 조사 '께서'가 사용된 것은 적절하다.
② 본문에서 "단체나 기관을 나타내는 명사 뒤에서는 '에서'가 주격 조사로 기능한다"라고 설명했다. '우리 동아리에서 축제를 준비했다.'에서 '동아리'는 단체를 나타내는 명사이므로 '에서'가 주격 조사로 사용된 것은 적절하다.
③ 본문에서 "명령문이나 청유문에서는 주어가 흔히 생략되는데, 이 경우 명령문의 주어는 청자"라고 설명했다. '물 좀 가져다 줘.'는 명령문으로, 생략된 주어는 청자인 '너'이며 이는 문맥을 통해 파악할 수 있다는 설명은 적절하다.

05 ▶ ③

정답풀이 '소녀는 밤새 소설책을 읽었다'에서 '밤새'는 시간을 나타내는 부사어로, 문장에서 생략해도 '소녀는 소설책을 읽었다'라는 문장이 성립한다. 본문에서 "부속 성분은 주성분과 달리 생략이 가능한 성분으로, 문장의 의미를 더욱 풍부하게 해 준다"라고 설명하고 있다. 따라서 '밤새'는 부사어로 생략이 가능한 부속 성분이라는 설명은 적절하다.

오답풀이 ① '민수는 그녀를 사랑으로 보살폈다'에서 '사랑으로'는 부사어로, 주성분이 아니다. 본문에 따르면 문장의 주성분은 주어, 서술어, 목적어, 보어에 한정되며, '사랑으로'는 부사어이므로 주성분에 포함되지 않는다. 또한 '사랑으로'는 서술어 '보살폈다'와 함께 쓰여 보살핌의 역할을 보충하는 수의적 부사어일 뿐, 없어도 문장이 문법적으로 성립 가능하므로 반드시 필요한 주성분이라고 볼 수 없다.
② '할머니께서는 그 이야기가 진실이 아니라고 생각하셨다'에서 '그 이야기가'는 내포된 문장 '그 이야기가 진실이 아니다'의 주어이지, 서술어 '생각하셨다'의 주어가 아니다. 이 문장의 주어는 '할머니께서는'이다.

④ '나의 친구는 모든 사람들에게 인기가 많다'에서 '인기가'는 주어이며, 보어가 아니다. 이 문장에서 보어는 없으며, 서술어는 '많다'이다. 보어는 '되다', '아니다'와 같은 서술어가 필요로 하는 성분인데, '많다'는 이러한 서술어가 아니므로 이 문장에 보어는 없다.

06 ▶ ④

정답풀이 '받아들여지다'는 '받아들+이(사동 접미사)+어지(피동 보조 용언)+는'이므로 사동과 피동이 결합된 형태로 문법적으로 옳은 표현이다. 따라서 이중 피동이 아니므로 ㉠의 사례로 옳지 않다.

오답풀이 ① '읽+히(피동 접미사)+어지(피동 보조 용언)+ㄴ'은 이중 피동이므로 옳지 않다.
② '보+이(피동 접미사)+어지(피동 보조 용언)+는'은 이중 피동이므로 옳지 않다.
③ '예상+되(피동 접미사)+어지(피동 보조 용언)+ㅂ니다'는 이중 피동이므로 옳지 않다.

07 ▶ ①

정답풀이 본문에서 "명사형 어미 '-(으)ㅁ'은 주로 완료의 의미를, '-기'는 미완료의 의미를 나타내는 경향이 있다"라고 설명하고 있다. '우리는 그가 떠났음을 알았다'에서는 '떠났음'에 '-(으)ㅁ'이 사용되어 완료의 의미를 나타내고 있으며, '아이들이 공부하기를 원한다'에서는 '공부하기'에 '-기'가 사용되어 미완료의 의미를 나타내고 있다. 따라서 두 안긴문장은 모두 명사절이지만, 전자는 완료의 의미를, 후자는 미완료의 의미를 나타낸다는 설명은 적절하다.

오답풀이 ② '그녀가 쓴 소설이 인기를 끌었다'에서 '그녀가 쓴'은 관형절이지만, 수식을 받는 체언 '소설'이 관형절의 목적어 성분('그녀가 소설을 썼다')으로 관형절의 한 성분이 되는 관계 관형절이다. 따라서 동격 관형절이라는 설명은 적절하지 않다.
③ '아이가 키가 크다'에서 '키가 크다'는 서술절이다. 본문에서 "서술절은 절이 문장 전체의 서술어 기능을 하는 것"이라고 설명하고 있다. 따라서 부사절이라는 설명은 적절하지 않다.
④ '그는 "나는 학생이다"라고 말했다'에서 '"나는 학생이다"라고'는 직접인용절이다. 본문에서 "직접인용절은 '라고', '하고'가 붙고 따옴표를 사용하는 반면, 간접인용절은 '고'가 붙고 따옴표를 사용하지 않는다"라고 설명하고 있다. 따라서 간접인용절이라는 설명은 적절하지 않다.

08 ▶ ③

정답풀이 본문에서 "부정 표현 '-지 않다'가 줄어든 형태인 '-잖다'는 문맥에 따라 부정이 아닌 '사실 확인'이나 '동의 요청'의 의미로 사용되기도 한다"라고 설명하고 있다. '너도 그 책 재미있다고 했잖아'에서 '-잖아'는 '하지 않았다'라는 부정의 의미가 아니라, '했다는 사실을 확인하고 있지 않니?'라는 의미로 사용되었다. 이는 본문에서 예로 든 "어제 거기서 만났잖아"와 같은 용법이다. 따라서 이 설명은 적절하다.

오답풀이 ① '방청소를 내일 하겠다고 약속했는데 안 했어'에서 '안'은 본문에 따르면 "주어의 의지에 따른 부정이나 단순 부정"을 나타낸다. 약속했는데 하지 않았다는 것은 주어의 의지적 부정에 해당한다. 따라서 '안'이 주어의 능력 부족으로 인한 부정을 나타낸다는 설명은 적절하지 않다.
② '비가 와서 운동장에 나가지 못했어요'에서 '못'은 본문에 따르면 "능력 부족이나 외부적 요인으로 인한 부정"을 나타낸다. 비가 와서 나가지 못했다는 것은 외부적 요인으로 인한 부정에 해당한다. 따라서 '못'이 주어의 의지에 따른 부정을 나타낸다는 설명은 적절하지 않다.
④ '남부럽잖은 재능을 가졌다'에서 '-잖은'은 본문에서 설명한 "일부 형용사에서는 '-잖다'가 하나의 단어로 굳어져 '달갑잖다', '시답잖다'처럼 부정의 의미를 유지하는 경우"에 해당한다. '남부럽잖은'은 '남부럽지 않은'이라는 부정의 의미를 유지하는 형용사로 쓰인 것이다. 따라서 부정의 의미가 아니라 동의 요청의 의미로 사용되었다는 설명은 적절하지 않다.

09 ▶ ②

정답풀이 본문에서 "된소리되기는 주로 안울림소리(ㄱ, ㄷ, ㅂ) 뒤에서 일어나는 필수적 음운 변동이다"라고 설명하고 있다. '등불'을 [등뿔]로 발음하는 것은 울림소리인 받침 'ㅇ' 뒤에서 된소리가 나타나는 사잇소리 현상으로, 합성어에서 관형격 기능을 나타내는 의미적 변화이다. 따라서 ②번은 일반적인 된소리되기가 아닌 사잇소리 현상에 해당한다.

오답풀이 ① 본문에서 "된소리되기는 주로 안울림소리 뒤에서 일어나는 필수적 음운 변동"이라고 설명하고 있다. '입고'를 [입꼬]로 발음하는 것은 안울림소리인 받침 'ㅂ' 뒤에서 'ㄱ'이 'ㄲ'으로 바뀌는 된소리되기에 해당한다.
③ 본문에서 "된소리되기는 주로 안울림소리 뒤에서 일어나는 필수적 음운 변동"이라고 설명하고 있다. '막대'를 [막때]로 발음하는 것은 안울림소리인 받침 'ㄱ' 뒤에서 'ㄷ'이 'ㄸ'으로 바뀌는 된소리되기에 해당한다.
④ 본문에서 "된소리되기는 주로 안울림소리 뒤에서 일어나는 필수적 음운 변동"이라고 설명하고 있다. '닫다'를 [닫따]로 발음하는 것은 안울림소리인 받침 'ㄷ' 뒤에서 'ㄷ'이 'ㄸ'으로 바뀌는 된소리되기에 해당한다.

10 ▶ ①

정답풀이 본문에서 "ㄴ 첨가는 합성어에서 앞말이 자음으로 끝나고 뒷말이 'ㅣ, ㅑ, ㅕ, ㅛ, ㅠ' 등으로 시작할 때 그 사이에 'ㄴ' 소리가 새롭게 삽입되는 현상이다"라고 설명하고 있다. '예삿일이 아니다'에서 '예삿일'을 [예산닐]로 발음하는 것은 ㄴ 첨가 현상에 해당한다. 따라서 ①번이 ㉠에 해당하는 적절한 사례이다.

오답풀이 ② 본문에서 "비음화는 비음이 아닌 자음이 인접한 비음의 영향을 받아 비음으로 바뀌는 현상"이라고 설명하고 있다. '법망'을 [범망]으로 발음하는 것은 'ㅂ'이 뒤의 비음 'ㅁ'의 영향으로 'ㅁ'으로 바뀌는 비음화 현상으로, ㄴ 첨가가 아니다.
③ 본문에서 "비음화는 비음이 아닌 자음이 인접한 비음의 영향을 받아 비음으로 바뀌는 현상"이라고 설명하고 있다. '십만'을 [심만]으로 발음하는 것은 'ㅂ'이 뒤의 비음 'ㅁ'의 영향으로 'ㅁ'으로 바뀌는 비음화 현상으로, ㄴ 첨가가 아니다.
④ 본문에서 "비음화는 비음이 아닌 자음이 인접한 비음의 영향을 받아 비음으로 바뀌는 현상"이라고 설명하고 있다. '받는'을 [반는]으로 발음하는 것은 'ㄷ'이 뒤의 비음 'ㄴ'의 영향으로 'ㄴ'으로 바뀌는 비음화 현상으로, ㄴ 첨가가 아니다.

Chapter 19 이외의 문법 영역

亦功 천기누설 혜선팍 독해 pin point

한눈에 보기
01 ④   02 ②

신유형 2025 버전 1 p.186

01 ▶ ④

정답풀이 닉이 '과갈라.'라고 말했을 때, 선생님과 다른 친구들이 알아듣지 못한 것은 언어의 사회성과 관련된 것이다.

오답풀이 나머지는 적절한 반응이다.

신유형 2025 버전 2 p.187

02 ▶ ②

정답풀이 제시문에서 "'례'를 제외한 '계, 몌, 폐, 혜'의 이중 모음 [ㅖ]가 단모음 [ㅔ]로 발음되는 것은 표준 발음으로 인정된다"라고 하였다. 이에 따라 '핑계'를 [핑게]로 발음하는 것은 표준 발음으로 인정되지만, '사례'를 [사레]로 발음하는 것이 표준 발음으로 인정된다는 것은 적절한 추론이 아니다.

오답풀이 ① 제시문에서 '단어의 첫음절 이외의 '의'는 [이]로' 발음할 수 있다는 것을 알 수 있다. 따라서 '협의'는 둘째 음절에 오는 '의'를 [이]로 바꾸어 [혀비]로 발음될 수 있지만, 이는 표기에 반영되지 않으므로 '협의'로 적어야 한다는 것은 적절한 추론이다.
③ 제시문에서 "'례'를 제외한 '계, 몌, 폐, 혜'의 이중모음 [ㅖ]가 단모음 [ㅔ]로 발음되는 것은 표준 발음으로 인정된다"라고 하였으며, "자음을 첫소리로 가지고 있는 음절의 'ㅢ'는 [ㅣ]로 발음"한다고 하였다. 따라서 '폐품'은 [페품]으로 발음해도 되고, '닁큼'은 [닝큼]으로 발음해야 하므로 이들에 쓰인 모음을 모두 단모음으로 발음해도 표준 발음으로 인정된다는 것은 적절한 추론이다.
④ 제시문에서 "자음을 첫소리로 가지고 있는 음절의 'ㅢ'는 [ㅣ]로 발음"한다고 하였으므로, '띄어쓰기'는 [띠어쓰기]로 모든 모음이 단모음으로만 발음될 수 있지만, '의의'는 단어의 첫음절을 [의]로만 발음해야 한다.

문제훈련 이외의 문법 영역   p.188

한눈에 보기
01 ③   02 ④   03 ②   04 ④   05 ③
06 ①   07 ①

01 ▶ ③

정답풀이 '간접 발화가 직접 발화보다 화자의 의도를 더 잘 전달한다.'는 것은 이 글에서 언급이 되고 있지 않다.

오답풀이 ① 처음 문장 "글의 기본 단위가 문장이라면 구어를 통한 의사소통의 기본 단위는 발화이다."와 일치한다.
② 2문단의 처음 문장 "일상 대화에서도 간접 발화는 많이 사용되는데, 그 의미는 맥락에 의존하여 파악된다."와 일치한다.
④ 마지막 문장 "직접 발화보다 청유 형식이나 의문 형식의 간접 발화를 사용하면 공손함이 잘 드러나기도 한다."와 일치한다.

02 ▶ ④

정답풀이 특정한 의미를 가진 단어가 그 의미를 확장하여 더 넓은 범위의 대상을 가리키게 된 경우에 해당하므로 의미 확대의 예이다.

오답풀이 ① 의미가 완전히 다른 의미로 바뀐 것이므로 의미 이동의 예이다.
② 의미 범위가 좁아졌으므로 의미 축소의 예이다.
③ 의미 범위가 좁아졌으므로 의미 축소의 예이다.

03 ▶ ②

정답풀이 '높다'와 '낮다' 사이에는 중간 단계가 존재하므로 정도 반의어이다. '저 산은 높지 않다.'와 같이 중간 단계에 해당하는 문장을 만들 수 있으므로 상보 반의어로 볼 수 없다.

오답풀이 ① 방향 반의어는 관계나 이동, 공간 측면에 있어서 대립이 된다고 하였다. 아래쪽과 위쪽은 기준이 되는 위치를 중심으로 서로 자리를 바꾸어 나타낼 수 있으므로 적절하다.
③ 상보 반의어는 서로 겹치지 않는 두 영역으로 철저히 대립되는 쌍이라고 하였다. 살아 있는 것과 죽어 있는 것 사이에는 중간 상태가 존재하지 않으므로 상보 반의어로 적절하다.
④ '스승'과 '제자' 사이에는 중간 단계가 존재하지 않으므로 방향 반의어로 적절하다.

04 ▶ ④

정답풀이 '이때의 '그거'는 앞선 발화의 '지난번 꽃'을 대신하는 대용 표현이다.'라는 서술을 참고할 때 적절하다.

오답풀이 ① 지시 표현이 담화에서 언급되는 말을 대신할 때 대용 표현이라고 부르므로 적절하지 않다.
② '접속 표현은 문장과 문장, 발화와 발화를 연결해주는 표현이다.'라고 하였으므로 독립적으로 사용된다는 서술은 적절하지 않다.
③ '"그런데"는 앞의 발화를 뒤의 발화와 이어 주는 접속 표현에 속한다.'라는 서술을 참고할 때 적절하지 않은 선지임을 알 수 있다.

05 ▶ ③

정답풀이 '하의어는 상의어에 포함되는 개념으로, 더 구체적인 의미를 가진다.'라고 하였으므로 일반적이고 포괄적인 의미를 가지는 것은 아니다.

오답풀이 ① '상의어는 보다 일반적이고 포괄적인 의미를 가진 단어로, 여러 하의어를 포함하는 개념이다.'라고 하였다. '사람'은 남성과 여성을 포함하는 개념이므로 적절하다.
② '하의어는 보다 구체적이고 특수한 의미를 가진 단어로, 상의어에 포함되는 개념이다.'라고 하였으므로 운동의 범주 안에 속하는 축구와 야구는 하의어가 될 수 있음을 알 수 있다.
④ '이처럼 상의어는 특정 범주 내의 다양한 하의어들을 총칭하는 역할을 한다.'라는 서술을 참고할 때 적절함을 알 수 있다.

06 ▶ ①

정답풀이 어휘적 빈자리를 채우기 위해 단어 대신 구를 이용하는 예로 '현대 국어에서도 어린 돼지를 '아기 돼지', '새끼 돼지'로 지칭하는 것이 이러한 방식에 해당된다.'라는 설명이 나오므로 적절하다.

오답풀이 ② '주황'과 '초록'은 한자어나 외래어를 사용하여 어휘적 빈자리를 채운 사례이므로 적절하지 않다.
③ '어휘적 빈자리는 지속적으로 존재할 수도 있지만, 여러 방식으로 채워지기도 한다.'라고 하였다. 주로 어떤 방식이 쓰인다는 설명은 없으므로 적절하지 않다.
④ '세 번째 방식은 상의어로 하의어의 빈자리를 채우는 방법이다.'라고 하였다. 따라서 상의어 대신 하의어를 사용한다는 서술은 적절하지 않다.

07 ▶ ①

정답풀이 '낳고'는 어간 '낳'의 받침 'ㅎ'이 'ㄱ'으로 시작하는 어미와 만나 축약 현상으로 인해 [나코]로 발음된다. '쌓는'은 어간 '쌓'의 받침 'ㅎ'이 'ㄴ'으로 시작하는 어미와 만나 음절의 끝소리 규칙과 비음화를 거쳐 [싼는]으로 발음된다. '닳은'의 받침 'ㅎ'은 모음으로 시작하는 어미 '은'과 만나 탈락 현상으로 인해 [다른]으로 발음된다. 받침에 자음군이 올 경우, 뒤에 모음으로 시작하는 형식 형태소가 올 경우 '맑은[말근]'처럼 연음되지만, 자음군의 뒤에 놓은 자음이 'ㅎ'인 경우, 연음되지 않고 탈락하는 것이다.

오답풀이 ② '닳다[달타]'는 ㉠의 예, '쌓인[싸인]'은 ㉢의 예로 적절하지만, '않니[안니]'는 자음군 단순화로 'ㅎ'이 탈락한 것으로, ㉡의 예로 적절하지 않다.
③ '닿지[다치]'는 ㉠의 예, '않아[아나]'는 ㉢의 예로 적절하지만, '옳네[올레]'는 자음군 단순화로 'ㅎ'이 탈락한 것으로, ㉡의 예로 적절하지 않다.
④ '닿네[단네]'는 ㉡의 예, '놓여[노여]'는 ㉢의 예로 적절하지만, '국화[구콰]'는 받침 'ㄱ'과 초성 'ㅎ'이 결합하여 축약이 일어난 것으로, ㉠의 예로 적절하지 않다.

Part 09 논리 독해 결합형

Chapter 20 논리 독해 결합형

亦功 천기누설 혜선팍 독해 pin point

한눈에 보기

01 ②   02 ②

신유형 2025 버전 1 p.195

01 ▶ ②

[정답풀이] 위난 요소가 없는 경우에 '항상' 위법성이 조각되는 것은 아니다. 위법성 조각 사유에는 위난 요소가 있는 '긴급 피난' 말고도, '정당 행위, 정당방위, 피해자의 승낙' 등이 있기 때문이다. 위난 요소가 없더라도, '정당 행위, 정당방위, 피해자의 승낙'이 있다면 위법성 조각이 이루어져 범죄로 판단되지 않을 수 있다.

[오답풀이] ① 1문단의 '범죄의 구성 요건에는 해당성, 위법성, 유책성이 있다. 어떠한 행위가 범죄인지를 판단하기 위해서는 위의 세 가지의 요건을 모두 충족시켜야 한다.'와 일치하는 서술이다.
③ 위난 요소는 위법성을 조각하기 때문에 범죄의 구성 요건이 충족되지 않을 것이다.
④ 남의 집에 침입한 것은 주거 침입죄가 인정되어 처벌을 받게 되어야 하지만, '맹견에게 쫓기는 상황'은 위난 요소이므로 위법성이 조각된다. 즉, 범죄가 아니다.

신유형 2025 버전 2 p.196

02 ▶ ②

[정답풀이] ㄴ. 도파민 분비가 줄어들면 뇌의 신경회로 자극이 줄어들어 기억의 강도는 약해진다. 기억의 강도가 약해지면 머리에 각인되는 이미지가 적어진다. 즉, (도파민 분비↓)→(기억의 강도↓), (기억의 강도↓)→(머리에 각인되는 이미지↓)이므로, 이를 연결하면, 도파민 분비가 줄어들면, 머리에 각인되는 이미지가 적어진다는 추론이 가능하다.

[오답풀이] ㄱ. 나이가 들수록 시간이 빠르게 지나간다고 느껴지는 이유에는 다양한 이유가 있지만, 나이가 들수록 뇌에서 도파민 분비가 줄어든다는 것이 하나의 이유로 제시되고 있다. 즉 도파민 분비가 줄어드는 것은 나이가 들수록 시간이 빠르게 느껴지는 것의 충분조건인 것이다. 이를 기호로 나타내면, (도파민 분비↓)→(나이가 들수록 시간이 빠르게 지나간다고 느낌)이다. 여기에서 도파민 분비가 줄어들지 않으면, 나이가 들어도 시간이 빠르게 지나간다고 느끼지 않는다는 선지의 내용은 추론할 수 없다.

ㄷ. 새로운 경험을 해야만 새로운 자극을 늘릴 수 있는 것은 아니다. 다시 말해, 새로운 경험을 하는 것은 새로운 자극을 늘리는 필요조건은 아니다. 일기를 쓰는 방법으로 새로운 자극을 늘려서 도파민 분비를 증가시킬 수 있는 것이다. 따라서 새로운 경험은 도파민 분비를 증가시키기 위한 필요조건이라는 선지의 내용은 추론할 수 없다.

문제훈련 논리 독해 결합형 p.197

한눈에 보기

01 ①   02 ②   03 ④   04 ②   05 ②
06 ④   07 ②   08 ③   09 ②   10 ①

01 ▶ ①

[정답풀이] 보드리야르에 의하면 대중 매체는 소비자의 욕망을 강제적으로 만든다. 그리고 이 강제성은 개성 뒤에 숨게 된다는 설명이 본문의 3문단에 제시되어 있다. 해당 선지는 개성과 대중들의 욕망을 동일시(개성은 대중들의 욕망으로~)하고 있는데, 이는 3문단의 설명과 어긋나는 것이며, 선지의 후반부에서 상품에 내재된 새로운 기호 가치에 부여된 성질이라는 설명 역시 본문 내의 정보를 가지고 추론할 수는 없다.

[오답풀이] ② 1문단에서 보드리야르는 현대인의 소비가 상품이 상징하는 특정 사회적 지위에 대한 욕구로 인해 일어남을 언급했다. 그리고 이 욕구는 2문단에서 '소비 주체가 어떠한 사람인지, 어떠한 지위에 있는지'로 구체화되며 3문단에서 '상품은 기호로서 조작된다.'는 설명으로 이어진다. 이에 해당 선지에서 특정 사회적 지위에 대한 욕구가 상품에 기호화된다는 설명이 적절하며, 이것이 기호 가치로 작용한다는 것을 추론할 수 있다.
③ 1문단의 전통적 관점(= 전통적인 경제학 이론)에서 합리적인 소비자는 상품의 기능적 가치를 바탕으로 자신이 얻을 효용을 판단하여 소비할 것이라는 내용이 있다. 이 문장에서 합리적 소비자의 소비를 해당 선지의 합리적 소비로 치환하면 선지의 내용이 적절한 추론임을 확인할 수 있다.
④ 3문단에서 대중 매체는 기호 가치에 대한 소비자의 욕망을 강제적으로 만든다는 것을 확인할 수 있다. 또한 대중 매체는 상품에 새로운 기호 가치를 내재시키는데, 이를 활용하여 대중 매체가 상품의

기호 가치를 자극하여 소비자의 욕망을 강제한다는 설명을 이끌어 낼 수 있다.

02 ▶ ②

정답풀이 본문의 2문단에서 강인공지능으로 분류되기 위한 필요조건으로 의식의 존재가 제시되었다. 또한 본문의 3문단에 따르면 어떤 인공지능이 강인공지능으로 분류되기 위해서는 인공지능이 지닌 의식을 통해 스스로가 알고리즘의 한계에서 벗어나야 한다는 것을 드러내고 있다. 이 두 개의 정보를 조합하면 강인공지능으로 분류되기 위해서는 '의식'을 가지고, 스스로가 알고리즘의 한계에서 벗어나야한다는 것을 추론할 수 있다. 해당 선지는 알고리즘의 한계를 극복하지 못하고 있기 때문에 잘못된 선지이다.

오답풀이 ① 1문단의 마지막 문장에 따르면 챗GPT는 우리가 인공지능에서 원하는 바를 충족한 것처럼 느끼게 한다는 것을 알 수 있다. 그런데 2문단의 마지막 문장에서 챗GPT는 자연어 처리 기술이 극에 달한 경우라고 제시하고 있으므로, 이 둘을 조합하여 해당 선지가 옳음을 추론할 수 있다.
③ 3문단의 내용을 통해 인간의 의식에 대해 아직 밝혀진 것이 거의 없음을 확인할 수 있다. 그런데 강인공지능의 탄생은 인공지능의 의식이 전제되어야 한다. 그런데 의식에 대해서 과학적으로 규명할 방법은 아직까지는 존재하지 않으므로, 강인공지능의 탄생은 근본적인 한계를 가지고 있다고 말할 수 있다.
④ 2문단을 통해 자연어 처리 기술이 인간의 언어를 컴퓨터가 알아들을 수 있게 하는 기술임을 확인할 수 있다. 그러나 본문에 따르면 이것은 정말로 컴퓨터가 인간의 언어를 이해하고 공감하는 것은 아니며, 단지 정해진 알고리즘에 의한 수행의 결과일 뿐이라는 것을 확인할 수 있다. 또한 인공지능에 의식을 담는다는 것은 아직까지는 불가능한 기술로, 해당 선지가 적절함을 추론할 수 있다.

03 ▶ ④

정답풀이 중심극한정리란 모든 사건은 정규분포곡선을 따른다는 이론이다. 만약 이 이론이 옳다면 비일상적인 사건들은 과감히 무시해야 한다. 이에 대한 대우는 ~(비일상적인 사건 무시) → ~(중심극한정리 옳음)이다. 그런데 마지막에서 두 번째 문장에서 탈레브는 비일상적인 사건을 무시해서는 안 된다고 주장한다. 따라서 탈레브에 따르면 중심극한정리, 즉 모든 사건은 정규분포곡선을 따른다는 이론은 옳지 않다는 추론이 가능하다.

오답풀이 ① 중심극한정리에 따르면 비일상적인 사건을 포함한 모든 사건은 정규분포곡선을 따른다. 따라서 일상적인 사건들만 정규분포곡선을 따른다고 말할 수 없다.
② 중심극한정리에 따르면 비일상적인 사건들은 과감히 무시하고, 일상적인 사건 중 중요한 사건에 자원과 에너지를 집중시키는 것이 지혜로운 삶의 태도이다. 여기서 모든 자원과 에너지를 집중시키는 사건은 일상적인 사건이라는 것은 추론할 수 있지만, 자원과 에너지를 집중시키지 않는다고 해서 비일상적인 사건인지는 추론할 수 없다. 일상적이지만 중요하지 않은 사건에도 자원과 에너지를 집중시키지 않기 때문이다.
③ 탈레브는 러시아의 우크라이나 침공을 포함한 본문의 사건들을 일상적인 사건이 아닌 비일상적인 사건으로 보았다. 비일상적인 사건이지만 무시하면 안 된다는 주장을 한 것이다.

04 ▶ ②

정답풀이 하인리히에 따르면, 더 올바른 해결책을 찾기 위해서는 직접 원인뿐 아니라 간접 원인을 올바르게 이해해야 한다. 즉 '더 올바른 해결책 → 직접 원인 이해 ∧ 간접 원인 이해', 대우를 취하면, '~직접 원인 이해 ∨ ~간접 원인 이해 → ~더 올바른 해결책'이다. 그런데 직접 원인 = 관찰 가능, 간접 원인 = 관찰 불가능이다. 따라서 '~ 관찰가능 이해 ∨ ~ 관찰 불가능 이해 → ~더 올바른 해결책'이 될 수 있으므로, 관찰 불가능한 원인을 올바르게 이해하지 못하는 경우 더 올바른 해결책을 찾을 수 없다는 추론은 적절하다.

오답풀이 ① 선지의 내용은 '더 올바른 해결책 → 직접 원인 이해'의 역이다. 적절하지 않은 추론이다.
③ 간접 원인을 잘못 이해하게 되면, 더 잘못된 해결책으로 문제를 악화시킨다. 즉 정보의 양이 많아져도 더 잘못된 결정을 내릴 수 있다. 적절하지 않은 추론이다.
④ 원인에 대한 원인, 즉 간접 원인을 올바르게 이해하면, 더 올바른 해결책을 찾을 수 있다. 따라서 원인에 대한 원인을 계속 파헤치는 일이 꼭 문제를 악화시키는 것은 아니다.

05 ▶ ②

정답풀이 선결정이 일어난 것은 선결정된 선택이 그 선택 이전에 일어났던 일련의 사건에 의한 것이므로 주체의 개입이 불가능한 상황에서 발생하는 선택이다. 이에 따라 자유의지 자체가 부정된다.

오답풀이 ① 선결정되지 않은 사건에 주체의 자유의지가 개입한다면 이는 자유의지라고 할 수 있다.
③ 우연이 일어난 선택일지라도 주체의 개입이 확인된다면 이는 자유의지에 의한 것일 것이다.
④ 주체의 개입이 존재하는 것이 자유의지이며, 주체의 개입이 부정된다면 이는 자유의지가 없는 것이라고 할 수 있다.

06 ▶ ④

정답풀이 ㄱ. 켐퍼는 대접에서 발생하는 권력과 지위 관계가 감정으로 이어진다고 보았으므로, 자신에게 낮은 지위를 부여하는 사람이라면 그와의 관계 상실로 인해 진정으로 슬퍼하거나 애도를 표하지 않을 수도 있다고 볼 것이다.
ㄴ. 켐퍼의 주장대로 권력과 지위 관계가 감정을 결정한다면, 범죄자가 동일인일 때 신분이 높은 집안일수록 자식이 살해 당한 것에 대해 더 큰 모욕감과 분노를 느꼈을 것이다.
ㄹ. '대접에서 발생하는 권력과 지위 관계'가 감정을 유발한다면, 결혼

식이나 장례식을 성대하게 치를수록 참석자들은 자신이 더 대접받는다고 느낄 것이고, 이에 따라 느끼는 규범적 감정 또한 클 것이다.

오답풀이 ㄷ. 켐퍼는 '사람들이 규범에 부합하는 감정을 느끼고 또 그것을 느끼기 위해 노력한다는 것을 인정'한다고 하였다. 따라서 평소 자신을 홀대하던 직장 상사의 결혼식이더라도 이에 참석한 사람이 규범에 따라 그 상사의 결혼을 축하하는 감정을 느꼈다면 켐퍼는 이를 인정할 것이다.

07 ▶ ②

정답풀이 ㄱ. 칸트는 도덕법칙은 어떠한 상황에서도 반드시 지켜야 하는 규범이라고 주장하였다. 따라서 옳은 선택지이다.

ㄷ. '도덕법칙을 지키는 인간은 자신의 존엄성을 지키는 인간인 것이다.'라는 구절이 나온다. 이의 대우는 '자신의 존엄성을 지키지 않는 인간은 도덕법칙을 지키지 않는다.'이므로 옳다.

오답풀이 ㄴ. 칸트는 개별적 상황에 의한 도덕적 행위 대신 보편성을 갖는 도덕법칙이 필요하다고 주장하였다. 또한 본문 2문단에는 에스키모인의 예시를 들어 상대성보다 중요한 가치는 인간의 생명이자 존엄성이라는 대목이 나온다. 따라서 '개별적 상황에 따른 도덕적 판단'은 정당화될 수 없다.

08 ▶ ③

정답풀이 ㄱ. 명랑한 사람은 행복하다. 그리고 명랑한 사람이 아니면 건강한 사람이 아니다. 이에 대한 대우는 건강한 사람은 명랑한 사람이다. 따라서 건강한 사람은 명랑한 사람이며, 명랑한 사람은 행복하다의 관계가 성립한다. 그러므로, 건강한 사람은 행복하다는 추론이 가능하다.

ㄷ. 명랑한 사람이 아니라면 건강한 사람은 아니다. 또한 건강한 사람이 아니라면 외모, 부, 명예 등을 갖고 있어도 즐기지 못하게 된다. 즐기지 못하면 마음이 위축되어 명랑한 사람이 되지 못한다. 따라서 명랑한 사람이 아니라면 건강한 사람이 아니고, 건강한 사람이 아니라면 명랑한 사람이 아니라는 관계가 성립한다. 그러므로, 건강한 사람과 명랑한 사람은 필요충분 관계라는 추론이 가능하다.

오답풀이 ㄴ. 아름답거나 돈이 많은 사람이 명랑하지 않을 수는 있지만, 아름답거나 돈이 많은 사람이 모두 명랑하지 않은 것은 아니다. 아름답거나 돈이 많은 사람은 명랑하지 않다는 추론은 적절하지 않다.

09 ▶ ②

정답풀이 ㄱ. 데이터 경제의 핵심이 되는 AI를 고도화하기 위해서는 개인정보를 토대로 한 빅데이터의 축적과 활용이 필수적이라고 언급되어 있다.

ㄷ. 개정 데이터 3법이 시행되었다고 언급된 이후 기업들이 데이터를 활용할 수 있도록 함으로써 데이터 경제를 고도화하는 초석이 마련되었다는 말이 나온다. 따라서 이 선택지도 적절하다.

오답풀이 ㄴ. 우리나라가 EU의 적정성 평가에 두 번이나 탈락했던 주요한 원인으로는 '독립적 개인정보보호기구가 없었던 것'이라고 나와 있다. 따라서 관련 법안이 없었기 때문이라고 볼 수 없다.

10 ▶ ①

정답풀이 ㄱ. 만약 어떤 사람의 선택이 자유의지에 따른 것이라면, 그 선택은 자신의 판단에 따른 것이어야 한다. 대우는 ~(자신의 판단에 따른 선택) → ~(자유의지)이다. 두 번째 문단에 따르면 뇌의 전기신호로 이미 결정된 선택은 자신의 판단에 따른 것이 아니다. 따라서 뇌의 전기신호에 따른 선택은 자유의지에 따른 것이 아니라는 내용은 추론 가능하다.

오답풀이 ㄴ. 다른 사람의 간섭이 없는 선택인 뇌의 전기신호에 따른 선택은 자신의 판단에 따른 선택이 아니다.

ㄷ. 자신의 선택이 뇌의 전기신호에 따른 것임을 인정하는 사람만이 비로소 진정한 자유를 누릴 수 있다. 즉 자신의 선택이 뇌의 전기신호에 따른 것임을 인정하는 사람은 진정한 자유를 누리기 위한 필요조건이나. 이를 기호로 나타내면, (진정한 자유) → (선택이 뇌의 전기신호에 따른 것임을 인정)이다. 또한 다음 문장인 이렇게 진정한 자유를 누리는 경우에만 진정한 삶의 주인이 될 수 있다를 기호로 나타내면 (진정한 삶의 주인) → (진정한 자유)이다. 이를 연결하면, (진정한 삶의 주인) → (진정한 자유) → (선택이 뇌의 전기신호에 따른 것임을 인정)이 된다. 자신의 선택이 뇌의 전기신호에 따른 것임을 인정하는 사람이라면 진정한 삶의 주인이 될 수 있다는 추론할 수 없다.

박혜선

주요 약력
고려대학교 국어국문학과 최우수 수석 졸업
고려대학교 국어국문학과 심화 전공
고려대학교 국어국문학과 중등학교 정교사 2급 자격증
前) 대치, 반포 산에듀 온라인 오프라인 최연소 대표 강사
現) 박문각 공무원 국어 1타 강사

주요 저서
2026 박문각 공무원 박혜선 국어 기본서 출좋포 문법·어휘
2026 박문각 공무원 박혜선 국어 기본서 출좋포 독해·논리
2026 박문각 공무원 박혜선 국어 족집게 문법 40 포인트
2026 박문각 공무원 박혜선 국어 천기누설 혜선팍 논리
2026 박문각 공무원 박혜선 국어 천기누설 혜선팍 독해 시즌1
2026 박문각 공무원 박혜선 국어 천기누설 혜선팍 독해 시즌2
2025 박문각 공무원 박혜선 국어 독해 신유형 공부(독해신공)
2025 박문각 공무원 박혜선 국어 출좋포 독해·문학
2025 박문각 공무원 박혜선 국어 천기누설 혜선팍 세트형 독해+어휘
2025 박문각 공무원 박혜선 국어 적중용 콤단문 문법(콤팩트한 단원별 문제풀이)
2025 박문각 공무원 박혜선 국어 적중동형 국가직·지방직 봉투모의고사 Vol.1
2025 박문각 공무원 박혜선 국어 적중동형 봉투모의고사 Vol.2
2025 박문각 공무원 박혜선 국어 족집게 적중노트
2024 박문각 공무원 박혜선 국어 기본서 출좋포 어휘·한자
2024 박문각 공무원 박혜선 국어 개념도 새기는 기출 문법
2024 박문각 공무원 박혜선 국어 개념도 새기는 기출 문학&독해
박문각 공무원 박혜선 국어 최단기간 어문 규정
박문각 공무원 박혜선 국어 최단기간 고전 운문
박문각 공무원 박혜선 국어 문법 출·좋·포 80

박혜선 국어 천기누설 혜선팍 독해 시즌2

초판 인쇄 2025. 11. 14. │ 초판 발행 2025. 11. 20. │ 편저자 박혜선
발행인 박 용 │ 발행처 (주)박문각출판 │ 등록 2015년 4월 29일 제2019-000137호
주소 06654 서울시 서초구 효령로 283 서경 B/D 4층 │ 팩스 (02)584-2927
전화 교재 문의 (02)6466-7202

저자와의
협의하에
인지생략

이 책의 무단 전재 또는 복제 행위를 금합니다.

정가 21,000원
ISBN 979-11-7519-415-1